国家社科基金后期资助项目

汉语语文辞书的状况与发展研究

The Current Situation and Development Strategy of Chinese Language Lexicography

解海江　章黎平　王敏　著

2015年·北京

国家社科基金后期资助项目
出版说明

　　后期资助项目是国家社科基金设立的一类重要项目，旨在鼓励广大社科研究者潜心治学，支持基础研究多出优秀成果。它是经过严格评审，从接近完成的科研成果中遴选立项的。为扩大后期资助项目的影响，更好地推动学术发展，促进成果转化，全国哲学社会科学规划办公室按照"统一设计、统一标识、统一版式、形成系列"的总体要求，组织出版国家社科基金后期资助项目成果。

全国哲学社会科学规划办公室

目 录

第一章 绪 论 … 1
- 第一节 汉语语文辞书出版的研究现状 … 1
- 第二节 汉语语文辞书出版研究的理论和材料 … 4
- 第三节 汉语语文辞书出版研究的思路和方法 … 6
- 第四节 汉语语文辞书出版研究的意义 … 10

第二章 汉语语文辞书类型体系 … 13
- 第一节 国外主要的辞书分类学说 … 13
- 第二节 国内主要的辞书分类学说 … 17
- 第三节 汉语语文辞书类型体系 … 22

第三章 汉语语文辞书的百年进程 … 33
- 第一节 汉语现代语文辞书的起步期 … 35
- 第二节 汉语现代语文辞书的转折期 … 68
- 第三节 汉语现代语文辞书的繁荣期 … 95
- 第四节 汉语现代语文辞书的新世纪 … 157
- 第五节 汉语现代语文辞书的发展规律 … 190

第四章 改革开放以来汉语语文辞书的出版状况 … 201
- 第一节 改革开放以来汉语语文辞书出版的成就 … 201
- 第二节 改革开放以来汉语语文辞书出版存在的问题 … 208

第五章 我国语文辞书的应用状况 … 217
- 第一节 语文辞书应用研究状况 … 217
- 第二节 语文辞书应用研究的材料和方法 … 237
- 第三节 我国语文辞书应用状况调查 … 242
- 第四节 中小学师生语文辞书应用状况 … 297

第六章 辞书的三个世界 … 331
- 第一节 辞书三个世界理论 … 331

第二节　语文辞书的知识世界 …………………………………… 333
　　第三节　语文辞书的语言世界 …………………………………… 355
　　第四节　语文辞书的主体世界 …………………………………… 357
第七章　汉语语文辞书发展探索 …………………………………… 359
　　第一节　学术界加强理论创新和舆论监督 …………………… 359
　　第二节　政府加强领导和监管 …………………………………… 367
　　第三节　出版单位发挥主体作用 ………………………………… 375
　　第四节　教育部门重视辞书学科建设和辞书教育 …………… 382
参考文献 ………………………………………………………………… 391

第一章 绪 论

我国是世界上辞书发展最早的国家之一,在传统语文辞书发展时期是世界辞书强国。但近代以来,我国辞书编纂出版的发展与英、美、法、德、俄等辞书发达国家相比落伍了。随着国语运动的开展,我国进入现代语文辞书出版时期。自此以来,我国现代语文辞书发展走过了百年历程,截至2010年,出版了汉语语文辞书7000多部。特别是改革开放以来,发展迅速,近30年间出版汉语语文辞书6000多部。如果加上汉语专科辞书和外语辞书,已达两万多部。从出版规模看,我们可以算得上辞书大国了。但据王铁琨(2006、2007)、李宇明(2008)、张志毅(2010)等的看法,我国还不是辞书强国。近些年随着国家经济实力的增长及文化建设的需要,越来越多的学者开始关注"辞书强国梦"。因此,汉语辞书编纂出版问题和发展对策的研究就成为日益迫切的课题。

第一节 汉语语文辞书出版的研究现状

一 汉语语文辞书出版现状的研究

《辞书研究》1986年第3期至1989年第6期刊登过20世纪80年代的《我国出版辞书编目》和《建国三十年来出版辞书编目》,但只是对已出版辞书的罗列,并无统计分析。

中国出版工作者协会编的《中国出版年鉴:1989年》(1991)增设了辞书出版专辑,总结了改革开放至1988年全国辞书编纂出版情况,收录了1979年至1988年出版的400多部重要辞书的简介和3500余本辞书简目。

方厚枢(1982)、徐祖友(1984)、严庆龙(1984、1991)、劳泥

(1989)、思惠（1989）、左大成（1989）、林玉山（1989）、韩敬体（1994a、1994b、2000）、鲍克怡（1996）、潘文年（2009）等分别对新中国成立以来不同阶段的辞书出版状况进行了回顾，就某些方面指出了辞书出版取得的一些成就和存在的部分问题。赵克勤、金欣欣（1994、1995、1996）连续三年对汉语语文辞书出版状况跟踪调查，列举了各类语文辞书的出版情况。林玉山（2001）分近代、现代、当代三个时期对我国20世纪的辞书编纂出版状况、主要成就和特点进行了论述。何俊仙与何华连（1993）简要介绍了我国大陆从1742年至1991年出版的汉语成语辞书91部，但没有对成语辞书的编纂出版提出建议。周伟良（2008）通过对数据的探究、总结，对俗语典的出版情况与市场的特点及其发展情况进行了分析，并对俗语典市场的繁荣和发展提出了建设性意见，但只考查了一种语文辞书，没有涉及其他种类。

从研究理论看，目前的研究缺乏自觉的当代词典学理论的指导，对辞书出版现状的总结和存在问题的分析缺乏辞书类型理论的参照。研究方法还停留在感性认识和枚举式的定性分析层面上，缺少数据支持，没有将我国语文辞书编纂、出版状况建立在大规模数据库的基础上进行调查和统计分析。研究材料多是阶段的、局部的，缺乏对新中国成立以来的语文辞书出版状况的调查统计分析。由于缺乏理论意识、研究方法和手段落后、研究的材料范围有限，目前的研究不能全面反映我国语文辞书出版的状况，其结论不够全面、准确，对汉语语文辞书出版建设的建议缺乏理论支持，针对性不强，缺乏指导性和可操作性。

二　汉语语文辞书出版历史的研究

关于我国语文辞书历史的研究著作，有刘叶秋《中国字典史略》（1983a）、钱剑夫《中国古代字典辞典概论》（1986）、赵振铎《古代辞书史话》（1986）、曹先擢和杨润陆《古代词书讲话》（1990）、林玉山《中国辞书编纂史略》（1992）、张明华《中国字典词典史话》（1998）、杨正业《语文词典编纂史》（2006）等，但考察范围多集中于古代辞书出版时期，对我国现代辞书出版时期汉语语文辞书编纂出版的历史关注不多。

对我国现代出版时期汉语语文辞书出版历史进行研究的是杨文全《近百年来的中国汉语语文辞书》（2000），该书分时期、分类型地总结了近百年来的汉语语文辞书出版情况,但因为没有明确的辞书分类标准,更没有建立汉语语文辞书类型体系,致使各时期语文辞书的分类多有不一致的地方。对汉语语文辞书百年历史的回顾,注重个案孤立分析,忽视辞书学理论的提炼和概括。"没有构建起一个完整的、连贯的、符合辞典发展规律的辞典史研究体系。"(雍和明,2004)在方法上注重辞书本体性,忽视辞书的社会性、文化性,缺乏定量统计,因此没有对汉语语文辞书发展规律进行探索,也缺乏对汉语语文辞书发展经验的总结,对汉语语文辞书出版现状的认识流于表面。

对我国现代辞书出版时期关注较多的还有雍和明《中国辞典史论》(2006)。该书分时期、分专题总结了先秦以来的汉语辞书出版情况,分期细致,论述明确。但他在涉及语文辞书分类时只是简单将语文辞书分为普通语文词典、综合性语文词典和专门性语文词典三类,专门性语文词典根据条目的性质划分了不同的小类。语文辞书分类比较粗略,不能细致地反映语文辞书出版建设的历史和现状。

可见,目前我国语文辞书出版状况的研究多是经验的、枚举的,缺乏必要的穷尽式统计数据的支撑;对语文辞书编纂出版中存在的问题只停留在感性认识上,没有基于语文辞书出版建设理论的分析;而且对语文辞书出版状况的考查多是阶段性的,缺乏对中国现代出版时期语文辞书出版状况的总体考查,对语文辞书出版规划的指导性不强。

三 汉语语文辞书出版建设的研究

从已有语文辞书出版状况的研究中我们看到了辞书出版中存在的一些问题,如重复出版严重、有空白点存在等,所以有专家提出要重视语文辞书的选题开发、制定出版规划、调整辞书类型结构等建议,使辞书品种趋于合理,如石家金(1990)、鲍克怡(1990)、华烨(2004)、王铁琨(2007、2006)、邬书林(2011)等。但这些研究只是看到了影响语文辞书出版建设的部分因素。

目前我国语文辞书已经形成了一个品种繁多,具有多层次、多角度的语文辞书体系,但同时表现出语文辞书出版的无序状态。对我国语文辞书出版状况进行穷尽式的调查研究,提出有效措施和方法改进语文辞书书出版的无序状态已迫在眉睫。

第二节　汉语语文辞书出版研究的理论和材料

一　语文辞书出版研究的理论原则

（一）理论与实际相结合的原则

汉语语文辞书出版建设要正确处理理论引进与实际相结合的原则，即本土意识与世界眼光。（李宇明，2008）本土意识，即以汉语语文辞书出版建设为基本出发点，以中国文化建设的实际需要、读者的实际需求为立足点；同时要有国际眼光，要了解世界上辞书发达国家的成功经验。

1. 理论引进与中国文化建设实践相结合的原则

我国有着悠久的语文辞书编纂历史和优秀传统，在传统语文辞书出版方面取得了很大的成就。自进入现代辞书出版时期以来，我国的语文辞书编纂和出版同样有着鲜明的中国特色，为全民族文化水平的提高做出了巨大的贡献。辞书是文化商品，是意识形态的载体。在汉语语文辞书出版建设中，要积极吸收国外先进的辞书类型学理论，同时要立足于我国社会主义文化建设的实际和需要，与汉语语文辞书出版的实际需求相结合，实现语文辞书出版理论的中国化，更好地为汉语语文辞书编纂和出版服务。

2. 理论引进与汉语汉字类型特点相结合的原则

汉语语文辞书出版建设研究，既要积极借鉴国外辞书出版的理论和经验，又要充分考虑汉语汉字的类型特征，尤其是汉语语文辞书类型体系，不能削足适履。

3. 辞书类型理论与中国读者需求状况相结合的原则

语文辞书出版建设研究，要坚持语文辞书出版理论与我国文化建设、读者需求相结合的原则。辞书是特殊的文化商品，不仅有物质产品属性，还有精神产品属性。辞书的文化商品属性决定了辞书的出版，要与一定的社会文化水平相适应，与一定的社会需求相适应。

（二）系统性原则

辞书出版研究要以系统论为指导。系统论是研究系统的一般模式、结构和规律的学问，它研究各种系统的共同特征，用数学方法定量地描述其功能。(贝塔朗菲，1987)语文辞书类型体系可以看作一个系统，按照一定的标准对语文辞书分类后，每一类都是组成这个整体的结构。逐类分析各类语文辞书的编纂出版状况，对每类的出版情况做细致的分析，补充数量不足的种类；重复出版较多的，尽量限制其出版。这对丰富语文辞书类型、减少重复出版，对语文辞书成龙配套建设有很大的作用，从而能以较小的资源消耗取得较大的社会效益。

党的十七届六中全会通过的《中共中央关于深化文化体制改革推动社会主义文化大发展大繁荣若干重大问题的决定》指出："健全以企业为主体、市场为导向、产学研相结合的文化技术创新体系。"语文辞书发展建设是一个多部门相互协作的系统工程，国家主管部门、辞书出版单位、学术界和教育界应该共同努力，建设辞书发展创新体系。

(三) 辞书类型学理论

辞书类型学理论在辞书研究中的地位举足轻重。兹古斯塔（1983）认为词典的类型问题是词典编纂学的一个首要问题。划分词典类型对词典的编纂、出版、使用和辞书学体系的建立，都有十分重要的意义。汪耀楠（1985）对词典分类研究的目的和意义做过细致阐述，认为开展词典分类研究是：(1) 为了（或有利于）编目，以利于分类介绍各种词典；(2) 为了（或有利于）从类型学的角度开展对词典的理论研究，以便对各类词典的编纂起指导和约束作用；(3) 为了（或有利于）规划新词典的编纂。要考查汉语语文辞书的出版状况，必须首先建立汉语语文辞书类型体系，这就涉及辞书类型学理论。辞书类型学是语文辞书出版建设研究的基础理论。

二　汉语语文辞书出版研究的材料

随着 20 世纪初我国进入现代出版时期，汉语语文辞书出版也进入现代时期。此前的语文辞书出版我们称之为古代时期或传统时期。我们的考查范围限于汉语语文辞书出版的现代时期。

为了全面考查现代出版时期的汉语语文辞书的出版状况，我们建立了"汉语语文辞书信息库"(ACCESS)。信息库中的数据通过以下途径获得：《民国总书目（1911~1949）》《全国总书目》《全国新书目》《中国出版年鉴》，以及朱宝祯《中国辞书大全》、曹先擢等《八千种中文辞书类编提要》、徐祖友等《中国工具书大辞典》和杨牧之主编《中国工具书大辞典》等多种书面材料，中国国家图书馆和全国图书书目资讯网等网上书目检索系统，读秀学术搜索，主要的辞书出版社网站，主要的网上书店如卓越亚马逊、当当、孔夫子旧书网等。我们共收集到1912年至2010年出版的纸媒汉语语文辞书7091部。该数据库收录的汉语语文辞书，出版单位限于中国大陆，没有收录中国港、澳、台地区和海外出版的汉语语文辞书。信息库中收录的辞书信息有：类别、书名、作者、出版社、出版时间、版本情况、页码、内容说明等。本书第二章"汉语语文辞书类型体系"就是基于该信息库提出的，第三章"汉语语文辞书的百年进程"和第四章"改革开放以来汉语语文辞书的出版状况"中数据的统计分析也都基于该信息库。

第三节 汉语语文辞书出版研究的思路和方法

近年来我国学术界开始关注辞书强国建设问题，不少学者从辞书理论建设、人才培养和出版管理等方面提出了建设性意见，如华烨（2004）、王铁琨（2006、2007）、李宇明（2008）、张志毅（2010）、邬书林（2011）。要探讨我国辞书强国建设问题，首先要弄清楚现有辞书是否能满足用户需求，我国辞书用户需求状况如何，有哪些类型选题重复，哪些是空白尚需填补，哪些因素影响辞书编纂出版等。这些问题，亟待认真调查研究，并在此基础上提出辞书出版的宏观调控与管理的措施。下面就汉语语文辞书编纂出版问题和发展对策，提出我们的研究内容及研究思路和方法。

一 主要研究内容

（一）建立汉语语文辞书类型体系

汉语语文辞书类型体系是汉语语文辞书出版状况和历史研究的理论依据。辞书类型学理论在辞书研究中的地位举足轻重。兹古斯塔（1983）认为词典的类型问题是词典编纂学的一个首要问题。划分词典类型对词典的编纂、出版、使用和辞书学体系的建立，都有十分重要的意义。要考查语文辞书的出版状况，必须先对语文辞书进行分类。本书在总结国内外语文辞书分类研究的基础上，构建汉语语文辞书类型体系，用以分析我国汉语语文辞书出版的现代进程和现状。

(二) 摸清家底，总结经验，找出问题

1. 调查我国汉语语文辞书出版状况

以汉语语文辞书类型体系为理论框架，分析汉语语文辞书出版状况，特别是我国改革开放以来汉语语文辞书出版的成就和存在的问题。

2. 描写汉语语文辞书的现代化进程

为了探讨我国汉语语文辞书编纂出版的发展对策，需要回顾我国汉语语文辞书的出版进程及结构的现代化演进过程，总结我国汉语语文辞书编纂出版的发展规律，并借此分析我国语文辞书编纂出版的影响因素。我们主要考查我国汉语语文辞书的创新历程，包括品种创新、编纂理念创新及结构和排检等体例创新。各类辞书的性质和内容尽管不同，但它们都必须遵守各自的编纂体例，所以汉语语文辞书的体例创新是我们讨论的重点。

3. 调查语文辞书用户状况

辞书用户的状况和态度是影响语文辞书发展的重要因素。以用户为中心的研究直接影响词典编纂的决策。所有词典都是受到读者词汇需求的激发而编写的，并以之为评判的标准，因此对目标用户了解越多，就越能提供更好的服务。为了分析辞书用户对语文辞书出版的影响及汉语语文辞书出版发展对策中的用户策略，需要对我国语文辞书用户状况进行调查。

(三) 分析语文辞书出版的影响因素

辞书学是一门综合性学科，受到内外各种因素的影响。要探讨我国汉语语文辞书发展问题，需要分析哪些因素影响语文辞书编纂和出版，以便提出有针对性的发展对策。通过回顾我国汉语语文辞书出版百年进程及调查语文辞书用户需求状况，我们能够发现语文辞书编纂出版的影响因素。

(四) 探讨汉语语文辞书发展对策

李宇明在汉语辞书研究中心揭牌仪式上指出，目前要着力研究国内外辞书出版的现状和我国应有的发展对策。国家用什么政策来调节辞书市场，出版单位就用什么对策来发展辞书事业，学校也用什么办法来发

展辞书专业。(李宇明，2008)针对改革开放以来我国汉语语文辞书出版存在的问题及我国辞书用户调查反映出的问题，根据影响语文辞书出版的因素，我们提出由国家主管部门、辞书出版单位、学术界和教育界共同努力的辞书发展创新体系。

二 研究思路

（一）理论驱动

在语文辞书类型理论驱动下描写汉语语文辞书出版的百年进程，分析改革开放以来汉语语文辞书的出版状况。

我们提出辞书编纂出版的三个世界理论，以分析语文辞书编纂出版的影响因素，并据此提出我国语文辞书的发展对策。

（二）摸清家底

要朝着辞书强国的目标前进，先摸清家底是必要的。词典编纂的主旋律是继承与创新，继承使传统的语言文化和优秀的编纂理论方法得以传承；创新则不但使随着社会语言生活的发展而出现的新词汇得以规范，而且随着语言学理论的发展，编纂理论方法也得以不断发展，更要及时了解用户的需求，不断改善词典信息的呈现方式。关于汉语辞书的发展问题，周洪波认为"可以把现有的优秀辞书研究一番，研究每一本的特色在哪里，每本书都有哪些创造，要综合起来加以研究；也可以做一些市场调研，了解读者真正需要什么样的辞书，把这两方面结合起来，可能会找到今后辞书出版的方向"（巢峰、周洪波等，2002）。首先，在语文辞书类型理论驱动下分析汉语语文辞书在现代出版时期不同发展阶段的品种创新过程，分析代表性辞书的结构创新情况。即使是当代词典的编纂也需要了解词典的发展历史和演变过程，通晓古今能开阔我们的视野，有助于提高我们对词典编纂的宏观认识和整体把握。词典编纂创新是在继承基础上的创新，词典学理论及新的词典编纂和释义方法都来源于词典编纂的历史实践和对它们的提炼和升华。(章宜华等，2007)在分析我国语文辞书的现代化进程时，我们还总结了我国现代语文辞书的发展规律。其次，调查我国辞书用户的需求状况。

（三）找出问题

通过重点调查改革开放以来汉语语文辞书的出版状况，发现改革开放以来汉语语文辞书出版建设方面存在的不足；通过我国辞书用户状况的调查，发现我国辞书用户在辞书知识和技能方面影响汉语语文辞书发展的问题。

（四）提出对策

针对我国语文辞书编纂出版中存在的问题，根据影响语文辞书编纂出版的因素及我国现代语文辞书的发展规律和经验，提出相应的发展对策。

三 研究方法

（一）共时与历时相结合

在我国汉语语文辞书出版状况的调查方面，采用共时描写与历时分析相结合的研究方法。我国汉语语文辞书的发展，可以分为古代和现代两个时期。随着20世纪初我国进入现代出版时期，汉语语文辞书出版也进入现代时期，相应地，这一时期编纂出版的辞书称之为现代辞书；此前的语文辞书出版我们称之为古代时期，相应地，这一时期编纂出版的辞书称之为传统辞书。我国古代时期的汉语语文辞书的出版状况，已有刘叶秋（1960、1963、1983）、赵振铎（1986）、杨正业（2006）、雍和明等（2006）等做过研究，我们不再赘述。我们的考查范围是从现代语文辞书出版时期开始至今百年的发展历程。通过梳理汉语语文辞书发展的百年历程，总结我国语文辞书的发展规律，并重点分析改革开放以来我国语文辞书出版建设的成就和存在的问题。

（二）理论驱动与材料归纳相结合

对我国语文辞书现代化进程的描写和改革开放以来我国语文辞书出版状况的分析，均在汉语语文辞书类型体系驱动下进行。在充分描写我国现代语文辞书发展的百年进程后，总结我国现代语文辞书发展的规律。

（三）比较研究法

总结我国汉语语文辞书百年发展规律和经验，发现不同发展时期语文辞书在品种和结构上的创新，主要运用比较的研究方法。

（四）定性与定量相结合的方法

采用定性与定量相结合的研究方法，所有结论建立在定量分析的基础上。对我国汉语语文辞书出版状况的调查和我国汉语语文辞书百年发展特点的总结，都基于"汉语语文辞书信息库"，并做穷尽式统计分析。

我国语文辞书用户状况的描写和分析，基于用统计分析软件 SPSS 建立的"语文辞书用户信息库"。

第四节　汉语语文辞书出版研究的意义

一　辞书出版是一项关系国计民生的文化事业

辞书出版是一项关系国计民生的文化事业，正所谓"小辞典，关乎大民生"（邬书林，2011）。政府和出版机构的一个重要职责就是使民众实现基本的文化权益，掌握基本的文化知识。辞书出版是保障群众基本文化权益的重要手段。

二　辞书出版建设促进社会语文生活和谐

语文辞书在构建和谐社会语文生活中占有重要地位。语文辞书是辞书中使用最广泛的一种，关乎社会语文生活的和谐。语文生活是社会生活的重要组成部分，语文生活的和谐是社会和谐的重要体现之一，也是促进社会和谐的重要因素，因此构建社会主义和谐社会离不开和谐的社会语文生活。而和谐健康的社会语文生活需要语文规范积极引导，作为"语言文字规范体系的成员"之一，语文辞书是语言规范化与社会语文生活之间的桥梁，担负着促进民族共同语规范化的社会责任。语文辞书出版研究能促进汉语语文辞书编纂出版工作，有利于语言文字规范标准的推广。

三　辞书出版是国家文化资源建设的重要内容

辞书出版是国家基础性的文化建设工作，关乎整个国家的教育、科学、文化的发展。陆尔奎说："一国之文化，常与其辞书相比例……国无辞书无文化之可言也。"（《辞源·说略》）辞书建构人类知识宝库，关乎国家学术进步。"哪个地方有好的辞典，哪个地方就有可能获得学术的进步和提高。"（《日本における辞書の歴史》改订版，见潘钧，2008：54）辞书是衡量一个国家政治、经济、文化建设水平的综合标准，特别是大型辞书，是一个国家文化的象征。辞书是国家文化资源的重要组成部分，辞书出版则是国家文化资源建设的重要内容。

四　辞书出版是一个国家话语权的体现

在各种出版物中，辞书的分量很大、很重，类似常规武器当中的重武器。(刘昊，1991)当今世界，主要的发达国家都有与其地位相匹配的重要辞书。"辞书出版是一个国家话语权的体现。一个国家如果自己没有像样的辞书的话，在国际交往中有可能会丧失一定的话语权。"(邬书林，2011)汉语辞书出版建设有利于在对外交往中提高我国的话语权。

随着汉语国际教育的发展，英国出版机构已开发汉英、英汉词典，并计划开发汉语学习词典，欲全面占领学习辞书市场。目前他们已经出版了几本汉语学习词典，不过均是汉英、英汉对照本，距离成熟的汉语学习词典还有差距。这对我们既是挑战又是机遇。我们应该把握机遇，编纂出版高水平的外向型汉语学习词典，为我国在外向型汉语学习词典的研究和编纂出版上争得应有的一席之地。

五　辞书是意识形态的载体

辞书具有思想功能，可以作为"思想武器"(Hartmann，1987)捍卫"社会道德和思想价值观念"(Béjoint，1994)，增强语言的社会凝聚力和统一性，促进社会进步。(章宜华等，2007：23)辞书出版作为国家出版事业的重要组成部分，承载着一个国家的文化，更承载着一个国家的意识形态，国家有必要加强对辞书出版的管理。蔡元培在《新字典》序中说辞书"影响语言、思想者，固未尝不重且大也"，于"国民之语言及思想，不无革新之影响"。党中央、国务院《关于加强出版工作的决定》中规定了出版工作的基本任务：宣传马列主义、毛泽东思想，传播和积累有益于经济和社会发展的科学技术和文化知识，丰富人民的精神文化生活。汉语语文辞书出版作为我国出版事业的基础性工程，在我国意识形态建设中发挥着重要作用。

六　辞书出版是国家文化产业的重要组成部分

党的十七届五中全会提出要推动文化产业成为国民经济的支柱产业，辞书出版是国家文化产业的重要组成部分。辞书对发展教育和科学文化事业有着重要的意义。因此，辞书出版历来受到各国政府的重视，我国党和政府也十分重视辞书事业的发展。语文辞书编纂出版研究可以帮助我们分析我国语文辞书出版存在的问题，并提出建设性意见，促进汉语语文辞书出版沿着健康的轨道发展，从而推动我国文化产业的发展。

第二章　汉语语文辞书类型体系

汉语语文辞书类型体系研究是汉语语文辞书出版研究的基础理论。语文辞书类型体系的建立可以开拓辞书品种和选题的新领域，发现和填补我国语文辞书的空白点；可以为如何防止和减少选题重复提供指导，是加强语文辞书出版的选题规划、促进我国语文辞书事业繁荣、实现我国语文辞书强国梦的基本保证。

汉语语文辞书类型理论研究可以保证语文辞书编纂有明确的目的，有助于避免汉语语文辞书类型混淆。"实际生活中的词典常常是跨类的。如果是编者有主导意图去兼顾其他类型的某些方面，那就会增加词典的丰富性，为更多的读者服务。反之，纯属无意识的类别混淆，就容易使词典驳杂臃肿，顾此失彼，不能很好地为读者服务。"（黄建华，1982）

国内外学者对辞书分类进行了很多研究，但是辞书的类型、种类是很复杂的，影响辞书类型的因素也很多。虽然很多学者尝试过对语文辞书进行分类，但都或多或少存在问题，并没有取得令人满意的结果。我们对国内外各种辞书类型学说进行了梳理，分析各种学说的长处和不足，立足汉语特点，归纳汉语语文辞书的实践类型，构建一个切实可行的汉语语文辞书分类体系，为考查改革开放以来汉语语文辞书出版状况，为描写我国现代语文辞书现代化进程提供理论框架。

第一节　国外主要的辞书分类学说

一　辞书的形态分类

一般认为，最早对词典进行分类的是原苏联的谢尔巴（Л. Щерба）。他在《词典编纂学一般理论初探》（1981）中，从六个对立面给词典分类：学院型词典、查考型词典、百科词典、普通词典、大全型词典、一般词典、一般词典（详解词典或翻译词典）、概念词典、详解词典、翻译词典，非历史型词典、历史型词典。

谢尔巴分类的意义在于他首次对词典类型进行了讨论，用二分的方法采用对立面标准对词典进行分类。他的这种分类思路对后来兹古斯塔（L. Zgusta）和兰多（S. l. Landau）的分类都有影响。但是这种分类还是相当粗疏、相当不完备的，按这种方法不能完全概括每一部具体的词典，如作家、作品语言词典，人名、地名词典等，在这个体系中找不到自己的位置。

继谢尔巴之后，美国词典学家马尔基尔（Y. Malki, 1967）以范围、动向、表述法为标准制定了词典分类原则。范围下又分三个小项：词条的密度、所覆盖或所涉及语言的数量、对纯词汇信息的关注程度；动向涉及时间（共时的还是历时的）、编排顺序（形式顺序、语义顺序、任意的顺序）、编纂目的基调（客观的、教学的还是戏谑的）；表述上则强调释义、例证、图示和其他特殊特征。

他的分类比谢尔巴前进了一步，不再局限于二分的范畴分类，分出的类更细，涉及的面更广。"它可以在一个连贯的框架中覆盖所有可能的词典类型，揭示出词典类型内部和词典类型之间的关联，最终自然而然地产生出不同组别的、具有对比特征的词典类型。"（雍和明，2004）这个分类标准的不足在于：首先，词条的密度和所覆盖或所涉及语言的数量二者不在一个逻辑层面上，前者属量的方面，后者属质的方面；再者，表达上强调的三个方面即释义、例证、图示也不在一个层次上。释义可以采取例释、图释，可以用例证来补充。把三者同时来强调就显得逻辑不清了。

几乎与马尔基尔同时的西比奥克（T. A. Sebeok, 1962）也对词典分类提出了自己的看法，但他的分类在一定程度上"只能看作是梅尔基尔的'呈现'标准的延伸"（雍和明，2004）。

另一位苏联词典学家蔡文（1981）对俄语词典进行了分类。他在谢尔巴一般性原则的基础上建立了一个分类体系，用八个区别性特征来给词典分类：根据词典右侧与左侧的相互关系，分为单侧词典与双侧词典；根据条目的排列法，分为按字母顺序排列的词典和不按字母顺序排列的词典；根据条目的组成，分为词典和语典；根据条目选择的性质，分为大全型词典和非大全型词典；根据反映的对象，分为共性词典和个性词典；根据历史过程的反映，分为共时词典和历时词典；根据词典的编纂宗旨，分为教学词典和查考型词典；根据条目的专门性和普通性，分为专门名词词典和普通名词词典。

他仍然采用传统的二分法，第一大类是二分，接下来的小类仍然是二分。八个分类概括了绝大多数的词典类型，而且为未来可能出现的词典留出了位置。但是作者在注释中指出："极少数词典没有统一的语言学原则，他们单纯记录内部不统一的各种语言单位，这些词典不能用这个体系分类，如《误例词典》《缩略语词典》。"（蔡文，1981）

兹古斯塔（1983）从五个角度给主要词典分类：时间角度，分历时、共时词典，历时又分为历史词典和词源词典；一般词典和有限制的（专业）词典；根据语言数量，分为单语词典和双语词典；根据目的分类，词典编纂的目的多样，种类也是多样的，最主要的是教学词典；根据规模分为大型、中型、小型。

兹古斯塔的分类仍是建立在对立面的基础上，采用传统的二分的方法。他的分类进步的地方在于：一是将词典规模引入了分类标准；二是把词典编纂目的列为分类标准，但把它设为开放的标准。因为词典的目的决定于语言变体的数量、社会的需要和编者的意图。开放的分类标准为各种不同需要的词典留了余地。但总体来看，他的分类还是很粗疏的，既不系统也不全面，只是讨论了他个人认为的主要词典类型，而漏掉了许多常规词典类型。

兰多（2005）提出了一个非正式的分类系统，分类涉及10个方面：从语种数量上，分为单语词典和双语词典；从词典用户所用的主要语言上，分为ESL和EFL词典；从词典本身的表现形式上看，词典是按字母顺序排列还是主题排列，成品是印刷版本还是电子版本；从编纂词典的资金来源上分，有学术性词典和商业性词典；从词典用户的年龄看，可分为面向儿童的和面向成人的；按词典收词覆盖的时段，可分为历时性的和共时性的；按词典的规模，可分为足本词典、大学词典、半足本词典、案头词典；按主题范围，分为专科词典和普通词典；根据语言覆盖面的限制，主要介绍专门用途词典；从英语变体的角度也可以对词典进行分类。

兰多从10个方面给词典分类，这10个标准是比较具体的，操作性也比较强。但是这种分类是庞杂而不系统的，且过于简单。有些标准并不能真正作为分类标准，如资金来源。用户年龄也是值得考虑的因素，因为用户使用何种词典是由其受教育水平决定的，年龄并不是决定因素。如果非要把年龄作为标准，可以作为图解词典的参考标准，儿童图解词典要比成人图解词典用到更多具体、生动的图片。他的英文变体标准只适用于英语词典，并不具有普遍性。

凯马达（B. Quemada）是从三个角度给词典分类的：从词典中各种语言关系的性质，分为单语词典和多语词典。从语义分析的水平及所提供信息的性质，分为名与物的词典，下分语文词典和百科词典，语文词典进一步分为普通词典和专门词典。语文性的专门词典下又分为切分成分方面、语素语法方面、形式方面、语义方面四个方面。根据词典篇幅，分为详尽词典与有限词典，下分为详尽词典、节本词典、有限词典。有限词典下又可分一般性有限词典与专门性有限词典。（黄建华，2001）

前两个标准是从质的方面分类，第三条则是从量的角度分的，其下的再分类又包含了许多性质不同的方面。很明显，三者不在一个逻辑层面上，违反了逻辑上的同一规则。同时，他对"语"的界定不清，既指不同语种，又指同一语言内部的不同变体，使得单语词典和双语词典的划分比较混乱。这种分类的优点是不再采用经典的二分，缩小了对立面，分类更细致，精确度更高。

前面介绍的几种词典分类方法或是从词典的外部形态入手进行分类，或是结合词典外部形态和内在特点而形成综合形态分类标准，或是以综合形态分类为基础，采用描写型分类法等这些传统分类方法给词典分类。在方法论上都有不同程度的重合，任何一种分类方法都有各自的局限性，很难涵盖整个词典体系的全貌。究其原因，传统分类方法不能摆脱传统思维的束缚，没有反映语言学的最新进展，缺乏时代特征。

二 辞书的发生分类

雷伊（A. Rey）从编者视角提出了一个称为"发生类型"（genetic typology）的词典分类模式，认为词典编写者在编纂词典时需要考虑以下七个问题：是从数据库中提取还是凭直觉编写；是以单词还是其他语法单位作为基本的词汇单位；是包含了全部词汇还是只选取了一部分；是按音序还是主题排列条目；是注重语文知识还是百科知识；是呈现还是忽视了词源和其他非交际的细节；是引用例证还是自编例句。（Hartmann，2005：71）

雷伊评价自己的类型：这个体系在归纳已有词典类型时标准太窄，而在词典内容的限制上又太宽。（Béjoint，2002：37）这个分类并不是切实有效的。在现实生活中，二分并不是互相排斥的，如语料库与直觉会相混淆，语言知识和百科知识也并不容易区分；并且他的分类表并不能穷尽所有的可能性，如也可以把韵律、格律和年表按字母顺序或主题顺序编排做成词汇表的形式。（Hartmann，2005：71）但至少，它显示出词典是一系列选择的结果，这些选择都是有关联的，词典编写者所做的决定限制了他们接下来工作的自由。（Béjoint，2002：37）

三　辞书的综合分类

Hartmann 和 Gregory James（2000）在定义"typology"时，提出了划分词典类型需要考虑的因素。依据词典的形式特征而分出的类称为现象学分类；依据使用语境而分出的类称为功能学分类。词典可以从：1. 规模（从足本的到精选的）；2. 覆盖范围（普通的还是特殊的）；3. 编排方式（字母顺序还是主题顺序）；4. 载体（纸质还是电子）；5. 编纂目的（积极的还是消极的）；6. 提供信息的主要类别（词典、词库、百科全书、编目）；7. 语言多寡（单语，双语，还是多语）；8. 读者类型（学者，学习者，还是翻译人员）等几个角度分类。

这种分类方法不仅能涵盖整个分类体系，比较全面，而且为以后可能出现的词典新类别留有较大的分类空间，同时也有利于从分类的角度完整地描写一部具体的词典，更符合词典的生成规律，为词典分类学研究提供了一个崭新的研究视角。（张柏然、魏向清，2001）

第二节　国内主要的辞书分类学说

一　辞书的形态分类

国内辞书分类研究开始比较晚，分类体系多是在借鉴西方的基础上提出来的。

最早对词典进行分类的是王德春（1980），他将词典分为四个大类：

知识词典，语言词典，综合词典，特种词典。知识词典包括百科词典、专科词典、术语词典、人名词典和地名词典、作品词典；语言词典从八个角度：按解释方法、按词语来源、按词的语言特征、按词的特殊内容、按选词释义的时间性、按词的使用情况、按词的排列、按收词数量共分出了33个小类。特种词典包括频率词典、符号词典、机器词典。

王德春的体系是一个通用的分类体系，并且注意到了当时新出现的词典类型，如符号词典和机器词典。不足的地方就是没有注意到汉语的特点，没有给字典留位置，辨析词典和正误词典也无处可归；他认为描写词典只指现代语言的描写词典，又称为规范词典，举了《现代汉语词典》为例，把描写词典和规范词典混为一谈了；把作品词典归在知识词典这一类也是欠考虑的，作品词典解释作品中出现的词语，应该归入语文词典。

胡明扬等（1982）从五个角度给词典分类：根据所收词目的单位分为字典和词典；根据词典涉及的语言种类分为单语词典、双语词典、多语词典；根据词条的性质分为语文词典和百科词典；根据词典规模分为大型词典、中型词典、小型词典；根据词条的排列方式分为形序词典、音序词典、义序词典。

按照黄建华（2001：29~30）的观点，在大类上把词典分为字典和词典，这是符合汉语特点的，但就性质来说，字典属语文词典，可把字典和词典作为语文词典的二级分类，这样既照顾了词典类型的共通性，又照顾了汉语词典的特点。总体来看，《词典学概论》中对词典类型的划分还是过于简单，只是一个粗线条的分类系统。每部词典会找到所属的大类，却不能进行再细致的划分。黄建华还对其把简称、缩写略语词典放在单语语文词典之下提出疑问，对"双语词典都是语文词典"这种提法提出质疑。据王乃文（1995）对大连市图书馆所藏双语词典的调查显示，双语词典包括百科词典、语文词典、科技词典、教学词典、经贸词典、专名词典、社会政治词典、文体艺术词典八个类别。由此也可看出，胡明扬的说法是片面的。

林玉山（1995）的分类出现比较晚，基本上总结了以上各家的观点。他从四个角度给词典做出如下分类：（1）按篇幅分类：大型辞书、中型辞书、小型辞书。学科门类中分为足本辞书、半足本辞书、节本辞书。（2）按内容分类：语文词典、专科词典、百科词典、百科全书、综合性辞典、特种辞书。（3）按语类分类：单语词典、双语词典、多语词典。

（4）广义辞书：有年鉴、索引、书目、手册、表谱。

林玉山的分类是系统而灵活的，如按篇幅分类时还考虑到了各语言的特点，认为大、中、小三种类型的划分受辞书性质和语种的影响。他对语文词典的分类，照顾到了汉语的特点，把字典归到了语文词典的范围。但他的分类对象是辞书，范围比词典大得多，使得整个体系看起来比较庞杂。他的广义辞书实际上是工具书。在介绍单语词典时，认为单语词典的分类可参照语文词典，暗示单语词典就是语文词典。这样的话，用一种语言编写的专科词典、百科词典、百科全书、综合性辞典、特种辞书也都成了语文词典了。

二 辞书的综合分类

陈炳迢（1991）将主要词典分为语文词典、双语词典、专科词典和百科全书。语文词典分为描写语文词典、历史语文词典、古今兼收语文词典、规范性词典、语义词典、特种词语词典、部分词语词典；双语词典分为语文性对照词典、专业性对照词典；专科词典从收录范围、读者对象、词典规模三个角度划分；百科全书从知识范围、地域范围、读者对象、规模和排检方法四个角度细分。

与前面介绍的几种分类相比，陈炳迢的分类还是比较细致、系统的。特别是他对语文词典的分类，从七个角度进行，仅就汉语来说，差不多每种词典都有所归。不足之处是对语文词典内部的多角度划分使词典的归类出现交叉重合。如同义词词典，既归在了描写语文词典里，又归到语义词典里。特种词语词典收集"某种词汇成分"，部分词语词典"是从特定角度收录语言语汇里的一部分词语的词典"，其实，二者收的都是语言中比较特殊的词汇，完全可以归为一类，称为特种词语词典。

杨祖希曾在《辞书的类型和辞书学的结构体系》（1985）一文中对辞书类型有过论述。在其《工具书的类型》（上、下）（1991）中对工具书的类型进行了更细致的划分。他认为单语语文辞典以收录对象和注释方法为标准可以分为：（1）字典，按注释方法分为详解字典和特种字典。(2) 详解语文辞典。（3）特种语文辞典，按照词的形态、读音、意义和构词特点，可分出多个小类。（4）辞藻典故辞典。（5）韵书。单语辞典根据编纂原则：（1）按照规范性和描写性原则，分为规范辞典和描写辞典；（2）按照历时性和共时性原则，分为历时辞典和共时辞典。划分辞书类型还需要考虑其他因素：（1）按规模，有大、中、小三个基本类型，还有大型偏中、中型偏大、中型偏小、小型偏中四种类型，共七种类型；（2）按编排方式，有形序、音序、义序三种方式；（3）按地域范围，分为国际性、地区性、国别性、地方性辞书；（4）按读者年龄，分为成人、青年、少年儿童；（5）按读者性别职业（或受教育情况），分为妇女辞书、工人辞书、农民辞书、教师辞书、学生辞书（又分为中学生、大学生、小学生辞书）；（6）按读者文化程度，分为提高型辞书、普及型辞书以及提高和普及兼顾型辞书。

杨祖希试图提出一个普遍的工具书分类体系，因此设计时考虑了此体系的适用性。如将字典划为语文词典的下位分类。但是又过多地强调了汉语辞书的特点，如将辞藻典故辞典和韵书单列为一种辞典类型，削弱了体系的普遍性。补充因素里的规模因素划分较为细致，按规模将辞书分出七个小类，这是符合辞书编纂实际的。按地域划分似无必要。按读者的性别职业划分出来的各类型，在范围上会有交叉，而且读者职业与其文化程度往往有一定的关系，因此只考虑读者的文化程度就可以解决分类的问题，而再把职业作为分类因素会造成重复。

国内有的学者还专门对英语词典进行了分类。文军（2006）依据 Bo Svensén 和 Henry Béjoint 的观点，将主要英语词典分为：通用词典与专科词典，专科词典下分语文专科词典（下有16个小类）和学科专科词典（下分3个小类）；单语词典与双语词典；百科词典与语文词典；外国学习者词典与本族语词典；成人用词典与儿童词典。另外姚喜明等（2008）将主要的英语词典分为：百科词典（包括通用和特殊两种类型）和语文词典（包括通用和专门词典），按词典涉及语言的数量分为单语词典、双语词典、多语词典，按时间分为共时词典和历时词典，根据词典规模分为足本、中型、小型词典，按使用者的学术水平分为学术词典和学习词典（下分本族语学习词典和非本族语学习词典），按载体分为纸质词典和电子词典。

这两种分类都是站在传统经典范畴的角度进行的分类，分类角度太少，既不系统也不细致。文军对专科语文词典下的16个小类只是简单列举，没有进一步概括分类。姚喜明等对传统的词典类型术语进行了改造，同时他提出的按使用者的学术水平给词典分类也是一个新的尝试。

三 辞书的交际分类

最近对词典分类进行尝试的是章宜华等（2007：97），他们从认知的角度借鉴系统功能语言学的语境理论,从编者视角、词典情景、用户视角三个角度提出了词典的交际分类模式,见表 2-1 词典的交际分类模式。

表 2-1 词典的交际分类模式

词典的交际分类	编者视角	词典宗旨	共时性词典与历时性词典
			描写性词典与规定性词典
			积极型词典与消极型词典
		词典功能	普通词典与专门词典
			学术词典与教学词典
			编码词典与解码词典
	词典情景	语场	信息域	语言词典与百科词典
			词汇域	标准语词典与地方语词典
			主题域	普通语言词典与专门主题词典
			语言域	单语词典与双语/多语词典
		语式	信息表述结构	字母顺序编排词典、形序编排词典、主题编排词典与图序编排词典
			信息表述途径	单向词典与双向词典
			信息表述方式	编纂型词典与翻译型词典
			信息表述媒介	印刷版词典与电子词典
			信息表述规模	袖珍词典、小型词典、中型词典、大型词典
		语旨	编者—普通用户	源语用户词典与目的语用户词典
			编者—语言学习者	本族语学习词典与外族语学习词典
	用户视角	年龄因素	成人词典、儿童词典
		语言层次	初级词典、中级词典、高级词典
		经济状况	平装词典、精装词典

这是一种新型的词典分类观。从编者视角、词典情景、用户视角三个角度构建了词典的交际类型,对词典类型进行了连贯的描述。这是一个开放的系统,每种类型下都可以再细分。三个角度是不可分割的,完

全考虑三个方面也会造成交叉分类。目前来说，这是一种全新的分类尝试，对以后的辞书编纂和出版会有很大的指导作用。

辞书分类本来就是一项复杂的工作，尽管已有的各种分类方法都存在着不足，但为将来提出比较科学的分类体系提供了可资借鉴的经验。

第三节　汉语语文辞书类型体系

一　义位的二值划分与辞书分类

人们历来认为，整个世界的一切现象可归结为两类：物质现象和精神现象，或"存在"和"意识"。波普尔（1987：309～312、363～366）把人的意识和意识的产物分开，认为我们的世界可以分为"世界一""世界二"和"世界三"。"世界一"（图 2-1 和图 6-1 中用 W1 表示）是指物质状态，物理客体和状态的世界。"世界二"（图 2-1 和图 6-1 中用 W2 表示）是意识状态或精神状态的世界，它包括人的全部感性知觉和认识经验，主要是人的主观能动性，是人的主观认识和在人的大脑里所发生的心理过程的领域。"世界三"（图 2-1 和图 6-1 中用 W3 表示）是客观知识世界，包括语言、文化、理论体系、科学问题以及批判性争论等。"世界一""世界二"和"世界三"依次由低层次向高层次进化：物理世界产生出意识，意识产生出意识内容和精神文化世界，它们可以分别相互作用。但"世界一"和"世界三"不能相互作用，它们以"世界二"为中介发生联系。语言是"世界三"的"第一批成员"。辞书也属于"世界三"。图 2-1 显示了由"世界一"经过"世界二"产生"世界三"即辞书的过程。

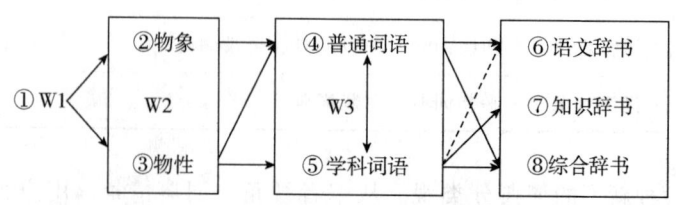

图 2-1　辞书分类的本体模式

①是"世界一",广义的事物。"它不仅指事物本身,而且也指过程、关系、状态以及现实中全部现象的总和。"(张志毅等2001:103～104)

②③属于"世界二"。语言是认知能力发展到一定阶段的产物,也只有认识了的事物才能用语言表达。认知具有前语言阶段,即认识了的事物还尚未发展到具有外在语言符号的阶段。

人类对客观世界的认识具有主观能动性,即"世界二"。这种认识具有两种方式:经验感知和科学研究。经验感知形成"物象",是事物反映在意识中的群体表象以及人的精神情感。客观事物只有被感知才具有意义。"感觉的概括先于词语的概括。"对具体事物的意象是直接来自感官的经验。科学研究形成"物性",是事物反映在意识中的群体特征属性或本质属性。

由"物"到"物象"再到"物性",跟三种意识活动有关,即直观、思维、情感,相应地在语言中形成三种义位形态或语义特征:普通义、学科义、情态义。人们对"物"的反映可以从"物象"到"物性",只选取"物象"而舍弃"物性"。

由"物"到"物象",通过直观信道形成普通义位。直观,包括感觉、知觉、表象。由"物"到"物象"再到"物性",通过思维信道,形成学科义位。人以思想物化的语言反映世界。这种反映多是对事物本质属性的抽象,形成的是专业范畴和学科义。

情感信道,形成义位的情感义,包括陪义中的情态义和部分理性义,它们是组成普通义位的内容。

④⑤⑥⑦⑧的内容属于"世界三"。普通义位包括语义义、语法义和语用义,具有较明显的民族性。相同的特性可能被不同社会赋予不同的意义。(列维·斯特劳斯,1987:64)学科义位,表示所指事物的本质属性。普通义位和学科义位可以相互转化:有些普通义位科学化,有些学科义位普通化。义位跟音节匹配成词,相应地,在语言中形成普通词语和学科词语。

辞书是用语言来描述语言,属于"世界三"的内容。由于语言中存在着普通词语与学科词语的二值划分,作为"词的一份单子"的辞书,根据普通词语和学科词语的收录比例,可以分为语文性辞书、知识性辞书、综合性辞书。语文辞书以收录普通词语为主，有些语文辞书也收录学科词语。知识性辞书收录学科词语。综合性辞书兼收普通词语与学科词语，根据两种词汇成分收录比例的不同，可分为语文性综合辞书和百科性综合辞书（见图2-1）。我们可以把这种根据辞书对语言词汇单位的收录情况进行的辞书分类称为辞书的本体分类模式。

二　汉语语文辞书分类体系

在正确的指导思想和理论原则的指导下，积极吸收国内外语文辞书分类方面取得的成就，根据我国语文辞书出版的状况，合理设置参数，我们可以构建汉语语文辞书分类体系。

由上述对词典分类理论的综述可知，谢尔巴"以许多理论上的对立面为基础"划分词典类型的理论在各种词典分类中得到了不同程度的应用，如马尔基尔、凯马达、雷伊、蔡文及我国的词典学理论工作者无一不是从这个对立面的理论上去设计分类模式的。（汪耀楠，1985）

词典类型划分的一个重要角度是"全面收集、比较、研究历史的和现代的各种词典，从具体的词典出发，对其特点进行抽象，然后按此加以分类"。（黄建华，1982）在借鉴已有辞书分类理论的基础上，结合"汉语语文辞书信息库"建设中标注词典类型的实际情况，以辞书收录语言词汇单位类别的不同提出汉语语文辞书本体分类体系。我们首先根据汉语语文辞书所收条目的范围分为综合性语文辞书、普通语文辞书、专门性语文辞书；专门性语文辞书根据收录单位是字、词、语还是句，将其划分为字典、词典、语典、句典等四大类；根据字典、词典、语典和句典收录和释义的对象，将其分为专用型、专项型和详解型。其次，根据辞书编纂目的和服务的读者对象，将其划分为内向型和外向型，内向型包括普及型、学术型和普及兼学术型，外向型包括初级、中级和高级。再次，根据辞书的规模，分为大型、中型和小型。最后，根据辞书收录条目涉及的时间，分为古代型、现代型和古今兼收型。详见图2-2汉语语文辞书分类体系。

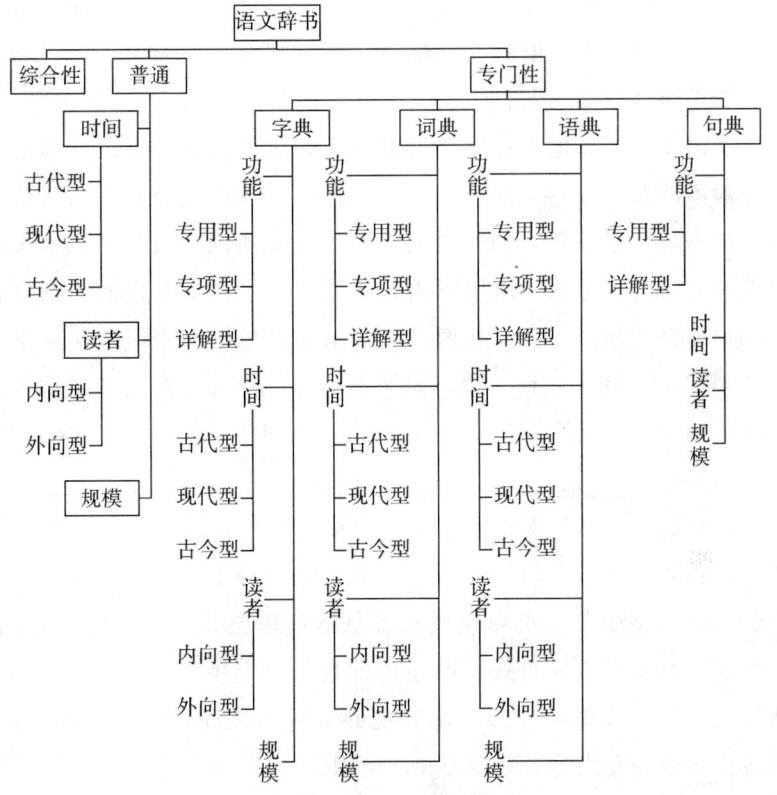

图 2-2　汉语语文辞书分类体系

（一）综合性、普通、专门性语文辞书

语文辞书根据不同的角度可以划分出不同的类。我们根据语文辞书收录的范围，将汉语语文辞书分为综合性语文辞书、普通语文辞书和专门性语文辞书。

综合性语文辞书同时收录语文词汇和百科词汇及相关知识信息，是介于语文辞书与百科词典之间的一类辞书，具有独特的参考价值。（伍谦光，1992）既具有语文辞书的性质，收录语文词汇，对每一个词加以注音、释义，指明用法；又具有百科词典的性质，对词条中所指的事物加以解释，甚至提供一些有关的历史资料，但比百科全书简要。（伍谦光，1992）以语文词汇的收录为主，百科词汇和相关知识的比例是动态的，原则上不超过40%（章宜华等，2007：109），但是辞书设计者可以根据编纂宗旨和服务对象来确定。美国1850年出版的《帝国词典》、在此基础上编纂的《世纪词典》（1889年起陆续出版）及沿袭这一传统的美国大学词典、《读者文摘大百科词典》和《新编韦氏英语词典》都是综合性语文辞书。汉语辞书中，旧版《辞源》《辞海》及新版《辞海》和《新华词典》属于综合性语文辞书。

普通语文辞书，也称详解语文辞书，收录语言系统中的普通语言单位，一般不涉及科技专业词汇。(章宜华等，2007：108)因为汉语有汉字这一级语言文字单位，普通语文词典的编纂体例一般是"以字带词"，而且兼收成语等固定语，所以汉语普通语文辞书的概念内涵与西方普通语文词典不完全相同。汉语普通语文辞书收录的是汉语语言文字系统中的一般单位，包括字、词、语，说明其形体、读音、意义和用法等，并举例证，如《现代汉语词典》《现代汉语规范词典》《汉语大词典》《应用汉语词典》等。

专门性语文辞书只限于收录和诠释语言文字系统中的某一类语言文字单位，种类繁多。专门性汉语语文辞书是为特定目的而编纂的，收录和诠释汉语汉字中某一类单位或只提供这些单位某一方面的特定信息。专门性汉语语文辞书又可按所收单位的性质分出字典、词典、语典、句典等四类，根据收录单位的特定表现形式或语文性用途及诠释的侧面，又可进一步分为专用型、专项型和详解型。

(二) 字典、词典、语典、句典

专门性汉语语文辞书，按照收录单位的性质，分为字典、词典、语典和句典。

字典是以字条为单元，对字头的形、音、义以及用法或属性做出说明的辞书。[①] 字典是表意文字的产物，是汉语特有的。在汉语语文辞书中，字典数量众多，但有的学者为了照顾西方的词典分类理论，将字典归入词典，作为词典的下位分类，使字典丧失了它应有的位置，这是极为不妥当的。古代汉语以单音节词为主，大多数的字就等于词，但在双音节词占多数的现代汉语里，字和词之间已经很难画等号了。字典主要以字立目，词典主要以词立目，二者在释义方式上多有不同，不能把二者混为一谈。而且许多字典只是给出字的形体，或指出其形体上的一些特征，如《甲骨文编》《形近字辨析》等，跟词没有关系。所以应该充分考虑汉语汉字的特点，从汉语语文辞书的实际出发，把字典和词典划分

---

① 中华人民共和国国家标准《术语工作辞书编纂基本术语》(GB/T15238—2000)。

为两个并列的类型。(刘蕴璇,1995)

词典是以词条为单元,对词目做出说明或提供信息的辞书①。词典占汉语辞书的大多数,是学者们研究最多的辞书种类,没有理由不把它单列出来。词典中有专收新词语的,有专收同义词、反义词的,等等。

语典是以成语、俗语、惯用语等为收录对象的语文词典②。汉语中已有相当数量的以"语典"命名的辞书,如贾采珠、晁继周主编的《汉语语典》,余鸿编著的《中华语典》,许匡一、谢逢江主编的《现代汉语语典》等。但学者对"语"的界定多有不同,包括的成员范围也多有不同。这种分歧也体现在各种专门性的语典中。为明确范围,我们这里所说的"语"包括成语、典故、惯用语、歇后语、谚语、俗语等。以"语"为收录单位的辞书称为"语典"。

句典是收集句子加以解释供人检查参考的工具书。(白维国,2001)这类辞书的收录单位表现的内容是对现实做出具体判断的完整的思想,构造形式上具有完整的句调和语气,是独立的句子,通常作为一句话而被直接引用,并不充作句子成分。(刘叔新,1982)专门收集句子的辞书数量也很多,大多收集名人名言、名句、赠言、赐语等。直接以"句典"命名的辞书有张学勤主编的《新华句典》、白维国主编的《现代汉语句典》等,这些都反映了句典编纂的趋势。为适应这种形式,我们把句典列为语文辞书的一个类别,收录的单位包括格言、妙语、名言、名句、箴言、赠言、座右铭,等等。

(三) 专用型、专项型和详解型辞书

辞书的功能、收录单位的时间、辞书的规模以及其面向的读者对象,这四个因素互相关联,是决定一本辞书性质的关键。这里只从功能方面讨论专门性汉语语文辞书。

专门性汉语语文辞书根据辞书的功能等视角可以分为专用型、专项型和详解型。专用型语文辞书以某类语言现象和语言活动为视角来区分词典功能特征,如方言词典、缩略语词典、口语词典、考试词典等,只反映语言的特定表现形式或语文性用途;专项型语文辞书以语言的某一侧面为视角来区分,如发音词典、拼写词典、介词词典、搭配词典、词源词典等。(章宜华等,2007:100) 详解型语文辞书与专用型和专项型

---

① 中华人民共和国国家标准《术语工作辞书编纂基本术语》(GB/T15238—2000)。
② 中华人民共和国国家标准《术语工作辞书编纂基本术语》(GB/T15238—2000)。

相对，不将收录和诠释的对象局限于字典、词典、语典或句典的某一类单位或其某一侧面。

1. 详解型、专用型和专项型字典

字典分为详解型字典、专用型字典和专项型字典。

详解型字典，没有特定的编写目的，收录一般汉字，说明其形体、读音、意义和用法等。

专用型字典，收录汉字的某一类的单位或具有特定用途，包括多音字字典、通假字字典、避讳字字典、俗字字典、方言字典、韵书字典、形声字字典、部首字典、常用字字典、多义字字典、多音多义字字典、多音字字典、同音字字典、古今字字典、古文字字典、难字字典、识字字典、图解字典、信息字典，另外还有说文类辞书、学生字典等。

专项型字典，以汉字的某一侧面为视角来收录和释义，包括字体字典、字音字典、字义字典、字源字典、正字字典、正音字典、组词字典等。

2. 详解型、专用型和专项型词典

详解型词典，没有特定的编写目的，收录一般词语，说明其形体、读音、意义和用法等。

专用型词典，收录汉语的某一类的词汇单位或具有特定用途，包括常用词词典、称谓词典、叠词词典、断代词典、多义词词典、多音词词典、轻声词词典、儿化词词典、方言词典、合称词词典、敬谦辞词典、婉辞词典、口语词典、书面语词典、詈辞词典、隐语行话词典、联绵词词典、难词词典、古汉语词典、作家作品语言词典、外来词词典、新词语词典、流行语词典、缩略语词典、数目词词典、时间词词典、异形词词典、同形词词典、同音词词典、同义词词典、近义词词典、反义词词典、类义词典、信息词典、正误词典、异读词词典、异序词词典、虚词词典、写作词典等。

专项型词典，以词语的某一侧面为视角来收录和释义，包括词源词典、搭配词典、造句词典、语法词典、修辞词典、词语正误词典、词语辨析词典、正音词典、拼音词典。

3. 详解型、专用型和专项型语典

详解型语典，没有特定的编写目的，收录多种或所有语汇单位，说明其形体、读音、意义和用法等。如《现代汉语小语典》，收录了近七千条语汇，包括了比较常见的成语、谚语、惯用语和歇后语。

专用型语典，收录汉语的某一类的语汇单位或具有特定用途的语汇，包括成语辞典、典故辞典、惯用语辞典、歇后语辞典、谚语辞典、俗语辞典等。如《中国成语大辞典》，共收释古今汉语成语约18000条。

专项型语典，以语汇的某一侧面为视角来释义和阐释，主要包括源流词典。如《汉语成语源流大辞典》提供每个成语的最早出处，列出该成语的正体、异体以及略语，并征引书证。

4. 详解型和专用型句典

详解型句典，没有特定的编写目的，收录多种句子单位。

专用型句典，收录汉语的某一类的句子单位或具有特定用途，包括比喻语辞典、格言辞典、广告语辞典、警句辞典、妙语辞典、名言辞典、俏皮话辞典、引语辞典、箴言辞典、赠言辞典等。

但上述辞书的界限不是截然分明的，如有的辞书经常把格言和警句收录在一起，还有的辞书经常把名言和名句收录在一起，如《中外名言名句经典》（宋启讯编，辽宁人民出版社，2001），采撷了400余位名人志士的名句和谚语共4000余条。赠言辞典也会收录格言、警句或名言等。有的句典会把名言、警句收录在一起。《古代汉语名言词典》的条目取自周秦至清末的重要汉语古籍，收录内涵深刻、见解卓越、富于哲理、抒情感人、摹景优美、咏物奇切、写人传神、状事逼真、比喻生动等的句子，除"思想、艺术双坚持"外，也收录了少量的虽谈不到有什么特点但常常被引用的句子。

关于"词典"和"辞典"两个术语，杨祖希、徐庆凯（1992）说过"以谚语、格言、书名等为收录对象的辞书……称为'辞典'较为适宜"。章宜华等（2007：17）也对这两个术语做了区分，"辞典以语言符号的指称物或比词大的语言单位（如成语、谚语、典故、掌故等）为收录对象"。统称上述各种辞书类型时，词典一般指专门性语文辞书中的词典，有时也指普通语文辞书；而语典和句典则称之为辞典。

（四）内向型与外向型辞书

汉语辞书多是面向国人的，随着汉语国际地位的提升，学习汉语的人越来越多，外向型的词典顺势而生，成为一种重要的汉语辞书类型。辞书根据其面向的读者是母语学习者还是非母语学习者，可分为内向型和外向型。

1. 内向型辞书

内向型辞书面向母语词典使用者。在选词、立目、释义、例证的选择上更注重母语学习者。目前出版的汉语辞书中，97%的属于内向型。内向型语文辞书，根据读者的文化水平和使用要求，可以分为普及型、学术型、普及兼学术型。

(1) 普及型语文辞书

普及型辞书是面向广大读者，为其提供基本的语文知识的辞书，是为广大读者扩大知识面、普及语文知识的基础性工具书，通常以初、中等文化水平的读者为对象。所谓"普及型"，首先是指条目出现频率高，注释也通俗易懂；其次是指收词量不大，携带方便。普及型辞书的主要读者对象是学生，我们称之为学生辞书，是配合学校教育的工具书，要求浅显易懂，能适应少儿认知心理，增进学习兴趣，丰富少年儿童的科学知识；收词少，释文简短明快，富于趣味性和故事性，并配有丰富多彩的大量插图。

(2) 学术型辞书

学术型辞书的读者对象为从事专门研究的专门工作者和具有大学及以上文化程度的人，它提供的是特定学科领域或有一定深度的系统知识。如《金文编》《甲骨文编》《说文解字诂林》等，读者为专门的古文字学者等。

(3) 普及兼学术型辞书

普及兼学术型辞书既面向广大读者，也面向从事专业研究的专门工作者和具有大学及以上文化程度的读者。如《现代汉语大词典》主要收录普通话词汇，其中单字条目（含繁、异体字）15000余条，多字条目10万条，可供一般读者和专门工作者使用。

2. 外向型辞书

外向型辞书面向非母语学习者。选词有一定的范围，如《汉语8000词典》《汉语800字》等。释义满足以汉语为二语学习者的使用需求，同时注重语法意义、词汇意义、语用意义和文化意义。

外向型辞书根据读者的水平可以分为初级、中级和高级。

（五）古代型、现代型、古今型辞书

语文辞书按收录单位涉及的时间分为古代型、现代型和古今兼收型。[①] 古代型语文辞书以古代词语为主要收录对象，说解词语的历史形式、古代意义、用法和修辞特点。如商务印书馆的《古代汉语词典》《辞源》，它收录的词语取自古代以正统书面语言写作的有代表性的古籍。现代型语文辞书以现、当代的共同语的词语为主要收录对象，说解词的书写、读音、意义、语法修辞特点和用法。如《现代汉语词典》，"是以记录普通话语汇为主的中型词典，供中等以上文化程度的读者使用"。古今兼收型语文辞书以有文献以来的词汇为收录对象，它古今兼收，源流并重，解释词的古今意义，有人把这类词典比作古往今来语汇的"档案库"，也称为历时词典。《汉语大字典》《汉语大词典》是古今兼收型语文辞书的代表。

（六）大型、中型、小型辞书

语文辞书按收条数量及篇幅可以分为大型、中型和小型。辞书规模的大小因辞书类型、性质的不同而不同。因此，确定语文辞书规模时在充分考虑辞书收条、篇幅、页数和开本等参数后，还应考虑本类辞书所收条目可能达到的总数量。辞书规模的划分是个相对概念。如张志毅编著的小型本《简明同义词典》仅收同义词 596 组；《新华同义词典》是中型本，收同义词 1300 多组，包括 3600 个常用词，收词虽比中型的《现代汉语词典》（收词 56000 个）少很多，但对同义词词典来说，数量已经不少了。

[①] 三种辞书类型的定义参考林玉山的《辞书学概论》第 70~72 页，略有改动。海峡文艺出版社，1995。

第三章 汉语语文辞书的百年进程

随着1897年商务印书馆创立暨国语运动开始（黎锦熙，2011：85），我国进入了现代语文辞书编纂出版时期。曹先擢（1986）认为，现代辞书萌芽于清末，开始于民国初年。所谓现代语文辞书，一方面是时间概念，但重要的是语文辞书编纂理念和结构的改变。现代辞书的特点表现在两个方面：一是在辞书里引进新知识的内容；二是根据现代汉语来收录字词、注音、释义，推广民族共同语，普及教育，提高民族文化素质。（曹先擢，2001）影响汉语语文辞书发生现代化转折的标志性事件是国语运动。国语运动提出的口号"言文一致"和"国语统一"影响了汉语语文辞书的编纂理念和结构，使之摆脱了作为经学附庸的小学地位，走向独立发展的道路，催生了现代汉语语文辞书。我国现代辞书出版时期，第一部汉语语文辞书是1912年商务印书馆出版的《新字典》，至今我国汉语语文辞书已走过了百年历程。回顾百年来我国汉语语文辞书的出版历程，总结我国汉语语文辞书发展的成就和经验，对我国汉语语文辞书发展不无裨益。

为了探讨我国汉语语文辞书发展的特点，我们将现代出版时期的汉语语文辞书出版历程划分成不同的阶段来考查。刘叶秋在《中国字典史略》（1983a）中把我国的语文辞书出版时期划分为六个阶段：战国秦汉、魏晋南北朝、唐宋元、明清、近代（自辛亥革命后至新中国成立前，是辞书的应时与改革期）和新中国成立后（辞书的创新与求精期）。林玉山在《中国辞书编纂史略》（1992）中将汉语辞书发展历史分为六个时期：萌芽期（夏、商、周、先秦）、奠基期（两汉、魏、晋、南北朝）、初步发展期（隋、唐、宋、元）、进一步发展期（明、清）、成熟期（近现代）和兴盛期（当代）。雍和明（2004a）把汉语辞书发展史分为五个阶段：开创期（西周至两汉）、探索期（魏晋至唐朝）、成型期（宋至清）、变革期（从五四运动至改革开放，辞典类型呈现多样化，并以崭新的面貌发展）、成熟期（从改革开放至今，辞典编纂技艺日臻完善，辞典学理论体系逐步健全，辞典学学科发展渐趋成熟）。张志毅（2010）把我国语文辞书出版道路分为五个阶段："辉煌阶段""新兴阶段""辞书小国阶段""辞书大国阶段""走向辞书强国"阶段。我们主要考查现代出版时期我国的汉语语文辞书出版状况。所以，我们的考查范围限于刘叶秋说的"近代"和"解放后"两个时期，林玉山所说的"近现代"和"当代"，曹先擢所说的现代辞书部分，雍和明（2004a）所说的"变革期"和"成熟期"，张志毅所划分的"新兴阶段""辞书小国阶段""辞书大国阶段""走向辞书强国"阶段。巢峰把新中国的辞书出版事业分为三个阶段：第一个阶段是从中华人民共和国建立到十一届三中全会以前，第二个阶段是十一届三中全会之后到20世纪末，第三阶段从21世纪开始。（巢峰等，2002）

　　辞书出版历史的分期，既要考虑辞书自身发展的内在规律，又要充分考虑社会、政治、经济、文化因素对辞书出版发展的影响。辞书自身发展的内在规律，即由辞书发展与创新构成的"历时整体发展"和"共时状态下的标志性特征"。（雍和明，2004a）我们把进入现代出版时期的汉语语文辞书出版历史划分为四个时期：起步期、转折期、繁荣期、新世纪。汉语现代语文辞书出版起步期（1912～1949）：汉语现代语文辞书类型、编纂理念、编纂理论、编纂体例草创既成，反映了我国现代语文辞书编纂者为了适应时代要求而进行改革的努力，标志性的语文辞书有旧《辞源》、旧《辞海》及《中华大字典》《标准语大辞典》《国语辞典》等。汉语现代语文辞书出版转折期（1950～1977）：新中国成立后，确定了语文现代化政策的三大任务：汉字简化、推广普通话和促进现代汉语规范化。这一时期的汉语语文辞书基本都围绕这三大任务而编纂的。另外，新中国成立后百废待兴，我国语文辞书出版事业根据新中国文化事业的建设发展、人们文化学习的需要及现代汉语规范化的需要，出版了一些普及型的汉语语文辞书。这一时期标志性的语文辞书有《辞源》（修订稿）第一册及《辞海·未定稿》《新华字典》和《现代汉语词典》。汉语语文辞书出版繁荣期（1978～2000）：经历了两次语文辞书出版规划而辞书精品纷呈，我国从辞书小国发展为辞书大国；同时呈现出无序竞争状态。标志性辞书有《汉语大字典》《汉语大词典》及一系列精品辞书。

汉语语文辞书出版的新世纪（2001～2010）：汉语语文辞书出版持续繁荣，同时国家相关部门开始着力整顿辞书出版秩序，实施辞书出版准入制，但辞书出版的混乱状况没有得到根本改变。下面我们分期、分类考查汉语语文辞书的百年创新历程。

第一节　汉语现代语文辞书的起步期

　　清末，受西学东渐影响，各种思潮涌动，社会急剧变化，由维新变法、辛亥革命开始，"中学为体，西学为用"的强国理念、五四运动、新文化运动等思想文化运动深刻影响着社会生活的各个方面。汉语语文辞书受此影响开始摆脱作为经学附庸的小学的桎梏，在内容上收录反应社会变化、文化发展和科技最新成就的新词语，以适应人们学习文化、了解新知识的需要，以及配合国语统一运动。这一时期的汉语语文辞书，不但产生了许多新品种，在编纂体例和辞书结构上也借鉴了国外的辞书编纂经验，摆脱了传统字书的束缚，并逐渐形成了现代汉语语文辞书的结构。在出版数量上，也有较大进展，1912年至1949年，我国共出版汉语语文辞书337部。但是由于国力衰微，历经军阀混战、抗日战争和解放战争等，出版数量仅占我国现代出版时期汉语语文辞书出版总量的4.8%。

一　综合性语文辞书

　　我国现代语文辞书出版起步期，共出版综合性语文辞书8部，如旧版《辞源》（商务印书馆，1915）、《辞源续编》（商务印书馆，1931）及其合订本（商务印书馆，1939），旧版《辞海》（中华书局，1936）及其合订本（中华书局，1947），《学生辞源》（上海新华书局，1931），《辞渊》（上海青光书局，1948）。其中《辞源》和《辞海》在我国现代语文辞书史上占有重要地位。

（一）旧《辞源》

1. 性质

　　旧《辞源》无论在收字、收词还是编排体例上，都具备划时代的创新意义，"为中国有新式辞书之始"（郭良夫，1990）。关于旧《辞源》的性质，说法不尽一致。有人认为是百科全书，如刘叶秋（1983b）说它是"我国第一部新型的百科全书式的词典"。有人认为是百科型辞典，如丁希如（2011）说："《辞源》的定位即是一本新旧兼容、承先启后的百科型辞典"。陈炳迢（1985：234）说："《辞源》是我国第一部较大型语文百科兼收的综合性新型词典。"新《辞源》的出版说明中认为旧《辞源》是"我国现代第一部较大规模的语文词书"。杨文全（1998）认为是"一部古今兼收、源流并重的大型历史语文词典"。乔永（2010）也认为是"第一部现代大型汉语语文工具书"。苑育新（1984）说是"我国现代第一部大规模的语文性辞书"。根据其"以语词为主，百科为辅"的收词原则，我们认为旧《辞源》是一本类似《新华词典》性质的综合性语文辞书。《辞源》的语文性从它与《辞海》对百科词释义的差异上也可见一斑。所以《辞源》是我国第一部现代大型综合性语文辞书。

2. 编纂背景

中西文化、新旧文化的激荡和冲突，是《辞源》产生的文化动因。清朝末年，西学东渐出现新高潮。西学传入后，为了进行中西科学和技术的交流，1862年北京成立同文馆，翻译西方著作，于是产生了很多新词新义。但这些新词新义大家较陌生，不利于西学的正确传播，因此需要一部收录和解释这些新词新义的辞书。另一方面，随着废科举兴学堂，学生学习的科目比科举时多了，用来诵习我国传统文化典籍的时间少了，阅读稍典雅的书面语就感觉困难。陆尔奎在《辞源·说略》中说："癸卯甲辰之际，海上译籍初行，社会口语骤变，报纸鼓吹文明，法学、哲学名词稠叠盈幅。然行之内地，则积极消极、内籀外籀皆不知为何语。由是搢绅先生摒绝勿观，率以新学相诟病。及游学少年续续返国，欲知国家之掌故，乡土之旧闻，则典籍志乘浩如烟海，征文考献反不如寄居异国。……其国之政教礼俗可以展卷即得。由是欲毁弃一切，以言革新，又竟以旧学为迂阔，新旧捍格，文化弗进。"因此，新旧文化、中西文化的激荡和冲突是《辞源》诞生的契机：第一，大众有了解西学、学习新知识的需求；第二，接受西学的人需要一条快速了解传统文化的途径。所以编一部新型的辞书以解决这两方面的问题，就成为当务之急。

3. 编纂理念

《辞源》定位于新旧兼容、承先启后，满足社会一般读者的使用需求。所以收词注重实用，"以语词为主，兼收百科；以常见为主"。（《辞源》修订本出版说明）解释字、词力求符合近代科学水平，"结合书证，重在溯源"。(《辞源》修订本出版说明）所以它"既是一部为阅读古籍而用的古汉语辞典，也是传播新思想的启蒙工具"。（张明华，1998：152）在这种理念指导下，《辞源》以传统字书、韵书和类书为基础，吸收国外辞书的优点，在辞书理论和实践上有诸多创新。

4. 收词

第一，传统辞书，仅以"字"为收录单位，把词作为字的附属单位；而《辞源》接受了"词汇"的概念，注意"字""词"的区别，将词作为语言里独立运用的最小单位。第二，《辞源》创立了一种新的汉语语文辞书类型——综合性语文辞书。当时旧《辞源》是收录词条最多、涉及学科门类最广的汉语辞书。它共收单字 13000 多个，词语 10 万多条，包括成语、掌故、典章制度、天文、地理、人名、物名、书名、地名、事件名、音乐、技艺、医卜星相、花草树木、鸟兽虫鱼等各种名词，还有近代社会科学、自然科学术语，内容涉及政治、经济、法律、哲学、艺术、心理学、化学、医学、物理学等各个领域。

5. 释义

第一，释义时注意"字"与"词"的区别，开始以词作为释义对象。第二，按近代科学水平释义，而不再是辑录训诂材料。"从辑录训诂到解释字、词，其差别仅仅隔着一层纸，现在这层纸被《辞源》捅破了。"（汪家熔，2001）如"水"字，自《说文》到《康熙字典》都释"准也"；《辞源》的释义是"氢气氧气化合之液体，无色无臭，在摄氏表百度而沸，冷至零度，则凝为冰"。第三，《辞源》开创了对多义字和多义词划分义项进行释义的体例。列举语源和书证，厘清每个词最早使用的时代，尽量做到每一词条都列出尽可能早的书证。第四，对外来词都注明其外文原文。(5) 利用插图和附图，作为辅助释义方法。

6. 编排

第一，首创"部首、笔画、以字带词"的综合编排体例。首先，《辞源》借鉴《康熙字典》的部首、笔画排检法，将 13000 个单字按 214 个部首和笔画编排。其次，以单字为字头，字头之下收列以此为字头的复音词。同字头的复音词的排序按先"字数"后"笔画"的原则排序，字数少的复音词排在前，字数多的复音词排在后；字数相同的复音词，以第二字的笔画数为序，少的排在前，多的排在后。依此类推。这种"部首、笔画、以字带词"的综合编排方式，成为我国现代综合性语文辞书和普通语文辞书的基本编排体例。后出的辞书如《辞海》《注音新辞林》《国语辞典》等，纷纷沿用。其实《辞源》这种体例，是在借鉴清人《佩文韵府》和《骈字类编》的基础上加以发展而成的。（刘叶秋，1983a：235）《佩文韵府》则又是在《韵府群玉》《五车韵瑞》的基础上形成的。（赵振铎，1986：133）但是它们都是按下字（或尾字）确立字头和排序，而《辞源》是按上字确立字头和排序。《骈字类编》单字下所列复音词，虽然也采取首字与字头一致的方式，但每一字头下所列的词采用"以类相从"的义类编排方法排列，明显带有雅书的痕迹。而《辞源》"以形为纲"，着眼于字形、笔画的区分，不仅有利于读者查检，还具有现代词典编纂理念。第二，音义并异、分立字头。《辞源》所收单字，凡字形同而音义不同的，各自注音切，然后分别在不同的读音下分义项解释字义，并举书证；各义项之间用数字标明顺序。受此影响，《中华大字典》和旧《辞海》均采用这种体例。（3）《辞源》另附难检字表。这体现了旧《辞源》以实用和方便读者为宗旨的编纂理念。

7. 修订

《辞源》出版后的十余年间，"世界之演进，政局之变更，在科学上、名物上自有不少之新名词发生，所受各界要求校正增补之函不下数千通……加以文体丕变，报章杂志多文言语体兼用，在昔日不甚习用之语句，后来成为常言，是不独新发见之事物，月异而岁不同，即旧有之文物宪章，因时事推移，不能不变更去取之目的"。（《辞源续编·说例》）1931年出版《辞源续编》，做校正增补。"一则注重古言，一则广收新名，正书为研究旧学之渊薮，此编为融贯新旧之津梁，正可互救其偏。"（《辞源续编·说例》）《辞源续编》将新增词语按照正编收字顺序排序，而字头不再列出。但书前仍附部首索引及检字表。

8. 合订本

1939年，商务印书馆出版了合订本。"为阅者检查便利起见，将本书正续编依次合并，并放大版本，订成一册。"（《辞源正续编合订本·说明》）全书收单字11204个，复词87790个，合计词目98994条。卷首仍有部首目录、笔画检字。但对释语和检索做了改进。《辞源》及其续编的释语，均是文言形式，以句读断句；而合订本则使用了新式标点符号。为方便检索，书后增加了王云五"四角号码检字法"。但其不足之处是，字头标音仍用《音韵阐微》的反切注音，标明韵部，以同音字做辅助；没有采用注音字母和罗马字。1913年"读音统一会"议定"注音字母"，比《辞源续编》还早的《注音新辞林》及与其合订本同期的《国语辞典》和《标准语大辞典》都采用了注音字母或国语罗马字注音。

（二）旧《辞海》

旧《辞海》，中华书局1936年出版上册，1938年出版下册。1944年开始对《辞海》进行勘误，编制《辞海》缩印合订本，1947年正式出版。

旧《辞海》在我国现代辞书史上继往开来，"后出转精，无论在体例、条目的收列、释文等方面都取得了新的成就"（李开，1990：95）。旧《辞海》纠正了旧《辞源》的一些缺点、错误，内容和体例都有改进。

1. 编纂背景

旧《辞源》出版后虽然起了不小的作用，但也存在着许多缺点。刘叶秋（1983b）认为其旧词部分的缺点表现在：第一，很大程度上照录古类书、字书的材料，未经整理核对，沿袭其错误。第二，对"穷源竟委"的工作，做得很差。第三，解释往往不够确切，而且错误不少。第四，引书没有卷次、篇目，不便复查原文。第五，收词远远不能满足读者查阅需要。新词部分，所收门类很广，但缺漏很多。旧《辞源》出版后，特别是五四运动以来，社会发生了很大变化。这段时间新词增加很多，特别是因留学欧美归国学生增多而外来词译名也逐渐增多或变化。"现代学艺之进展，人事之迁移，新陈代谢，瞬息万变；因之语言之孳乳递演，亦绝尘而驰，一日千里。苟非推陈出新，顺时以应，则辞书之用有时则穷。"（《编辑大纲》）所以旧《辞海》不但需要弥补《辞源》对旧词语释义的缺陷，还"面临搜集、写定和解释新词汇的任务"。（汪家熔，2001）

2. 编纂理念

旧《辞源》已初步确立了以读者需要为宗旨的编纂理念。旧《辞海》则更明确地提出"自当体察用者之需要，恰如其所需以予之"（《辞海·编辑大纲·要旨》）。在这一理念指导下，旧《辞海》在收词、释义、编排体例等方面具有创新。

3. 收词

第一，旧《辞海》共收单字13955个，词目85803条，其中单字、语词条目占51％，百科条目占49％，是一部侧重于语词的综合性辞典。（王震，1996）第二，在词和非词的问题上，旧《辞海》比旧《辞源》判断标准严格。（刘叶秋，1983a：240～241）如旧《辞源》子部"孝"字头下收录了"孝子粥""孝鱼泉""孝冯家""孝亿国"等十几条短语，旧《辞海》都没收。第三，增收了小说、词曲中的常用语词，多为旧《辞源》所未收者。黎锦熙说："因为'常'则必'俗'，常俗用字，每为旧时字书所不屑道，近今辞典偶道之而不能探其源，……现在读《元曲选》或《水浒》等旧白话小说的，从此才算有了辞典可查。《辞海》总算能担负起一部分的任务了。"（黎锦熙《辞海·序》）第四，收词"重点放在搜集新词方面"（王震，1996），选收了很多五四运动以后传入中国的新名词。

4. 注音

旧《辞海》单字注音用《音韵阐微》的反切，加注直音，标明平水韵韵部。依《国音常用字汇》所定的字音，以注音字母和国语罗马字编成《国音常用字读音表》附在书后，既便利读者查检字音，也增强了辞书正音的权威性。（张明华，1998：155）"注音字母"于1913年由"读音统一会"议定，1918年北洋政府教育部公布，1930年国民政府改为"注音符号"，至旧《辞海》出版时已推行了近20年。在这种情况下，旧《辞海》仍用反切注音，就显得落后了。比旧《辞海》较早的《注音新辞林》及同期的《国语辞典》《标准语大辞典》《中华国语大辞典》等都采用了注音符号或国语罗马字注音。

5. 释义

第一，《辞海》初步具有了辞书编纂的整体观。首先，《辞海》制定并遵循统一的释义模式。旧《辞源》通常是释义后引证，也有的是先引例后释义，有的只引例不做解释，有的释义而不引例。旧《辞海》避免了《辞源》这方面的缺陷，每一词条，大都先释义，后引证，体例较为一致。其次，在处理条目交叉问题时，旧《辞海》初版的编辑大纲说："各条有牵连者，务求其贯通……为免纠纷计，校订一辞，辄调取有关系之各条，一一检阅，同时解决"，"有关联之各条，彼此详略互见，或仅详甲条而略于乙丙等条者，则于义证或辞目之下，只载详某条、见某条、参阅某条，以便检查而省篇幅"。第二，释义较为确切，尤其"对百科性的词条做得较精，也是《辞海》的一个特点"。（刘叶秋，1983a：241）

第三，引书举例详注出处，便于读者查考。不仅注明书名，还标明篇目；引自古代戏曲、小说的，则注折、回数。黎锦熙说："这是所谓朴学，是'正名辨物'底基本态度，要办到这个，多少不免要查对一些原书。有这种'不惮烦'的精神，才能够超过类比、罗列而有折中、归纳之言。……《辞海》对于'正名辨物'的工作，总算有相当的贡献了。"（黎锦熙《辞海·序》）第四，全部使用了新式标点。新式标点在五四运动后大量使用，本是应该，但值得提出的是对引用古籍时使用新式标点。

6. 编排

汉语中存在着大量一字多音、一音多义的现象，在处理字头中复杂的音义关系方面，旧《辞海》吸收了旧《辞源》的做法，并做了改进，比《辞源》醒目、明了。如"参"字的多个读音以（甲）（乙）（丙）（丁）（戊）列出序次。义项从属于相应的音切，按音切分别排列序次，体现出音义对应。（徐庆凯，1996）同时期出版的《标准语大辞典》《国语辞典》对多音多义字的排列均依这种体例。这种处理方法成为现代语文辞书处理多音多义字的基本体例。

7. 附录

有检字表、韵目表、中外历史大事年表、译名西文索引、国音常用字读音表等 10 项内容，方便读者使用。

二 普通语文辞书

这段时期共出版普通语文辞书 20 部，如《国语普通词典》（中华书局，1923）、《王云五小辞典》（商务印书馆，1931）、《启明辞林》（启明书局，1940）等。而在现代辞书出版史上具有创新意义的是《注音新辞林》《王云五大辞典》《标准语大辞典》和《国语辞典》。

（一）《注音新辞林》

中国现代出版时期，出版较早的一部现代型普通语文辞书就是《注音新辞林》，上海中华书局 1921 年出版。本书释义用浅近文言文，编排仿照《辞源》。但在编纂理念、收词和注音方面有创新。它的编纂理念是以应用为主。"读书作文不能无检查之书，我国从前只有字典，欲检查两字以上之辞，殊不易觅。近年虽有一二种辞典，然非过于简陋，即失之古奥，且又不加注音字母，不适现今之用。本书在力避诸缺点，而以适于应用为主。"（《注音新辞林·编辑大意》）收一般常用词，限于"普通文以及书函中所应用之辞","以普通应用为标准,其过于偏僻及艰涩者,一概不采"。(《注音新辞林·编辑大意》)无论单字还是复词,均采用注音字母注音,"根据九年十二月教育部改正国音新令编入。故即以国音论,亦为最新最确之本"。(《注音新辞林·编辑大意》)尤其是给复音词注音,它与周铭三编的《国语词典》为最早。这是它最重要的创新之处。

(二)《王云五大辞典》

1930年商务印书馆出版的《王云五大辞典》是一部以收集、解释现代词语为主的词典。该词典为中等文化程度的人参考使用,是第一部以四角号码编排的辞书。收单字10000个,词语50000条。这部词典基本上用明白的白话解释词义,释义简明。每个词条先标明词性,再释义,而且释义时结合词性,为现代汉语词语意义、用法的说明做了有益的探索。(符淮青,1993)在解释字的不同意义时,编者认为不同义项词性有不同的,也都注明。作者在序言说:"单字,也按照词性分别,一一说明其意义,并随时举例,以显明其功用。"本书适当运用插图辅助释义。"本书对于词语的解释,详略适中,以与人正确观念为原则,又单用文字解释,尚有不甚明白之处,则加以插图。"(《序言》)释义时举例句说明用法,显示出已具有现代描写性词典的性质。

(三)《标准语大辞典》

全国国语教育促进会审词委员会编,商务印书馆1935年出版。该书编纂始于1927年,收集北京话词语七万多条,后经统计、审定,收入三万六千多条。该书作为全国国语教育促进会国语建设工作之一,其编纂宗旨是为推广国语服务,"供研习、检查标准语的应用"(《标准语大辞典·编辑凡例》),是第一部以北京话为收词和注音标准、用白话释义的汉语普通语文辞书。

1. 收词

收字、词、语共36000多个。所收单字,"以合于口头应用的单音词和本书词、语里所应用的为限"。(《标准语大辞典·编辑凡例》)收词限于语文词语,不收专科词语。"所采词、语以标准地(北平)的通行语为范围。凡社会上普通应用的词、语,适合谈话、作文的成语,一概采入。"(《标准语大辞典·编辑凡例》)所收词语,"只要是口头上应用的,不论新旧,一律兼收并蓄。但各词、语的意义,以现在标准地通用的为

准；古义和方言的意义概不采入"。(《标准语大辞典·编辑凡例》)

2. 注音

第一，单字注音，根据国民政府教育部公布的新标准，用注音符号和国语罗马字注音，并标注声调。"不过不是本书词、语里所用的音一概不采。"(《标准语大辞典·编辑凡例》)第二，单字常有正音和变音或变调，在活语言里多种并用。对于多种音并列，正音在音前加"正"，变音在音前加"变"，以做区别。有一部分字的变音、变调，教育部公布的《国音常用字汇》上没有，为方便读者对词、语的应用，该书根据当时北京话的习惯加入。

3. 释义

第一，义项收列较完备，释义简明精当。第二，释文用国语。必要时加例句，例句也用标准国语。① 例证是语文性词典的基本内容之一，因为例句有辅助释义、提示用法、注明出处、提供知识等作用。该书例句简短，极具口语化。如"打"：①敲打。(例)他打我。②打碎。(例)打了一个碗。③编东西。(例)给我打一个结子。④制造。(例)打首饰。⑤做某种事。(例)打算盘、打官司、打酒、打鱼。⑥虫咬坏东西。(例)这件衣裳，叫虫打了。⑦刺激。(例)临睡喝了酽茶，打得睡不着。⑧计算。(例)打他五块钱。⑨从。(例)打这儿走进。第三，用新式标点符号。

4. 编排

该书字头及复词、短语的编排，依《辞源》体例。一个字有几个音或声调的，按照意义或用法分别排列。后附补遗和四角号码索引。

(四)《国语辞典》

黎锦熙董理，汪怡主编，共 8 册，商务印书馆 1937～1943 年出版。后经删节，改名为《汉语词典》，1957 年出版。它的创新之处表现在编纂理念、收词、注音和编排体例等方面。

1. 编纂背景

20 世纪初，旨在促进我国共同语确立和发展的国语运动对汉语辞书产生了较大影响。为促进国语统一，中国大辞典编纂处历时十年编成

---

① 释义用北京口语，并举例句，采用这一体例较早的是《国语词典：京音、国音对照》，周铭三编，方宾观校订，上海商务印书馆，1922 年初版。

《国语辞典》，1943年出齐，这是一部以描写现代汉语词汇系统为主的大型普通语文辞书。

2. 编纂理念

《国语辞典》较之前的语文辞书在编纂理念上有创新。它的主要目的在于"正音"和"定词"。关于"正音"，黎锦熙说："凡学习标准国语的人，或者想照国音来诵读新旧书籍的人，得此随时检寻，不但可以矫正单字之读音，并且可以知复合词前后音节的孰轻孰重，孰应'儿化'，使与活语言相符合。"（黎锦熙《国语辞典·序》）关于"定词"，黎锦熙说："凡学习国语罗马字的人，或者想把汉字或注音符号照'词类连书'来写作或排印的人，得此可略知某词应连书，某词应分写，免得写作时的彷徨不定。"（黎锦熙《国语辞典·序》）此外该书还可供"小孩子作文查汉字"用，"习熟了注音符号的民众查汉字"用，"外国人懂汉语的进修汉文"用。（黎锦熙《国语辞典·序》）

3. 收词

《国语辞典》收词约10万多条。凡汉语中"常用""间用"之词，及"罕用"须备查考之词，均予收录。各学科中较常用的词语，见于中国古籍而尚流行于现代语文中及通俗口语词汇，常用成语、古今中外人名、地名，也都收录。收词丰富，重视现代口语，这是《国语辞典》的一大特色。

4. 注音

第一，收录的全部单字、复词、成语、术语都依照标准国音，逐字用注音符号和国语罗马字标注读音及声调。汪怡在《国语辞典·序二》中说："别的辞典，到现在止，都不过在单字上注音，还没有把复音词和短语一律注音之较为完备的书。"其实比它较早出版的《注音新辞林》和周铭三编的《国音词典》已经这样做了。第二，复合词、成语，除科学术语及属于旧籍范围者外，凡属活语言，均按当时北京口语语音标注。经史古籍中的生僻字，参照唐宋以来的韵书，遵循古今音变条例，斟酌定音。《国语辞典》如实记录活的语言的标准读音，有益于推广国语。第三，字、词的异读、声调、轻声等变化，口语中的儿化，词儿连写，用国音一一标明。这些都是《国语辞典》注音体例方面的创新。刘叶秋（1983a：246）说："《国语辞典》成为近代词典中注音改革的先导。"

5. 释义

第一，《国语辞典》已认识到语法属性标注在释义中的地位，在凡例中说："各词中有注明词性之必要者，均于释义中分别注明之"。但《国语辞典》对词性的注释仅限于虚词，这点不及《王云五大辞典》。第二，《王云五大辞典》《国语辞典》都想通过例句来显示词语的用法，但例句不丰富。

6. 编排

第一，继承《辞源》以字带词的编排方式。单字有异音异义的，分别列出，用数字标明，在各读音下做出不同的解释，并带出相应的复词。第二，复音词有轻声和非轻声的区别，则分立条目，用数字标明，并分别注音、释义。现代汉语辞书如《新华字典》《现代汉语词典》等继承了这种体例。第三，按注音字母音序编排字、词，同时兼顾字形。同音的字，以声调为序，即阴平、阳平、上、去和轻声。再把具有相同"音符"的字排为一组，每组字以笔画多少为序，笔画少者在前，多者在后。复合词和成语，排在单字头下面；其排列次序，按第二字以下注音符号的拼音次序为序，不论字数多寡。复合词和成语中第二字以下同音者，先把字形相同者排在一起。儿化词，读音发生变化的，仍按未变时的读音排列。《京音字汇》是现代出版时期第一部按音序编排的字典，《国音常用字汇》沿用了音序编排的体例，《国语辞典》则更前进了一步，成为我国第一部严格意义上的音序词典。这种编排法有很多优点，正如汪怡《国语辞典·序》中所说："检查时可就注音符号次第，开卷即得，实能节省时力不少。……寻音求字，便利滋多，更可收书写上用字正确之效"。音序编排兼顾汉字字形，"对于词义的了解，能够有更多的帮助"，对检索汉字也比较方便。（郑奠等，2009）

《标准语大辞典》《国语辞典》是为指导国语的理解和应用为目标的语文辞书，它们的出版，标志着现代汉语规范型语文辞书的诞生和发展。

三　专门性语文辞书

本时期共出版专门性语文辞书309部，其中字典201部、词典61部、语典40部、句典7部。

（一）字典

1. 详解型字典

本时期共出版详解型字典146部，如：《中华新式字汇》（中华书局，

1924)、《中华万字字典》(中华书局,1926)、《中华新字典》(广州环球书局,1937)、《国民大字典》(军民书店,1945)、《标准国音字典》(上海广益书局,1940)、《中华新字典》(上海广益书局,1914)、《最新注音实用新字典》(安东诚文信书局,1940)、《简明新字典》(上海会文堂书局,1917)、《国音普通字典》(中华书局,1921)、《中华国音新字典》(中华书局,1921)、《中华小字典》(中华书局,1943)等。其中在现代辞书出版史上具有开创意义的是《新字典》和《中华大字典》。

(1)《新字典》

《新字典》,陆尔奎主编,商务印书馆1912年初版,1929年再版。在《辞源》出版之前,商务印书馆考虑到读者的需要,将《辞源》的字头部分辑出编成《新字典》。《新字典》不仅是《康熙字典》问世250年后最早的、第一本革命性字典(汪家熔,2001),而且开风气之先,标志了中国旧字书的终结和新字书的诞生,成为我国第一部现代型的汉语语文辞书,宣告我国步入了现代语文辞书出版时期。

A. 编纂理念

"自教育革新以来,普通学校,科目既繁;专门学校,分析尤微,承学之子,以余力治文词,殆不及往昔之十一。常见聪颖之儿童,入学三数年,执笔成文,朗朗可读,及授以稍典雅之书翰与夫报章论说,则满纸荆棘,不能卒读,以古来相传成语故事多非素习故尔。欧风东渐,学术进步,百科常识,非一人之学力可以兼赅,而社交日用之需要时又不可或缺。"(《新字典·缘起》)编者有感于"欧洲训蒙之书,乃依学生之年龄,特别编辑","种类如何繁多,检查如何便利",认为"教育之普及,常识之具备,教科书辞书之功为多"。(《新字典·缘起》)于是,决定编辑一部普及型新型字典。蔡元培在《新字典·序》中指出:"于吾前举《康熙字典》诸缺点,既皆矫正,而于民国成立之始,得此适用之《新字典》,其于国民之语言及思想,不无革新之影响。"(蔡元培,1992)《新字典》为现代辞书出版时期第一本摆脱小学附庸的字书,开汉语语文辞书出版之新气象。

在这种理念指导下,《新字典》改变了传统字书的编纂模式,在收字、释义、排检、附录等方面都有所创新。

B. 收字

《新字典》收字共9458个,不求多,但求实用。编者认为《康熙字典》"所收字数多至四万余，而适于日用者，不过十之一二"。(《新字典·例言》)所以编者从《康熙字典》中筛选出当时仍在社会上通行的用字，又增加一些常用而《康熙字典》失收的俗字。"通常应用之字，字典不收者，悉数补入，如炸药之'炸'，礁石之'礁'，本眼前所见，然遍检字书，却焉不载。"又注意收录新产生的近代科技新字，"通行之译音，有借用旧字者（如锌咪等），有特创新字者（如钙镍等）及日本新造之字（如腺○等），悉数采入。"（《新字典·例言》）它不仅是中国第一部收录现代科学新字的字典，而且具有规范的作用。"但旧译本于外国名词，多加口旁（如"英吉利"作"嘆咭唎"等），非现在社会所通行者，则仍不滥载。"（《新字典·例言》）

C. 释义

第一，按近代科学释义。《新字典·例言》说："关于天象、地质、生理、博物、理化等科学上之字，皆以新说为主；重要之天然物、人造物，并详载其制法、产地及功用等。"（《新字典·例言》）第二，补充旧字书缺失的义项。"通俗字义，为旧字书所缺失者，皆择要补入。有由本义引申者，如父子相继为一世，而凡与先辈有交谊者皆称世是也。有与本义无涉，而因有故事，遂假借以成名词者，如丑本十二支名，而又为戏剧角色是也。"（《新字典·例言》）第三，释义用插图。"重要实物，皆附图画，其应表明位置者（如栋梁等字），则为合图。"（《新字典·例言》）

D. 编排体例

第一，义项分列，数字标示。《康熙字典》等用空缺一字，加"○"、加"又"等来叙述一个字头下的多个义项；而《新字典》则用数字标示。其后的《辞源》《中华大字典》《辞海》皆采用这种方式，并沿用至今。第二，编排"依从社会习惯，分部分画"（《新字典·例言》），沿用《康熙字典》体例。但书前有《检字表》，"按照笔画顺序编次，每字之下，注明页数"（《新字典·例言》）。第三，为照顾读者查生僻字的需要，书后附《拾遗》，收录生僻字3.5万个，加注简单读音。

E. 附录

《新字典》设置的附录有：(1) 中外度量衡币对照表，"关于外国度量衡币等，皆载明与我国之比较，以便对照"（《新字典·例言》）。(2) 中国历代纪元表。这些附录成为现代语文辞书附录的雏形。

(2)《中华大字典》

由陆费逵、欧阳溥存主编，中华书局1915年出版。它改正了《康熙字典》的4000多条错误，还有许多地方可以补《康熙字典》的不足。周祖谟（1988a）认为其具有很大的参考价值，在中国字典编纂史上仍然有其地位。

A. 收字

确立古今正俗兼收的原则，收字数量和范围超过此前的各种字书。除继承《康熙字典》的字汇外，还采录了近代的方言俗字和翻译中的新字。许多生僻字、社会上通行的俗字和科学新字，如"铱""镍"等，在《中华大字典》中都可以查到。籀、古、省、或、俗、讹诸体，以音、义、证三者有其二为准。收字48200多个，比《康熙字典》多收1000多个。在我国现代语文辞书出版史上，它是《汉语大字典》之前收字最多的字典。

B. 注音

标音以《集韵》为准，《集韵》不收的，取《广韵》或其他字书的反切；用加按语的方式对某些字的音读做分辨。而稍早出版的《辞源》和《辞海》都采用了对多音字分项注音释义的体例。

C. 释义

第一，《中华大字典》义项划分较《康熙字典》更细，义项比较完备，先列本义，次列引申义和假借义。用加按语的方式辨析字义异同，解说本义、引申义。第二，重视收录新义，重视外语借词的释义。《中华大字典·序文》："于天象地质理化等科之字皆取新说。"外国的事物、地名等附英文单词。第三，书证多而且征引范围大，且详注出处。第四，释文中适当收录一些由该字头组成的复合词，而且数量颇多，使字典兼具词典的作用。这对后世产生了较大影响，如《新华字典》《古汉语常用字字典》《简明古汉语字典》等均收录了一定数量的复音词。第五，插图释义。对日月、星辰等天文学名词，鸟兽、虫鱼、草木等动植物名词，及衣冠、钟鼎等古代器物名词，用插图辅助释义。

D. 编排

第一，沿用《康熙字典》的214部，仍分子、丑、寅、卯等12集。但对一些部首的顺序做了调整，笔画数相同的部首，凡有联系的，都排在一起，如"手、毛、心、爪以物同""人、八、儿、几以形近"。同一部首下的字，按笔画多少为序，笔画少的在前，多的在后。这与《辞源》相同。第二，音义并异、分列字头。《康熙字典》采取"一字之下，罗列诸切"的注音方式，令人无所适从。《中华大字典》对同形而音义俱异的字分列条目。《凡例》："形体虽同，而音义并异者，另为一字，复列其次；其义同音异者，只列一字，兼存诸音。"这一创新改变了《康熙字典》不论音义是否相同，一律只立一个字头的惯例。注重音义关系并以意义为核心建立字头的方法，体现了汉语辞书"较为成熟的编纂思想"。（李开，1990：82）这是《辞源》《辞海》等现代语文辞书在处理注音与字头的关系上的共同特点，后来的语文辞书基本上都沿用了这种体例。第三，多义字义项分列、数字标示。这也是《新字典》《辞源》等采用的体例。"今每字诸义，分条列证，不相混函"。（《凡例》）义项用"㊀""㊁""㊂"等数字标明顺序，分行排列，眉目清楚。每个义项列了1个书证，一般都注明篇名。

E. 释文标点

书名、按语加括号，句读用符号"、"或"。"表示，释文中用符号"｜"代表字头本字。突破传统句读，比同期出版的《辞源》等有较大改革。可以看作是新式标点符号的雏形。

此外，《中华中字典》（中华书局，1916）由《中华大字典》节缩而成，《实用大字典》（中华书局，1918）以《中华大字典》为蓝本，增删补遗和正误而成。

2. 专用型字典

这段时期专用型字典共出版了20部。

（1）说文字典

本时期出版说文字典2部，除再版《说文解字系传》（商务印书馆，1929）外，还有《说文段注指例》（吕景先编著，正中书局，1949）。

（2）古文字字典

古文字字典辑录甲骨文、金文、战国文字和秦汉简帛等古文字形体，有时给予释义。随着清末和民国时期殷周金文考释方面取得学术成就，本时期出版了古文字字典2部，其中《金文编》在我国现代语文辞书史上占有重要地位。

《金文编》，容庚编，1925年罗振玉代为刊行，中华书局1935年出版《金文续编》。1938年补订，中华书局重刊。1959年科学出版社出版校补本，1985年中华书局出版新修订本。

《金文编》是中国第一部完备的金文字典，填补了中国辞书的空白。《金文编》以其摹录精确、收字全面、考释严谨，得到文字学者的赞许。据李学勤（1988），王国维认为容庚释字谨慎，书中立说大多可信。对大型字典、古文字辞书的编纂有重要参考价值。正编按《说文解字》部首排列，《说文》没有的字附在各部之末。"图形文字之未识者，为附录上；形声之未识者、偏旁难于厘定者、考释犹待商榷者，为附录下"（《金文编·凡例》）各字上方标注篆文，编有顺序号码。卷末附《引用书目表》《引用器目表》《检字表》等。

（3）韵书

韵书收录汉字并分韵编排，是汉语特有的语文辞书品种。在古代它是作为审音辨音使用的，今天在写古体诗词时可用来检韵，也可用来研究古音、今音及了解字的古义和查阅冷僻字。韵书一般先分四声，再分韵脚；凡同声调同韵的字归为一部，取其中的一个字做标目，注音释义。本时期出版韵书6部，如《徐氏类音字汇》（深柳书局，1927）、《国音指掌图》（商务印书馆，1922）、《韵略字典》（云记印刷所，1949）、《国音分韵常用字表》（人文书店，1934）等。

（4）同音字典

同音字典按音序把同音的汉字汇集在一起。本时期出版同音字字典4部，如《国音知音检字》（北新书局，1935）、《（增订注解）同音常用字汇》（商务印书馆，1949）、《国音基本字同音字手册》（国立社会教育学院江苏国民教育试验区，1947）、《中文同音字典》（经世书店，1945）等，而《京音字汇》在我国现代语文辞书史上较为重要。

《京音字汇》，王璞著，民国书局1912年出版。《京音字汇》是我国现代辞书出版史上第一部现代北京话同音字典（陈泽平，1996），也是第一部采用音序排列并辅以部首笔画检字的字典，在我国语文辞书史上承先启后。

A. 编纂背景

清末提出国语统一的问题，但国语运动初期，学者们对"国音标准"认识模糊，意见纷纭。1902年京师大学堂总教习吴汝纶主张在学校教学王照的官话合声字母，推行以"京话"（北京话）为标准的国语。1911年"中央教育会议"通过《统一国语办法案》，审定国音标准。1913年民国政府召开"读音统一会",议定"国音"标准,1919 年出版《国音字典》,这是"老国音"。1923 年国语统一筹备会成立"国音字典增修委员会",决定采用北京语音标准,这就是"新国音"。1932 年教育部公布发行、采用"新国音"的《国音常用字汇》。而王璞支持王照"言语必归划一,宜取京话"的正确主张,在 1912 年就出版了完全以当时的北京语音为标准的同音字典。《京音字汇》"代表了国语运动早期'以北京语音为标准音'的正确主张"。(陈泽平,1996)而《京音字汇》却比《国音常用字汇》早了 20 年。

B. 收字与注音

收汉字 8000 余个,以书面语用字为主,兼收口语用字,包括一些不见于《康熙字典》的北京口语俗字。"字有不见于字典而俗皆沿用者,如病症之'症'字等类,此书皆罗致之。"(《京音字汇·例言》)注音以读书音为"正音",但也注意收集口语音。"字发音有文俗迥异者,如咳嗽之'咳'字等类,此书皆详注无讹。"(《京音字汇·例言》)以 50 个"母音"(声介合母)与 12 个"喉音"(韵母)拼成 404 个基本音节,再将音节逐个分出四声,即"上平""下平""上声""去声"。每个基本音节标上"母音"代表字和"喉音"代表字组成的反切,还辅以拉丁字母注音。陈泽平(1996)认为《京音字汇》对北京音系的分析是完整的、充分的,方法也是科学的。它与《汉语拼音方案》的主要区别在于它采用了"介音归声不归韵"的双拼法。"母音"加上"喉音"共 62 个拼音单位,与《汉语拼音方案》声母加韵母的总数 61 个拼音单位相比,在系统的经济性方面也可堪伯仲。

C. 排检

正文按音序排列,同音字排在一起,于每字之下加注在《康熙字典》的属部;按拼切顺序和四声顺序依次排列。正文前有一张折叶的"北京发音表"(双拼式北京话音节全表)作为"射标法"的音序检字索引。后附的部首笔画检字索引,依《康熙字典》。

按音序编排,辅以部首笔画检字索引,是《国音常用字汇》《国语辞典》和新中国成立后出版的《新华字典》《小学生字典》《现代汉语词典》等语文辞书的共同特点。而在按这种体例编排的汉语语文辞书中,《京音字汇》是第一部。

王璞又编《国音京音对照表》(商务印书馆,1921),是将《国音字典》中与北京读音或北京俗音有出入的字搜集而成的。

(5) 常用字字典

常用字字典收录常用字，一般有注音和简单释义。本时期出版常用字字典4部，如《民众常用字汇》（四川省立教育科学馆，1948）、《最常用三千五百字谱》（教育部国语教育讲习会编，1948）等。

识字字典1部：《识字顾问》（陈绍唐编，中华书局，1948），收字是从各字汇、词典辑录，每字加注音并释义。

俗字字典1部：《宋元以来俗字谱》，刘复等编，1930年北平"国立中央研究院"历史语言研究所出版，收集宋元明清12种民间刻本中所用的简化字6240个。

3. 专项型字典

这段时期共出版专项型字典35部。

(1) 正音字典

正音字典收录汉字，并确定字的标准读音，或为难字、冷僻字、容易读错的字提供读音。一般只注音无释义，如果是多音字，为了区别则分别注释。本时期出版正音字典7部，如《国语正音字典》（商务印书馆，1926）、《新旧国音辨异》（东方编译社，1928）等，具有代表性的是《国音常用字汇》。

《国音常用字汇》，教育部国语统一筹备委员会编，商务印书馆1932年出版。这是一部"以北京语音为标准音"、代表"新国音"的正音字典。同时它也是民国时期整理现代汉字成果的集大成者。（费锦昌，1997：54）第一，确立国语的语音规范。1911年"中央教育会议"通过《统一国语办法案》，提出"统一国语"，提出国语的语音标准"以京城为主，不废入声"。1913年民国政府"读音统一会"主张"国音"的标准"大致不离于普通所谓的'官音'，但须有'入声'和'浊音'"。1919年出版的《国音字典》，确定官话语音的标准有第五调或入声，分尖团，有 /o/ 和 /e/ 两个中元音，以及符合传统的其他各种特点。（赵元任，1985）这就是"老国音"。由于教育界广大人士的反对，教育部议决"指定北平地方为国音之标准"①，并制订一部代表新国音的字汇。1925年《国音字典》增修委员会推举了钱玄同、黎锦熙等6人起草。1929年国语委员会

---

① 《国音常用字汇》教育部布告第三零五一号附本会请公布《国音常用字汇》函。

第二次常务委员会决定把《增修国音字典》改为《国音常用字汇》，1931年定稿，1932年5月教育部正式公布新国音的范本《国音常用字汇》。《新华字典》就是根据这个标准注音的。第二，《国音常用字汇》通过收字立目和编排进行了一次现代汉字整理，在字量、字形、字音、字序方面建立了初步的规范。它收正字9920个，收"别体重文"（异体字）1179个，收"变音重文"（异读字）1120个，共计12219字。与《国音字典》相比，增加了一些通用的简体字形。正文按注音符号音序排列。费锦昌（1988）说："《国音常用字汇》的公布是中华人民共和国以前中国整理现代汉字的一块里程碑。"第三，以北京语音为标准音，用注音符号和国语罗马字注音，并"列阴平、阳平、上、去四种声调的拼法"，给后来民国时期的其他辞书和新中国辞书提供了"以北京语音为标准音"的注音方式。第四，《国音常用字汇》沿用了《京音字汇》的基本编排体例，但具体编排方式有所改进。首先，按37个注音符号次序排列汉字，确立了现代语文辞书按音序编排的基本体例。"本书的说明"第25条："今后的中国字典，以依音排列为唯一之合理的办法。"其次，全书注音字母、国语罗马字、汉字版式一律横排。再次，正文前有《国音常用字汇检音表》，类似《现代汉语词典》前面的"音节表"。采用注音符号，列出声母与韵母配合的所有音节（不计声调），共411个。在现代汉语规范史上，这是第一次确切记录现代北京音系的音节总数目。第四，《国音常用字汇》中的说明文字都使用新式标点。

（2）正字字典

正字字典提供汉字的标准形体和书写规范，供人们在不知道某个词的规范写法时查阅，其内容有规范字形和读音，一般无释义。本时期出版正字字典15部，如《字类辨正》（中国文化服务社/上海亚细亚书局，1935/1936）、《字别辞典》（上海三江书店，1936）、《字学辨正》（上海大达图书供应社，1935）、《文字正误》（上海经纬书局，1936）、《作文辨字典》（文艺书局，1934）、《别字医生》（儿童书局，1937）等。

（3）辨析字典

辨析字典兼有正字和正音作用，有的还提供意义辨析。本时期出版辨析字典6部，如《实用辨字辞典》（上海童年书店，1936）、《文字指正》（东方文学社，1934）、《四用辨字辞典：辨音、辨义、辨体、辨词》（启明书店，1947）等。

(4) 字音字典

字音字典提供汉字读音。本时期出版字音字典 4 部，如《国音京音对照表》（商务印书馆，1921）、《林峰音谱》（林峰著，林峰书局，1934）等。

(5) 字源字典

字源字典说明汉字的起源、字形、读音和意义演变。本时期出版字源字典 3 部，如《字义类例》（陈独秀著，亚东图书馆，1925）、《分类字源》（曹春涵等，鸿宝斋书局，1937）等。

(二) 词典

这段时期共出版词典 61 部，其中详解型词典 17 部，专用型词典 43 部，专项型词典 1 部。

1. 详解型词典

这段时期共出版详解型词典 17 部，如《词典精华》（世界出版社，1947）、《中学生小辞林》（上海世界书局，1937）、《大众小辞林》（中央书店，1949）、《新式学生辞林》（中华书局，1925）、《白话词典》（商务印书馆，1933）、《现代语辞典》（开华书局，1933）等。现代辞书出版史上第一部详解型语文词典是《国语词典：京音、国音对照》，周铭三编，方宾观校订，商务印书馆 1922 年出版。该词典收录受过中等以上教育的北京人所常用的口语词语约 5500 条，每一条目用注音字母注音，而且全部词条的每一个字都注音，释义用北京口语，并举例句。这些做法都具有创新意义。

2. 专用型词典

这段时期共出版专用型词典 43 部。

(1) 作家作品语言词典

作家作品语言词典收录和诠释与著名人物或著作有关的词语，细分之有：作家语言词典，收录和诠释某一名人著作中的全部或部分词语；作品语言词典，收录和诠释某一名著的全部或部分词语。有些词典专门收录作家独创的新词、新义以及表现特殊风格和语言特色的新用法，有些词典收录作家作品中出现的所有词语及其各种意义和用法。此外，还把以某种或几种体裁范围的词汇为收录对象的词典归入作家作品词典。作家作品词典可以展示作家的丰富词汇和语言运用艺术，也为语言研究、语言教学和辞书编纂提供了材料。本时期出版作家作品词典 1 部，即

《诗词曲语辞汇释》，张相著，中华书局 1945 年初版，1953 年二版，1955 年三版，1977 年重印。这是第一部专释诗、词、曲中虚词的著作，蒋礼鸿称赞它"是语义学和文学方面很有参考价值的著作"（蒋礼鸿《敦煌变文字义通释·序目》），周祖谟（1988b）说："现代很多研究近代汉语语词意义的人都或多或少受其启发"。该书收集唐宋金元明诗词曲中的特殊语词，共 800 多条。"诗词曲语辞者，即约当唐宋金元明间，流行于诗词曲之特殊语辞，自单字以至短语，其性质泰半通俗，非雅诂旧义所能赅，亦非八家派古文所习见也"，"实际上是指唐宋已降的新词新义，包括单音词、复音词以及少量词组。其中既有当时流行于各地的方言俗语，也有全国通用的官话词汇"。（张相《诗词曲语辞汇释·叙言》）每条先解说意义、用法，次列例证。作者详引各种例证，采用"体会声音""辨认字形""玩绎章法""揣摩情节""比照意义"等多种方法考释词义，兼谈其流变与演化，资料浩繁，解说精辟。每条例证排列顺序，"大体由诗而词而曲，依次为组，无则缺其一或缺其二。每组之证，亦略依撰人之时代以为次"。（张相《诗词曲语辞汇释·叙言》）

（2）作文词典

本时期出版作文词典 2 部，如《作文辞典》（董振华，上海文业书局，1937）、《新文艺作文描写辞典正续编》（钱谦吾，上海南强书局，1931）。

（3）义类词典

义类词典收录词、语并按意义范畴分类编排，帮助人们选择适当的词来表达思想，或为词汇研究提供材料；一般不注音，不做释义，不辨析异同。本时期出版义类词典 2 部，如《分类辞源》（上海世界书局，1926）。而杨喆编《作文类典》较有代表性，中华书局 1920 年初版，1990 年中州古籍出版社据 1934 年版影印。《作文类典》是我国现代语文辞书出版时期第一本义类词典。本书"纯为今之作文者设想"，"上下古今，一炉熔冶"，荟萃文章用语，将各种新旧知识，分门别类，以为作文时构思觅句、选择词汇之用。"斯取精用宏，事半古人而功且倍之。"（《作文类典说明》）本书不收单字，专收两个音节以上的词和短语。收词范围包括社会科学、自然科学的术语概念。全书分 31 门：国家、法律、政治、职官、财政、军事、交通、外交、教育、道德、伦理、生理、时令、文艺、礼乐、宗教、人品、性情、人事、妇女等。门下分目，如

"国家门"下分：国家总、民主、君主、外国、属国、治乱、安危、强弱、兴亡；"道德门"下分：道德总、修身、慎独、立志、奋勇、坚忍、惜阴、劝勉、谨慎、沉静、改过、取法、知足、诚信、廉洁、俭朴、宽大、谦让、博爱、慈善、合群、爱国。"择艰于索解者，以最简单之语释之。"（《作文类典说明》）其他则于词目下引用书证。书前附部首笔画检字和目次。

(4) 外来词词典

外来词词典收录古今外来词语，有的只收录当代通用的外来词，注明语源，释义；有的还指明其演变，有的还推荐规范词形。本时期出版外来词词典 1 部，即胡行之编《外来语词典》，上海天马书店 1936 年出版，是我国现代辞书出版时期的第一部外来词词典。编者认为一部分外来语"流行既久，用者固多，但用而不知其真意，尚比比皆是"，而那些"近今最流行之语"，"真能详悉内容者，恐不多见"。有鉴于此，编者"想尽一些介绍之责，傅国人一以知'外来语'之重要，一以得考览的便利"。（《外来语词典·前言》）该词典开启了汉语外来词词典编纂之先河，具有首创之功。

该词典所收词具有较强的实用性。收词 2850 条，既不收过于专门的外来词，也不收过于普通的，"像'足球''网球''铁道''汽车''电报'，等等，望而皆知，自不必再行诠释"。所收外来词，从类型看有全译音、全译义、全输入、半音半义、音义兼顾等五种。所谓"全译音"即音译外来词，"全输入"是指汉语引进的日语汉字词，"全译义"即意译外来词。现在一般把"全译义"（意译词）一类排除在外，刘正埮、高名凯等编纂的《汉语外来词词典》就没收录意译词。《外来语词典》收录"全译义"（意译词）1874 条，占收录总数的三分之二左右，这使得它作为专门的外来词词典的价值大打折扣。（李彦洁等，2007）不过所收的外来词大部分是 20 世纪初期引进的，对我们了解 20 世纪二三十年代汉语词汇面貌具有很大的帮助。

该词典一般是在词目后给出拉丁字母拼写的原词，交代词源，然后在括号内注明词义类别，再释义。"每条先冠中文，系以原文欧字，以英为主，间附法、德、俄文。若出自日本，或原文一时查考不出，则只冠中文，读音及原文缺略。"但是所附的"欧字"未指明是何种文字，给读者带来了很大的不便。编者将所收录的外来词按词义内容分为 24 类：政治、经济、社会、文学、哲学、国际、外交、物理、生理、生物、心理、伦理、宗教、教育、地理地质学、天文、体育、艺术、法学、数学、医学、军事、科学、普通名词等。

该词典按词语首字笔画序排列，首字相同的，再按词语音节数多少排列。

（5）新词语词典

新词语词典收录和诠释在一定时期内新出现的词语或原有词语的新义项，反映词汇的发展变化，为语言研究、辞书编纂和词汇规范化服务。本时期出版新词语词典7部，如《新辞典》（王康等编，桂林建筑书店，1943）、《王云五新词典》（商务印书馆，1945）等。出版较早、较具代表性的是两本《新名词辞典》。

本时期第一部新词语词典是邢墨卿编的《新名词辞典》，新生命书局1934年出版。收录常见于新闻杂志中的社会科学、哲学、文艺、国际知识、自然科学及普通用语1300多条。正文以笔画多少顺序编排，"普通常以原文应用之外来语，如A.B.C.等，亦照其正楷笔画依次列入，如A为三画，S为一画"。（《新名词辞典·凡例》）正文中收了S.O.S.、X光线、G.P.U等。它是最早收录字母词并给予合理排序的汉语语文辞书。刘涌泉在评价新《辞海》收录字母词时说它"是词典编纂现代化的一项重大措施"。（刘涌泉，1994）由此看来邢墨卿编的《新名词辞典》更具有先导意义。

本时期的另一部新词语词典是胡济涛、陶萍天编的《新名词辞典》，上海春明书店1949年9月第1版，1953年4月修订再版。

本书选词范围以国内为主，旁及世界各国，是从新中国成立后最新出版的六七十种中外报章、刊物、书籍中搜集，资料截止1949年9月底，"充分洋溢着时代感"（《新名词辞典·编辑大意》）。所收的名词术语有三种：一是全新的，系新中国成立后从各种中外报刊、书籍中摘录、补充的；二是半新半旧的，在原有名词上加以补充、修订；三是原有的旧名词，但在应用上，不失其时代性，予以科学的解释。大部分为百科词语，语文词语较少。

以往翻译的外国名词，不论术语、人名、地名，往往不一致，本书采用最具流行性或较正确的，并尽可能附注原文，以便读者对照。

本书用分类编排法，所收新名词分10类，每类又分若干项目：国际（国际组织、国际事件、国际会议、国际条约、国际文献、国际用语），政治（主义、党派、中国内政、各国内政、政制、法律、外交、政治用语），经济（经济概念、财政金融、经济政策、经济组织、经济用语），社会（民族、宗教、教育文化、社会事件、人民社会团体、节日、社会用语），哲学（哲学派别、哲学用语），科学（自然、理化、军略武器、科学用语），艺术（文学、音乐戏剧绘画、艺术用语），地理（本国地理、外国地理、地理用语），人物（政治人物、学者专家、军事人物、文学人物），其他（一般用语）。

附录有《土地法大纲》《中国新民主主义青年团团章》《中华全国民主妇女联合会章程》《中华全国学生联合会章程》。

（6）方言词典

方言词典收录方言词语并注音、释义。本时期共出版方言词典10部，如《潮音大众字典》（榕涛书社，1937）、《潮汕字典》（广东汕头育新书社，1933）等。其中《金元戏曲方言考》具有较高的学术价值。《金元戏曲方言考》，徐嘉瑞著，商务印书馆1938年初版，1956年修订重印。这是我国第一部汇释金元戏曲中方言词语的专门性词典。作者认为金元戏曲中的方言俗语，有许多至今还在民间流传，但没有专书考释，于是把《元曲百种》《元椠古今杂剧三十种》、元人散曲、明人曲本和朱有炖的杂剧，从"曲""白"到"科""诨"重读一遍，"随读随写，以曲释曲，参以《元典章》《元朝秘史》《辍耕录》《唐音癸签》《剧说》《新方言》诸书"，以及今天各地的方言，写成此书。收录方言词语600余条，按笔画排列。每词先释义，后列书证。有的词条后加作者按语，或指出其在今天流行的情况，或者注释例证，或者进一步解释方言词。本书于1956年修订重印时，给原有词条补充了例证，增释新方言词语155条。

（7）隐语行话词典

本时期出版隐语行话词典2部，如《切口大词典》（吴汉痴编，东陆图书公司，1923）收录了全国各行各业的行话、术语，分商铺、行号、杂业、工匠等18类编排。

（8）联绵词典

联绵词典收录联绵词并释义。本时期共出版联绵词典2部，即《联绵字典》和《辞通》，均具有较高的学术价值。

A.《辞通》

朱起凤著，开明书店，1934年初版，上海古籍出版社1982年重印。

《辞通》是"一部解释古书中异体同义词语的辞典"(周士琦,1988a),有较高学术价值。

a. 收词

收录古汉语中的双音通假词,即双音节异形同义词,主要是联绵词,也有一些复合词和短语,约 4 万多条。古书通假现象很常见,此书把这种写法不同而音同义通的词列为一组。所收录的异形同义词包括:(1)音同义通的联绵词;(2)含有异体字的异形词;(3)包含有音近义同的字的异形词;(4)包含有讹字的异形词。

b. 释义

《辞通》利用同音通假、义同通用的训诂学原则疏通异形词之间的音同义通关系。《辞通》的目的在于指明上述同组词之间的同义关系:某词是某词的音同假借,某词是某词的音近假借,某词是某词的义同通用,某词是某词的字形讹误。使古书许多得不到解释的双音词得到了合理解释。一般于首词下解释词义,有的还注明反切或直音,其余各词不做解释;词目下面各列书证;每组末用按语指明它们相通的理由。书中引证详密,书证注明书名、篇名,并按经史子集次序排列。考释精审,按语也要言不烦。"书中不少解释发前人所未发,对于后人研究和校勘古籍很有助益。"(陈炳迢,1985:240)

c. 排检

一组之内,常用的排在前面,全书按 106 韵和平上去入四声编次。再版时后附四角号码和笔画索引,弥补了原书查检不便的缺点。

B. 《联绵字典》

符定一编,1936 年自刊,1943 年出版,中华书局 1946 年重印。全书 36 卷,是一部解释双声叠韵词的辞书。

a. 收词

收录六朝以前古书中的联绵词、叠音词、双声叠韵词,及一般的双音复词和虚词,也收了既非双声、叠韵,也非重音,但是不可分训的复词。

b. 注音

每个词目的上下字,都以大徐本《说文》标明反切;《说文》没有的字,或今音有变化的字,采用《广韵》《集韵》中的音切。

c. 释义

一般引用古书的旧注。每一义项都列举充分的例证,按年代排列;

例证都保持原书完整的意义，不任意删节。引书详细注明篇名、卷次、引文起止。周祖谟（1988c）谓"摘抄采录之功多，解释判断之功少"，"对查找古书句子的出处，十分有用"。（张明华，1998：181）书证引自六朝以前的经史子集；六朝以下著述，只参考注疏经解。引例之后，有"定一按"，多数是引书证解释字义，也有的分辨版本异同和字体正俗，如字词的转语、异文、本字、借字、正字、俗字、今字、古字、讹误等。这些都与《辞通》不同。"指明转语异文并做精当解释是此书的主要贡献。"（陈炳迢，1985：244）《辞通》把音同音近通假、义同通用和形近而讹等词语汇为一组，指明它们相通的缘故；本书则在释义之后，还交代本词目散见各处的转语异文，并指明所以通转的理由。"此书同《辞通》殊途同归，各领千秋。"（陈炳迢，1985：244）

d. 排检

以词目上字为准，按部首排列；分部参照《康熙字典》。同部首字，再按笔画数顺序编次。

(9) 口语词典

口语词典收录口语词汇并释义，有的还说明用法。本时期出版口语词典 2 部，如《白话词典》（方宾观编，商务印书馆，1933）等。

(10) 虚词词典

虚词词典收录虚词并释义，着重说明虚词的用法。虚词词典是汉语中特有的语文辞书。本时期出版虚词词典 12 部，大部分是以古汉语虚词为收录和诠释对象的，如《文言虚字》（吕叔湘，开明书店，1944）、《虚助词典》（上海亚东图书馆，1923）、《词诠》和《古书虚字集释》；也有以现代汉语虚词为收录和诠释对象的，如《国语虚字用法》（戴渭清，商务印书馆，1920）；也有文言和白话虚词兼收的，如《虚词典》（上海大公书店，1934）。其中《词诠》和《古书虚字集释》具有较高的学术价值。

A.《词诠》

杨树达著，商务印书馆1928年出版，1969年重印。该词典继承、总结和发展了前人虚词研究成果，至今仍不失为一部有价值的、查检古汉语虚词的工具书。作者对小学文字训诂和现代语言学理论都有较深造诣，特别是受益于现代语言学的理论和方法，具有明确的语法观念，所以训释周秦两汉古书虚词，多有创新之处，成就在前人之上。杨伯峻（1988）

说:"尤其许多释义,是前人所没有发现的。直到现在还不失为一部很有价值的工具书。"

该词典共收古书中常用介词、连词、助词、叹词,还收录一部分代名词、内动词、副词,共534条。每词都标明词性,杨伯峻(1988)认为"这是学术随时代进步而进步的表现"。接着解释词义,说明用法,列举书证。有的还加按语。并结合词类具体讲解虚词的语法作用。特别是标注词类,杨伯峻(1988)认为"这是学术随时代进步而进步的表现"。释义时注重启发读者"虚实随其所用",要联系上下文意去区别虚词的虚、实不同用法。对词的通常用法和特殊用法,均加以详细说明。例证丰富,博采先秦两汉以至六朝古籍,并引用刘淇、王引之、马建忠等人的说法相参证。

《词诠》正文按注音字母顺序排列。卷首有注音字母和部首两种索引,详细注明卷数和页码,查检较为方便。

B.《古书虚字集释》

裴学海著,商务印书馆1932年初版,中华书局1954年重版。作者认为《助字辨略》《读书杂志》《经传释词》《群经评议》《诸子评议》《古书疑义举例》《词诠》等书,"虽皆大醇而不无小疵;或误解对文,或误为字衍,或误为形讹,或误为有省文,或误以反语为正言,或误以实字为语词,或误以有意义之字为语声,或误据彼书以改此书,或误据以意改字,所引失真之类书,以订正不误之原书"。(裴学海《古书虚字集释·自叙》)所以此书的宗旨是要对前修时贤的上述著作加以订正、补充、引申发明。这也是本书价值所在。

本书收录了见于周秦两汉著作中的虚词290个。选词仅限于上述各书范围,对于上述各家已经解说完备的,不再收录。释义以《经传释词》为底本,旁及《助字辨略》《词诠》。引《经传释词》等的书证和解释的,都一一注明,并在这一基础上逐一指明各书的缺失,加以补证。此书还用小字作注,指明词义和字形的通借。每字先释义,次列书证,最后为作者的辨析。周祖谟(1988d)说此书"一方面补前人之不备,一方面纠正前人的错误,创见颇多"。编排仿《经传释词》,用36字母排列词目。

另外本时期出版叠词词典1部,即《迭语》(王峻,自刊,1922);同音词词典1部,即《国语同音词类辨》(商务印书馆,1924)。

3. 专项型词典

本时期出版专项型词典 1 部，即《国语拼音词汇》，林肯达主编，上海世界书局 1944 年出版。这是我国第一部用拉丁文拼写的国语拼音词汇，属于正词法词典，对我国汉语拼音的发展起到了积极的推动作用。（曹先擢等，1992：180）该词典收词 2 万多条，按国语拼音字母顺序编排，每一拼音后注出汉字词汇，没有释义。

(三) 语典

本时期出版语典 40 部，其中详解型语典 1 部，专用型语典 39 部。

1. 详解型语典

本时期出版详解型语典 1 部，即《国文成语大全》，郭后觉编著，中华书局 1936 年出版，收录成语、俗语、谚语、歇后语 3250 条。

2. 专用型语典

(1) 成语辞典

成语辞典收录成语，词条内容主要包括：读音、释义、用例等，有的还溯源，指明成语出处，有的甚至还说明成语从内容到形式的变化；规范性成语辞典还说明用法，推荐规范词形。本时期出版成语辞典 18 部，有的成语辞典，实际上是普通语词与成语兼收。这一时期比较有代表性的成语辞典是《成语汇编》，张文款、朱焕鼎编辑，上海南华书局 1924 年出版，是现代辞书出版时期第一部真正的成语词典，也是第一部成语类义词典。将所收条目分为天文、地理、岁时、国家、文艺、音乐、交际等 20 门 130 类编排，有注释。本时期出版的成语类义词典还有《（分类）成语手册》（正续编），柯槐青编著，上海新鲁书店 1946 年出版，共收成语 6000 余条，按成语语义或描写对象分成 4 门 66 类。本期成语辞典一般都注释简单，不引书证，不举出处。

(2) 俗语辞典

俗语包括谚语、歇后语和惯用语。（温端政，2005：73）俗语辞典收录俗语，主要内容包括：读音、释义和用例。本时期出版俗语辞典 8 部，如《俗语典》（上海广益书局，1922）、《上海俗语大辞典》（云轩出版社，1924）等。

(3) 歇后语辞典

歇后语辞典收录歇后语，并释义。本时期出版歇后语辞典 2 部，如《歇后语选录》（启明学社，1933）等。

(4) 谚语辞典

谚语辞典收录谚语，内容主要包括读音、释义和用例。本时期出版谚语辞典 9 部，如《中华谚语》（中华书局，1927），收谚语 12000 多条，除编者自行收集外，大都采自胡德《沪谚》、王文涣《谚语》、顾颉刚《吴谚集》等 34 部谚语方面的书。另外有《民谚》（商务印书馆，1926）等。

本时期出版成语典故辞典 1 部，即《萃语类编》，高殿澍编选，太古山房 1933 年出版，辑录典故和成语，分类编排。还有作文语典 1 部，即《写景丽言》，高殿澍编，太古山房/奉天天宝书局 1930/1936 出版。

（四）句典

本时期出版句典 7 部，主要是格言辞典和名言辞典。格言辞典收录含有劝诫和教育意义的精炼的语句，如"满招损，谦受益""虚心使人进步，骄傲使人落后"等。座右铭是写出来放在座位旁边的格言，泛指激励、警戒自己的格言（《现汉》）。所以座右铭辞典归入格言辞典中。名言辞典收录著名的语句，一般是名人说的话。本时期出版的句典中，以"格言"命名的辞典有 4 部，如《古今中外格言集成》（董镇南编，经纬书社，1936）、《中外格言汇海》（徐遐飞编纂，春明书店，1947）等。以"名言"命名的辞典有 3 部，如《名言大辞典》（许啸天，上海群学社，1929）、《世界名言辞典》（郭毅编，经纬书局，1944）等。但这一时期格言辞典和名言辞典界限不明确，如《中外格言汇海》汇辑中外历代名人言论，《世界名言辞典》收录世界著名格言 1000 余条。

四 汉语现代语文辞书起步期的特点

（一）语文辞书的编纂出版理念

1. 开始脱离经学附庸的地位，进入现代语文辞书出版时期

所谓现代语文辞书，首先是时间概念，汉语语文辞书出版随着以商务印书馆为代表的现代出版机构的建立而进入现代出版时期。更为重要的是语文辞书编纂出版理念的转变。传统的语文辞书主要是训诂的汇集和整理，不论是服务于读经的编纂宗旨，还是以经籍故训为依凭的取材及其注释方法，大都表现出经学附庸的地位。受学术上西学东渐及五四运动提出"民主"与"科学"口号的影响，辞书编纂开始跳出传统小学的藩篱，走上独立发展的道路。张相《诗词曲语辞汇释》及其后的《敦

煌变文字义通释》，突破了传统训诂学的小学为经学服务的观念，研究材料突破十三经的范围，把诗词曲赋等白话材料引入辞书中，"为后来的学者树立了光辉榜样"（黄征《敦煌变文字义通释·六版后记》）。从专门性语文辞书如《新字典》《中华大字典》《新名词辞典》《外来词词典》到综合性语文辞书，都开始重视俗字俗词和近代科学新字新词的收录与释义。较为重要的还有辞书编纂理论基础的变化。现代语文辞书是以现代语言学、词典学为理论基础编纂的。《辞源》《辞海》等都接受了"词"的概念，《标准语大辞典》《国语辞典》等具有了语言规范化的观念。尤其是旧《辞海》着重吸收美国《韦氏第二版新国际英语词典》的理论，并参考了它的体例。（王震，1996）。

2. 确立传播新知、启迪民智的辞书编纂理念

辞书能传播科学文化思想，推动文化和学术的发展，从而推动社会进步。五四运动提出"科学"与"民主"的口号，倡导新文学，这就需要以辞书为工具向人们传播科学知识与现代文明。蔡元培结合辛亥革命流于形式、民族愚昧状态尚未得到根本改变的现实，指出新时代的字典（指《新字典》），应于"国民之语言及思想，不无革新之影响"（《新字典·蔡序》）。《新字典》的编者反对复古仿古，反对"直录古代字书""沿袭成语"（《新字典·蔡序》），《中华大字典》提出"广知识"的编纂目标（《中华大字典·梁启超序》）。"五四"精神推动着辞书编纂理论与实践变革，以反对仿古复古、面向大众、讲求实用作为努力的方向，对词汇进行吐故纳新的整理，剔除封建专制与迷信谬说，输入民主、科学的内容。（邹酆，1990）

3. 初步具有关注社会语文生活的理念

这一时期"辞书编纂厚古薄今的倾向开始改变，辞书的科学性和实用性有所加强。一改过去以古代书面语为辞书唯一对象的脱离口语的习惯，收词重视收录白话词语和民间口语词汇，例句开始从白话作品中选择"。（陈炳迢，1985：253）在这种理念的指导下编纂了一批现代汉语字典、词典，如《小学生字典》《标准语大词典》等。还出现了直接关注社会语文生活变化的新词语词典和外来语词典。这一时期共出版汉语语文辞书319部，而以现代汉语字词为收录对象的就有240部，占75％。

4. 初步具有为语文规范化服务的理念

民国时期，随着国语运动的开展，政府对国语推广教育很重视，政

府部门组织编写的规范性语文辞书有：《国音字典》（商务印书馆，1919）、《校改国音字典》（商务印书馆，1919）、《国音分韵检字》（中华书局，1922）、《国音常用字汇》、《罗马字母缀法字典》（中华书局，1934）、《标准语大辞典》、《国语辞典》、《最常用三千五百字谱》（教育部国语教育讲习会，1948）、《（增订注解）国音常用字汇》（商务印书馆，1949）和《（新部首索引）国音字典》（商务印书馆，1949）。这些汉语语文辞书的结构随着国语推广政策的变化而改变。《辞源》据《音韵阐微》为单字注音，注音简易，便于拼读出现代读音，如《辞源说略》云："其音读则悉从《音韵阐微》，改用今声，以其取音较易，而又为最近之韵书，不至如天读如汀，明读如茫，古音今音之相枘凿也"。也符合当时语音标准化的发展趋势，具有规范化的意义。《国音字典》依据"老国音"注音，《国音常用字汇》依据"新国音"注音。

《辞源》收录词语约 10 万条，每条都严格按"能自由运用的最小单位"的原则划定词儿。由于辞书本身特有的对使用者的无形规范作用，使其在推广词语的写定上具有历史作用。（汪家熔，2001）

《辞源》《辞海》《新名词辞典》《外来词词典》等整理和收录新词语和外来词，对新词语和外来词的规范发挥了积极作用。

《国语辞典》《王云五大辞典》是为准确理解和应用现代汉语而编写的描写性词典，标志着我国描写性、规范性现代语言词典的诞生和发展。

5. 确立了语文辞书出版服务读者大众的基本理念

古代辞书主要以社会精英分子为读者对象，目的在于为研读古籍经典服务，其收词和释义与平民生活和口语相去甚远。辞书出版进入现代时期以后，开始改变了为少数文人服务的倾向，成为广大群众增进交流、获取知识的工具书。辞书编纂的任务是"求知识之增广"（《中华大字典·林纾叙》），注重"世用"（《新字典·蔡序》），"稗贩之夫"亦能"向书而求"（《中华大字典·林纾叙》），这就要求辞书收词丰富、释义准确通俗、编排和检索方便。这一时期编纂了以普通读者为对象的多种类型的语文辞书，以满足不同文化层次读者的迫切需求。

从读者对象的分布状况看，这一时期出版的 319 部汉语辞书中，普及型辞书有 295 部，占了 92%。而且多以学生为读者对象，发行量较大，重印次数较多，很多都是印刷 10 次以上，如王云五主编的《王云五小字汇：普通本》印刷 51 次，中华书局的《新式学生字典》到 1936 年已印刷

48次，商务印书馆的《校改国音字典》印刷38次，中华书局的《注音国语字典》印刷30次，世界书局的《词性分解红皮新式中华字典》印刷28次，上海中华书局的《标准国音学生字典》印刷17次，中华书局的《（头尾号码）新国音学生字典》印刷17次，中华书局的《小学国语字典》印刷16次，中华书局的《国语学生字典》印刷15次，等等。

辞书结构方面也做了很多创新。（1）扩大字词收录范围。百科辞书、专科辞书与综合性语文辞书固然要收录适量的专科名词术语，就是普通语文词典和专门性详解语文辞书也不例外。（2）改革辞书排检法，方便读者检阅。（3）释义方式创新。强调图表对释义的重要作用。《新字典》《中华大字典》《辞源》均采用插图或附图辅助释义。

（二）语文辞书类型与选题特点

近代中西传统辞书体系和辞书理论的碰撞，产生了"辞书"的概念。《辞源》从辞书理论上区分了"字"与"辞"的区别，确立了与"字书"相对的"辞书"观念："积点划以成形体，有音有义者，谓之字。用以标识事物，可名可言者，谓之辞。……凡读书而有疑问，其所指者，字也。其所问者，皆辞也。……故有字书不可无辞书"。这一时期确立了我国汉语语文辞书的基本类型：综合性语文辞书、普通语文辞书和专门性语文辞书。辞书品种和数量均有较大发展，编纂和出版了不少大、中、小型汉语语文辞书。不但创立了综合性语文辞书和普通语文辞书类型，而且在专门性语文辞书方面出版了不少新品种，如：正音字典、同音字典、古文字字典、新词语词典、外来语词典等。语文辞书基本类型的确立，开启了中国辞书发展的新篇章。

但这一时期汉语语文辞书品种仍然偏少，不能满足读者大众学习新文化、新知识的需要。本时期出版了不少成语词典，但是科学概念和严格意义上的成语辞典不多，原因在于对"成语"概念的认识模糊。随着白话文运动的兴起和学习国语文法的需要，出版了很多古汉语虚词词典，但现代汉语虚词词典不多见。

（三）语文辞书的结构特点

我国辞书出版进入现代时期后，辞书结构逐步朝着现代辞书方向发展。

1. 收词立目

本时期语文辞书虽然从收录单位和释义对象上确立了汉语语文辞书

的基本类型，但是由于缺乏现代汉语词汇学理论的依据，这一时期语文辞书收词问题较多。（1）收词偏重于古汉语，不能充分反映时代特色。（2）综合性语文辞书和普通语文辞书，收词缺乏明确的标准和体系。选词缺乏完善的计划，有缺有滥，去取失当，宽严不一。收了汉语里不通用的外来词和生僻的名词，也收了习见的、用不着解释的词语。但是漏收了一些需要解释的重要词语。如1936年版《辞海》编纂时没有一个通盘计划，各学科条目收录极不平衡。（巢峰，2003）（3）词汇单位的概念模糊，"词"与"字"、"词"与"固定语"的区别和界限不明晰。词的标准划定不严，收录了很多非定型的词语，如《国语辞典》收了"不同意""不合作""不彻底""不成材""不舒服""大声疾呼""打电话""打成一片"等。成语辞典对成语的概念模糊，造成成语辞典内容芜杂，严格意义上的成语辞典很少。

2. 注音

字词注音上，由使用反切、直音逐步采用新式的标音方式，如注音符号、国语罗马字，但是大部分辞书在采用新式标音方式上是落后的。

3. 释义

本时期语文辞书的释义初步具有了现代语文辞书的观念，主要表现在以下几个方面：（1）释文由文言文逐步改用白话，开始注重通俗易懂。但是这一时期的语文辞书释义在接受白话方面，是普遍落后的。白话文运动随着1919年五四运动推向全国，取得了战胜文言文的胜利。1920年，北洋政府教育部命令，小学教科书改用白话文。据胡奇光（1988），由于历史的局限，五四运动以后，文学作品和一般学术著作之外的文化领域，如政府的公文、法律和报纸新闻及学校的国文、作文、试卷等仍然用文言文或半文言文。因此，辞书释义完全改用白话的很少，除《国语词典：京音、国音对照》《王云五大辞典》《标准语大辞典》外，大多仍旧使用文言文。但随着20世纪30年代的大众语运动，用白话释义的汉语语文辞书逐步增多。但是30年代出版的《辞海》仍然使用文言释义，即使以推广国语为宗旨的《国语辞典》释义也使用了半文言，实不应该。语文辞书释义完全使用白话，则是在1949年新中国建立后。（2）在释义结构方面，初步具有了多角度释义的观念，个别辞书开始标注词语的语法和修辞特征；有的辞书开始举例证说明词的用法。（3）释文标点，逐步采用新式标点符号。（4）建立现代语文辞书的义项模式。学者历数

《康熙字典》"释义欠准确""讹误甚多"(《中华大字典·陆叙》),"一义之释类引连篇,重要之义反多阙漏"(《中华大字典·熊叙》)的弊病,《中华大字典》"每字各义分条,依次编号",而"每字诸义,分条列证,不相混函。每义只证一条,间有未晰,兼及笺疏",对多义词义项建构做出初步的描述。

但这一时期语文辞书存在着释义苟简、不易理解的缺陷,对语文词语往往不做详细注释。有时以难释易;专名或名物词,有的只注类名。成语通常不引语源。不同来源词语,如方言词、文言词、口语词、外来词等,不加辨别和标注,不利于学习和使用。

此时期的虚词词典,同古代辞书出版时期一样,收词和引书着重周秦两汉,汉以后古籍极少引用,未能把握古汉语虚词使用的全貌。

4. 排检

本时期确立了普通语文辞书"以字带词"的基本体例。在排检法上,除继续沿用和改进部首编排和检字法之外,还出现了音序编排和注音符号检字等拼音检字法,如《国音小检字》《中华国音新检字》。同时出现了各种按汉字形体特点而设计的检字法,如"四角号码检字法"。由于检字法的改进和创新,辞书更方便读者查检。同时继续沿用义类编排,但是有所改进。

第二节 汉语现代语文辞书的转折期

新中国成立后,为了满足广大人民群众学习与研究的需要,开始有计划地编纂和修订一批辞书,如《辞源》《辞海》分工修订,《新华字典》《现代汉语词典》等先后编纂出版,我国汉语语文辞书编纂出版进入了一个新纪元。但是由于受到"文革"十年的干扰,这一时期汉语语文辞书的出版数量仍然较少,从1950年到1977年,共出版语文辞书316部,占我国现代出版时期汉语语文辞书出版总量的4.5%。

一 综合性语文辞书

本时期综合性语文辞书共出版8部,都是旧版《辞海》与旧版《辞源》的改编或修订重排本,如《辞海》(试行本)(中华书局,1962)、

《辞海》(试排本)(中华书局，1963)、《辞海》未定稿本(1965)、《辞源》(改编本)(商务印书馆，1950)、《辞源》(修订稿)第1册、《农民词典》(商务印书馆，1958)等。

(一) 新《辞海》

新中国成立后，社会制度改变，随着政治、经济和文化建设的发展，新事物大量出现，旧《辞海》不敷应用。而且旧《辞海》在收词和释义方面存在着先天不足，因此需要对旧《辞海》做脱胎换骨的改造。(巢峰，2003)据罗竹风(1983)介绍，1958年开始修订，1962年冬出版了试行本16分册，征求意见。在16分册的基础上，又按部首编排，出版内部参考本；稍加修订，1965年出版《辞海·未定稿》。1979年初重新修订时，仍以《未定稿》为基础，出版了正式发行的新《辞海》。据巢峰(2003)和罗竹风、王岳(1996)介绍，《辞海·未定稿》除新增大量条目外，保留条目的内容也被改得面目全非。除书名、框架有所沿袭外，其他一切无异于重起炉灶，是脱胎换骨的新版。经过修订，新《辞海》重新焕发生机，成为"当前发展文化教育的一部重要工具书"(周士琦，1988b)。但是1979年版《辞海》定稿时，"文革"的影响仍然存在，"文革"中的一些机构和组织还未撤销。进入80年代后，我国的政治和经济形势都发生了翻天覆地的变化，新学科不断诞生，新名词不断产生，新成果不断涌现，1989年版修订时反映了这些变化。

1. 编纂理念

1958年5月辞海编辑所正式成立时，舒新城提出《辞海》是一部"综合的、实用的、知识性的工具书"(王震，1996)，1959年6月《辞海》编委会确定，修订后的《辞海》将成为一部供具有中等文化水平的人学习哲学、社会科学、自然科学和文化知识的普通工具书。(王震，1996)1959年9月10日中共中央宣传部关于修订《辞海》《辞源》问题向中共中央做的请示报告(中共中央于10月17日批准了这个报告)中说："根据这两部辞书的特点，确定将《辞海》修订为一部以百科知识为主兼顾单字、语词的综合性大辞典；而《辞源》，则修订为一部主要供阅读古籍用的工具书。"

2. 编纂理论

(1) 借鉴国外辞书理论

1958年修订《辞海》时，将《苏联大百科全书》第二版内所收的有关工具书的条目全部译出,编成《百科全书·辞典及其他》一书,编印《各国辞书编辑说明选译》,作为业务学习用的内部读物。(舒池,1989)

(2) 创立综合性语文辞书语体

《辞海》是一部综合性的语文辞书,它的任务是为中等文化水平的读者扫除日常学习和工作中遇到的"拦路虎"。所以修订时放弃了《辞海》初稿采用的论文体或教科书体,并明确《辞海》应该采用"辞典体"(舒池,1989)。所谓辞典体,即辞典的文体,应该是朴实无华的说明文,而不是论辩色彩浓郁的论说文、辞藻华丽的描写文,或资料堆砌的记叙文。辞典的释文,要求语言概括凝练,表述明白,层次清楚,逻辑严密。做到句句无"虚"字,字字有"实意",经得起推敲分析。(舒池,1989)

(3) 提出辞书编纂原则

从1958年开始在修订《辞海》的过程中,先后提出过"政治性、科学性、通俗性"和"正面性、知识性、稳定性"几个原则。重编《辞海》1979年版时,加以增删,改为"五性":政治性、知识性、科学性、稳定性、简明性。(舒池,1989;徐庆凯,1996)它已被许多辞书的编纂者当作编纂准则。陈炳迢在《辞书概要》(1985:9)中认为:"辞书的一般准则,大致可以归结为:科学性、知识性、稳定性和实用性。"后来在《辞书编纂学概论》(1991:5)中又增加了"规范性"。在"实用性"中也提到了"简明性"。

在上述编纂理念和理论指导下,《辞海》在收词、释义、编排等方面都做了较大修订。

3. 收词

《辞海》的收词数量不断增加。1936年版收词85803条(其中单字13955个)。1979年版收单字14872个,词目91706条。1989年版共收单字1.6万个,一般语词和专科词语10.3万条,合计近12万条。1999年版,所收单字,由16534个增加到19485个;所收词目,由12万条增加到122835条。大部分是1989年至1999年间新出现的词语。2009年版收词总数近13万条,单字字头17914个,词目127200多条。

新《辞海》收词包括一般词语和成语、典故、人物、著作、古今地名、历史事件及各学科的名词术语。所收条目包含了100多个学科,社会科学和自然科学条目占60%多;语词条目(含单字条目)比例降低,占30%多。1979年版,在语文词语收录上,一方面大量删去已死的、过于生僻的古汉语词汇；另一方面选录现代汉语通用的一般语汇中词义比较复杂、曲折，为一般读者所不易了解的词汇。科学条目方面，淘汰了一部分不适合的条目，增加了社会科学和自然科学技术方面的词条。1989年版淘汰陈旧词条，内容更新。在语文词语收录上，2009年版突破只收古代汉语词语的惯例，删去冷僻、过时的词条约7000条；新增词目12300余条，增收了5000条常用的现代汉语词语。在科学条目收录上，在政治、哲学、经济、法律、文化、科技、历史、地理、军事等各个方面，都进行了全面更新，修订条目超过三分之一。

《辞海》1965年版收录少量已进入汉语词汇系统的字母词，如AB团、CC系、X射线、2-氯丁二烯等。1989年版增收完全由外文字母组成的字母词，如CT、DNA、GDP等。汉语辞书收录字母词，1934年出版的《新名词辞典》为最早。新《辞海》虽非首创，刘涌泉（1994）认为它仍然为汉语辞书收录字母词做了有意义的探索。

4. 辞书规范化

新《辞海》单字立目"贯彻了汉字规范化、标准化的精神"（杨祖希，1986）。以国家规定的简化字、正体字为准，相应的繁体字和异体字附于单字之后，并另列参见条目或收入"笔画查字表"和"汉语拼音索引"。简化字、正体字可能引起误解的，夹注或保留相应的繁体字、异体字。

规范名词术语，使用法定计量单位，外国地名、人名的译名采用"名从主人"的原则等，都是《辞海》历次修订顺应时势而及时采取的做法。（秦振庭，2004）1999年版修订时，全国科学技术名词审定委员会陆续公布的学科术语规范就有40余本；国家技术监督局还公布了新的《量和单位》。1999年版修订时依据各种新规范对有关条目进行了修改。

5. 注音

《辞海》1965年版改用汉语拼音字母注音。多音字字头下所列词目，1936年版未注明词目首字的读音；1965年版起改为词目首字读该字第一音的不注音，词目首字读该字第二音或以下各音的注音。词目中第二字或以下的字有数读、易读错或冷僻的，从1965年版起也注音。

6. 插图

《辞海》插图体例逐步完善。旧《辞海》插图使用范围较窄，体例不一。1965年版，扩大使用插图的条目范围，增加人物头像、重要建筑等，统一用线描图,而且重新绘制。1999年版除保留配置单线白描图的普及本及其缩印本外,还有彩图本。这是我国第一部随文配置彩图的大型辞典。彩图本随文附图共1.6万余幅,比1989年版的3300幅增加了385%,而且绝大多数是彩色图片。2009年版配图增加至近18000幅,绝大多数是彩色图片。

(二) 新《辞源》

1. 修订背景

新中国成立后,读者迫切需要一部内容充实的古汉语词典,用来解决阅读古籍时遇到的词语典故和有关古代文物典章制度等知识性疑难问题。1959年中共中央宣传部将《辞源》《辞海》《现代汉语词典》的修订做了分工,"确定把《辞源》修订成为阅读一般古籍用的工具书,同时为古典文史工作者用的参考书,以具有高中以上文化水平的读者为对象"(《辞源修订稿叙例》)。新《辞源》修订稿第一册于1964年出版。修订本共4册,于1979年至1983年陆续出版。《辞源》修订本合订本(缩印)1988年出版。

2. 修订理念

新《辞源》既是古汉语工具书,也提供古代文史哲多方面知识;兼具查检和阅读功能;读者对象兼具普通读者和学者专家。收词具有针对性,释义准确、简明而科学,尽量增强《辞源》的可读性,这都是《辞源》修订的方向。(刘叶秋,1984)

3. 类型创新

根据分工,《辞源》在这次修订中,定位有了转变。旧《辞源》是兼收古今语词和百科词的综合性语文辞书,新《辞源》转变成为以收古汉语语文词语为主,兼收古代百科性词语的"古汉语综合性语文辞书"。

4. 收词

《辞源》修订本收录单字12890个,复词84134条。删除了旧《辞源》中的现代自然科学、社会科学和应用技术类条目,及少数不成词或过于冷僻的条目;增补一些比较常见而旧《辞源》未收的词目。新《辞源》收词范围一般止于鸦片战争。语文词语与文史词语兼收,收录了较多的古汉语文史知识条目,如人名条目中包括历史或传说人物名、小说戏曲人物名等,地名条目中包括自然地名、行政区域名、国名以及山川、古迹、关隘等名称；书名条目中除内容有价值、流传较广的，还收录传说的书名、佚书名称，等等；其他知识性条目，如碑刻、法帖、词调、曲牌等名称，与古代制度或掌故有关的物名、传说物名、一般古物名，以及姓氏、年号、典章制度、天文、医药、花鸟虫鱼等名称。上述义类的词语，也是阅读古籍时经常遇到的障碍。

5. 注音

单字下注注音符号、汉语拼音，并加注《广韵》的反切与声纽，《广韵》不收的字，采用《集韵》或其他韵书、字书的反切。"因为有很多人掌握了注音字母，所以仍然用它来注音。用汉语拼音字母注音，可以做到准确无误。"（郭良夫，1990）注音符号和汉语拼音注音也大大方便了对传统反切注音不熟悉的读者。"《广韵》的反切代表魏、晋、唐、宋之间一种文学语言系统，对研究汉语的语音演变，有一定的参考价值。"（《辞源修订稿叙例》）既反映出现代音又反映出中古音。"这表明注音的准确无误是根据语音发展演变规律来的。由此可以略窥古今字音对照。"（郭良夫，1990）

单字有几个读音的，分别注音，并于读音前用序号"1""2"等标明。"单字下复词的第一字的不同读音，按单字注音的次序也相应地加以注明。"（《辞源修订本体例》）

6. 释义

《辞源》修订本释义注意词语的来源及其在使用过程中的发展演变，对多义词的解释一般以本义、引申义、假借义为序；书证按时代先后排列，并一一标注时代、作者、书名、篇目、卷次。《辞源》修订本将旧《辞源》的例证更换为更接近语源的书证，使《辞源》原有的"沿流溯源""由源竟委"的特点，更鲜明突出。（吴泽炎，1984）旧《辞源》引书多缺上下文，引诗也往往只采一句，影响读者对词语意义的理解。《辞源》修订本引文尽量顾及文意完整，还尽可能地多引名句。这样可免去读者查书之烦和无书可查的苦恼。

7. 设立中观结构

《辞源》修订本大规模地采用"参见""参阅"的形式，使内容有关的条目发生联系，为读者提供比较完整的知识信息。旧《辞海》已初步具有了这种观念。《辞源》修订本借鉴国外百科全书的做法（刘叶秋，1984），将这一体例完善，使之更科学化、系统化。这是为了实现可读性的编纂理念而采取的办法。据《辞源修订本体例》，《辞源》修订本的中观结构包括：第一，内容近似的条目，一般只在一条下详加解释，他条从略，但注明"详'某某'条"。第二，内容有关的条目，可以互相补充参考的，注明"参见'某某'条"。第三，内容相同的条目，一般只在一条下加以解释，列举书证；另一条下则注明"见'某某'条"。

8. 检索

索引中增加了"单字汉语拼音索引"，这是继四角号码检字表后，《辞源》又增加的一种检索法。《辞源》作为古汉语的辞书，全书用繁体字；为方便不熟识繁体字的读者查找对照，增加了"繁简字对照表"。

二 普通语文辞书

这段时期共出版汉语普通语文辞书17部，如《四角号码新词典》（商务印书馆，1950）、《新辞典》（改编本）（四联出版社，1954）、《汉语词典》（即《国语辞典》删节本，中国大辞典编纂处编，商务印书馆，1957）、《现代汉语词典》（试印本）（商务印书馆，1960）、《现代汉语词典》（试用本）（商务印书馆，1965）等。

《现代汉语词典》（以下简称《现汉》），中国社会科学院语言研究所词典编辑室编，商务印书馆出版，是一部描写普通话词汇的中型词典，"在字形、词形、注音以及释义各方面都具有革新的精神"（周祖谟，1988e）。

1. 编纂背景

第一，新中国成立后，全国政治、经济统一，"需要有一个规范明确、普及各地区的民族共同语"（罗常培、吕叔湘，1956）。汉民族共同语，经过了漫长的发展过程已逐步形成，并具有明确的规范标准。这些规范标准，来源于汉语的历史及官话方言的历史发展。特别是国语运动以来，以北京音为标准音的汉民族共同语日益推广，日益规范。1955年10月召开的"全国文字改革会议""现代汉语规范问题学术会议"，明确规定以北京语音为标准音，以北方话为基础方言，以典范的现代白话文著作为语法规范的普通话作为汉民族的共同语。我们需要一部规范性词典把汉语规范化过程中形成的词形标准、语音标准、词汇标准和语法标准确立下来。而现代汉语规范标准的明确和建立，也为我们编纂规范型汉语辞书提供了条件。第二，推广普通话，这是促进汉语规范化的需要。

"政治、经济、文化等各个方面都急剧地改革和发展,汉语在词汇方面因而发生了显著的变化,有些词和词的旧义迅速地消失了,新词和词的新义大量地产生了,甚至有些死了的词又复活了;有些先在书面语出现的政治、经济、科学、哲学的词广泛地进入了人民大众的口语;也有些人民大众口语里的词应用范围扩大了。"(郑奠等,2009)另一方面,全国方言歧异,语言使用中不规范的问题比较突出,对政治统一、经济发展和人们交流产生了很大影响。"词典是进行规范化的最重要的工具。"(罗常培、吕叔湘,1956)旧的辞书不敷应用。之前编纂的《新华字典》《同音字典》在普通话正音、词义规范方面虽然起了不小的作用,但难以适应社会主义文化建设及满足人民更好地学习和使用汉语的需要。我们迫切需要编纂一部有足够分量的记录现代汉语词语词形、读音、意义、用法的新型的辞书来记录和解释现代汉语丰富多彩的词汇。(郑奠等,2009)1956 年,国务院发布了关于推广普通话的指示,责成中国科学院语言研究所编纂以确立现代汉语词汇规范为目的的中型词典,主要任务是为推广普通话、汉语规范化服务。第三,现代汉语书面语规范化的研究取得了一定的进展。普通话语音、语法、词汇、修辞的研究,获得了较大发展,一些规范标准开始制定并公布,为规范型现代汉语词典的编纂做了理论准备。1952 年成立的中国文字改革研究会,一方面研究汉语拼音化,一方面推行汉字简化。1955 年公布的《汉语拼音方案》(草案),1958 年由全国人民代表大会第五次会议通过,成为现代汉语语音规范的法定标准。第四,具有可资借鉴的国内外辞书编纂经验。汉语传统语文辞书的成功经验和优良传统可以继承;关于汉语的语音、语法、词汇,现有的研究成果可以应用;又有外国关于词典的理论和方法可以参考。"我们在词典编纂法的研究过程中,曾经参考了苏联的《现代俄罗斯文学语言词典(三卷本)编纂法》,英国牛津大辞典的序言、编辑凡例和我国现有的各种字书、词典。"(郑奠等,2009)我国自进入现代辞书出版时期以来,旧《辞源》、旧《辞海》及《标准语大辞典》《国语辞典》等已在汉语现代语文辞书的编纂体例方面做了可贵的探索。特别是《标准语大辞典》《国语辞典》和《新华字典》在规范型汉语语文辞书的编纂方面取得了宝贵的经验。

2. 编纂理念

《现汉》的任务是确立现代汉语词汇规范,"为推广普通话、促进汉语规范化服务"（吕叔湘，2002）。现代汉语的规范可以分两种：具体的规定和规范原则。普通话的标准"以北京语音为标准音，以北方话为基础方言，以典范的现代白话文著作为语法规范"就是现代汉语的原则性规范。《现汉》编纂之初，各种语言文字规范标准亟待制定，没有具体的规范标准可供参照。"为了实现现代汉语的规范化，在词的选择、词的定型、词的标音、词义分析、用法的说明和例句的征引各个部分，尽可能表现出明确的规范。"（郑奠等，2009）而指导《现汉》实现规范的正是它的柔性规范原则。由于语言的相对稳定性和变异性，词典在对语言的态度上，规定性与描写性既是对立的又是统一的。只有遵从语言的发展规律，把规定性与描写性结合起来，才是正确的词汇规范观。《现汉》采用柔性规范原则，描写并树立起了人民的语言习惯。它出色地、具体地完成了现代汉语的规范任务，因而大大地促进了汉语规范化，大大地加速了普通话的推广工作。（张志毅，1984）

《现汉》继承了国语运动以来现代汉语研究的成果，"特别是词汇学、词义学、词典学的科学成果"。（张志毅，1984）从收词立目、注音和释义等方面建立了现代汉语词汇规范体系。

3. 收词立目

《现汉》通过收词立目建立了现代汉语普通话的词汇系统。它对现代汉语词汇组成系统有明确认识，并对现代汉语词汇做了一次全面整理和规范，力求系统地反映现代汉语词汇的全貌，为推广民族共同语服务。(1)《现汉》对现代汉语词汇构成单位的认识比较科学，所收的5.6万余条多字条目——词、短语、熟语、成语，都符合语言学标准。(2)《现汉》对现代汉语词汇系统的构成有明确认识。首先区分普通话词汇与方言词汇。其次，对普通话词汇区分并标出了〈口〉〈书〉〈古〉，对音译词则标出语别、原文。可见《现汉》具有明确的词汇系统观念，并区分出不同的词汇成分，这是中国辞书编纂中的创新。（张志毅，1984）(3)《现汉》对百科词语标注专业标记。《现汉》在很多方面都参考了《简明牛津英语词典》，效果很好。（胡明扬，1993）

《现汉》通过收词立目确立了现代汉语字形、词形规范。(1) 对字形和词形做了大规模整理。字头以现在通行的简化字为标准，繁体字、异体字加括号附列在简化字和正体字之后。如果括号内的异体字仅适用于个别义项时，就在异体字前加上所适用的义项数码，如彩（②綵）。异形词以常用的规范词形为主条,详加释义,而以非常用的、意在淘汰者为另见条,只注音不释义。这样处理体现了明确的规范倾向。(2)《现汉》通过词语立目正确地解决了汉语词汇形、音、义三者关系的理论问题。单字条目和多字条目都有形同而音、义不同(如"好"hǎo和"好"hào)而各有适用范围的,分立条目。形、义相同而音不相同而各有适用范围的,如"剥"bāo和"剥"bō,也各立条目。形同音同而在词义上需要分别处理的,就分立条目,在字的右上角标注阿拉伯数字,如按[1]、按[2]。而《国语辞典》则没有相应地分条目处理。"这种处理方法是创新的方法,使读者由此可以分别形音义三者之异同。"(周祖谟,1988e)《现代汉语规范词典》沿用了这一体例。

4. 注音

《现汉》通过注音确立现代汉语普通话的语音规范,确定字词的标准读音。普通话以北京语音为标准音,这只是原则性标准;《现汉》让这一原则具体化,落实了每一个字词的标准读音。北京音和非北京音有差异,原则上以北京音为准。文白异读,则多以白话音为准。规律有例外,原则上确定以合乎语音变化规律的读音为标准。对轻声、儿化、异读也都有合理的规范标准,并在词条上反映出来。《现汉》的注音比《国音字典》《国音常用字汇》和《国语辞典》更容易被接受,更有规范性。

《汉语拼音方案》(草案)是推广民族共同语、帮助识读汉字的工具,具有拼写词语的功能。反切、直音和注音字母都不如《汉语拼音方案》能更直接、更真实地反映汉语实际读音,更能沟通方言之间的差异。《现汉》不但为每个字头标注拼音,而且按照《汉语拼音方案》的规则,给每个词目标音,为方言区人们学习普通话提供了方便。在此之前只有周铭三编的《国语词典:京音、国音对照》为全部词条的每一个字都注音,但规模只有约5500条。《现汉》为5.6万个词条全部注音,确实是一个创举。同时《现汉》对有异读的词语,"已经普通话审音委员会审订通过的,一般依照审音委员会的审订"。因此《现汉》的注音,具有科学性、权威性和法定性。

5. 释义

《现汉》通过释义建立现代汉语词汇规范。

(1)释义语言

《现汉》释义使用典范的现代汉语白话文,具有共时性、简明性、语文性和规范性的特点。《国语辞典》的释义虽有可取之处，但释语用文言；《标准语大辞典》释文使用国语，但不够简明、规范。为推广普通话、促进汉语规范化服务的词典，它的释义语言更应该是现代汉语应用的典范。《现汉》对百科条目的释义，向通俗性和简明性靠拢，具有语文性特点。

(2) 义项划分

《现汉》对义项的概括与划分符合词典学关于义项的基本理论。《现汉》收录合乎现代汉语词汇规范的义项，体现出现代汉语普通话的词义系统。对现代汉语不用的古代汉语词义，只在某方言中使用的词义，《现汉》根据通行情况，有选择地收录。对收录的少量的古代义、方言义分别标注〈古〉〈方〉，提醒读者对比选择使用。

(3) 释义的整体观

《现汉》具有词典释义的整体观。编纂者对不同类别的词语运用的释义方法不同，而对同类词语的释义又是模式化的，具有与注释对象性质相合的特征。《细则》规定："同属一类的条目，注解措辞必须一致，避免分歧。""以一类一次解决为宜，不要拘泥音序零碎搞……除格式一致外，还可检查收的条目是否平衡。"（吕叔湘，2002）

(4) 释义方法

《现汉》释义有选择地、有限制地使用了一部分"互训""拆字注释"的方法，主要是采取说明或定义的方式；《现汉》的各种注释形式，根据不同类型的词汇分别使用。旧辞书习用的释义用语"犹、谓、犹言"等，不再使用，而是采用了新的释义术语，如"指""比喻"等。

(5) 释义的结构观念

《现汉》具有词义分析的微观结构观念，准确、科学地解释了词的词汇意义、语法意义和修辞意义。

A. 科学地解释了词的词汇意义

《现汉》对义项的描写区分了词义的内涵与外延、义位与义素、词义的色彩等。当时外国辞书已经把词的风格色彩作为释义的必不可少的补充内容，《现汉》学习了这些做法，使我们的语文词典的释义臻于完备。（张志毅，1984）

B. 解释词的语法意义

《现汉》为全部虚词和实词中的代词、量词标明了语法属性。有些实词，虽然没有标注词类，但尽量通过释语来表明词性，具体做法是：用名词或名词性短语释名词，用动词或动词性短语释动词，用形容词或形容词性短语释形容词。使条目和释语语法意义保持一致，释语显示了被释词的语法属性。

C. 说明词的语法功能和语法环境

a. 初步具有构式语法的基本思想

现代语言学揭示了某些词语的意义同特定的表达格式的联系，也可以说词的某些意义只存在于某种习惯格式中。《现汉》有意发掘、收录并说明这种现象（符淮青，1993；周荐，2001），如：【把】①宾语是后面动词的受事者，整个格式有处置的意思：～头一扭｜～衣服洗洗。②后面的动词，是"忙、累、急、气"等加上表示结果的补语，整个格式有致使的意思：～他乐坏了｜差一点儿～他急疯了。③宾语是后面动词的施事者，整个格式表示不如意的事情：正在节骨眼上偏偏～老张病了。

b. 在释文中加括号说明词的搭配关系

《现汉》明确地提出在词的释义中适当说明词的用法。"实词一般以阐明词本身的词汇意义为主……可以适当说明一些用法，就是说明和其他词的配合关系。这些关系多半是语义上的关系，说明之后，也更深切揭露词的词汇意义。"（郑奠等，2009）这是全新的认识和做法，显然是吸收了现代词典编纂的先进理论，借鉴了国外优秀词典的编纂经验，使《现汉》充分具有现代描写性兼规范性词典的性质。（符淮青，1993）释义中放在括号里的词语，其作用是不同的。如：

【国故】我国固有的文化（多指语言文字、文学、历史等）。

【静默】（人）不出声。

【保障】保护（生命、财产、权利等），使不受侵犯和破坏。

【滚热】非常热（多指饮食或体温）。

"国故"是名词，释义中用括号注明它的意义范围。"静默""保障"是动词，释义中用括号注明施事或受事。"滚热"是形容词，释义中用括号注明适用的对象。这些就是通常所说的搭配或组合关系。（张志毅，1984）《王云五大辞典》和《新华字典》有时也用括注的释义方式。

c. 解释词的修辞意义

第一，注明词的色彩，即陪义，仅情感、态度和评价陪义就标注了16种：惋惜、喜爱、亲昵、厌恶、轻蔑、讽刺、戏谑、斥责、客气、骄傲、谦虚、尊敬、委婉、詈骂、褒义、贬义。语体色彩的标注，〈口〉表示口语，〈书〉表示现在还常见于书面的文言词语，〈方〉表示方言词语，等等。

第二，注明词的修辞环境。如：

【会见】跟别人相见（多用于外交场合）。

【安葬】埋葬（用于比较庄重的场合）。

这些修辞环境，包括使用地点、时间、情况等，是词的用法的重要内容之一。对这些内容，《简明牛津英语词典》是用圆括号置于释语之前，表明某词或某义用于特定的语言环境。《现汉》学习了这些有用的词典工艺，使我们的语文词典也别开生面。（张志毅，1984）

D. 说明词义关系

必要时注明词的反义词、同义词，并加以必要的辨析。语文词典，在简明、通俗、辅助等条件下，允许用反义词加否定或对立词、同义词（或加示差）来释义。英国语义学家乌尔曼说："同义词间的区别是对词典工作者的一个严重挑战。"在这个严重挑战面前，有的词典回避了，而《现汉》不仅应战了，而且这一仗打得很出色。（张志毅，1984）如对"后来/以后"的辨析是相当精彩的：

【后来】时间副词，指在过去某一时间之后的时间（跟"起先"相对）……注意"后来"跟"以后"的分别。a）"以后"可以单用，也可以作为后置成分，"后来"只能单用，例如只能说"七月以后"，不能说"七月后来"。b）"以后"可以指过去，也可以指将来，"后来"只指过去，例如只能说"以后你要注意"，不能说"后来你要注意"。

6. 例证

《现汉》通过例证引导规范。现代语文词典以引例证为其特征之一，因为例句有辅助释义、提示用法、注明出处、提供知识等作用。《现汉》尽可能地精选了必要的、典型的短语和典范的句子。

7. 编排

第一，《现汉》全部条目依据汉语拼音字母次序排列。第二，对义项的排列符合规范型词典的共时性特征。义项的排列，是按使用频率的大小和义项间的逻辑顺序，把使用频率大的义项排在前面。在条件许可时，也兼顾词义的历史顺序。如"兵"把"兵器"义排在前面，把"军人、军队"等义排在后面。

8. 编纂工艺

《现汉》设计的一套辞书符号是对我国汉语词典编纂工艺的贡献。多字条目用"【】",对字形、释义做夹注用"()",轻声用"·",词语在插入其他成分时语音发生轻重变化用"//",结合较松的多字条目注音分开用"-",标注口语、方言、书面语等陪义用"〈〉",例中的比喻义用"◇",等等。这些符号的使用,使词典以有限的篇幅容纳了更多的释义信息。

9. 版本与修订

1960 年出"试印本",征求意见;1965 年出"试用本",进一步征求意见。为应广大读者的迫切需要,1973 年 9 月初版(内部发行)。从 1973 年开始对试用本继续修订,1978 年 12 月正式出版,即第 1 版。因《现汉》的修改定稿在"文革"中进行,受到了当时政治形势的影响,因此 1980 年开始修订,1983 年 1 月出版第 2 版。80 年代后期,随着社会的迅速发展,新事物、新观念层出不穷,汉语中产生了大量新词新义。同时,国家语言文字管理部门相继出台了一些语言文字规范标准。为了适应这些新形势,《现汉》重新开始修订,于 1996 年出版了第 3 版。第 3 版出版后,又有大量新词语产生,读者迫切需要词典及时收录这些新词语,2002 年 5 月出版增补本,正文部分没有改动,在正文后面增加了 1200 多条新词,即第 4 版。2005 年第 5 版出版,不仅进一步贯彻语文规范标准、增收新词语,还全面标注了词类,同时进一步完善了体例。

三 专门性语文辞书

这段时期共出版专门性语文辞书 291 部,其中字典 160 部、词典 57 部、语典 73 部、句典 1 部。

(一) 字典

1. 详解型字典

本时期出版详解型字典 52 部,如《人民实用新字典》(文工书店,1953)、《大众国音字典》(宝文堂书店,1952)、《大众精简字典》(正气书局,1951)、《大众语字典》(宏文书局,1951)、《人民新字典》(启明书局,1951)、《新华字典》(商务印书馆,1962)、《大众实用字典》(宝文堂书店,1953)、《学文化字典》(商务印书馆,1952)、《学生字典》

（商务印书馆，1959）等。其中，《新华字典》在我国现代辞书史上具有里程碑意义。

(1)《新华字典》

新华辞书社编，人民教育出版社 1953 年初版。《新华字典》是新中国第一本小型普及性的现代汉语规范字典，在现代汉语语文辞书历史上，具有里程碑意义，"在它以前没有一部能称得上完全合格的现代汉语字典，在它以后的现代汉语字典，是沿着它开辟的道路而不断改进的"（曹先擢，2001）。周祖谟（1983）说："《新华字典》的出版标志着字典的一项革新，对推进语文教育的发展起了一定的作用。"其创新主要表现在编纂理念、收字立目、注音、释义、编排等方面。

A. 版本

人民教育出版社，1953 年 10 月初版；1954 年第 2 版。1957 年 6 月商务印书馆新 1 版；1959 年 5 月第 2 版；1962 年 7 月第 3 版；1965 年第 4 版；1971 年 6 月修订第 1 版（通称 1971 年修订重排本）；1979 年 12 月第 5 版；1987 年 12 月第 6 版；1990 年 2 月第 7 版；1992 年 7 月第 8 版；1998 年 5 月第 9 版；2004 年 1 月第 10 版；2011 年 6 月第 11 版。

B. 编纂背景

新中国成立后，百废待兴，旧《辞源》、旧《辞海》不敷应用。民国时期的辞书，停止印行，在全国通行的汉语词典，只有《四角号码新词典》。针对这种情况，出版领导部门决定让有关单位分头编纂《新华字典》和《现代汉语词典》，重编《辞海》，修订《辞源》。

C. 编纂理念

关于《新华字典》的编纂理念，初版"凡例"说："本字典编写的目的主要是想让读者利用这本字典对祖国语文的语词能得到正确的理解，并且知道词汇现代化和规范化的用法，在书面上和口头上都能正确地运用。"可见，《新华字典》具有语文规范化的理念，是一本规范性汉语语文辞书。1955 年 10 月，召开"全国文字改革会议"和"现代汉语规范问题学术会议"，中央明确提出了我国语言文字工作的三大任务：促进汉字改革，推广普通话，实现汉语规范化。而之前出版的《新华字典》就已经朝着汉语规范化的方向努力了。这一方面说明《新华字典》继承和巩固了国语运动和白话文运动的成果，另一方面也说明《新华字典》具有超前的编纂理念。因此《新华字典》是我国第一部以语言规范和运用为宗旨的字典，它从字词收录、注音、释义等宏观结构和微观结构及其不断修订来实现这一目标。

D. 字词收录与立目

《新华字典》广泛收录现代汉语常用字，以通用字形立目，把异体字、繁体字分别加圆括号附在单字头后面。共收入单字（包括异体字和繁体字）11100个左右，除掉异体字、繁体字，基本上包括了《汉字综合频率表》中的6000多字。（陈原，1998）基本能满足普通读者的需要。

具有词的微观结构观念，正确认识和处理了汉语中字与词的关系。在汉语理解、分析和实际语言运用中，人们总是以词作为一个独立的意义单位。人们在查阅字典时，往往需要理解与字相关的词的意义。为了增强实用性，在单字释义下连带给出现代汉语复音词和短语，有3200多个。这是在继承《中华大字典》基础上的一种创新。（1）所收复音单纯词均独立条目，如"玻璃""蹒跚""彷徨""琵琶""法西斯""乌兹别克""布尔什维克"等都独立条目，与《中华大字典》只以单字为字头、在义项或释文中带出复音词的做法不同。（2）适当收录复合词。汉语中词与字的关系密切，字典需要以词明字，词典需要以字明词。然而，字典并不是词典，它又不可能不加选择地尽行收罗，究竟如何收词，如何处理字与词之间的关系，是字典编纂中值得探讨的问题。（熊效孟，1981）《新华字典》采取的办法是：一是将由收录单字组成的复音词附在相应的单字字头下。二是选取词义与单字意义相近的合成词，用"（〈连〉～）、（～子）、（～儿）、（～头）"为标记，蕴含在单字的释文之中。如：身①（～子）动物的躯体（〈连〉～体、～躯）：全～、上～。④（～子）孕：有了～子。⑥（～儿）衣服一套：我做了一～儿新衣服。以上用"（〈连〉～）"为标记标出的复合词，括号内的两个语素意义相近。因而词的意义与单字的意义也就相近。这样在释字的同时也稍带解释了由该字组成的复合词。其次在"（〈连〉～）"标志的词与释文例证三者中，造成了同义词的效果。（熊效孟，1981）三是对能够充分体现字义的部分常用词，以"［］"为标记，置于相应的义项之后，如：起：②由下向上升，由小往大里涨：一～一落。～伏。～劲。面～了。［起色］好转的形势，转机：病有～～。还有一类词，在读了单字的释义后，词义仍不好理解，如"夫人、逻辑、盘桓"等，《新华字典》将这类词用"《》"做标记，放在释文最后进行解释。周祖谟（1954）说："这种处理语言材料的方法使学习祖国语文的人很容易建立'词'的观念，这对读者是一个不小的帮助。"《新华字典》在一定程度上兼有词典的功用，大大提高了其实用性。

E. 注音

《新华字典》初版注音以《国音常用字汇》为准。"以首都音（非北京土语）做标准，用注音字母注音。"（1953年版《新华字典》凡例八）对异读词的审音问题，采用的是"以带有全国性的音为本音，只有北京人才那样读的音为又音"（1953年版《新华字典》凡例八）。1956年2月中国文字改革委员会发表《汉语拼音方案（草案）》，《新华字典》商务新1版加了汉语拼音字母注音，不仅体现了语文政策，"考虑到熟悉汉语拼音读者的需要，而且也考虑到有些不认识汉语拼音的中老年读者的需要"（颜景孝，1984）。

在字头释义、举例中，或者在选收的复音词中，遇到多音字或生僻的字，都分别附加注音。收入的复音词中的单字，凡读音发生变化，或读轻声的，或改变声调的，都附加注音，为读者学习普通话提供了方便。

给多音字注音时，在注音、释义、举例后，不仅标明其他音，而且指出其所在页码。

F. 释义

《新华字典》在释语、释义方法和释义体例等方面较前代辞书都有较大创新，主要表现在以下几个方面：

a. 释义和举例用白话文

新中国成立以前，出版的许多著名的辞书，除了《标准语大辞典》《国语词典：京音、国音对照》用国语释义外，其他多数辞书都用文言释义、举例。《新华字典》是新中国成立后出版的第一部以白话释义、用白话举例的字典，贯彻自身的规范性理念，对现代汉语规范工作具有倡导和示范意义。

b. 首创多种释义体例

第一，用夹注的方式对例句中的词和短语注释。《新华字典》在"解释的后面要举例，把常用的词语列在解释的后面，可以是词，也可以是成语或短句"。（周祖谟，1983）在这些例证中，有些词和短语不易理解，便分别用简洁的文字在括号中夹注。如：

镳 biāo ㄅㄧㄠ 马嚼子：分道扬～（喻趋向不同）。

吠 fèi ㄈㄟ 狗叫：蜀犬～日（喻少见多怪）。

第二，注明字义演变关系。用〈转〉、〈引〉、〈喻〉为标记，来表明字义的演变关系。周士琦（1988c）说这是编者用心之所在，也是此前其他字典所不曾有的。如：

函①匣，套子：石～。镜～。全书共四～。〈转〉信件（古代寄信用木函）：～件。来～。公～。～授。

第三，说明字词语法意义和用法、搭配关系。如：

给④跟前面"让""叫"相应，可有可无：窗户叫风（～）吹开了。牛让狼（～）吃了。⑥跟前面"把"字相应，可有可无：风把窗户（～）吹开了。

叫①被（后面必须说出主动者）：敌人叫我们打得落花流水。

第四，用括注对词的使用范围、使用场合、适用对象给予提示。如：

鬼机灵（多指小孩子）：这孩子真鬼。

［激昂］（情绪、语调等）激动昂扬：慷慨激昂。

阁（閣）［阁下］对人的敬称，今多用于外交场合。

第五，用括注对容易混淆的词给予辨析。如：

工夫　功夫1. 时间（多用"工夫"）：今天抽不出～。（略）2. 努力实践或长期实践的成果（多用"功夫"）：下～。～深。

第六，用括注说明词的情态陪义。如：

楚 chǔ［楚楚］鲜明，整洁：衣冠～～（现多用于贬义）。

［家伙］③指牲畜或人（轻视或玩笑）。

齁②很，非常（多表示不满意）：～咸。～苦。～冷。

G. 编排

《新华字典》初版按注音字母顺序排列。另附《部首检字表》。1956年2月《汉语拼音方案（草案）》公布后，立即修订，按汉语拼音字母排序。《新华字典》是中国第一本按《汉语拼音方案》音序排列的辞书。《新华字典》对同音字的编排方式，被《现汉》等沿用，《现汉》编写细则（修订稿）："同音字的排列依照《新华字典》的顺序。"

H. 附录

《新华字典》初版还有内容广、实用性强的附录：注音字母表；标点符号用法；中国人民政治协商会议共同纲领；中华人民共和国行政区划；中国历代纪元公元纪年表，（附）"年号检查表"；各国首都、面积、人口一览表；各国本位币名一览表；重要纪念日及节日一览表；中外度量衡表；化学元素表。这些附录的类型和内容对后来的各版本影响很大，除"中国人民政治协商会议共同纲领""重要纪念日及节日一览表"外，其他沿用到 2011 年版，变动不大。

I. 修订

为了贯彻语文规范化的理念，《新华字典》历次修订都认真地执行国家语言文字政策，全面贯彻有关的规范标准。《新华字典》出版 50 多年来，平均每 5 年修订一次，每次修订不仅体现了语言文字的新变化，也记录了我国各种语言文字规范标准，折射出我国语文现代化的历史。

为了贯彻全国文字改革会议和现代汉语规范问题学术会议的精神和有关文件的规定，《新华字典》1955 年底就开始了修订，依照《汉字简化方案》（1956）采用了简化字，还按照《第一批异体字整理表》（1955）的规定整理了《新华字典》涉及的异体字。1957 年在商务印书馆出版《新华字典》新 1 版。《汉语拼音方案》（1958）正式公布以后，改变新 1 版按注音字母排序的方法，依汉语拼音字母顺序调整字头排序，于 1959 年推出了第 2 版。20 世纪 60 年代，随着《普通话异读词三次审音总表初稿》（1963）、《简化字总表》（1964）、《印刷通用汉字字形表》（1965）等规范文件的公布，第 4 版（1965）又对部分内容做了调整。20 世纪 70 年代以来，国家又颁布了多种语言文字规范标准，如《部分计量单位名称统一用字表》《汉字统一部首表（草案）》《普通话异读词审音表》《简化字总表》《现代汉语通用字表》《出版物上数字用法的规定》《标点符号用法》《GB13000.1 字符集汉字笔顺规范》《GB13000.1 字符集汉字字序（笔画序）规范》《第一批异形词整理表》等，《新华字典》依照其中的主要标准，做了相应修订。

陈原（1998）指出："修订是保持字典词典青春活力的唯一法门；但是修订绝不等于新编，必须吃透原来的编辑意图，保持它原有的特色。"《新华字典》的历次修订都遵循着初版的理念。

2. 专用型字典

这一时期出版专用型字典 62 部。较前期创新的品种有部首字典、多音多义字字典、多音字字典、难字字典、方言字典、频率字典。

（1）古文字字典

本时期出版古文字字典 5 部，如《石刻篆文编》（科学出版社，1957）、《甲骨文编》（中华书局，1965）、《增订碑别字》（文字改革出版社，1957）等。

（2）韵书

本时期出版韵书 8 部，如《（增注）中华新韵》（商务印书馆，1950）、《汉语诗韵》（中华书局，1957）、《诗歌新韵》（上海教育出版社，1959）及《中原音韵》《广韵》《韵镜》等的影印本。

（3）多音多义字字典

本时期出版多音多义字字典 3 部，如《多音多义字汇编》（商务印书馆，1962）、《常用多义多音字》（上海教育出版社，1963）等。

（4）同音字字典

本时期出版同音字字典 5 部，如《常用同音字典》（浙江人民出版社，1959）、《同音常用字典》（浙江人民出版社，1959）、《同音字典》（五十年代出版社/商务印书馆，1955/1956）等。

（5）常用字字典

本时期出版常用字字典 26 部，如《汉语常用字典》（浙江人民出版社，1973）、《常用新字典》（上海普及书店，1953）、《人民常用字典》（启明书局，1952）、《常用字字典》（建业书局，1953）、《大众常用字典》（宏文书局，1952）、《两千常用字字典》（山西人民出版社，1960）、《二千个常用字学习手册：读、用、查、写》（上海广益书局，1953）等。

（6）难字字典

本时期出版难字字典 2 部，如《难字表》（人民日报出版社，1964）、《新编绘图农民杂字》（群益堂，1962）等。

（7）识字字典

本时期出版识字字典 7 部，如《农民识字手册》（江西人民出版社，1958）、《农业生产合作社社员识字手册》（江西人民出版社，1956）、《速成识字简明字汇》（商务印书馆，1953）等。

另外，还有方言字典、说文字典、俗字字典、部首字典、多音字字典各 1 部；频率字典 1 部，即《汉语字音常用次数表》（江南出版社，1953）。

3. 专项型字典

这一时期共出版专项型字典 46 部。

（1）正音字典

本时期出版正音字典 10 部，如《识字正音三千五百字表》（商务印书馆，1954)、《汉语拼音字汇》(通俗读物出版社，1958) 等。

(2) 正字字典

本时期出版正字法字典 33 部，《大众正误字典》(宝文堂书店，1952)、《容易写错和用别的字》(云南人民出版社，1963)、《辨字手册》(通俗读物出版社，1957)、《汉字正字小字汇》(文字改革出版社，1973) 等。其中具有代表性的是《汉字正字小字汇》，文字改革出版社，1966 出版。收字 4000 个，以简化字、正体字列为字头，把繁体字、异体字和旧体字放在字头后的括号里。不解释字义，必要时举一个常用词。对正字的形体结构，一般做分析，特别是对容易引起误写的笔画结构，加以辨析；有的还指明笔顺，以帮助记忆，防止写错。对容易误读的，也予以辨明，兼有正音作用。字头用汉语拼音字母注音，按音序排列。

(3) 辨析字典

本时期出版辨析字典 3 部，《汉字形音义辨析》(王与群编，湖南人民出版社，1975) 选收常用或比较常用的字 2000 多个；《难字表》(初稿)(文字改革出版社编，人民日报出版社，1962) 选录难读、易错的字 2000 个；《常用字的区别》(天津人民出版社，1974) 选收容易写错、读错、用错的常用汉字 885 个。

(二) 词典

这一时期共出版词典 57 部，其中详解型词典 4 部，专项型词典 6 部，专用型词典 47 部。

1. 详解型词典

本时期出版详解型词典 4 部，如《学文化词典》(中华书局，1958)、《辞眼十用辞典》(朱行健著，交伟书馆，1950) 等。

2. 专用型词典

本时期出版专用型词典 47 部。

(1) 常用词词典

本时期出版常用词词典 4 部，如《注音常用词汇》(中南人民出版社，1954) 等。

(2) 作家作品词典

本时期出版作家作品词典 5 部，如《敦煌变文字义通释》(中华书局，1959)、《小说词语汇释》(中华书局，1964)、《孟子词典》(中华书局，1960)、《论语词典》(古籍出版社，1958) 等。

《敦煌变文字义通释》，蒋礼鸿著，中华书局，1959重版，1961年3版，1983年5版，1996年增订版。上海古籍出版社1997年出版增补定本。该书是一部专门收释敦煌变文词语的辞书，"推动了汉魏六朝以来俗语词研究的进程"（黄征《敦煌变文字义通释·六版后记》）。周祖谟（1988f）认为"对研究唐五代民间文学和汉语词汇发展史大有帮助。可与张相《诗词曲语词汇释》媲美，同为不可多得之书"。本书收敦煌变文中不易理解的词语400多条，详细解释词义，旁及字音和文字通假，详列变文书证及其他。以"解疑""通文""探源""证俗""博引"五大要旨通贯全书。以翔实可靠的材料为基础，从解疑入手，以点带面，旁通其他文献；然后上溯词源，下及方俗语词以证古，勾勒出俗词语产生、发展、消亡的轨迹。（黄征《敦煌变文字义通释·六版后记》）正文将所收释词语分类编排：第一篇释称谓，第二篇释容体，第三篇释名物，第四篇释事为，第五篇释情貌，第六篇释虚字。书前有目次，书后有笔画部首索引和四角号码索引。

（3）同义词词典

本时期出版同义词词典1部，即《同义词汇编》（四川人民出版社，1964），解释同义词和近义词的基本概念和附加意义以及语用上的异同，使读者准确地理解并规范地运用同义词，为细致地表达思想感情提供充分选择。

（4）新词语词典

本时期出版新词语词典9部，如《新辞典》（裕民印刷厂，1950）、《新词语》（文字改革出版社，1962）、《新名词综合大辞典》（大地书店，1951）、《新名词手册》（文化书局，1951）、《新词林》（魏金枝编，启明书局，1951）、《新名词辞典》（重编重排）（胡济涛，春明出版社，1954）等。

（5）方言词典

本时期出版方言词典16部，如《北京话语汇》（商务印书馆，1964）、《汉语方言词汇》（文字改革出版社，1964）、《北方土语辞典：初编》（春明书局，1951），等等，其中以《汉语方音字汇》与《汉语方言词汇》价值最高。这是两本资料性的辞书，分别为现代汉语比较方言字汇集和现代汉语比较方言词汇集。由北京大学中国语言文学系语言学教研室编纂，文字改革出版社分别于1962年和1964年出版。

《汉语方音字汇》于 1989 年由语文出版社出第 2 版。正文以表格形式收入 2961 个单字的 20 个方言点的对照字音。20 个方言点是：北京、济南、西安、太原、武汉、成都、合肥、扬州、苏州、温州、长沙、双峰、南昌、梅县、广州、阳江、厦门、潮州、福州、建瓯，这 20 个方言点大体上代表了现代汉语的各大方言。字目按普通话音序的韵母、声母、声调次序排列，并注明中古音音韵地位，包括声、韵、调、摄、等、呼等。方言点的读音以城区中老年人的口音为依据，用国际音标记音。注意搜集一字多音，并注意区别一般异读、文白异读、口语用音、新旧读和俗读等不同情况。必要时还用脚注补充说明。本书为了解和研究汉语各大方言语音之间的异同和古今语音演变研究提供了宝贵的资料。

《汉语方言词汇》于 1995 年由语文出版社出第 2 版。正文部分以表格形式收入 1230 条普通话词目，其中包括少量短语的 20 个方言点的对照词语。20 个方言点的选择与《汉语方音字汇》一致。词目按词类和词义相结合的方法排列，先按词类，再按词义。方言词语的搜集讲求与普通话词目的对应，方言对应词语以城区中老年人口语现用为收录原则，用国际音标标音，标音既能反映单字音又能反映连读音变。本书为推广普通话、促进汉语规范化和进一步开展汉语方言词汇比较研究提供了宝贵的资料。

（6）轻声词词典

本时期出版轻声词词典 2 部，即《北京话轻声词汇》（中华书局，1957）、《普通话轻声词汇编》（商务印书馆，1963）。

（7）虚词词典

本时期出版虚词词典 8 部，如《文言虚词例解》（北京出版社，1965）、《常用虚词例解》（山东人民出版社，1962）等。

另外，还有难词词典 1 部，即《难写口语汇编》（四联出版社，1954）；外来词词典 1 部，即《汉朝外来语对释辞典》（北京大学东语系编，1958）。

3. 专项型词典

本时期出版专项型词典 6 部，其中辨析词典 3 部，如《词义辨析》（人民教育出版社，1959）、《现代汉语词义辨析》（湖北人民出版社，1976）、《常用词辨析选编》（广西人民出版社，1977）；正词法词典 2 部，即《汉语拼音常用词汇》（山西人民出版社，1959）、《汉语拼音词汇》

等；正音词典 1 部，《普通话异读词审音检字》（文字改革出版社，1965）。

《汉语拼音词汇》，中国文字改革委员会词汇小组编，1958 年文字改革出版社出版"初稿"，1963 年出版"增订稿"。《汉语拼音词汇》是一本根据《汉语拼音方案》拼写普通话的"正词法"词汇（周有光，1983），能帮助人们拼写词和纠正读音，帮助一时想不出或写不出汉字的人按音查出需要的汉字，是推行《汉语拼音方案》必不可少的工具书。

"初稿"收词 20100 余条。"增定稿"收词、短语和成语 59100 多条，其中单音词 2100 多条，双音词 35000 多条，三音词 15000 多条，三音节以上的词、短语和成语 6000 多条。所收词语限于普通话语文词语，不收古语词和方言词（如果收了要加注说明），不收不成词语素。词目用汉语拼音字母拼写，旁注汉字，不做解释；以词为拼写单位，标注声调，表示汉语拼音的拼写规范，为汉语词汇分词连写提供了参考。语音以"普通话审音委员会"的规定为标准。同音异调和同音同调词分别于前面加"＊"和"＊＊"，以便读者寻检。

词条一律按汉语拼音字母顺序排列，无调号字母在前，阴、阳、上、去各调在后。所有"同音词"都聚集在一起，因此它也是一本同音词词典。

（三）语典

这一时期共出版语典 73 部，都是专用型语典。

1. 成语辞典

本时期出版成语辞典 13 部。新中国成立后第一本成语词典是柯槐青编的《简明成语词典》（上海文化出版社，1957），还有《汉语成语小词典》（商务印书馆，1958）、《现代汉语成语词典》（商务印书馆，1959）等。但是具有代表性的是《汉语成语小词典》，北京大学中文系 1955 级语言班编，商务印书馆 1958 年出版。1959 年、1962 年、1972 年、1981 年、1998 年先后做过五次修订。

《汉语成语小词典》共收成语 3000 多条，语源和例句皆以白话文叙述，通俗性较强。用汉语拼音字母给成语单个汉字——注音。在释义方面着重成语的现实意义，一般先注难懂的字词，再引述成语出处加以串讲。部分成语除解释外，附有例句。对成语中容易读错、写错的字，用"注意"标出，辨正字音字形。条目编排按汉语拼音字母顺序。这种体例，在成语词典的编纂中起到了承前启后的作用，是现代汉语成语辞典的开端。由于其读者对象是"具有中等文化程度的工农兵、革命干部、学生及一般读者"（"凡例"），因此，语源的探索用工不深，不注明出处；大部分条目注释较简单，还有大量条目既不注语源也无例句。

2003 年在第五次修订本的基础上修订重排，增收部分常见成语；删改不合时宜的例句；对异读词，按照《普通话异读词审音表》（1985 年 12 月修订版）进行订正；释义更准确、通俗；选择更简短、易懂的例句，便于学生及一般读者理解与应用。

2. 俗语辞典

俗语辞典 8 部，多是影印清代俗语辞典，如《恒言广证》（商务印书馆，1958）、《迩言等五种》（商务印书馆，1959）、《通俗编》（商务印书馆，1958）、《恒言录》（商务印书馆，1958）、《直语补证》（商务印书馆，1958）等。同时也有新编的，如《俗说》（商务印书馆，1959）、《民间俗语》（山西人民出版社，1958）、《群众口语常用语汇》（山西人民出版社，1952）。

3. 谚语辞典

本时期谚语辞典出版较多，有 51 部，如《中国谚语资料》（上海文艺出版社，1961）、《新谚语》（上海文艺出版社，1958）等，大部分具有方言语典性质。

另外还有作家作品语典 1 部，即《元剧俗语方言例释》（朱居易著，商务印书馆，1956），汇释元代戏曲中 1000 余条方言俗语。

（四）句典

本时期句典出版较少，只有上海人民出版社 1975 年出版的《工农兵豪言壮语选》。

四　汉语现代语文辞书转折期的特点

总起来看，这段时期汉语语文辞书的编纂出版远不能满足国家文化建设和人民文化学习的需要，形成"大国家、小字典"的局面。不过这段时期语文辞书出版具有鲜明特点，语文辞书编纂出版政策对改革开放以来的语文辞书出版工作提供了宝贵的经验，并确立了现代汉语语文辞书编纂出版的理念。

(一) 语文辞书出版的阶段性特点

本时期语文辞书出版受政治因素影响明显,可以划分为前后两个阶段:第一阶段为新中国成立初期 1950 年至 1965 年,这 16 年共出版汉语语文辞书 278 部,年均 17.4 部;第二阶段为 1966 年至 1977 年的 12 年,期间语文辞书出版数量急剧下降,共出版汉语语文辞书 38 部,年均 3.2 部。第二阶段不但出版数量少,有些辞书还带有浓厚的政治色彩,如《工农兵字典》(上海人民出版社,1973)、《工农兵豪言壮语选》(上海人民出版社,1975)等。

(二) 语文辞书出版初步具有规划意识

本时期汉语语文辞书出版的重要特点是政府参与重点辞书编纂出版的各个环节。编纂出版任务由国家直接下达,如修订《辞源》和《辞海》、新编《新华字典》和《现代汉语词典》,并明确各自的方向;辞书的编纂由国家专业研究机构和全国顶尖的语言学家承担;国家出版领导部门组织配备和培养专业的编校人员。商务印书馆于 1958 年提出并决定修订《辞源》,1958 年 2 月古籍整理出版规划小组成立以后,着手拟订《中国古籍整理和出版的计划要点》,将"《辞源》修订本"列为长远规划内容之一。1959 年 6 月,中共中央宣传部为了避免重复类同等问题,对《辞源》《辞海》《现代汉语词典》的修订编纂目标,做了明确分工。1959 年 9 月 10 日中共中央宣传部关于修订《辞海》《辞源》问题向中共中央做了请示报告(中共中央于 10 月 17 日批准了这个报告):"根据这两部辞书的特点,确定将《辞海》修订为一部以百科知识为主兼顾单字、语词的综合性大辞典;而《辞源》,则修订为一部主要供阅读古籍用的工具书。"

(三) 语文辞书编纂出版理念

1. 语文辞书为语文现代化服务

这一时期汉语语文辞书编纂出版目的明确,主要是为现代汉语规范化和推广普通话服务。20 世纪 50 年代受语文政策影响,为了促进汉字简化,推广《汉语拼音方案》和普通话,实现汉语规范化,不但编纂出版了《现代汉语词典》,还出版了一批正字字典、正音字典、正词法词典和正音词典,并逐渐用《汉语拼音方案》注音。

2. 语文辞书关注扫盲和文化普及教育

新中国成立后,政府非常重视扫除文盲、普及教育工作。1952 年 6

月教育部公布了《二千常用字表》,作为扫除文盲的标准,收入一等常用字1010个,次等常用字490个,补充常用字500个。因此,从读者对象看,本时期普及型语文辞书较多,有242部,以普及文化、扫除文盲为主要目的,字典、词典收条以常用为主,规模较小,尤其第一阶段更为明显,如:《两千常用字字典》(山西人民出版社,1960)、《二千个常用字学习手册:读、用、查、写》(上海广益书局,1953)《人民常用字典》(启明书局,1952)、《大众常用字典》(宏文书局,1952)、《大众正误字典》(宝文堂书店,1952)、《大众学习字典》(大东书局,1952)、《群众口语常用语汇》(山西人民出版社,1952)、《速成识字常用字典》(民智书局,1952)、《学文化字典》(商务印书馆,1952)、《人民学习辞典》(上海广益书局,1952)、《文化学习小辞典》(首都出版社,1953)、《语文学习字典》(三民图书公司,1953)、《人民实用新字典》(文工书店,1953)、《大众实用字典》(宝文堂书店,1953)、《学习小字典》(北京书店,1953)、《速成识字简明字汇》(商务印书馆,1953)、《农民识字手册》(江西人民出版社,1958)、《常用字拼音手册:识字正音》(江苏人民出版社,1958)等。

(四)语文辞书的类型特点

本时期与我国语文辞书出版起步期相比,新增辞书品种有:部首字典、多音多义字典、多音字字典、难字字典、方言字典、信息字典、常用词词典、同义词词典、拟声词词典、难词词典、辨析词典、正音词典等。

本时期谚语辞典出版数量较多,共出版51部,以收录农谚为主(有37部,占谚语辞典的72.5%)。农谚辞典注重与农业生产结合,内容多反映农业气象、农业生产经验和农作物栽培,如《农谚选》(上海文艺出版社,1959)、《注音农谚》(文字改革出版社,1958)、《农谚图》(江西人民出版社,1958)、《天气谚语》(中国青年出版社,1954)、《民间测天谚语》(上海人民出版社,1974)、《植棉农谚》(西安人民出版社,1959)、《畜牧生产经验谚语》(科学普及出版社,1957)、《养猪谚语》(青海人民出版社,1960)、《舟山渔谚》(浙江人民出版社,1963)等。

(五)语文辞书的结构特点

本时期汉语语文辞书结构的发展水平达到了一个新高度。《新华字典》和《现代汉语词典》总结了半个世纪以来白话文运动和国语运动的成果，第一次对现代汉语规范理论进行了全面总结，第一次以词典的形式对现代汉语规范成果进行了全面描写。在辞书编纂理论、编纂工艺、编校质量上达到了一个新高度，成为新中国辞书编纂出版的典范之作。

本时期语文辞书以选收常用字、词、语为主，注音由使用注音字母和罗马字转向以汉语拼音字母注音，编排也逐步采用汉语拼音排序。释义语言，由起步时期用文言或文白夹杂释义转向以普通话释义，释义方式由起步时期的简单注释转向从语义、语法和语用多角度释义，《新华字典》具有倡导和示范意义。

第三节　汉语现代语文辞书的繁荣期

从 1978 年改革开放到 2000 年，我国汉语语文辞书出版逐步走向繁荣，共出版了 3795 部，占现代出版时期汉语语文辞书出版总量的 53.5%，年均 165 部，使我国由辞书出版小国变为辞书出版大国。

一　综合性语文辞书

本时期综合性语文辞书共出版 26 部，包括民国时期旧版《辞源》、旧版《辞海》的重新出版，及上海辞书出版社《辞海》修订的各个版本、商务印书馆的《辞源》修订本。另外还有《新华词典》（商务印书馆，1980）及其修订本等。

《新华词典》是一部以语文词语为主兼收百科词语的综合性语文辞书，面向普通读者，实用性强而又颇具时代感，在汉语辞书中一直占据着相当重要的地位。初稿于 1973 年问世，1980 年正式出版，1988 年修订，2001 年又进行了全面修订。

（一）编纂理念

随着科学技术的发展，人们开始生活在术语的世界里，而一般读者在遇到不理解的或不太确切含义的术语时，没有时间或不方便去寻找各种专科辞书，于是要求语文词典能承担起百科辞书的任务。美国的大学系列词典就是这种理念的实践者。《新华词典》就是基于这种理念而编纂的。2001 年版更是进一步增加了百科条目，目的就是取语文词典与百科词典之所长，为读者提供一种兼有二者功能、使用方便轻巧的工具书。

(二) 字词收录和立目

收字收词讲求实用性。(1) 收单字 12000 个，几乎囊括了中国古典文学四大名著中出现的全部汉字。(2) 收词侧重于查阅需求较多的书面语词汇，酌收口语词、方言词。(3) 2001 年版共收条目 47231 条。与 1988 年版相比，百科条目增加到 25000 多条，首次占到整个词典的 50%，删去了 2000 多条过时词条，同时增加新词上万条，颇具时代特征。百科条目涉及的学科，一是基础学科，包括语文、政治、历史、地理、数学、物理、化学、生物、体育、音乐、美术等；二是应用学科，包括社会科学和自然科学，不求过于专业，而是突出实用性。(4) 2001 年版还收录了两页以西文字母开头的词语，如 TMD（导弹防御系统）、E-mail（电子邮件）、WAP 手机（无线应用协议手机）等。

(三) 释义

对百科条目的释义遵循了同场同模式。(王金鑫，2003) 一般先有一个上位词，表明该词所属的义类；然后按一定的顺序排列构成该义位的其他语义成分，对上位词进行修饰和限制。同一底层义场的条目释义时，选用相同的属概念、共同的语义特征，使用释义术语一致，形成固定的释义模式。

(四) 附录

该词典为了体现小百科的特点，设置了丰富的附录。第一，2001 年版保留了《节气表》《化学元素周期表简表》《世界各国和地区简表》。第二，改造《计量单位简表》，将重点放在中国法定计量单位与非法定计量单位的对照和换算上；将《我国历代纪元表》改为《中外历史大事年表》。第三，删去了《汉语拼音方案》《常用标点符号用法简表》《地质年代简表》《基本几何图形的面积和体积》。第四，新增了《夏商周年表》《中外历史大事年表》《中国主要亲属关系简表》《中国行政区划简表》《中国少数民族简表》《中国重点风景名胜区》《中国重点自然保护区》《中国特有珍稀动物》《世界重大公害事件》《常用科技名词规范简表》《科学技术的重大发现发明》《科学技术史上的重大事件》。

二 普通语文辞书

本时期出版普通语文辞书 111 部，其中现代汉语普通语文辞书 79 部，古代汉语普通语文辞书 12 部，历时性普通语文辞书 20 部。

(一) 现代汉语普通语文辞书

本时期出版现代汉语普通语文辞书79部，如商务印书馆的《现代汉语词典》各个修订本、《现代汉语小词典》《倒序现代汉语词典》及其修订本、《四角号码新词典》及其修订本、《现代汉语大词典》（汉语大词典出版社，2000）、《新编汉语词典》（李国炎，湖南人民出版社，1988）、《新编实用汉语词典》（韩敬体等编著，社会科学文献出版社，1990）等。

1.《应用汉语词典》

商务印书馆辞书研究中心编，商务印书馆2000年出版。2010年修订本以《现代汉语学习词典》出版。

（1）编纂理念

以多角度、多层次帮助读者学习和运用汉语为目的，力争做到科学性、知识性、实用性、规范性的统一，"注意突出时代特色，努力反映和贴近当代语言生活；注意突出文化特色，努力揭示词语包蕴的中华文化历史或现实的内涵；注意突出语用特色，努力挖掘各类词语的具体用法或特殊含义"（《现代汉语学习词典》前言）。该词典对于汉语母语教学、对外汉语教学都有很大帮助。它在词条结构方面多角度、多层次的设计特征符合语文词典编纂理念的发展趋势，代表了汉语语文辞书的发展方向。

（2）收词立目

该词典收单字条目（包括繁体字、异体字）11400多个，多字条目4万余条。以语文词语为主，包括熟语、成语、俗语、谚语、惯用语和歇后语及常用的文言词语、方言词语，占90%；适当收录百科词语，占10%。

（3）释义

该词典在释义方面的创新，表现在以下几个方面：

第一，逐词逐项标注词类或语类。标注的词类包括"名、动、助动、形、数、量、代、指（指示词）、副、介、连、助、叹、象（象声词）"等14类，《现代汉语学习词典》改为12类，把"助动词"归入"动词"，把"指示词"归入"代词"。由于其词类标注着眼于语法功能，意在区分语法类别，因此词类标注的对象分三个层面：语素、词、短语。"比词小的词素，虽不是词，但也属于词汇范畴，为了区别其语法类别，也一律标注词类。"（《应用汉语词典》凡例）词缀分别标注［前缀］［后缀］。详尽地为短语标注类别：成语、俗语、惯用语、谚语、歇后语、熟语。

第二，汉语中名词与量词组合复杂，不仅让以汉语为母语的学习者感到困扰，许多学习汉语的外国人更是疲于应付，所以该词典为名词标注与其搭配的常用量词，并按照其使用频率排列，如"【书】［名］（本，部）……"。

第三，方言词语注明来源，如："【腌臜】（北方官话）……""【阿拉】（吴语）……"。

第四，对某些同义词进行辨析。在条目下设"辨析框"，对大量的同义词从搭配、句法功能、情态陪义、语体陪义等语法、语义、语用角度进行辨析，举例简明精当。

第五，对某些词语的特殊用法或易混淆词加以说明或提示，用【注意】表示，放在条目或相关义项后。

（4）注重文化词语的收录和释义

第一，用"文化方框"介绍与某些词语有关的知识。无论是以汉语为母语的读者，还是以汉语为外语的学习者，若想用好、学好汉语，必须对中国文化有基本的了解。尤其对以汉语为外语的学习者，尤其重要。在这方面《朗文英语语言与文化词典》就是成功的典范。《应用汉语词典》在这方面做得也很成功。它对所收条目的相关文化知识给予了较多介绍，设立"文化方框"200余个，内容包括"文化知识、民间风俗、生活习惯、某些词语的来源及相关类词等"。具体可分为六种：某词语有不同说法的，如"佛寺的各种称法""用于邀请人的敬语""女婿的各种称呼"；语词的典故、来源，如"腹稿""可操左券""小时"；与某些事物有关的名句，如重阳诗举例、有关秋千的诗句；语文知识，如引文的四种格式、成语的来源；事物的来源和演变，如"毛笔""象棋""十三经""缠足""戴绿帽"；其他知识，如"茶文化代表作""中国四大名酒""中国的传统节日""中国的石窟遗存"。（《应用汉语词典》凡例）第二，释义中说明文化理据。比如"中秋"，不仅注明是指农历八月十五，还说明是因为"居三秋（七、八、九月）之中，故名"。第三，收录多种有文化内涵的专门词语。比如"北京"，一般语文词典都不收，该词典收录并着重介绍了北京的人文情况，而不是百科词典式的人口、面积等的说明。该词典所收的专名有以下几种：地名，如"南京""西安""开封"等；名胜古迹，如"长城""孔庙""北海公园""卢沟晓月"等；名山大川，如"黄山""长江""五台山""普陀山""西湖"等；文化名人，如"孔子""孟子""诸葛亮"等；文学人物，如"嫦娥""阿凡提""阿诗玛""花木兰""林黛玉""李逵""阿Q"等。

2.《现代汉语学习词典》

孙全洲主编，上海外语教育出版社 1995 出版。这是第一本以"学习"命名的现代汉语普通语文辞书。

（1）编纂理念

该词典是为适应对外汉语教学以及国内读者学习汉语知识的需要而编写的一部中型汉语词典，吕叔湘说它"着眼在'学习'二字上，很费了一番功夫"（"序"）。在这种理念的指导下，该词典在字头处理和释义方面做了一些探索。

（2）字头处理

对每个字头区分了词与非词（区别单字能不能单用）[①]：成词语素，标注词类；不成词实语素，标注［素］；不成词虚语素，标注［缀］；非语素字，如"彷""葡""玻"等，标注［字］。

（3）释义

第一，标注词性，而且动词再细分为〈及物〉与〈不及物〉。第二，建立了词语的句型结构模式，并举例句。例句选择考虑以下两个方面：词与词的搭配关系和句型的变化。在正文前列出了 10 种名词、19 种动词和 9 种形容词用法句型，并给出了相应的解释供查阅。第三，词条最后列举出有关的同义词、反义词和类义词，并分别标注［同义］［反义］［类义］。可以有效地帮助他们进行联想性学习。第四，在名词和动词词条后面，用［名-量］［动-量］注出与该名词和动词搭配使用的名量词和动量词。第五，设立［重叠］，具体标明有关名词、动词、形容词的重叠变化形式。

（二）古代汉语普通语文辞书

本时期出版古代汉语普通语文辞书 12 部，如《实用古汉语大词典》（王松茂主编，河南人民出版社，1995）、《古汉语辞海》（中国国际广播出版社，1993）、《古代汉语词典》（迟铎、白玉林，陕西人民出版社，1999）、《古代汉语词典》（陈复华，商务印书馆，1998）、《古汉语词典》

[①] 吕叔湘，《现代汉语学习词典》序："赵元任、杨联隆两位先生在他们编的《国语字典》（1947）里边已经用 F 和 B 来表示一个字能或者不能单用。"

(钟旭元，海天出版社，1987）等。但编纂体例上具有创新性的是《逆序类聚古汉语词典》，较具实用性的是《简明古汉语词典》。

1. 《逆序类聚古汉语词典》

安德义主编，湖北人民出版社 1994 年出版。该词典收古汉语常用字 2500 多个，复词 22300 余条。字头释义后列出以该单音词为尾字的复词，并注音和释义。该词典的特点是逆序类聚。凡同尾字的复词，以义类聚，据同义、相关义、反义分为若干层次分类排列。为辨析同形异义词，整理异体词，区别比较同义词、近义词等提供了丰富的资料。在不同词根加同一后缀构成的一系列派生词中，有利于考察汉语词缀（主要是后缀）的组合范围、构词能力及某些由实词发展为后缀或准后缀的历史发展脉络。（黄孝德，1996；李格非，1991）编排体例新颖，为我国辞书之林增添了一个引人瞩目的新品种，填补了我国古汉语词典无逆序类聚的空白。（李格非，1991）

2. 《简明古汉语词典》

史东编著，云南人民出版社 1985 年出版。这是现代出版时期出版较早的一本小型的古汉语普通语文辞书。实用性特点较突出。

（1）编纂理念

《简明古汉语词典》为中学生和具有同等学力的读者学习古汉语时使用，与《辞源》修订本和《古汉语常用字字典》相比，实用性更强。

（2）收词立目

《简明古汉语词典》收录单字（包括附列的繁体字和异体字）共 8900 个，比《古汉语常用字字典》多出一倍多。收录带释义的复音词和短语 8500 条左右。收录范围，"以中学文言文教材为基础，兼顾古文名著、名篇"。古籍中很少用的生僻字和短语以及古今意义相同而且现代汉语中较常用的字和短语，一般不收。（"说明"）尽可能收录古汉语中出现频率较高、与现代汉语差异较大，或者容易发生歧义的词语，这些词语一般读者查检较多。

该词典字头、词目和释义，一律采用通用字。用"（）"附列对应的繁体字，用"［］"附列对应的异体字。所收繁体字和异体字，均以国家公布实施的《简化字总表》和《第一批异体字整理表》为准。

（3）注音

字头用汉语拼音字母注音，难字同时附注同音汉字。读音中有旧读或又读的，予以标示。一字多音的，用"㊀""㊁""㊂"等分项另行排列。一个简化字对应几个繁体字或异体字的，按字义用"㊀""㊁""㊂"等分项另行排列，并在字头后所附的繁体字或异体字前标示该音读的序码，以便查检对比。

（4）释义

第一，收列义项较全，凡是读者可能遇到的义项都考虑收入。第二，多采用定义式释义，避免互训，力戒以难释易；尽量做到释义准确，释语通俗易懂。第三，单字按义项标注词性。每词之下，把义项划分和语法分析结合起来，说明该词在例句中的词性和语法作用。这种做法在此类词典编纂中是一个可贵的尝试，它不仅有助于读者对原文的理解，而且在一定程度上揭示了古汉语本身的结构规律。（蒋宗许，1986）第四，部分词语释义后列出近义词或反义词以辅助释义，如果读者对某个词的释义不太明白，可以从近义词或反义词中获得启发。对于那些古籍中经常出现、容易混淆的近义词，则给予简明扼要的辨析。第五，例证主要采自中学文言文教材及古文名著名篇。这样符合中学生及同等文化水平的读者的古文认知视野。

这一时期比较重要的古代汉语普通语文辞书还有《古代汉语词典》，陈复华主编，商务印书馆1998年出版。

（三）历时性普通语文辞书

本时期出版历时性普通语文辞书20部，主要是先后出版的《汉语大词典》1～12卷及其缩印本和简编本，另外还有《简明古今汉语词典》（赵一生，杭州出版社，2000）、《新编古今汉语大词典》（胡裕树主编，上海辞书出版社，1995）、《古今汉语实用词典》（吴昌恒，四川人民出版社，1989）、《古今汉语词典》（商务印书馆，2000）等。

1.《汉语大词典》

共12卷，首卷1986年由上海辞书出版社出版，后成立汉语大词典出版社，于1993年出齐。这是一部大型的、历史性的汉语普通语文辞书，是"古往今来汉语词汇的档案库"，与《汉语大字典》一起代表了我国历史性语文辞书编纂的最新成就和最高水平，是汉语语文辞书的里程碑。

（1）编纂理念

《汉语大词典》的编纂方针是"古今兼收，源流并重"，着重词语的历史演变过程，所收条目力求义项完备。

(2) 单字收录与立目

第一，共收单字 22000 个。本着与《汉语大字典》的分工原则，单字收录以有文献例证者为限，没有例证的死字、僻字一般不收。第二，基于该词典的历史性质，繁体字、简化字并用，单字与多字条目均采用繁体字，在单字条目后用"〔〕"注明与之相应的简化字。简化字只立单字条目，并注明是×的简化字，解释则参见相应的繁体字。夹注及立目的简化字，以《简化字总表》所列的 2236 个字为限。第三，正体字与异体字并用。正体字与异体字分别作为单字条目立目，正体字与异体字的确定主要根据语言资料，并参照已出版的权威性词典，不受《第一批异体字整理表》的约束。而例证一律使用正体字，并且现代例证采用《第一批异体字整理表》规定的正体字，不使用该表废除的异体字。第四，一个单字立不止一个字头的，在字头的右肩用阿拉伯数字标注序号。一字多个字头下的多字条目，第一字读音不同的，就在右下角用阿拉伯数字标注相应字头的序号。

(3) 收词立目

收词坚持历史原则、科学原则和实用性原则相结合，具有古今兼收、源流并重、查检率高的特点，共收词目 37 万余条。与《辞海》《辞源》和《中文大辞典》有所区别。从历史原则出发，广泛收录先秦至现代汉语各个时期的词汇材料。从科学原则出发，从收集到的语言词汇材料中有目的、有系统地选收词语，而绝不盲目搜罗，一味求全。只收汉语的一般语词，专科词只收已进入一般语词范围内的。从实用性原则出发，收录词目的着眼点是"对读者来说有无翻检、查阅的价值"。

(4) 注音

字头下依次标注现代音和古音。现代音用汉语拼音字母标注，古音用反切标注，包括中古音和近古音，以中古音为主。

单字古音有变义异读的，不论现代音相同与否，均分立条目。现代音有不变义而两读的，不分立条目，一般用"或读"处理。作为附条的异体字，一般不注音。简化字条目一般不注音。多字条目，第一字有不同读音的，在其右下角标相应字头的序号以表明其读音。第二字以下有不同读音的，按音义区分，注现代读音。

(5) 释义

吸收传统训诂学的成就，采用现代语义学的理论方法，从共时和历时两个角度全面描写了汉语词汇的语义结构，具有释义准确、义项划分合理、义项收录较齐全的特点，兼备《牛津英语词典》的优点。以往的古汉语辞书或历史性辞书以先秦两汉的上古汉语词义为收录重点，对中古和近代汉语的新词新义重视不够，而现代汉语词典将中古和近代汉语词汇排除在外，所以中古和近代白话词汇的收录成了现代辞书的空白点。《汉语大词典》按照历时性原则，凡上古汉语、中古汉语、近代汉语和现代汉语中有用例的词语和义项，都尽量收录，一定程度上反映了汉语词汇语义发展的历史进程。

（6）例证

《汉语大词典》例证丰富，堪称典范。按照历时性原则，例证体现词目的源流，显示词目产生、演变以至消亡的历史。例证都是从古今著作原书中摘录的第一手资料，准确、可靠。例证选自先秦至近代的10000余种主要典籍及现代优秀作品。（阮锦荣，1994）

（7）编排

义项排列依据时序原则，努力体现"古今兼收，源流并重"的编纂宗旨，源流分明，条理清楚，尽可能理清本义与引申义、假借义之间的关系。

本词典条目编排采用"以字带词"的方式。单字编排采用部首编排法。在《康熙字典》214部的基础上改为200个部首。单字条目按200个部首归部，部首相同的按画数的顺序排列，画数相同的按起笔笔形"一丨丿、乙"的顺序排列。为便利检索，在单字和多字条目的左上角，用阿拉伯数字标注画数序号。单字条目的画数，以全字画数减部首画数计算。后附音序检字法和笔画检字法。

2. 《古今汉语词典》

商务印书馆辞书研究中心编，商务印书馆2000年出版。它是一部汇通古今，展示汉语古今意义的联系、区别及变化的中型词典。它和商务版的《现代汉语词典》《古代汉语词典》等一起，构成汉语语文性辞书系列。共收条目45000余条，主要是兼具古义、今义的条目，其中单字11400余条（含繁体字、异体字），复词条目33000余条，列举例证近20万条，还选收了相当数量的纯古代义和纯现代义的常见词语。通过词条收列、义项划分、意义阐释和例证设置来显示汉语古今意义的区别和联系。其字形、字音的确定主要依据现代汉语规范，又兼顾古今。其词义的时代性，主要通过词义的解释和古今例证显示，据此读者知道词语或意义古今通用情况及时代差异。

三 专门性语文辞书

本时期出版专门性语文辞书 3658 部，其中字典 875 部，词典 1595 部，语典 727 部，句典 461 部。

（一）字典

本时期出版字典 875 部，有详解型、专用型和专项型。

1. 详解型字典

本时期出版详解型字典 241 部，有现代汉语详解型字典、古代汉语详解型字典和历时性详解字典。

（1）现代汉语详解型字典

本时期出版现代汉语详解型字典 181 部，如《新华字典》的各种修订本和重排本，《汉语小字典》（语文出版社，1992）、《现代汉语通用字典》（外语教学与研究出版社，1982）、《实用大字典》（中华书局，1983）、《实用汉字字典》（上海辞书出版社，1985）、《中华小字典》（中华书局，1985）、《汉字形义分析字典》（北京大学出版社，1994）等。

A.《新编小学生字典》

叶立群、陆静山主编，人民教育出版社 1983 年出版。一部适合小学中、高年级学生使用的工具书，适用对象明确，跨度小，字词收录贴近教材、贴近教学，释义简洁，图文并茂，注重规范。沿袭《新华字典》的特点，既收字，也收词，兼有字典词典的功能。

a. 收字立目

字词选自各种小学教材和大量的小学生读物。收小学生在阅读、写作中经常用到和经常要查的常用字 4260 多个，小学生少用和不经常查的次常用字 2130 多个，相应的繁体字、异体字 550 多个。第 4 版修订时删去了小学生接触概率低、注释专业性较强、没有通俗化的化学用字，如"酮""肽"等；而常用常见的、与小学生日常生活结合密切的，都保留，如"金""银""铜""铁"等。

b. 标明部首、笔画、笔顺

指出字头的部首和除部首以外的笔画数。小学生查不认识的字，要使用部首检字法，而小学生对部首不太熟悉，因此帮助小学生确定、掌握常用字的部首很重要。在容易写错的字形前做了笔顺提示,为了体例划一,第 4 版修订时把它放在后面的需要提示笔顺的栏目里。

c. 释义

第一,释义尽量使用浅显易懂的语言。第二,注重理据和文化义,设"小知识"栏介绍语源,扩大学生知识面,如"'仁'字的造字理据""'吹牛皮'的来历""'陛下'为什么成为对帝王的尊称"等。第 4 版修订时增加了相关的百科知识,如烟花中的各种颜色是由哪些物质构成的;汽车前大灯是什么物质做的;某种物质如果过量使用会造成哪些污染,会给人类带来哪些危害,等等。第三,释义中的难字注音、难词括注和彩色插图在当时是比较突出的创新形式。(刘玲,2011)字头释义中,有 600 多幅插图,有的是跟字义有关的动植物,还有一些名胜古迹、山川风景、历史文物、神话传说和工艺美术等。第四,设语汇栏,扩大学生词汇量。第五,第 4 版设"注意"栏提示字词用法;设"比一比"提示音、形之别;设"辨析"细解意义的差异。第 4 版修订时,根据小学生的认知规律,尽量从正面给小学生提供知识,舍去了原来版本中错误读音和错误字形的提示。

d. 附录

附录切合使用对象,收《拼音字母歌》《我国历史朝代顺序歌》《我国省级行政区简称别称歌》《二十四节气歌》《汉字笔画名称表》《写字笔顺规则表》等。第 4 版增加了"中国的世界文化自然遗产",国歌、少先队队歌,常用安全标志等,这些都是小学生们感兴趣和需要的内容。

B. 《现代汉语规范字典》

李行健主编,语文出版社 1998 年出版。这是第一部严格贯彻国家语言文字规范标准的字典,"超过了以前出版的同类字典,显示出了新面貌,应该给予充分的肯定"(苏培成,1998)。

a. 编纂理念

以促进语言文字规范化为主要目的,最大的特点是"规范"。"凡是国家有关部门有明确规范标准的,我们坚决全面贯彻落实,即使某些标准的个别地方,从学术上说还可再加研究,但有关部门未修订以前,我们也应该认真执行。因为这不是学术问题,而是执行国家有关部门颁布的规范的问题。如果我们认为不理想的地方就不执行或变通执行,必然会形成各行其是,引起混乱。"(李行健 1997)因为字典、词典在语言文字规范工作中有着无可替代的作用，社会上语言文字的使用，一般都以字典、词典为依据。国家有关部门制定的各种规范标准，需要字典、词典落实，才能有效地发挥规范的作用。《现代汉语规范字典》通过收字立目、注音、释义等全面贯彻国家语言文字规范标准。

b. 收字立目

全书收单字约 9400 个，如果包括字头后括号内所附的繁体字和异体字，则收字达到 14000 个，包括了《现代汉语通用字表》中的全部 7000 个通用字。为了增加实用性，还收录了常见的姓氏用字、人名用字、地名用字、科技名词用字及中学古诗文教育用字。现代汉语中只能用于复音词的字，在字头右边连带收录该字组成的词，并注音释义。

除了将形同而音义不同、形义相同而读音不同且各有适用范围、形音相同而意义上没有联系的三种情况分立字头外，为准确体现规范字同其后括号中附列的繁体字、异体字的对应关系，当某规范字仅是部分义项同某繁体字、异体字有对应关系时，将这个规范字分立字头，并在其右上角标注序号，如"谷^1""谷^2（穀）"。已被简化的繁体字和《第一批异体字整理表》规定停止使用的异体字，一律加括号附列于正体字头后面。先列繁体，后列异体。异体字在左上角加星号（*）作为标记。繁体或异体只有规范字头的某一个或几个义项时，在其右上角标注所对应的义项号。

所用汉字形体，一律以 1988 年公布的《现代汉语通用字表》的规范字形为准，不使用淘汰的旧字形。一律使用规范字，不用被简化的繁体字、被整理的异体字及被淘汰的计量单位旧译名用字。

对异形词的处理方法是：已由《第一批异形词整理表》规范的，指明"××"的"×"不要写作"×"，或"现在规范词形写作'××'"。《第一批异形词整理表》未规范的，按该表的整理原则指明"现在通常写作'××'"，或"不宜写作'××'"。

c. 注音

全部条目按汉语拼音字母注以普通话读音。有异读的字、词，一律按《普通话异读词审音表》审定的读音注音；未经审定的，按约定俗成的原则注音。释义和举例中出现的多音字，不易区别其读音时，加括号注音。

d. 释义

第一，收列现代汉语中常用的词义和语素义，现代汉语书面语中仍然使用的文言词语和成语中的语素义。第二，按义项逐一标注词性。"这是《规范》的特点，带有开创性。"（苏培成，1998）词类划分采用通行的划分方法，分为13类：名词（包括时间词、方位词）、动词（包括助动词）、形容词、区别词、数词、量词、代词、副词、介词、连词、助词（包括语气词）、叹词和拟声词。第三，义项排列按时序原则，即按词义或语素义的引申脉络排列。第四，精选例句和例词。"不但可以帮助读者理解把握字义，而且还可以帮助纠正错别字、规范异形词。……规范异形词的写法是当前提高用字规范程度的重要方面，社会要求很迫切。《现汉》在这方面做了些工作，但是力度不够。规范字典通过例句例词可以起到示范作用。"（苏培成，1998）第五，设立"提示"，用手形符号"☞"标示。"提示"内容涉及字形、字音及对一些容易混用的字进行辨析，如字头"巅"下提示："颠"的本义是头顶，引申为物体的顶端；"巅"是后起的区别字，指山顶。用于"山顶"义，现在通常写作"巅"。这样的提示在该字典中随处可见。观点明确，文字简练，使读者能在对比中加深印象，为读者正确使用汉字、减少用字讹误提供帮助。

C. 《精编汉语字典》

张一舟主编，四川辞书出版社1996年出版。本书是一部多功能实用性字典，共收单字12000个，词和短语（包括成语）40000余条。每个条目包括的内容有：区别正体字、异体字、繁体字；字频标示，对读者分步、渐进地掌握常用字和生僻字有帮助；笔顺、笔画辨析；易误字读音辨析；形近字辨析；用法提示；单字构词。

D. 《汉语通用字字典》

冯瑞生主编，北京出版社1992年出版。该书的编纂宗旨是"供中等以上文化程度的广大读者使用的常备语文工具书"。以《现代汉语通用字表》7000通用汉字和《现代汉语常用字表》3500字为基础，参照文献用字的具体情况略做增删，共收7005个通用字。这些字是使用频率最高、构词能力最强、最常见的汉字。义项完备，对每个字既释今义，又说古义，可以帮助读者把握古今字义的联系及发展线索，避免对现代汉语词义产生误解。释义后设"〈注意〉"栏目对形、音、义易于混淆误解之处加以辨析提示。义项排序，首列本义，以下是引申义、通假义、地名、姓氏等。

E. 《标准汉语字典》

张书岩主编，汉语大词典出版社2000年出版。本字典旨在将《新华字典》《现代汉语词典》的规范性与《汉语大字典》《汉语大词典》的描写性融为一体，义项严格按照时序原则排列。以《现代汉语通用字表》的7000字为基础略加增补立目。释义用字控制在3500个常用字内，个别超出此范围的加以注音。这是本字典较其他字典的创新之处，即具有词典释义元语言思想。例证中的多音多义字或生僻字也加注音。在释义后设立"辨析""备考"。"辨析"是把形、音、义相近且易混淆的字聚在一起，从形、音、义三方面深入浅出地进行辨析，使读者察异同、明应用。"备考"包括四项内容：探讨字源，必要时选用古文字字形来说明；分析结构，指出该字在六书中属于哪一类以及古今的变化情况；在部首字下说明该部字的意义特征，不成字部首的含义及所属的意义特征则在该部下的第一个字下面介绍；介绍每个简化字的来源及最早出处。

(2) 古代汉语详解型字典

本时期出版古代汉语详解型字典38部，如《古汉语通用字字典》（杨金鼎主编、李润生编撰，福建人民出版社，1988）、《古汉语小字典》（许惟贤，上海辞书出版社，2000）、《简明古汉语字典》（四川人民出版社，1986）、《中文形音义综合大字典》（中华书局，1989）、《古代汉语字典》（北京大学出版社，1998）、《古汉语常用字字典》（商务印书馆，1979）、《中华字典》（中华书局，1999）、《王力古汉语字典》（中华书局，2000）等。其中较有代表性的是《古汉语常用字字典》与《简明古汉语字典》。

《古汉语常用字字典》（下简称《常用》），王力等编，商务印书馆1979年初版，1991年修订版，小型。《简明古汉语字典》（下简称《简明》），张永言等编，四川人民出版社1986年初版，2001年修订版，中型。两部字典都是供中等以上文化程度的读者学习古代汉语、阅读古籍时参考的语文辞书，都具有内容丰富、质量高、实用性强等特点。

A. 收字立目

两者都收录古汉语特别是上古时期文献典籍中出现的常用字。《常用》收录字头4200多个，正文后附难字表，收2700多个，只注音和释义，无例证，两者相加约7000字。《简明》收录常用字及虽不常用但见于重要古籍或著名作品者，共8500多个，加上异体字等，收字总量超过了一万。

《常用》以简化字为字头，在字头（包括难字表）后附收繁体字和异体字 1600 多个。《简明》以繁体字作为字头。"凡例"说:"本字典以繁体字为字头,简化字和异体字加圆括号附后。"简化字和异体字约 5300个。《常用》对部首已简化而其他部分不简化的繁体字(如"頻""細"等)不予列出,而《简明》则全都列出,所以两者附收字数量差别较大。

《简明》字头后所附的只适用于部分义项的异体字,在左角上加义项序码标明。作为古汉语字典,以繁体字为字头,考虑到了读者实际需要。因为古籍大都用繁体字,读者阅读古籍,学习古代汉语,不认识字才来查字典,因此,用繁体字作字头对于此类字典是合适的。 (赵振铎,1987)《常用》在字头后附繁体字,一定程度上弥补了这方面的不足。

B. 注音

两部字典都用汉语拼音字母注音,但对多音字的处理方法不同:《简明》用序码分别标注汉语拼音,《常用》在字头下只注最常见的读音,其他的读音则在有关义项下标明,另用圆括弧注上同音字。另外《常用》还用注音符号注音,这是商务版汉语辞书注音的传统,旨在照顾港澳台同胞以及海外华侨、华人的使用习惯。《简明》与《常用》不同的地方是,斟酌采录可供参考的旧读和又读,用"(旧×)"标明。为了帮助北方方言区的人们了解古入声字,《简明》在入声字读音下加"△"标志,对研究音韵学和分析诗词格律很有帮助。因为标注破读音对人们辨析词义有帮助,《简古》重视破读音的标注,既收录了现代还保留的破读音,也收录了一些《现代汉语词典》《新华字典》没有收录的破读音。

C. 释义

两本字典所收的义项都是经过认真选择的,大多为见于重要古籍或著名作家作品并需要解释者,对过于偏僻的,或古今意义完全相同的,一般不收录。都注意吸收前人研究的成果,新建了一批别的辞书没有的义项,特别是注意收集魏晋以来的新义。

《常用》设置"[注意]"和"[辨]"两个项目,对疑难字词加以提示和辨析。"[注意]"用于古今义有明显差别等应当注意的地方,还用在简化字与繁体字及古今字等需要说明的字头下,如"后(後)""听(廳)"等。"[辨]"一般用于同义词或近义词及词的不同用法的辨析上。

D. 例证

两部字典征引广博,例句多引自历代名篇名句。为了帮助读者弄懂例证的上下文义,更好地理解释义,均对例证中难懂的字词做注解,对难读的字加注音，有的地方还对整个例证做了串讲。《简明》征引例句还涉及古汉语各个阶段和各个领域的语言材料，如《世说新语》《搜神记》《太平广记》和敦煌变文、唐宋诗词、元明杂剧小说等，改变古汉语字典重先秦两汉、轻魏晋以降的状况；而且更换了一些前代字典经常使用的例句，增添了许多新的用例，"引例都注明篇名、卷次，或折数、回数，以便覆按"（《简明》凡例）。

E. 词语收录与释义

两部字典都在字头下酌量选收了部分复音词，并给出释义和例证，兼有词典的作用。《常用》与《新华字典》一样，收录词语均为2500余条；《简明》超过了6000条。两部字典所收的复音词，都包括叠音词、联绵词和合成词，既有一般语词，也有古动植物名、古器物名、古地名等。此外《简明》所收复音词，不仅有双音词，还有不少三音词及四音节构成的成语等。这种字头下选收复音词的做法，进一步扩大了辞书的容量，对于读者也更为实用。（史建桥，1995）两部字典的做法均源于《新华字典》。

（3）历时性详解型字典

这是本时期出现的新品种。本时期出版历时性详解型字典22部，主要是《汉语大字典》1～8册及其系列产品，其他如《中华大字典》重印的各种版本等。

《汉语大字典》共8卷，四川辞书出版社和湖北辞书出版社（崇文书局）出版，首卷于1985年出版，1989年出齐。于2010年出版第二版。《汉语大字典》集古今中外汉字辞书之大成，在中国辞书史上树起了一座新的里程碑，它的出版彻底改变了新中国"大国家，小字典"的落后局面。

A. 编纂理念

编纂方针是"古今兼收，源流并重"，既继承前人的研究成果，又注意吸收今人的新成果。它的出版弥补了《康熙字典》《中华大字典》的局限——没有反映汉字历史演变的字形资料，20世纪新出土的文献资料及其研究成果不能得到反映。注重形、音、义的密切配合，尽可能历史地、正确地反映汉字形、音、义的发展历史。每个条目一般包括字头、解形、注音、释义、引证。

《汉语大字典》是目前世界上收录汉字单字最多的一部字典。首版共收楷书单字54678个，第二版收楷书单字60370个。第一，收列汉字严格遵循"收集从宽、入典从严"的原则，以历代辞书为依据，并从古代著作中增收部分单字；对古代文学作品中的许多不规范的异体、讹字，对清末音译外国地名、国名时而用带"口"偏旁创造的许多汉字，以及近年流行的小说作者的新造字等，都经过认真审核选取。第二，根据存字、存音、存源的原则，在单字下酌收少数复词，如"苜蓿、琵琶、窈窕、龟兹、单于"等。

B. 字形

第一，为了保证辞书的典范性，简化字以《简化字总表》为准，简化字作为条目收录，并在相应的繁体字后面用方括号标出。第二，有古文字的单字，在楷书字头下列出能反映形体演变关系的、有代表性的甲骨文、金文、小篆和隶书形体，并引《说文解字》等简要说明其结构的演变。第三，在通行的楷书繁体字字头下注音释义，简化字和异体字字头下仅注明繁简和异体关系，不再注音释义。第四，异体关系根据不同情况分别用"同某""后作某""也作某"表示；通假义项用"通某"表示；后起的同音替代字以"用同某"表示。首版字头新旧字形混用，第二版统一采用新字形，仅对个别容易混淆的适当保留了旧字形。

C. 注音

第一，收列音项比较完备，一般辞书中未收的音项，在该书中都可查到。第二，注音分现代音、中古音、上古音，现代音用汉语拼音方案标注；中古音以《广韵》《集韵》的反切为主要依据，并标明声韵调；上古音只标注韵部，但近现代出现的字不标注中古音和上古音，中古出现的字不标上古音。第二版又纠正了个别不正确的读音。

D. 释义

义项齐备，释义准确，引证丰富，注重源流。这与《汉语大词典》是一致的，是由其作为大型历史性语文辞书的性质所决定的。第一，注重收录常用字的常用义项，注意考释常用字的生僻义和生僻字的义项，还适当地收录了复音词中的词素义。第二，数词、量词、代词、副词及其他虚词标明词性，名词、动词、形容词不标词性。第三，多义字一般按照本义、引申义、通假义的顺序排列。第四，引证包括书证和例证。引证注重源流并重，以反映词义的源流演变和时间层次。针对每个义项，凡有书证可查的，均尽量引用始见书和首见例。引证标明书名、篇名和卷次。戏曲注明折数和出名，章回小说注明回数。引用经史子集及类书、字书，一般不标作者姓名，其他著作，一般标出作者姓名。汉以后至清代的作者还标注朝代。

E. 编排

单字按照与《汉语大词典》共同商订的200部分部排列，部首按笔画多少顺序排列。同笔画的部首按笔形"一丨丿、乙"的顺序排列。同部首的单字排列也按这种顺序。

多音多义字，用"（一）""（二）""（三）"……分列音项；同一音项下有几个区别意义的反切，用"㊀""㊁""㊂"……分列。一个音项下的义项，用"①""②""③"……分项。

在注音、释义和例证方面，第二版纠正了个别不正确的读音、义项，删改、更换了不恰当的用例，对生僻字、音未详字、义未详字和音义未详字的内容适当充实完善，修改或增补音项、义项、例证等。

2. 专用型字典

本时期出版专用型字典365部。除了前期已有的品种外，本时期创新的辞书品种有：形声字字典、通假字字典、多义字字典、古今字字典等。

（1）说文字典

说文字典14部，除了重印清代说文著作之外，还重印《说文解字诂林》（中华书局，1984）、《说文解字六书疏证》（上海书店，1985）、《说文解字约注》（中州书画社，1983）、《说文中之古文考》（上海古籍出版社，1983）等。

（2）部首字典

部首字典5部，如《现代汉字表音字简编》（北京师范大学出版社，1993）、《汉字常用部首今释》（湖北教育出版社，1987）、《汉字部首字典》（上海书画出版社，1990）等。

（3）形声字字典

形声字字典2部，如《现代汉字形声字字汇》（语文出版社，1986）等。

（4）古文字字典

古文字字典38部，如《秦汉魏晋篆隶字形表》（四川辞书出版社，1985）、《古币文编》（中华书局，1986）、《简明甲骨文词典》（安徽教育出版社，1992）、《甲金篆隶大字典》（四川辞书出版社，1991）、《甲骨文字释林》(中华书局，1976)、《战国古文字典》(中华书局，1998)、《古文字类编》(中华书局，1980)、《睡虎地秦简文字编》(文物出版社，1994)、《古玺文编》(文物出版社，1981)、《金文常用字典》(陕西人民出版社，1987)、《甲骨文字典》(四川辞书出版社，1988)、《甲骨文简明词典——卜辞分类读本》(中华书局，1988)、《先秦货币文编》(书目文献出版社，1983)、《金文大字典》(学林出版社，1995)、《古玺汇编》(文物出版社，1981)等。

A. 《金文常用字典》

陈初生编纂、曾宪通审校，陕西人民出版社1987年出版。该字典的出版标志着古文字字典已由汇集形体为主的"字书阶段"向形、音、义兼顾的字典阶段迈进了。(唐钰明，1989)

每个条目分为三个层次，第一个层次是用楷体书写字头，次列小篆，然后用汉语拼音及同音字注今音、用反切注中古音、用声纽韵部标上古音，最后征引《说文》的说解。第二个层次是按时代先后排比不同的金文形体，剖析形体结构。第三个层次是归纳该字在金文中的义项，每一个义项均引金文辞例及典籍资料为证；义项排列依本义、引申义、假借义为序。不少条目还收录、阐释常见的复合词语。

B. 《金文大字典》

戴家祥主编，学林出版社1995年出版。我国第一部以字典形式编纂的检索钟鼎文字的大型工具书，共收可释字近2661个，分隶285部，每个字头下都有目前已知的全部金文拓片，数量占同类书籍之首。分部以金文形体结构为依据，按金文独特的形符偏旁分部，有些不见字书的象形偏旁，则按金文实际结构另创部首。从形、声、义三方面对所收字做全面详细的阐释和考证。考释文字仅收录被学术界公认的、比较可从的、最早的一家之说。择从的原则是：辨形正确无误，审音合乎上古音理，释义不背雅训。编者对所采用的某家之说若有异议，或有补充意见，就在下面加按语。该书规模之大、内容之全、体例之新、方法之精都超越此前的同类辞书。

C. 《甲骨文字典》

徐中舒主编，四川辞书出版社1988年出版。在甲骨文著作中，此书真正堪称字典，是迄今所见最切实用、适应面最广的甲骨文工具书。(陈炜湛，1998) 该字典将已识和未识的甲骨文全部摹写出来，按照《说文》

部首排列，逐个解字、释义，并按辞例举数例说明。

"在统览每一字的全部字形的基础上，精选有代表性的字形，按断代标准，分列于各时期之下。"（《序言》）形义分析明晰而精炼。经过分析、提炼、取舍，凡能由编者定夺者则择善而从；不能决其是非者，列出具有代表性的观点，供读者参考，同时以按语表明编者的倾向，有许多自己的创见。在释义中说明该字的辞例，将卜辞中此字的本义，或引申义、假借义的用法，逐一加以说明。对于辞例中容易产生误解的字，亦加说明，以引起读者注意。

(5) 韵书

韵书 38 部，如《诗韵手册》（山西人民出版社，1979）、《唱词辙韵》（上海文艺出版社，1981）、《诗韵新编》（上海古籍出版社，1978）、《现代诗韵》（广西人民出版社，1983）、《上古音手册》（江苏人民出版社，1982）、《诗歌韵脚词典》（新世界出版社，1994）、《新诗韵》（云南人民出版社，1979）、《新华诗韵》（江苏教育出版社，1990）等。

(6) 通假字字典

通假字字典 26 部，如《上古通假字字典》（海天出版社，1989）、《简明通假字字典》（安徽教育出版社，1993）、《古汉语常用通假字字典》（陕西人民出版社，1989）、《通假大字典》（黑龙江人民出版社，1993）、《古字通假会典》（齐鲁书社，1989）、《常见通假字字典》（广东教育出版社，1995）等。

《古汉语通假字字典》，马天祥编，陕西人民出版社 1991 年出版。它"把散见于历代各种古书的注解训释、字书、韵书、汉语词典以及各种语文论著中的大量通假字集中起来"（马天祥，1983），加以系统整理汇编，共 4300 多个，所通之本字有 5100 多个，范围涉及先秦两汉至隋唐时期的典籍，秦汉碑文、竹简、帛书及唐代变文，书证材料约 1 万条。

通假字及本字，均标注现代、中古和上古语音，方便读者了解该字在各个时段的读音，并从中窥见该字读音发展变化的轨迹。

通假字及本字，均做简要释义，部分书证后还引用前人有关通假之说或别本异文供读者参考。书证以时序排列，使用者可以观察各个通假字在古代文献中沿用的情况，探究其源流。

以通假字做字头，统辖所通之本字，打破字形的局限，符合通假字以音为主的特点；音同音近字，彼此邻近，方便检索，也方便根据语源追究各字之间的关系。

(7) 多义字字典

多义字字典 2 部，如《大中学生古汉语常用多义字词典》（刘学林、迟铎，甘肃人民出版社，1990）等。

(8) 多音多义字字典

多音多义字字典 18 部，如《多音多义字汇编》（内蒙古教育出版社，1980）、《多音多义字手册》（湖南教育出版社，1987）、《多音多义字小词典》（北京语言学院出版社，1987）、《多音多义字辨析字典》（中国书籍出版社，1997）、《小学多音多义字手册》（浙江教育出版社，1988）、《新编多音多义字字典》（北京工业大学出版社，1993）等。

(9) 同音字字典

同音字字典 5 部，如《易混同音字辨析手册》（湖南师范大学出版社，1993）、《易混同音字辨析手册》（语文出版社，1993）、《同音同韵字典》（陕西人民出版社，1990）、《同音易错字典》（南海出版公司，1992）等。

(10) 多音字字典

多音字字典 20 部，如《多音字全解词典》（陕西人民出版社，1998）、《常用多音字用法字典》（北京广播学院出版社，1991）、《古今汉语多音字字典》（重庆出版社，1992）、《常用多音字字汇》（河北教育出版社，1994）、《现代汉语多音字用法手册》（现代出版社，1998）、《多音字辨析字典》（福建教育出版社，1993）等。

(11) 古今字字典

古今字字典 2 部，如《古今字小字典》（湖南人民出版社，1988）等。

(12) 常用字字典

常用字字典 59 部，如《常用汉字详解字典》（福建人民出版社，1986）、《常用字例解字典》（辽宁教育出版社，1992）、《古汉语常用字字典》（商务印书馆，1979）、《简明古汉语常用字字典》（辽海出版社，1999）、《3500 现代汉语常用字字典》（山东教育出版社，1992）、《3500 常用字表解字典》（民族出版社，1993）、《现代汉语常用字字典》（中国大百科全书出版社，1991）、《现代汉语常用字字典》（四川人民出版社，1991）、《小学生常用字字典》（上海辞书出版社，1994）等。

(13) 难字字典

难字字典 8 部，如《难字小字典》（重庆出版社，1985）、《农村日用难字》（上海教育出版社，1991）、《农村常用难字》（北京出版社，1984）、《小学生难字辨识之用手册》（生活·读书·新知三联书店，1991）等。

(14) 识字字典

识字字典 116 部，如《小小识字手册》（湖北人民出版社，1994）、《简明速成识字字典》（河南人民出版社，1998）、《汉字识字字典》（学林出版社，2000）、《快速识字字典》（江苏古籍出版社，1995）、《快速识字字典》（中国青年出版社，1994）、《快速认字手册》（广东经济出版社，2000）等。

其中用于识字的图解字典 101 部，如《初级汉语图画字典》（人民教育出版社，1998）、《配图小学生生字字典》（四川辞书出版社，1999）、《儿童图画字典》（人民教育出版社，1989）、《新编小学生图解字典》（广州出版社，1995）、《小学生实用图解字典》（陕西人民教育出版社，1993）、《小学汉字图解字典》（中国和平出版社，1998）等。这类辞书的适用对象多为小学生或幼儿。

《初级汉语图画字典》，叶立群主编，人民教育出版社 1998 年出版。是供外国人学习基础汉语时使用的工具书。共收字头 1600 多个，字头旁边依次列出该字的部首、笔画数、汉语拼音和笔顺，并用"【】"注明在《汉语水平词汇与汉字等级大纲》中的等级。下面是汉英双语释义，并配有短语、例句。汉语释语、例证都用汉语拼音注音。为了增加释义的直观性和形象性，配彩图 700 多幅，还有分类集中的人体、动植物彩图 13 页。2008 年增订改为《汉语图画字典》，收字 1965 个（另有繁体字 694 个），涵盖了《汉语水平词汇与汉字等级大纲》的所有甲级字（800 个）和乙级字（804 个），并适当收录了部分常用的丙级字和丁级字，及大纲以外的常用字。

(15) 信息字典

信息字典 9 部，如《现代汉语常用字频率统计》（语文出版社，1989）、《汉字信息字典》（科学技术出版社，1988）、《汉字属性字典》（语文出版社，1989）、《汉字属性字典》（书目文献出版社，1988）等。

另外有避讳字字典 1 部，即《历代避讳字汇典》（中州古籍出版社，

1997）；方言字典 1 部，即《广州音字典》（广东人民出版社，1983）；俗字字典 1 部，即《汉语俗字丛考》（张涌泉，中华书局，2000）。

3. 专项型字典

本时期出版专项型字典 269 部，与前一阶段相比，不仅数量多，而且品种也有较多创新。前一时期，专项型字典只有正音字典和正字字典两种，本时期出现了字体字典、字义字典和组词字典等新品种。

(1) 正音字典

本时期出版正音字典 34 部，如《普通话正音手册》（文字改革出版社，1980）、《3500 常用字正音手册》（四川辞书出版社，1990）、《汉字读音字典》（宇航出版社，1990）、《忌读半边音字典》（南京大学出版社，1994）、《汉语普通话正音字典》（中信出版社，1998）、《常用字正音手册》（首都师范大学出版社，1999）、《汉字正音字典》（大众文艺出版社，1999）、《汉字异读字典》（河南人民出版社，1994）、《汉字正音词典》（知识出版社，1993）、《常用汉语读音辨析手册》（云南民族出版社，1992）、《普通话常见异读字正音》（中央广播电视出版社，1986）、《常见易读错的字》（文化艺术出版社，1989）、《中学语文正音手册》（语文出版社，1985）等。

(2) 正字字典

本时期出版正字字典 130 部，如《简繁正异辨析字典》（辽宁教育出版社，1995）、《汉字写法规范字典》（上海辞书出版社，1992）、《汉字正字手册》（上海教育出版社，1985）、《3500 常用字正字手册》（四川人民出版社，1999）、《常用汉字的笔画笔顺》（上海教育出版社，1979）、《汉字改错字典》（四川辞书出版社，1999）、《学生正字字典》（吉林文史出版社，1993）、《常见错别字汇编》（山东教育出版社，1985）等。其中较有特色的是《汉字写法规范字典》。

《汉字写法规范字典》，费锦昌等编著，上海辞书出版社 1992 年出版，在内容和体例方面均有一定程度的创新。第一，收字以《现代汉语通用字表》为准，收录常用字和通用字 7049 个，大体上反映了现代汉语的用字面貌。第二，提供字形、字音和字序规范。严格按照国家公布的语言文字规范标准编写。第三，对易混的字形、易错的笔画做了提示和辨析。第四，有选择地介绍了 300 个汉字的古代形体，并在少数字头下注古音、古义，有助于读者了解有关汉字的历史知识，理解古今汉字的发展变化。第五，体例简明，一目了然。所有字头的左上方用阿拉伯数字标明笔画数，左下方用"△""▲"符号分别表示常用字和次常用字，字的右上方是笔顺，右下方是读音、字义。第六，附录除了《新旧字形对照表》和《汉语拼音方案》外，还有《汉字笔画分类、名称、频率表》《汉字形体结构类型表》《汉字偏旁名称表》《常用字、通用字笔画统计表》等。

(3) 辨析字典

辨析字典18部，如《实用辨字辞典》（警官教育出版社，1993）、《易错字字典》（知识出版社，1991）、《新编正字正音词典》（华中理工大学出版社，1998）、《汉语规范字典》（海南国际新闻出版中心，1997）、《音形字典》（河北大学出版社，1992）、《学生正音正字手册》（浙江人民出版社，1987）等。

(4) 字体字典

字体字典11部，如《正草隶篆四体字典》（上海书店，1980）、《简明汉语八体字对照词典》（知识出版社，1994）、《五体字典》（黄山书社，1991）、《汉字书体字典》（广西民族出版社，1993）、《中国隶书大字典》（上海书画出版社，1998）、《学生篆草字典》（文汇出版社，2000）等。

(5) 字义字典

字义字典4部，如《常用字引申义辞典》（吉林人民出版社，1992）、《汉字义近字典》（吉林人民出版社，1990）、《汉语常用字古今义对比字典》（南海出版公司，1992）等。

(6) 字音字典

字音字典4部，如《汉字声旁读音便查》（吉林人民出版社，1980）、《〈诗经〉古今音手册》（南开大学出版社，1988）、《古今字音对照手册》（中华书局，1981）、《新变字音辑录》（语文出版社，1994）。

(7) 字源字典

字源字典19部，如《汉字形音义解析》（重庆大学出版社，1999）、《汉字古今形义大字典》（黑龙江人民出版社，1993）、《实用同源字典》（湖北人民出版社，2000）、《形音义字典》（崇文书局，1992）、《常用汉字形义演释字典》（四川辞书出版社，1990）、《汉字部首源流》（四川大学出版社，1994）、《常用汉字字理词典》（厦门大学出版社，1998）、《汉语字源字典》（北京大学出版社，2000）、《古汉语常用字字源字典》（上海书店，1989）等。

(8) 组词字典

组词字典 49 部，如《常用构词字典》（中国人民大学出版社，1982）、《中小学生构词词典》（四川辞书出版社，1993）、《实用解字组词词典》（上海辞书出版社，1986）等。

出版较早的是《常用构词字典》（傅兴岭、陈章焕主编，中国人民大学出版社，1982），但具有代表性的、质量较高的是《实用解字组词词典》。

《实用解字组词词典》，周士琦编著，上海辞书出版社 1986 年出版。这是一本以解释常用词语中的语素义及其组词情况的一本新型语文词典。共收常用的并有组词能力的单字约七千个，酌收一些组词能力弱的常用单字。单字字头分义项释义，并把包含此单字的常用词语分列在相应的义项之下。某义项若无常用词语可列时，则酌列例句。而联绵词、象声词、译音词及某些特殊的词语，另列一项，放于各义项之后，并在括号中加注整个词的意义。收词语约八万个（包括重复词语），以常用词汇、成语和熟语为主，酌收部分古词。字头的各义项下所列词语，按其字数多少及其中单字所处位置的前后顺序排列。

49 部组词字典中有组词造句字典 13 部，是解字组词字典的功能延伸，如《小学生识字组词造句字典》（崇文书局，1994）、《常用组词造句词典》（首都师范大学出版社，1999）、《标准小学生组词造句词典》（汉语大词典出版社，1998）、《小学生组词造句词典》（上海辞书出版社，1999）等。

(二) 词典

1978～2000 年，出版专门性词典 1595 部，其中详解型词典 183 部，专项型词典 128 部，专用型词典 700 部。另有词语手册 584 部。

1. 详解型词典

本时期出版详解型词典 183 部，可分为现代汉语详解型词典、古代汉语详解型词典和历时性详解型词典。

(1) 现代汉语详解型词典

本时期出版现代汉语详解型词典 125 部。学生用词典 685 部，占 93%，如《现代汉语规范用法大词典》（学苑出版社，1997）、《小学生多功能词典》（崇文书局，1994）、《中学生五用词典》（四川辞书出版社，

1990)、《小学生词典》(汉语大词典出版社,1991)、《现代学生词典》(商务印书馆,1993)、《小学语文学习词典》(北京师范大学出版社,1993)、《中学实用语文词典》(教育科学出版社,1987)等。其中词语手册有575部,占了学生词典总数的84%。外向型词典11部,占1.5%,如《HSK汉语水平考试词典》(华东师范大学出版社,2000)、《汉语8000词词典》(北京语言大学出版社,2000)、《HSK中国汉语水平考试词汇大纲汉语8000词词典》(北京语言文化大学出版社,2000)、《HSK词语用法详解》(北京语言大学出版社,2000)等。

A.《中学生五用词典》

湖北大学语言研究所编,四川辞书出版社1990年出版。所谓"五用",是指注音、释义、例证之外的五项内容:第一,正音:对容易读错的音加以纠正。第二,辨形:对易错易混的字形加以辨别,还列出了某些词的不同书写形式。第三,标明词性。第四,列举同义词和反义词。第五,词义辨析:有同义词辨析与同音词、同形词、近音词、近形词辨析,以及某些词的用法提示(包括搭配、习用、活用等)。本词典列有同义词2700多个,反义词1100多个,有"同义词反义词词目词典"的功用。有同义词辨析1670组,有"同义词辨析词典"的功用。有同音、同形、近音、近形词辨析100组,有"常见同音同形近音近形词例析词典"的功用。词语用法提示370条,有"词语特殊用法例释词典"的功用。正音辨形约1100组,可作为"正音正字手册"使用。

B.《HSK汉语水平考试词典》

邵敬敏主编,华东师范大学出版社2000年出版。第一部专门为外国学生学习汉语,并为通过汉语水平考试(HSK)服务的专用词典。(邵敬敏,2000)收词严格以《汉语水平词汇与汉字等级大纲》中甲、乙、丙、丁四级共8821个常用词语为依据。释义和举例所用词语也尽可能控制在2905个常用汉字及8821个常用词内。

a. 标注词性

词性标注采用的词类系统包括:名词、动词、形容词、区别词、数词、量词、代词、副词、介词、连词、助词、语气词、拟声词、叹词等14类,同时另设立"词头""词尾""成语""习语"(习惯用语)等类别。

b. 注明构词方式

为方便外国学生理解汉语的构词方式,构词方式名称跟短语类型名称尽量保持一致，如果短语中没有，就采用比较通行的说法，包括动宾、主谓、偏正、后补、联合、连动、兼语、量补、正偏、介宾、重叠、语缀、译音、单纯等 14 种，"习语"（习惯用语）一般不标结构方式。

c. 释义

第一，采用以字识词沟通词义的办法，释义时从语素义出发，揭示词义跟语素义之间的联系，而且进一步探讨词语的文化背景。第二，对反义词群释义时，引入相反或者相对的事物进行比较解释。第三，尽可能地利用具体的容易理解的事物来解释，尽量避免抽象的概括性的说法。第四，双解释义，每一个义项都配上简明的英语注解，以帮助理解词义。

d. 例证

单音节词，先举由它构成的且在 8821 个常用词以内的较常用词语，再举例句；双音节以上的词语，先举常用短语，后举例句。所举例句有两个特点：（1）尽量提供典型语境，以突显词义、实现词性，并且注意例句的口语化和生活化。（2）能够比较好地体现中国文化的内涵。

e. 编排

第一，同音同形的单音节词作为一个"字头"，下面依次排列以该字头为第一语素的词语。第二，"字头"的义项分别用"【义 1】""【义 2】""【义 3】"标明，便于词语释义时特别注明语素属于哪个义项，以沟通词义和语素义的联系。

(2) 古代汉语详解型词典

本时期出版古代汉语详解型词典 52 部，如《古代汉语词典》（四川辞书出版社，2000）、《古代汉语常用词辨析词典》（刘乃叔，吉林教育出版社，1998）、《中学文言文索引词典》（韩峥嵘，吉林大学出版社，1990）等。

(3) 历时性详解型词典

本时期出版历时性详解词典 6 部，如《语词辞海》（上海辞书出版社，1991）、《辞海语词分册》（上海辞书出版社，1999）等。

2. 专用型词典

本时期出版专用型词典 700 部，较前两个时期出现的新品种有：断代词典、图解词典、近义词词典、反义词词典、同义反义词典、缩略语词典、异读词词典、同形词词典、异形词词典、异序词词典、多义词词典、多音词词典、称谓词典、敬谦辞婉辞词典、詈词词典、书面语词典、古词词典、数目词词典、动词词典、形容词词典、关联词词典、象声词词典、量词词典、兼类词词典、代词词典、名词词典、副词词典、离合词词典、信息词典、文化词词典。

（1）常用词词典

常用词词典43部，如《普通话三千常用词》（郑林曦等编，文字改革出版社，1987）、《常用词古今义例释》（李扬镜等编，湖南教育出版社，1987）、《农村常用词》（浙江人民出版社编辑，浙江人民出版社，1979）、《简明文言常用词手册》（解玉良等编，对外贸易教育出版社，1989），等等。

（2）断代词典

断代词典以汉语史上一定阶段的词汇体系为对象，在选词、释义、注音、举例等方面着眼于断代语言。可以描写历史语言的一个断面，也可以描写当代语言的词汇体系。我们把断代词典限定于描写汉语历史断面的辞书。断代词典是研究汉语词汇史的重要材料，对阅读古籍有重要参考价值。本时期出版汉语断代词典11部，在汉语历史断面上多集中于近代汉语。出版较早的是《宋元语言词典》（龙潜庵编著，上海辞书出版社，1985）。代表最新学术成就的是刘坚、江蓝生主编，上海教育出版社出版的"近代汉语断代语言词典系列"，包括《唐五代语言词典》（江蓝生、曹广顺编著，1997）、《宋语言词典》（袁宾等，1997）、《元语言词典》（李崇兴等，1998）三部。

（3）作家作品语言词典

本时期出版作家作品词典47部，如《敦煌文献语言词典》（蒋礼鸿，杭州大学出版社，1994）、《元曲释词》（顾学颉、王学奇，中国社会科学出版社，1983~1990）、《宋元明清百部小说语词大词典》（吴士勋主编，花山文艺出版社，1992）、《红楼梦语言词典》（周定一，商务印书馆，1995）、《世说新语词典》（张万起编，商务印书馆，1993）、《吕氏春秋词典》（陈涛，山东教育出版社，2000）、《金瓶梅词典》（白维国，中华书局，1991）、《春秋左传词典》（杨伯俊等，中华书局，1985）、《全唐诗大词典》（张忠纲，语文出版社，2000）、《元明戏曲中的蒙古语》（方龄贵，汉语大词典出版社，1991）、《诗经辞典》（向熹，四川人民出版社，1986）、《汉书辞典》（仓修良，山东教育出版社，1996）等。

A. 《红楼梦语言词典》

周定一编,商务印书馆 1995 出版。这是第一部不以考释难解词语为编纂目的的白话小说专书词典。分正编和副编两个部分,正编收录《红楼梦》前八十回的词语,以《脂砚斋重评石头记》庚辰本为底本;副编收录后四十回中正编未出现的或者虽然出现而另有新义的词语,以人民文学出版社 1973 年 8 月重印本为底本。正编收词 2 万余条,副编收词 4500 余条。《红楼梦》里出现的词语基本上全部收入,并且详尽地分析了各词语在该书里出现的意义及用法,为汉语词汇演变提供了可靠的参考资料。

B. 《全唐诗大词典》

张涤华主编,山西人民出版社,1992 年出版第 1 卷,共六卷,是我国首部大型诗词典。收录《全唐诗》和《外编》所收 2200 多位作者近五万首唐诗的词语,以语词为主,广收成语典故、人名地名、官职、古代文物典章制度等词语及名句、习惯用语等。按《康熙字典》214 部首归部,依《广韵》《集韵》标中古音反切、声类、韵部,每一项先本义,后引申义、通假义;书证按初、盛、中、晚唐和五代顺序选例。

(4) 作文词典

本时期出版作文词典 16 部,如《新编多功能作文描写词典》(赵振钧,鹭江出版社,1992)、《万有描写词库》(毕殿岭,陕西人民出版社,1992)、《写作量词描写词典》(张向群,陕西人民出版社,1991)、《小学生作文词语类编》(石东,河北教育出版社,1998)、《中学生作文词语汇编》(徐光烈,四川人民出版社,1981)、《中学作文词汇编》(高仪芳、徐琴编,清华大学出版社,1983) 等。

(5) 图解词典

图解词典专门用插图等形象化手段解释词语。"看图识字"是传统的启蒙教育方法;许多文字说明不清的事物,特别是结构复杂的事物,用图解的方法能够使读者一目了然。本时期出版图解词典 18 部,如《实用汉语图解词典》(梁德润,外语教学与研究出版社,1982)、《汉语图解词典》(上海辞书出版社,1995)、《儿童图解词典》(海洋出版社,1990) 等。

(6) 义类词典

本时期出版义类词典 8 部,其中比较典型的现代汉语义类词典有 2 部,第一部是《同义词词林》(梅家驹等编,上海辞书出版社,1983),

其后是《简明汉语义类词典》(林杏光等编,商务印书馆,1987)。

《同义词词林》收词约 7 万,《简明汉语义类词典》收词 6 万多,包括词、短语,也酌收了少量专科词、方言词和古语词。

两部词典均按词义的亲疏关系进行分类编排。先分成大类,每一大类再分成若干中类,每一中类再分成若干小类。《同义词词林》分 12 大类,94 中类,1428 小类,共 3925 个词群,每一词群以一个最常用的词做标题词。12 大类如下：A. 人,B. 物,C. 时间和空间,D. 抽象事物,E. 特征,F. 动作,G. 心理活动,H. 活动,I. 现象与状态,J. 关联,K. 助语,L. 敬语。这种分类具有科学性和实用性。"第一层从词类角度概括比较符合一般读者的直感和习惯,分类线索容易掌握。但是这种分类容易把虽然属于不同词类但意义领域非常有关的词分属不同地方。"(彭泽润,1990)《简明汉语义类词典》分 18 大类,以"人物"为起点,按人自身的表现,分为"品德、智能、情感、感觉、仪容、处境";按人与人之间的关系,分为"交往、争斗、语言、信息"。与"人物"相对的另一核心是"物质"。"物质"是"运动"的,"时间"和"空间"是物质运动的形式,"数量、程度、性质"也跟"物质"和"运动"有着密切的关系。这种分类科学性和逻辑性较强,但是忽略了人的社会性,如有"交往"活动,但找不到经济活动、文体活动的归属。(彭泽润,1990)两部词典的下层分类也各有强弱。

(7) 近义词词典

本时期出版近义词词典 15 部,如《近义词应用词典》(语文出版社,1987)、《中学近义词词典》(江苏教育出版社,1995)、《实用近义词词典》(开明出版社,1994) 等。

(8) 同义词词典

本时期出版同义词词典 69 部,如《现代汉语同义词词典》(刘叔新主编,天津人民出版社,1987)、《现代汉语词义辨析》(高庆赐编著,湖北人民出版社,1978)、《常用同义词词典》(张炼强主编,北京师范学院出版社,1992)、《古汉语同义词辨析》(洪成玉、张桂珍著,浙江教育出版社,1987)、《同义词辨析词典》(徐安崇,语文出版社,1997)、《古汉语同实异名词典》(杨士首、杨北宁编著,吉林教育出版社,1994)、《事物异名别称词典》(徐成志、高兴、刘秉铮、崔思棣编著,齐鲁书社1990)。

《简明同义词典》，张志毅编著，上海辞书出版社 1981 出版。该词典虽非第一本现代汉语同义词词典，但它是当时收词最多、理论基础科学、同义词组配合理、辨析全面细致、体例实用的同义词词典。

A. 收词与组配

该词典收录现代汉语常用词 1500 个，编成近 600 组同义词。同义词词典的收词首先要解决同义词的判断标准。作者提出，研究同义词首先要遵循词汇系统性，即"同义词只存在于一种语言的同一个共时断面上"，只"存在于一种语言的同一个词汇系统中"。（张志毅、张庆云，2005、2007）该词典所收同义词限于现代汉语普通话词汇系统。其次，同义词存在的主要基础是词义的共同性，即义位基义的语义特征相同或大部分相同，这是同义词的质的规定性，但不是词义的全等，是核心语义特征相同，边缘语义成分有差异。陪义"对同义词存在的基础是有影响的"。基于上述理论，作者排除了以下几类词：第一是具有古今、普方、汉外关系的对应词；第二是表示上下义关系的词和类义关系的词；第三是词义褒贬截然对立因而词义显然不同的词；第四是词汇意义有连带关系，但因词性不同致使词义、用法都有明显区别的词；第五是加入同义词群的必须是词位，而不能是词位的词形变体、构词变体和语法变体。

另外，在同义词词类是否必须同一的问题上，有些学者认为不允许有例外，笔者认为，确定同义词的主要依据应该是语义特征，而不是语法特征。有些词虽然词性不同，但是考虑到大多数读者对其意义和用法不易分辨，为了增加词典的实用性，词典应酌量选收，如"永久（形）/永远（副）""所有（形）/一切（代）"等。

B. 同义词辨析

同义词辨析包括区别"同中之异"和"同外之异"。重点是"同中之异"，适当照顾"同外之异"。即主要以义位为单位辨析，必要时兼顾词的完整性。对"同中之异"辨析全面而细致。在结构上，先总说同义词群的相同点，指出同义词在词性、词义、用法上的共同点。再逐项叙述各词的差异点，其次序是：词性、词义、色彩、语法、用法等方面的主要特点，后面证以反映上述特点的例句。例句对应差异点，便于读者对照差别项，从整体上掌握一个词的特点及跟另一个词的主要差别。

C. 编排

该词典采用单序编排。同组词按音序编排，各组的次序按首词音序编排，首词首字同音者，按笔画笔顺排列。

《简明同义词典》出版后产生了广泛影响，被日本引进翻译出版。作者以《简明同义词典》为基础，2005年又推出了中型本《新华同义词词典》（商务印书馆），反映了其后20多年来作者对同义词研究的最新进展。词条、辨析、例句增加了两倍多。着重避免了《简明》辨析"有些地方过于求简，说的不够透彻"（"吕叔湘序"）的局限，依托巨型语料库，做了大量的调查，补充了核心义和附属意义，完善了义域，增加了语法意义和语用意义，进一步提升了辨析的科学性、精确性。

（9）反义词词典

反义词词典搜集辨析语义上有相对、相反关系的词。出版较早的是北京出版社1983年出版的《反义词例释》（黄棣华编），收录词目仅275条。其后是《简明反义词手册》（王安节等编，吉林教育出版社，1983）和《汉语反义词词典》（张庆云编著、张志毅审定，齐鲁书社，1986）。本时期出版反义词词典44部，其他如《反义词词典》（四川人民出版社，1989）、《反义词应用词典》（语文出版社，1998）、《常用反义词典》（北京师范学院出版社，1987）、《现代汉语反义词辞典》（中国国际广播出版社，1995）、《常用反义词语手册》（庄雨田等编著，天津教育出版社，1990）等。

无论从收词、释义还是编排体例来说，《汉语反义词词典》都更胜一筹，学术影响较大，读者更多，实为我国现代出版时期第一部科学性、实用性兼备的反义词词典，是汉语反义词词典的奠定体例之作。

A. 收词

该词典收词近10000条，组成3000组反义词。所收词语，绝大多数是词，为了增强实用性，也收了常用语素和短语，如：承/启、驰/张、此/彼、摆摊子/收摊子、搬进/搬出。作者认为反义词词典里收的反义词群，应该受以下6个条件制约，从而形成反义词的最佳类聚。（张志毅、张庆云，2007）（1）词的系统性。反义词的词汇系统应该是一致的，汉语词汇系统内不同子系统的词语不宜交叉组成反义词：古代汉语和现代汉语、共同语和方言、普通话的口语词汇系统和书面语词汇系统、普通词汇系统和成语词汇系统、语文性词汇系统和术语词汇系统。（2）逻辑意义应该是概念的不相容，包括矛盾概念、对立概念、对偶概念、某些并列概念。（3）组成反义词群的成员应该是次要义素相同、主要义素相反或相对。（4）反义词的语用意义应该相反、相对。（5）反义词的语法意义应该基本相同，绝大多数是词性、语法功能、结构意义相同，只有少数不同。（6）组成反义词群的成员应该音节整齐相对，只有少数例外。考虑到实用性，该词典收词以普通话词汇为基础，也兼收较常见的古汉语词、方言词，如：遐/迩、牡/牝；以语文性词语为主，兼收百科性词语，如：主角/配角、寒流/暖流。

B. 释义

反义词词典释义的关键是分清反义词的共性义素和个性义素，目的是"指出反义词的基点和划定反义词的界限"（张志毅、张庆云，2007）。该词典对词条的设计如下：

【A 词条】a 注音，b 词性，c 语体类别，d 释义，e 举例。

【B 词条】a 注音，b 词性，c 语体类别，d 释义，e 举例。

采用每个反义词分别释义的办法，在义位中包含共性义素和个性义素，而且在释语中，尽量做到义素对应。

C. 编排

该词典解决了反义词群的划分问题：是两分还是三分。据作者研究，两分是普遍形式，三分是罕见形式。在两分的同义词群里，有的是一对一的，有的是一对多的，还有的是多对多。在一对多和多对多的反义词群中，还需要处理同义词的问题；尤其是多对多的反义词群中，还要处理左右两端的不平衡问题。为了符合反义词应用的实际情况，作者对庞大的反义词群根据音节、语义、语法和语用等多种条件化整为零，进一步划分为小群。

《汉语反义词词典》在编排上还恰当地处理了反义词群的群内顺序和群间顺序。反义词群群内顺序有三种编排方法：逻辑意义的次序、音序、习用次序。该词典中，作者主要使用习用次序和逻辑意义次序，以习用次序为主，一般是有标记项排在无标记项前。只有上述两个条件相同时，才按音序排列。反义词群群间排列次序有单序列和复序列两种。单序列指所有的反义词群群内词序只排出一个单一的次序，确定首词，群间词序只按首词音序排列出一个单一的总序列。（张志毅、张庆云，2007）

在《汉语反义词词典》的基础上，上海辞书出版社于 2003 年推出了

《反义词大词典》，增加了约 7000 条词语，仍编为 3000 组，在巨型语料库的支持下，辨析更精，例句更新、更丰富。

（10）同义反义词典

将同义词词典与反义词词典结合，这是本时期的创新品种。本时期出版同义反义词典 46 部，如《简明同义反义词典》（林玉山编，海天出版社，1987）、《汉语同义词反义词对照词典》（鲍克怡编著，汉语大词典出版社，1996）、《现代汉语同义反义词典》（吴海，学苑出版社，1996）、《同义词反义词对照词典》（鲍克怡，吉林教育出版社，1990）、《汉语同义词反义词对照词典》（鲍克怡，汉语大词典出版社，2000）、《同义反义词词典》（张尚勤、裴浩林，华语教学出版社，1993）等。

（11）外来词词典

本时期出版外来词词典 2 部：《汉语外来词词典》（刘正埮等编，上海辞书出版社，1984）、《汉语外来语词典》（岑麒祥，商务印书馆，1990）。虽然数量不多，但在外来词研究和外来词词典编纂上取得了很高的成就。

《汉语外来词词典》，刘正埮、高名凯、麦永乾、史有为编，上海辞书出版社 1984 年出版。它的宗旨是帮助读者了解汉语外来词的音义和词源。虽不是我国第一部外来语词典，但它"是一部在新的领域里开辟了中国辞典史上新的一页的辞典"（高桥弥守彦，1987）。"对研究汉语外来词和推动汉语规范化具有积极意义。"（王恩圩，1987）

编纂汉语外来词词典，困难很多，其中关键问题主要有：词条的选定，从规范化的角度确定汉语外来词的正体、异体，词源的考证，日源外来词的处理问题。（刘正埮，1979）这四个问题，编者都做了成功的处理。每个词条包括四部分：外来词的汉字书写形式，汉语拼音字母注音，释义，词源及进一步的考证。

A. 收词立目

全书收词 10000 余条，来自英、法、日、德、俄、梵等许多国家，也有国内少数民族外来词。内容包括日常生活用语和常见的专科用语，不收人名、地名等专名和过于冷僻的专科词，但收录由这类专名转化而成的语文词语。

所收外来词有三类：完全的音译词、译音加表意成分的和半译音半译意的混合词，以及直接借自日语的汉字词。不收字母词（如"UFO"

等）和所谓的意译外来词（如"马力""热狗"等）。

该词典通过立目对外来词进行规范。第一，对同形同音异义的汉语外来词，各立条目，并在词目末一字右上方标注阿拉伯数字序号，以示区别。如"克朗"分立为"克朗^1、克朗^2、克朗^3"。第二，字体一般以《简化字总表》和《第一批异体字整理表》为准。但由于古代文献中的汉语外来词多用繁体字或异体字书写，对其中可能引起误解的，则酌予保留繁体或异体。第三，同一外来词有多种书写形式时，只选定一种形式作为正体，其他均按异体处理。原则是：通行常用，多见于权威性著作、词典和报刊；与所出的外语原词对音准确或比较接近；构词汉字笔画简单，字面雅正；历史悠久，兼顾词义。

B. 注音

全部词目用汉语拼音字母标注其普通话读音，方便读者掌握发音，避免误读，增加了词典的使用价值和规范作用。

C. 释义

第一，释义准确可靠，保留借入时的词义范围。第二，语源详尽。各词条的词源部分开头均先以"源"标示，有的词条后还有进一步的考证。详尽的语源介绍，为使用者提供了难得的词源线索，可使读者对词的来龙去脉一目了然，有利于正确使用外来词。

高桥弥守彦认为该词典"美中不足的是没有例句。……特别是从五四运动以前的作品中摘录下来的外来语，如能标明其出处，那就更好了。今后汉语外来语可能会急速增加，我热切盼望今后能写出一部词汇量更加丰富、内容更加充实的《汉语外来词词典》"（高桥弥守彦，1987）。

（12）新词词典

新词语词典专门收录当代汉语新词、新义、新用法并释义，能敏感地反映当代社会各方面的变化和语言的发展。1984年以来，经吕叔湘先生倡导，汉语新词新语词典编纂勃然兴起，到2000年共出版了51部新词语词典，如《汉语新词词典》（闵家骥等编，上海辞书出版社，1987）、《汉语新词语词典》（李达仁，商务印书馆，1993）、《汉语新语词典》（韩明安，山东教育出版社，1988）、《汉语新词新义词典》（闵家骥等编，中国社会科学出版社，1991）、《新词语小词典》（沈孟璎编，福建教育出版社，1986）、《新词新语词典》（李行健，语文出版社，1992）、《汉语新语汇词典》（郭熙主编，江苏教育出版社，1993）、《现代汉语新词词典》

(王均熙等，齐鲁书社，1987)、《现代汉语新词词典》(于根元主编，北京语言学院出版社，1994) 等。总体来说，汉语新词词典大同小异。收词从最早的 1000 多条到后来最多的一万来条，条目多有重复，注音、例证甚至索引等也多雷同。多数汉语新词词典缺乏创新，多以原有的新词词典为蓝本，做一些增减而成。(徐祖友，1995) 在新词词典的编纂上需要提高质量，努力开拓新的品种，新的选题，增加新的栏目，以满足不同类型、不同层次的读者的需要。于根元主编的编年本《汉语新词语》，在我国就是一个有远见的创举。(徐祖友，1995) 在此基础上推出了《现代汉语新词词典》。唐超群等主编的《新词新义辞典》，在释义结构上做了创新，使汉语新词语词典面貌一新。

A.《现代汉语新词词典》

于根元主编，北京语言学院出版社 1994 出版。收录 1978 年至 1990 年的新词、新语及具有新用法的词语共 3710 条，基本反映了这一时期社会生活的巨大变化和词汇发展情况。收词范围包括：第一，这段时间出现的；第二，这段时间进入普通话的；第三，这段时间进入许多人的语言生活的，如果旧词新用，就尽量注明；第四，刚出现而编者认为会进入人们语言生活的，或是提请人们注意的；第五，外国的而我们需要知道的。每个词条除了注音、简明的释义和丰富的例证外，还"以语言研究者的眼光对新词语进行审视：从产生背景、构造特点和语用价值等方面进行深入的分析，从词语的变化轨迹和发展趋向上进行超前的科学预测，并对有关联的条目进行对比分析，试图概括出新词语新用法中某些聚合类的特点和使用规律"(王铁琨，1995)。

B.《新词新义辞典》

唐超群等主编，武汉工业大学出版社 1990 年出版。除注音、词性、释义、例证外，词条最后加"按"，不仅提供词语的结构和构词法，还简要介绍作为新词新义的条目的源流演变、适用范围、使用方法、读写注意事项，或辨析同义、反义词语的联系与区别，或提供有关的知识性资料等，特别是还提供语用信息，对实际使用词语和理解话语均有指导作用。(王德春，1991)

(13) 方言词典

本时期出版方言词典 110 部，如李荣先生主编的《现代汉语方言大词典》(江苏教育出版社)，许宝华等主编的《汉语方言大词典》(中华书局，1999)。另外如《河北方言词汇编》（李行健主编，商务印书馆，1995)、《吴方言词典》（汉语大词典出版社，1995)、《山东方言词典》（董绍克，语文出版社，1997)、《北京土语辞典》（徐世荣编，北京出版社，1990)、《北京方言词典》（陈刚编，商务印书馆，1985)、《现代北京口语词典》（陈刚等编，语文出版社，1997)、《陕北方言词典》（陕西人民出版社，1991）等。

A.《现代汉语方言大词典》

李荣主编，江苏教育出版社出版。包括42册分地本和一部综合本。分地本原计划41卷，从1993年至1999年出齐，后增加《绩溪方言词典》，2003年12月出版。综合本是在42部分卷本的基础上综合编纂而成，2002年出版。汉语10种主要方言都有代表性地点方言收入，分地本每部词典的条目都在8000左右，综合本共有现代汉语方言词语26万多条，以记录现代汉语方言词汇面貌为宗旨，是中国迄今为止最大的语词词典之一，它的出版把汉语方言词汇调查和研究的水平推向了一个崭新的历史高度。

几十年来，汉语方言词汇的调查研究一直是方言研究的薄弱环节。50年代以来，在全国陆续出现了一些方言词典或有词典性质的方言词语汇编，体例多不相同。收词范围不大一致，收词数量多寡不一。有的用拼音字母注音，有的则用国际音标。词典质量也很不均衡。60年代出版的《汉语方言词汇》弥补了这些缺点，提供了20个方言点、1230个词条（1964年版为905条）的对照材料。但从学术发展来看存在局限性：第一，所选方言点的代表性不够强；第二，词汇量比较小；第三，受表格限制，一词多义、一义多词等现象无法体现，一个词只能列一两个最常用的义项，更不可能为一些词义比较微妙的词语列举例句。42本分地词典的选点，除吴语选点似嫌密集外，基本能从总体上反映现代汉语各方言间词汇异同和虚词用法的基本情况，这42个方言点是：哈尔滨、济南、牟平、西宁、乌鲁木齐、洛阳、徐州、西安、万荣、太原、忻州、银川、武汉、成都、柳州、贵阳、南京、扬州、丹阳、崇明、上海、杭州、苏州、宁波、金华、温州、绩溪、长沙、娄底、南昌、萍乡、黎川、南宁、于都、梅州、东莞、广州、福州、厦门、雷州、海口、建瓯。42卷分地词典都是由有一定方言调查经验的方言学者调查方言口语，根据实地调查的材料来编写，不但有可以作全国对比的基本词条，而且内容都是统一设计的。主要包括下列内容：

a. 引论

内容共有8项。第一，介绍该方言点的历史沿革、地理概况和人口构成等与方言变化密切相关的背景材料。第二，描写该方言的语音系统，包括声母、韵母、声调，以及连读变调、轻声、儿化、重叠等语音变化情况。第三，说明该方言的内部差别，包括该方言所属范围内城市与农村、新派与老派及地域差别，并说明词典所描写的方言派别（一般是城区的老派）。第四，该方言的单字音表。第五，说明该方言的特点，包括语音、词汇、语法三个方面。第六，词典凡例。第七，对词典中例句常用字的注释。例句中一些常用的方言字，在引论中做了总的说明，词典例句中不再一一加注。第八，方言音节表。每一个音节都标明在词典正文中出现的页码，实际上是该词典的音序检字表。

b. 词典正文

每一本词典条目的多少不完全一致，一般都在8000条左右，原则上必须收录编委会规定的3500个统一的条目，在此基础上尽量多收有当地特点的方言词。每个条目都包括词目、注音、释义。"子"尾、"儿"化、轻声、重叠等构形方式形成的同义词采用参见的方式出条。词形采用繁体字，用国际音标注音。

c. 词典条目的义类索引

把词典条目分成下面的义类：天文、地理、时令/时间、农业、植物、动物、房舍、器具用品、称谓、亲属、身体、疾病/医疗、衣服穿戴、饮食、红白大事、日常生活、讼事、交际、商业交通、文化教育、文体活动、动作、位置、代词、形容词、副词/介词、量词、附加成分、数字等、其他等共30大类，大类下面还分小类，如"日常生活"下面又分"衣""食""住""行"和其他。分类后难免有两属甚至三属的词条，就两处或三处出条。

《现代汉语方言大词典》的出版极大地提高了我国汉语方言词典的编写水平，为方言词典的编写提供了示范，进一步推动了汉语方言词汇调查研究工作的进展。

B. 《汉语方言大词典》

许宝华、[日]宫田一郎主编，中华书局1999年出版。本书共5卷，收录各类方言词语21万条，是我国汉语方言学领域中第一部兼赅南北、通贯古今的大型汉语方言词典。收录资料范围上自汉代,下至1988年,涉及古今语言文字类资料1200余种,其他各类文献如诗词、戏曲、笔记、小说、野史等3000余种,其中前1200种附有索引。不仅对研究方言及汉语史,还对研究相关的人文学科有重要的参考价值。

C.《普通话基础方言基本词汇集》

1955年现代汉语规范问题学术会议以后,确立了普通话的标准:"以北京语音为标准音,以北方话为基础方言,以典范的现代白话文著作为语法规范"的汉民族共同语。北方话词汇是普通话词汇的基础。胡明扬(1997)说,当时也只是一种"语感",并没有调查资料的依据。50年代做过一次全国方言普查,但调查资料没有全部公布。近几十年来方言研究重点在东南方言,北方话地区的方言研究不多。由于一直没有材料的支持,几十年来就有不少人怀疑"以北方话为基础方言"的提法。从这个角度说,应该对北方话词汇进行一次普查,获得一批可靠的调查资料,不管讨论问题还是推动现代汉语词汇规范化的具体工作就都有了依据。陈章太、李行健主编的《普通话基础方言基本词汇集》,1996年语文出版社出版,终于完成了这项现代汉语规范化工作的宏伟的基础工程(胡明扬,1997),弥补了上述缺憾。本书共5卷,收录了普通话基础方言区93个方言点的语音、词汇材料,分为语音、词汇和地图三部分。语音卷汇录了93个方言点的音系材料同音字表;词汇卷汇录了93个方言点的2645条词语;地图卷绘制了63幅反映方言特点的语音、词汇分布图。选词充分考虑既能广泛反映现代生活,又能反映普通话基础方言词汇的基本面貌和基本特征。所收词语按意义和词性分成32类,如天文、地理、时令、人品、亲属、服饰、祭祀、交际、房舍、工业、农业、商业、交通、动物、植物、政治法律、学校教育、宗教祭祀、文化体育、一般动词、普通名词、方位词、指代词、形容词、副词、介词、数词、量词等。每个词语都有各地相对应的不同说法,各地说法都用国际音标标注当地的读音。少数词语还加注释和例句。《普通话基础方言基本词汇集》为现代汉语词汇规范化工作进一步打下了坚实的基础。

(14)缩略语词典

缩略语词典是本时期出现的新品种。本时期出版缩略语词典14部,较早的是《略语手册》(李熙宗,知识出版社,1986)、《现代汉语缩略语词典》(钟嘉陵编著,齐鲁书社,1986),其他还有《常用缩略语词典》

（凌运征、董树人编，语文出版社，1987）、《汉语缩略语词典》（施宝义、徐彦文，外语教学与研究出版社，1990）、《简称合称词典》（曹继荣，河南人民出版社，1992）、《现代汉语缩略语词典》（王魁京、那须雅之，商务印书馆，1996）、《现代汉语略语词典》（王均熙，文汇出版社，1998）、《当代汉语简缩语词典》（刘一玲，四川人民出版社，1998）等。

(15) 隐语行话词典

本时期出版隐语行话词典 12 部，如曲彦斌主编的《俚语隐语行话词典》（上海辞书出版社，1996）、《中国隐语行话大辞典》（辽宁教育出版社，1995）、《中国密语行话词典》（书目文献出版社，1994），还有《中华隐语大全》（潘庆云，学林出版社，1995）等。

(16) 同音词词典

同音词词典 10 部，如《同音词词典》（高光烈、许伯苓编，吉林大学出版社，1987）、《汉语双音节同音词词典》（许皓光、刘延新，辽海出版社，1998）、《同音近音词用法例解》（张世英编，河南人民出版社，1982）、《同音词词典》（孟舒等，广西民族出版社，1989）、《常用同音词典》（高森、于河海，首都师范大学出版社，1994）、《常用同音异义词》（朱盛科编，四川人民出版社，1985）、《同音易混词语辨析词典》（应雨田编著，中国书籍出版社，1996）等。

(17) 异读词词典

异读词词典 6 部，《普通话异读词汇编》（王新民、侯玉茹编，语文出版社，1992）、《现代汉语异读词词典》（吕永修、赖兴华编著，兵器工业出版社，1990）、《普通话异读词审音表》（语文出版社，1992）、《普通话异读词汇编》（王新民、侯玉茹编，语文出版社，1995）、《普通话异读词审音表》（文字改革出版社，1986）等。

(18) 同形词词典

同形词词典 5 部，如《古今同形异解词语词典》（董志翘、张意馨著，江苏科学技术出版社，1992）、《同形词词典》（周世烈，中国国际广播出版社，1995）、《古今汉语同形词辨析》（张一建、潘明铎编著，福建教育出版社，1986）等。

(19) 异形词词典

异形词词典 2 部，即《常用异形词手册》（何光汉，宁夏人民教育出版社，2000）、《异形词汇编》（朱炳昌编著，语文出版社，1987）。

(20) 异序词词典

异序词词典 4 部，如《常用同素反序词辨析》（佟慧君编著，湖南人民出版社，1983）、《同字异序小词典》（覃盛发编著，广西民族出版社，1990）等。

(21) 叠词词典

叠词词典 4 部，如《汉语重言小词典》（广西民族出版社，1989）、《汉语重言词词典》（军事谊文出版社，1999）、《现代汉语常用叠词例解手册》（湖南师范大学出版社，2000）等。

(22) 多义词词典

多义词词典 6 部，如《现代汉语多义词词典》（书海出版社，1990）、《常用多义词词典》（甘肃教育出版社，1987）等。

(23) 多音词词典

多音词词典 2 部，如《多音词用法词典》（中国书籍出版社，1996）等。

(24) 称谓词典

称谓词典 4 部，如《古今称谓词典》（黄山书社，1991）、《中国称谓辞典》（北京语言学院出版社，1994）、《汉语称谓词典》（辽宁大学出版社，1988）等。

(25) 敬谦辞婉辞词典

敬谦辞婉辞词典 3 部，《袖珍谦词敬词婉词辞典》（辽宁人民出版社，1990）、《汉语委婉语词典》（张拱贵主编，北京语言文化大学出版社，1996）等。

(26) 詈词词典

詈词词典 2 部，如《丑语大观》（河北人民出版社，1990）等。

(27) 轻声或儿化词典

本时期出版轻声或儿化词典 4 部。出版较早的是孙修章编的《普通话轻声词汇编》（上海教育出版社，1985），较具代表性的是贾采珠编的《北京话儿化词典》（语文出版社，1990）。

《北京话儿化词典》的编纂目的主要是告诉人们北京话哪些词是儿化的，并提供基本情况和材料。本词典对儿化词语的收集力求穷尽，共收儿化词语近 7000 条。所收儿化词大多来源于实际调查，使用书面材料的都一一进行核实。（贾采珠，1992）收词原则是注重语言实际，以词为主，适当收短语。所收短语一般是有特殊含义、能做整体理解的，如"兜着点儿""打鼓儿的""撂爪儿就忘"等。释义简明、贴切、口语化。对有些具有特殊用法的，所举例词和例句较多。例证除自编外，还一部分来自文艺作品对话，力求新鲜、活泼，富有生活情趣。书后有两个附录：一是"北京话儿化与非儿化词语辨析"，从意义上对261对词语进行分辨；二是"北京话儿化音节表"，在确定26个儿化韵的基础上，总结出289个儿化音节。

(28) 口语词典

口语词典12部，如《常用口语词汇》（燕山出版社，1988）、《现代汉语口语词典》（辽宁人民出版社，1991）、《现代汉语常用口语词典》（济南出版社，1995）、《汉语口语词典》（内蒙古人民出版社，1991）等。

(29) 难词词典

难词词典3部：《现代汉语难词词典》（吕才桢等编，延边教育出版社，1985）、《现代汉语难词词典》（倪宝元主编，浙江教育出版社，1999），其中后者较具代表性。

《现代汉语难词词典》立足于现代汉语词汇规范，所收录的难词是现代汉语比较常用的词，而不是那些冷僻、生涩的"死词"或"怪词"；难度以中等文化程度的读者为基准。"这样的原则是恰当的，实用的，也是科学的。"（胡裕树"序"）从注音、释义、词性、例证、音类（双声、叠韵、叠音）、正音、正形、近义、反义、色彩、提示（用法上需要特别说明的，古汉语中另有的义项等）、参见（或语源探求，或古书用例）等12个方面做详细解析和阐释。每个条目都有3至6个现代汉语的书证用例，而且绝大部分采自名家名作，还在"参见"项中另列古文用例一二条。

(30) 古词词典

古词词典2部，即《古语今用集萃》（刘星编著，山东教育出版社，1986）、《古语词今用词典》（谢光琼、周永惠主编，四川辞书出版社，1995）。

(31) 数目词词典

数目词词典2部，即《小学生数码规范字典》（王志远、徐惠才编著，贵州科技出版社，2000）、《汉语数目词辞典》（尹小林编著，中华书局，1993）等。

(32) 虚词词典

虚词词典 68 部，如《古代汉语虚词通释》（何乐士等编，北京出版社，1985）、《古汉语虚词通释》（何乐士等，北京出版社，1985）、《甲骨文虚词词典》（张玉金，中华书局，1994）、《汉语虚词词典》（唐启运、周日健，广东人民出版社，1989）、《现代汉语常用虚词词典》（浙江教育出版社，1987）、《现代汉语虚词用法小词典》（王自强编，上海辞书出版社，1984）、《现代汉语虚词词典》（王自强，上海辞书出版社，1998）、《古汉语虚词词典》（赵长才，北京大学出版社，1996）、《现代汉语虚词词典》（侯学超编，北京大学出版社 1998）、《现代汉语虚词例释》（商务印书馆，1982）、《现代汉语常用虚词词典》（曲阜师范大学本书编写组编著，浙江教育出版社，1992）、《古汉语虚词用法词典》（陕西师范大学词典编写组编，陕西人民出版社，1988）、《古汉语虚词词典》（王海棻、赵长才，北京大学出版社，1996）等。

A. 《现代汉语八百词》

吕叔湘主编，商务印书馆 1980 年出版，从内容到形式，都称得上是一本有创造性的新型工具书。

该词典收录常见的虚词和少量实词，从语法角度对词的复杂用法深入研究并进行归纳，科学性强，条理清晰，有独到的见解。(1) 标注词类，从意义和用法两方面详细解释词的意义。对于虚词则从它们在句中所起的作用、与别的词结合以后所体现的意义、使整个句子带上特殊语气或感情色彩等多方面进行描述。(2) 用公式清楚地表示词组和句子的结构。(3) 大部分条目在末尾都附有 注意 、 比较 、 习用语 等，大都针对人们容易疏忽或用错的现象。(4) 对一些常见的、却容易被人忽视的语言现象做了归纳。作者收集了大量的语言现象，在踏实研究的基础上提出了不少创见，揭示了一些前人没能归纳出来的规律，充实了现代汉语语法研究的内容。

后面有两个附表：(1)《名词、量词配合表》；(2)《形容词生动形式表》，收词五百多个，不仅能帮助人们学习形容词的用法，对写作也有指导作用。

B. 《古代汉语虚词词典》

中国社会科学院语言研究所古代汉语研究室编，商务印书馆 1999 年出版。这是迄今为止规模最大、收词最多的一部古汉语虚词词典，标志着古汉语虚词研究的最新进展。（赵大明，2002）它是对《古代汉语虚词通释》的进一步补充和完善，反映了编者在虚词研究方面的最新成果和学术观点。收单音虚词762条，复合虚词491条，惯用短语289条，固定格式313条，共计1855条，基本反映了古代汉语虚词的全貌。每个条目包括词目、注音、虚词的源起（怎样从实词虚化或借用而来）、虚词的用法、意义、举例（包括部分难字难句注译）。与同类词典不同的是，在分析、描写虚词的用法和意义的同时，还用历史的观点研究和勾勒出了每个虚词从实词虚化的过程，把虚词的产生、发展、变化立体地呈现在我们面前。

（33）动词词典

动词词典9部，如《动词大词典：人机通用》（中国物资出版社，1994）、《现代汉语动词辞典》（中国国际广播出版社，1995）、《现代汉语动词大词典》（北京语言学院出版社，1994）、《汉语动词用法词典》（商务印书馆，1999）、《现代汉语动词分类词典》（吉林教育出版社，1994）、《动词逆序词典》（福建人民出版社，1986）等。

《动词用法词典》，孟琮等编，上海辞书出版社1987年出版，更名修订本《汉语动词用法词典》1999年商务印书馆出版。本书不仅揭示了动词的词汇意义，而且详尽地分解了动词的用法，剖析了动词在句中和它前后其他成分的搭配能力，对其语法功能及与宾语、补语等的组合关系详加考察，并举例引证。它可以帮助读者丰富汉语知识，提高正确使用汉语的能力。对于以汉语为第二语言的国内少数民族和外国学习者特别有用；对于一般读者正确掌握规范的汉民族共同语也颇有帮助；对于汉语研究者来说，更是一份难得的研究资料。

（34）形容词词典

形容词词典15部，如《形容词应用辞典》（仓公瓒主编，延边人民出版社，1993）、《现代汉语形容词辞典》（闫秀清，中国国际广播出版社，1995）、《形容词辞典》（戴品宏、戴云霁编著，浙江大学出版社，1992）等。

（35）关联词词典

关联词词典6部，如《关联词语辨析》（福建教育出版社，1988）、《汉语关联词词典》（福建人民出版社，1989）、《关联词语词典》（四川辞书出版社，1988）等。

(36) 象声词词典

象声词词典 4 部，如《象声词分类词典》（郭大方，延边大学出版社，1990）、《象声词词典》（龚良玉编著，贵州教育出版社，1991）、《声音描写词典》（宁夏人民出版社，1988）等。

(37) 量词词典

量词词典 2 部，即《汉语量词词典》（陈保存，福建人民出版社，1988）、《现代汉语量词手册》（郭先珍编著，中国和平出版社，1987）。

(38) 兼类词词典

兼类词词典 2 部，如《兼类词辨析词典》（福建人民出版社，1990）等。

(39) 代词词典

代词词典 3 部，如《汉语代词词典》（江苏教育出版社，1993）等。

(40) 信息词典

信息词典 7 部，主要是频率词典。频率词典提供词语在口语和不同风格体裁的书面语中的分布情况和出现频率，一般不释义，只标注词出现的次数。频率词典对编写初级学校课本、中小型词典及供少年阅读的报刊读物有实用价值。本期出版的频率词典有《现代汉语词表》（刘源主编、马广申编，中国标准出版社，1984）、《现代汉语频率词典》（北京语言学院出版社，1986）、《现代汉语常用词词频词典》（刘源等编，宇航出版社，1990）等，其中以王还主编的《现代汉语频率词典》（北京语言学院出版社，1986）的学术价值和使用价值较高。

《现代汉语频率词典》是我国第一部兼顾字词统计、分析的频率词典，为从事语文教学、辞书编纂和汉语信息处理等方面的工作提供了有科学价值的参考材料和数据。人工与计算机相结合，对 180 万余字的各种题材和体裁的语言材料进行词频统计与分析，同时兼及汉字字频和组词能力，材料抽样科学、经济、适度，数据可信度高，反映了现代汉语使用字词的实际情况。本书包括 8 种词频及字频统计表或分析表，还有各种附录。其中最有价值的是《频率最高的前 8000 个词词表》《使用度最高的前 8000 个词词表》及按不同语料类别分别归类的《前 4000 高频词词表》与《汉字频率表》。

联绵词词典 3 部，都是重印《辞通》（1982/1993）和《联绵字典》

(1983)。

书面语词典 1 部，即《书面语词典》（王安节，吉林文史出版社，1991）；名词词典 1 部，即《现代汉语名词辞典》（闫秀清，中国国际广播出版社，1995）；副词词典 1 部，即《现代汉语副词分类实用词典》（姜汇川等编，对外贸易教育出版社，1989）；离合词词典 1 部，《现代汉语离合词用法词典》（北京师范大学出版社，1995）；文化词词典 1 部，即《中国文化象征词典》（湖南文艺出版社，1990）。

3. 专项型词典

本时期共出版专项型词典 128 部。较前期出版的新品种有：词源词典、语法词典、搭配词典、造句词典、修辞词典。

（1）词语辨析词典

词语辨析词典 44 部，如《现代汉语词义辨析》（湖北人民出版社，1976）、《近音易混词语辨析》（语文出版社，1986）、《古今词义辨析词典》（黑龙江人民出版社，1993）、《学生易误词语辨析词典》（四川人民出版社，2000）、《小学生字词辨析词典》（上海辞书出版社，1994）、《现代汉语正误词典》（北京师范大学出版社，1993）、《小学生易混词词典》（海南出版社，1992）等。

（2）词源与理据词典

词源词典是解释词的原始意义、形式、用法的词典。词源与理据词典 12 部，如《同源字典》（商务印书馆，1982）、《古汉语常用词源流辞典》（重庆出版社，1991）等。

《汉语理据词典》，王艾录编著，北京语言学院出版社 1995 出版。这是第一部以解释理据意义为编写目的的专门词典，填补了汉语辞书史上的一个空白。（王艾录，1997）收录了 4800 个理据理解难度较大的汉语复合词。在研究方法上以语素义为基础、以"语素义——内部形式——词义"为线索互向考究，着重解决了汉语复合词理据释义问题的两大难题：一是复合词中的某个语素义与整个词义没有直观联系；二是复合词中的某语素同它在字书上的某个义项不相符，即汉语复合词理据探究中字义"不挂钩"和"不对号"。（王艾录，1997）

（3）语法词典

语法词典 7 部，解释词的语法功能和特征，包括词的形态变化、词性、句法功能和搭配以及虚词用法等，以维护共同语的语法规范。如

《实用汉语用法词典》(国际文化出版公司，1990)、《古代汉语词类活用辞典》(三环出版社，1991) 等。

(4) 搭配词典

搭配词典 11 部，如《汉语常用词搭配词典》(外语教学与研究出版社，1990)、《简明汉语搭配词典》(福建人民出版社，1990)、《现代汉语搭配词典》(汉语大词典出版社，1999) 等。

(5) 造句词典

造句词典 39 部，使用对象多为小学生，如《学生造句辞典》(崇文书局，1990)、《小学生造句词典》(汉语大词典出版社，1999)、《小学生造句词典》(东方出版中心，1999) 等。

(6) 修辞词典

修辞词典 12 部，如《描摹词辞典》(文昌荣编著，中国青年出版社，1997)、《现代汉语褒贬用法词典》(张家太、徐彻主编，辽宁人民出版社，1992)、《汉语修辞格鉴赏辞典》(黄建霖，东南大学出版社，1995) 等。

另外，还有正音词典 1 部，即《汉语正音类编词典》(黑龙江人民出版社，1995)；语音词典 2 部。

(三) 语典

1976 年至 2000 年共出版语典 727 部。有详解型语典和专用型语典两种。

1. 详解型语典

本时期出版详解型语典 19 部，如《古今词语新编》(裴球璇、欧阳清编，新华出版社，1987)、《汉语常用语词典》(温端政，上海辞书出版社，1996)、《汉语熟语大辞典》(武占坤，河北教育出版社，1991)、《成语熟语词典》(刘叶秋等编，商务印书馆，1992)、《中国熟语大典》(申俊主编、马汉民编，上海文艺出版社，1990)、《汉语谚语歇后语俗语分类大词典》(内蒙古人民出版社，1987) 等。而学生成语辞典数量最多。

2. 专用型语典

本时期出版专用型语典 708 部，以成语辞典、俗语辞典、歇后语辞典较多。

(1) 成语辞典

本时期出版成语辞典 320 部，有普通成语辞典，比较重要的如《汉语成语小词典》（商务印书馆，1981)、《汉语成语大词典》（朱延祖主编，河南人民出版社，1985)、《中国成语大辞典》（王涛等编，上海辞书出版社，1987)、《古今成语词典》（郑宣沐，中华书局，1988）等。有规范性成语辞典，如《成语辨正》（张拱贵编，北京出版社，1985)、《成语读写辨正》（何业光编写，新世纪出版社，1986)、《中华成语规范词典》（田广太，延边人民出版社，2000）等。有同义成语辞典3部，如《同义成语词典》（蒋荫楠、郭熙编著，江苏古籍出版社，1987）等。有同义反义成语辞典4部，如《常用成语近义反义词典》（四川教育出版社，1993)、《同义反义成语词典》（林玉山编著，海天出版社，1987）等。图解成语辞典15部，如《彩图成语词典》（杨荫深主编、鲍克怡等编文、阿达等插图，上海辞书出版社，1988)、《多功能小学生插图成语词典》（陈抗、董琨、盛冬铃，汉语大词典出版社，2000)、《配图学生成语词典》（胡永修等编写，四川文艺出版社，1999）等。成语义类辞典29部，如《分类汉语成语词典》（王勤、马国凡等编著，山东教育出版社，1987)、《汉语成语分类辞典》（叶子雄，复旦大学出版社，1987)、《成语分类多用词典》（郑万泽，上海教育出版社，2000)、《分类成语词典》（王理嘉、侯学超编著，广东教育出版社，1987)、《分类双序成语词典》（史有为、李云江，中国物资出版社，1990）等。成语语源辞典4部，如《成语述源释义》（缪树晟、余伯良编，宁夏人民出版社，1984)、《汉语成语溯源》（杨天戈，外语教学与研究出版社，1982)、《成语语源典故词典》（陈国弘编，岳麓书社，1988）等。

A.《成语辨析》

倪宝元著，中国社会科学出版社1979年出版。以指导成语使用为宗旨，是本期出版较早的、也是第一本成语辨析辞典。收录成语373条，组成175组，包括：(1) 意义相近需要辨析清楚的；(2) 意义不很相近，但用字大多相同的；(3) 语素相同而次序不同但是意义有差别的；(4) 同出一源，但意义用法有差别的；(5) 有意义上的交叉关系的。作者1986年又出版了《成语辨析续编》，收录成语429条，组成204组。

倪宝元还编著了《成语例示》，北京出版社1984年出版。对1000多条常用成语逐条做了"例释"和"提示"。"例释"包括：释义，用例，句法功能。"提示"包括：成语的结构类型，正音正形，褒贬色彩，近义成语和反义成语，语素的解释和比较，用法上的特点，参见（古书用例)。每条成语至少有 5 个用例，用例绝大部分采自现代文学作品。成语的句法功能包括用作主语、谓语、宾语、定语、状语、补语、独立成分和分句，用例基本上按此顺序排列。成语的结构类型分联合式、动宾式、主谓式、偏正式、连动式、兼语式、紧缩式等 7 种，"提示"中还引用了可以参见的五四运动以前的有关资料，或语源，或例证，大体以时间为顺序排列。

B.《成语词典》

常州市教育局编，江苏人民出版社 1981 年出版。收成语 7800 条，注释包括释义、引文。释义包括讲解疑难字词、解释成语字面意义或本意及说明用法或引申比喻义。引文除追本溯源指明"语出""语本"外，一般书例尽量从元以后及现代名家作品中选取。这是本书的创新之处。对成语中容易读错、写错、理解错的字词，用"辨误"标出，放在引文之后。

C.《绘图儿童成语词典》

杨荫深主编，上海辞书出版社 1982 年出版。从小学课本和儿童读物中收集成语 1300 多条，先逐字注音，接着注释难字，然后按字面译成白话文，并指明成语的引申义或比喻意义。请画家张乐平、阿达等据成语的意义画了 400 多幅插图，附于相应的成语旁边。释义简明易懂，图文并茂，既可以作为儿童的工具书，也可以作为学生的课外读物。

D.《汉语成语大词典》

朱祖延主编，河南人民出版社 1985 年出版。收成语 17000 条，有常见的四字成语，也有三字或多字的成语，还有部分熟语和谚语。编者对成语的常用形式及其变体整理归纳，按同义、近义、反义分类，以一般形式作为主条，汇集成"条目群"，能够反映一个成语产生、形成和发展的演变过程。这是该词典的重要创新之处。在此基础上作者增订出版了《汉语成语辞海》(武汉出版社，1999)，收录 25000 多条，其中新发现的成语 1000 多条，书证延伸到现代典籍。

E.《分类成语词典》

王理嘉、侯学超编著，广东人民出版社 1985 年出版。是新中国成立后第一部分类成语辞典，收成语 5000 余条，包括少量熟语。词条按义类排列，分为 12 类，大类下分若干中类，再细分小类。释义注重成语的现代意义，内容包括：注音、释义、语出、注意、例、反、辨析、汇编等，分别注明成语来源或出处、辨正成语中容易写错或读错的字、举例说明、注出与该成语意义相反的另一成语、对意义相近或完全不同的部分成语加以辨析、列出成语用错的例句。

F. 《中国成语大辞典》

王涛等编，上海辞书出版社1987年出版。这是汉语成语词典中规模较大的一部，多次修订，影响较大。收录严格意义上的成语和由谚俗等其他熟语形式转化而成的准成语18000余条，大多直接取材于历代文献，为读者提供了成语的结构形式、语义内容、源流用例等众多信息。释义包括字、词释义，串解成语字面意义或本意、用法或引申比喻义等，如后起义或用法有变化则指明。一般引例用1至3个书证，辅助说明成语的含义、用法及其源流演变。

G. 《五用成语词典》

周宏溟编著，学林出版社1986年出版。该书选收常用、易错、用混的成语2703条，每条包括释义、语源、例句、用法和辨析。释义先释字、词，再释字面意义或本义，后说明引申、比喻义，释文与成语的语言结构一致，尽量反映其语法功能，并标注感情色彩。语源部分标出出处。用法部分说明适用对象、范围、场合和用途、语法功能、主要搭配对象等。对意义相近或易混的给予辨析，先指出意义、用法、语源、结构等方面的共同点或相似点，再指出它们在意义、色彩、用法、风格和搭配特色等方面的主要区别。

H. 《同义成语词典》

蒋荫楠、郭熙编著，江苏古籍出版社1988年出版。本词典选收现代汉语常用成语1048个，编成505组同义成语。所谓"同义"是指意义上大体相同或相近而又并非完全相同。着重于辨析，附带对容易读错写错的字进行正音正字。辨析时既指出它们在意义、结构、用法上的共同点，又分析了各个成语的不同方面和主要差别。例句多选自现当代名著或有影响的新作，并注意其示范性、稳定性和示差性。同组成语按音序编排，整个词典按各组第一个成语的音序排列，一个成语如分别与不同成语意义相近时，分排两组。

I. 《汉语成语考释词典》

刘洁修编著，1989年商务印书馆出版。收成语7600多条，另收异体约1万条，此外，有些成语还附有省略形式，总共约2万余条。考证成语的语源出处、源流演变、定型过程，并解释成语的含义。重点是考源求实，在成语溯源方面尽可能引用最早的书证，并举出丰富的书证说明成语的演变，在成语下列出其异体及省略形式，解释细致、全面、准确。所引书证以古代为主，对成语的解释也不涉及现代汉语的意义。此后作者续有修订，于2009年分别出版了《成语源流大词典》（江苏教育出版社）和《汉语成语源流大辞典》（开明出版社）。

J. 《现代汉语成语规范词典》

李行健主编，长春出版社2000年出版。这是第一本规范性成语辞典。成语不断地发展变化，成语在运用中，读音、词形和语义会产生一些误读、误用或歧义，因此成语也需要必要的规范。在成语使用混乱中，最严重的是异形成语泛滥。该书对异形成语的规范，采用三种方式：（1）针对错写或不合规范的"成语"，在正条后给予提示，告诉读者"不要写作XXXX"。（2）对使用人数较少或不合现代规范要求的，在正条后提示"不宜写作XXXX"。为方便读者查阅，将"不宜写作"的成语大多作为副条收录，在条目下只注"见XXXX"（成语正条）。（3）在作为副条的成语后提示"通常写作XXXX"，不另释义。这是一种推荐倡导的办法，因为副条的成语也有一些人使用，但从规范着眼，最好选择主条成语。

（2）典故词典

为了解决阅读古籍中的典故障碍，有必要编纂专收典故词语的典故辞典。我国出版的第一部典故辞典是杭州大学中文系编的《古书典故辞典》（江西人民出版社，1984）。本时期出版典故辞典共58部。据管锡华等（1993）概括，目前出版的典故辞典有三种类型：（1）通释型典故辞典，以历代典籍中的典故为收释对象，如《中国典故大词典》（辛夷、成志伟主编，北京燕山出版社，1991）、《汉语典故词典》（于石，汉语大词典出版社，1999）、《常用典故词典》（徐成志、于石等编，上海辞书出版社，1985）、《中国典故辞典》（杨任之，北京出版社，1993）。（2）单体裁典故辞典，收录古籍中某种文体中的典故，如《唐宋词典故大辞典》（葛成民等编，广西人民出版社，1994）、《中国历史典故辞典》（阙勋吾主编，三秦出版社，1989）。（3）专书型典故辞典，以某种书中的典故为收释对象，如《全唐诗典故辞典》（崇文书局，1989）、《全宋词典故辞典》（范之麟主编，崇文书局，1996）。

目前典故辞典的编纂体例有三类：（1）采用普通语文词典的编纂体

例，一条一目，如《古书典故辞典》。这种体例的缺点是：第一，不按典源时代先后排列，无法反映典故源出演变的历史脉络；第二，不同词头的同源条目，溯源时有重复；第三，不同词头的同源条目分散在不同音序或笔画内，为中观结构处理带来困难；第四，多形式典目无法类聚，不利于互相比较。（张履祥，1996）（2）源经目纬的体例（管锡华，1993），词条包括典故题目、典源、释义、词目及书证，书证部分穷尽列举典故词语的各种变化形式及书证。（3）一般语文辞典与源经目纬相结合的体式，每条分为典故题目（题目后用括号标示出本条下所系有的词目）、典源、释义、书证（管锡华等，1993），如《全唐诗典故辞典》《全宋词典故辞典》《全元散曲典故辞典》。

《历代典故辞典》，陆尊梧、李志江编，作家出版社1990年出版。该词典的特点表现在两个方面：（1）收录对象明确。编典故辞典首先碰到的问题是典故和成语的划界问题。已经出版的一些典故辞典，或多或少都有筛选不严的问题，《历代典故辞典》解决得比较好。（王锳，1994）。（2）编写体例有所创新，在一定程度上解决了典故因形式不定、变化繁多而难于查检的问题。典故与一般词汇或成语最显著的区别是灵活多变、形式繁复。其变体少的十多种，多的可达百种以上。近年出版的一些典故辞典，作者收集了近十万条第一手资料，采用一典多条、广收典形的编排方式，每一典故包括典名、典源、今译、释义、典形、示例。其中"典形"和"示例"彼此配合，相得益彰。读者通过典形和用例，能够了解典故的丰富内涵和用法变化，解决阅读障碍。书前的"条目索引"也是以典形为单位编排的，因此全书所收典故虽只有1500多个，但读者能查到典故的各种变化形式却多达14000多条。一个典故的常见形式一般都能在"条目索引"中查到。

（3）成语典故辞典

因确实存在典故和成语的划界问题，本时期还出版成语典故辞典32部，如《中华成语典故辞典》（刘雪枫、郑瑞秋主编，辽宁民族出版社，1995）、《成语典故辞海》（吴迪主编，远方出版社，1995）、《学生语文十用成语典故词典》（高承言、崔宝娟编著，复旦大学出版社，2000）、《成语典故彩图词典》（李新魁主编，花城出版社，1990）等。

（4）俗语辞典

俗语是人民群众创造的一种定型语句，具有通俗、生动、形象、幽默的特点，它富于哲理，言简意赅，隽永有趣，感染力很强，因而成为大家喜爱的一种语言形式。本时期出版俗语辞典48部，如《俗语词典》（徐宗才、应俊玲编著，商务印书馆，1994）、《中国俗语典》（曹聪孙编著，四川教育出版社，1991）、《中国俗语大辞典》（温端政主编，上海辞书出版社，1989）等。

《中国俗语大辞典》，温端政主编，上海辞书出版社1989年出版。这是新中国成立以来第一次对俗语的古今书面资料的整理和总结（卢润祥，1990），是近年来所出版的同类词典中收录较全、质量较高的一部。共收录俗语（包括谚语、歇后语、惯用语）总计15000条左右，其中许多条目为本书首次收录。总结俗语在流传演变中的种种变化，对关联条目，除确定主条外，又确立副条，并注意突出副条的个性，分"也作""增作""减作""倒作"等形式。每条包括注释和例证两部分。注释先解释条目中的疑难词语，然后通释整个条目的意义，或串讲、或着重解释条目的含义。具有创新意义的是对一大批疑难条目做出了正确的疏解，注意揭示俗语的深层含义。（卢润祥，1990）例证注意了古今源流的演变和俗语在流传运用中变化多的特点。

(5) 歇后语辞典

本时期出版惯用语辞典83部，如《歇后语大辞典》（王陶宇，四川辞书出版社，1988）、《歇后语分类词典》（夏光芬，福建人民出版社，1990）、《中国歇后语总汇》（中国民间文艺出版社，1985）、《歇后语宝典》（龙德、文华主编，农村读物出版社，1993）等。

(6) 谚语辞典

本时期出版谚语辞典133部，如《常用谚语词典》（张毅编著，上海辞书出版社，1987）、《中华谚语大辞典》（耿文辉，辽宁人民出版社，1991）、《通用谚语词典》（施宝义、李云飞，湖南人民出版社，2000）、《汉语谚语小词典》（温端政，商务印书馆，1989）、《汉语谚语词典》（孟守介，北京大学出版社，1990）等。

(7) 惯用语词典

本时期出版惯用语辞典14部，如《汉语惯用语词典》（施宝义等编，外语教学与研究出版社，1985）、《汉语惯用语词典》（周宏溟，商务印书馆，1990）、《惯用语小词典》（杨知文主编，江苏教育出版社，1985）、《新惯用语词典》（王德春主编，上海辞书出版社，1996）等。

(8) 掌故辞典

本时期出版掌故辞典 2 部，即《中国文坛掌故事典》（刘衍文主编，上海辞书出版社，1993）、《历代掌故词典》（孙家富等主编，岳麓书社，1992）。

(9) 作家作品语典

本时期出版作家作品语典 4 部，如《元曲熟语辞典》（刘益国编著，四川大学出版社，1998）、《〈齐民要术〉谚语民谣成语典故浅释》（葛能全注释，知识出版社，1988）、《二十五史谣谚通检》（尚恒元、彭善俊编，山西人民出版社，1986）等。

(10) 方言语典

本时期出版方言语典 5 部，如《潮汕方言熟语辞典》（林伦伦编著，海天出版社，1993）、《建瓯方言熟语歌谣》（潘渭水、陈泽平，福建人民出版社，2000）、《北京俏皮话辞典》（周一民，燕山出版社，1991）等。

(11) 作文语典

本时期出版作文语典 2 部，即《写作语典》（汪靖洋主编，江苏教育出版社，1992）、《成语歇后语写作词典》（陈良璜等编，江苏少年儿童出版社，1985）。

(12) 同义语典

同义语典 2 部，即《汉语同义熟语词典》（谭永祥，福建教育出版社，1989）、《同义熟语汇析词典》（寇崇林编著，甘肃教育出版社，1990）。

另外，还有义类语典 1 部，即《汉语谚语歇后语俗语分类大词典》（本书编写组，内蒙古人民出版社，1987）；习用语辞典 1 部，即《口语习用语功能词典》（常玉钟主编，北京语言学院出版社，1993）；社交语辞典 2 部，如《实用交际语词典》（王雅军，上海辞书出版社，2000）等；四字语辞典 1 部，即《汉语四字格词典》（姜德梧，北京语言文化大学出版社，2000）。

（四）句典

本时期出版句典 461 部，有详解型句典和专用型句典，缺少专项型句典。

1. 详解型句典

本时期出版详解型句典 26 部，如《古汉语句典》（吕庆叶，海天出版社，1994)、《现代汉语句典》(冉红、张开勤、高昌梅，中国社会出版社、北京大学出版社，2000)、《新华句典》(张开勤等，国际文化出版社，1991)、《小学生新华句典》(张开勤等主编，崇文书局，1999) 等。

2. 专用型句典

本时期出版专用型句典 435 部。

(1) 比喻辞典

比喻辞典 3 部，如《中外比喻词典》(薛梦得，中国物资出版社，1986)、《汉语比喻大辞典》(李运益主编，四川辞书出版社，1992) 等。

《中外比喻词典》广泛收集了古今中外文史哲著作中的精美比喻，按内容分为人体篇、人生篇、真理篇、爱国篇、修身篇、读书篇、教育篇、人才篇、智愚篇、法律篇、防患贵慎篇、交谊篇、爱情篇、健康篇、写作篇、翻译篇、艺术篇、自然篇及杂喻等类，下又各分若干小类，如人体篇分为喻眼睛、喻耳朵、喻鼻子、喻手和脚等，类聚编排；个别条目，以"明喻""曲喻""博喻"等注明比喻形式。条目注明出处，便于查检和引用。引例来自古文的，都有释义，而白话文条目则不做说明。

(2) 格言辞典

本时期出版格言辞典 91 部，如《汉语格言分类词典》(本书编写组，内蒙古人民出版社，1992)、《中华格言大观》(齐治平、赵来文主编，中国青年出版社，1997)、《人生格言词典》(张良一，上海辞书出版社，1997)、《格言大辞典》(郭东斌主编，辽宁人民出版社，1992)、《中国古代格言大全》(陈宜民、杨正业译注，重庆出版社，1986) 等。

(3) 妙语辞典

妙语辞典收录有意味或动听的语句。妙语辞典为本时期创新品种。本时期出版妙语辞典 44 部，如《中华妙语大辞典》(苏育生，陕西人民教育出版社，1990)、《妙语大全》(刘明章、崔原泽主编，延边大学出版社，1990)、《鲁迅全集妙语录》(飞茂等编，农村读物出版社，1988)、《世界妙语精萃大典》(傅明伟、潘文雅主编，河海大学出版社，1994)、《世界名人妙语大全》(丁岚、静水主编，国际文化出版公司，1993)、《妙语词典》(说话·演讲·写作·处世) (吟兮、晓晴编，华岳文艺出版社，1988) 等。

(4) 名句辞典

名句辞典收录著名的、一般流传很久的语句。名句辞典为本时期创新品种。本时期出版名句辞典 33 部,《历代诗词名句辞典》(吕自扬,作家出版社,1986)、《诗词曲名句辞典》(赵传仁,山东教育出版社,1988)、《旧诗佳句辞典》(王芸孙,岳麓书社,1985)、《作文常用古诗词名句》(钱华等编,山东教育出版社,1992)等。

《中国古代名句辞典》,陈光磊、胡奇光、李行杰编,上海辞书出版社 1986 初版,2002 年第二版。共收名句一千余条,都是长久流传、哲理强、表现生动的警言佳句,重点选自先秦诸子、儒家经典、前四史及历代著名作家的诗文集。既可供查检、引用,也可供阅读欣赏。所收句子涉及哲学、伦理、政治、经济、军事、文学、语言、艺术、教育、医卫、科技、自然等各方面内容。名句按意义分类编排,共分 30 大类,大类下分若干小类,各小类中的句子,意义相近的排在一处,基本按书籍及作者的时代先后为序。

(5) 名言辞典

名言辞典收录著名的、一般是名人说的话。名言辞典也是本时期的创新品种。本期出版名言辞典 172 部,如《中外名人名言大辞典》(祁志孝等编译,北岳文艺出版社,1990)、《名人名言词典》(四川文艺出版社,1985)、《外国名句辞典》(上海辞书出版社,1993)、《3000 年世界名言大辞典》(汉语大词典出版社,1995)、《中外名言大辞典》(李振澜等,四川辞书出版社,1991)。

《实用名言大辞典》,秦牧主编,广西人民出版社、广西教育出版社 1990 年出版。陈原在"序言"中指出本书的用途:(1) 可以"核实在记忆中不那么准确的名言";(2) 可以"查明引语的出处,是哪一位先人在什么场合下,为了什么目的而留下的,后来又在历代的运用中引起什么样的变化,这都是人们引用时需要知道的";(3) 可以"检索某一个主题积累了多少警句,每一个警句都从不同的角度和立场去阐发这个主题,分类检索扩大了知识面,深化了对这个主题的认识,从而得到新的启发";(4) 可以"消除古语文的限制,获得现代语文"。坚持突出"集历代名言警语大成,求丰富完备隽永实用"的内涵和特色,取材丰富,涵盖面广,几乎汇集了中国古代社会思想文化的结晶。全书收录名言近 15000 多条,选录原则是以常用为主,精选那些流传较广、历久不衰、至今仍使用较多的名言、警句、引语。选录范围上起先秦下迄清末的历代典籍,包括经史子集、诗词歌赋、小说话本等。按内容分类编排,以自然、人生、社会、文化为序。篇下分章，如人生篇中有立志、修身、处世、养生、情感，等等。章下分节，如文化篇中的写作章下，就有品识、才气、运思、蕴含、意旨、境界、布局、谋篇、章句、修辞、锤炼、勤作等节，各节下辖大量条目，按内容排列，同一层意思的大体按朝代先后排序。每个条目先列名言，次注出处，末为注释。大多数词条，采用通译的方式，对少数深奥的词条，先分注，后串释。生僻的字加注音。

（6）俏皮话辞典

俏皮话辞典收录含讽刺口吻的或开玩笑的话，有的也收录歇后语。俏皮话辞典为本时期创新品种。本时期出版俏皮话辞典8部，如《俏皮话大全》（王陶宇、孙玉芬编，四川辞书出版社，1992）、《中国俏皮话大辞典》（刘广和主编，中国人民大学出版社，1994）、《俏皮话5000条》（李炳泽等编，华语教学出版社，1992）等。

（7）引语辞典

引语辞典有两类，一类是汇编历代文化典籍中引用别人的、意思比较完整的语句，其用途是便于人们在阅读中遇到不知道出处或难解的引语时，查找出处和解释。另一类是在写作、演讲等语言活动中可以从中选用恰当的语句的辞典，适当引用可以使文章收到画龙点睛之效；同时阅读欣赏这些精辟而又往往富于哲理的诗文名句或名人名言，还可以受到思想的熏陶和艺术技巧的教益。（陈炳迢，1985：114）"文革"时期，吕叔湘先生曾向陈原先生建议编一部"引语"词典（陈原，1990），吕叔湘先生（1982）在《辞书研究》撰文，建议编一部《引用语辞典》。这种引用语辞典指前一类，是本时期创新的辞书品种。本时期出版引语辞典2部，即《引用语辞典》（朱祖延，四川辞书出版社，1994）、《引用语大辞典》（朱祖延，武汉出版社，2000）。后一种一般以名言辞典、警句辞典、格言辞典等名称出版，但也有综合收录这些语言单位的，如《学生引言词典》（丁一等编著，上海辞书出版社，2000）。

《引用语辞典》，朱祖延编纂，四川辞书出版社1994年出版。它的出版，使之与名句辞典、丽藻类编之类的辞书判然分开（卢卓群，1996），开创了一个辞书新品类。所谓"引用语"，是指历代文化典籍中引用别人的意思比较完整的语句。引用又有明引和暗引之别，"照引原文，点明出处，是谓明引；照引原文，不示出处，是谓暗引"。本辞典所收条目是经书、子书、史书或诗文、词曲、小说中的成句被后人引用而未标明出处的暗引,从上古至 1993 年为止,共计 3256 条,其中副条 706 条,"不论其是否为警句、名句,而只论其是否被人引用"。每个条目包括:(1)一一标明作者及出处。(2)对难懂词语和异读音做了准确的注释,对每个条目做了准确的翻译,为一般读者扫除了阅读的障碍。(3)用法提示,包括原义、引申义、比喻义。(4)每条举二至五个例证,是释义的继续和补充,显示了引用语的使用对象、范围、色彩、特定语境、特殊用法等,可作为引用语的使用范例。例证按源流顺次排列。(5)考镜源流。包括两个方面:一方面是引语形式,即文字上的变动;另一方面是引语内涵,即意义上的变化,用"语出……""后引作……""又引作……""也单作……"等表示考辨文字变动;还用"谓……""意谓……""后形容……""后比喻……"等表示考辨意义变化。

(8)楹联辞典

本时期出版楹联辞典 3 部,即《中国对联宝典》(梁石等,中国文联出版公司,1994)、《中国名联词典》(荣斌,山东大学出版社,2000)、《中国楹联大典》(谷向阳编,吉林教育出版社,1994)。

(9)赠言辞典

赠言是分别时说的或写的勉励的话。赠言辞典为本时期创新品种。本时期出版赠言辞典 36 部,如《青年赠言辞海》(梦瑶主编,中国国际广播出版社,1992)、《赠言词典》(解露曦等编写,上海辞书出版社,1990)、《赠言大全》(贺修铭主编,刘焕喜等编,湖北人民出版社,1994)等。

(10)箴言辞典

箴言辞典收录含有劝诫意义的话。箴言辞典为本时期创新品种。本时期出版箴言辞典 34 部,如《妙语箴言集成大词典》(丁海顺编著,东北师范大学出版社,1995)、《人生箴言录》(戴海,中国青年出版社,1993)、《青少年处世箴言》(杨尊田,明天出版社,1992),等等。

(11)广告句典

本期出版广告句典 2 部,即《广告语典》(费立群,国际文化出版公司,1993)、《广告妙语》(长跃等,中国商业出版社,1994)。

(12)作文句典

作文句典 2 部,即《写作描写辞海》(高原等主编,中国物资出版社,1994)、《学生作文借鉴辞典》(张静等,中国国际广播出版社,

1992)。

另外，还有幽默语辞典 1 部，即《现代幽默社交应用全书》（慧玉，警官教育出版社，1993）；祝贺语辞典 1 部，即《中国历代祝词贺语大观》（尚和，文汇出版社，2000）；家训句典 1 部，《中国家训经典》（翟博，海南出版社，1993）；遗言辞典 1 部，即《中外名人遗言遗嘱》（彤园等编，航空工业出版社，1994）。

四　汉语现代语文辞书繁荣期的特点

(一) 语文辞书出版渐趋繁荣

1. 语文辞书出版数量迅速增长

1978～2000 年我国语文辞书的出版逐步走向繁荣，辞书品种和数量飞速增长，出现了前所未有的繁荣局面，23 年间共出版汉语语文辞书 3795 部，是 1912～1949 年和 1950～1977 年两个时期语文辞书出版总和的 5.8 倍。

2. 标志性大型语文辞书、精品语文辞书逐步出版

大型辞书的出版状况是衡量一个国家文化建设和辞书出版水平的重要标志。一批大型语文辞书的出版是这一时期中国辞书出版的显著特点。前两次辞书出版规划的一批大型汉语语文辞书，这一时期都得以顺利实施，如《辞源》《辞海》《现代汉语词典》的修订出版，《汉语大字典》《汉语大词典》《现代汉语方言大词典》（分地本）和《故训汇纂》等的编纂出版。

3. 学生辞书出版是热点

受市场需求和经济利益的驱动，各出版社都致力于普及型的小型语文辞书的出版，特别是中小学生所用辞书，占本期语文辞书的三分之一。许多出版社还相当重视学生系列工具书的出版，如南京大学出版社推出的《学生辞典》大学卷、高中卷、初中卷、小学卷，上海辞书出版社推出的《学生辞海》和《儿童辞海》以及系列学生工具书，湖北辞书出版社于 1996 年推出的《学生反义词词典》等"学生系列工具书"，上海远东出版社于 1995 年推出的《学生语文手册》等"小学生袖珍工具书系列"，中国大百科全书出版社于 1996 年推出的《新编小学生词典》等"新编小学生系列工具书"，北师大出版社于 1996 年推出的《学生常用字

多用字典》等"中小学生系列工具书",少年儿童出版社于1998年推出的《小学生新词典》等"小学生必备辞典",福建人民出版社于1999年推出的规模宏大、精心编纂的学生工具书系列《学生语言正误手册》等数十部。各出版社还纷纷推出以"规范"为卖点的辞书,据不完全统计,目前"规范"字、词典有近20部,较有影响的有《现代汉语规范字典》《学生规范字典》等。

4. 语文辞书品种创新意识增强

(1) 语文辞书新增品种多

汉语语文辞书品种多是本期的重要特点。本时期出版的专门性语文辞书有111部,较前一时期新增的辞书品种中,字典有形声字字典、通假字字典、多义字字典、古今字字典、避讳字字典、字体字典、字义字典、组词字典;词典有断代词典、图解词典、近义词词典、反义词词典、同义反义词典、缩略语词典、异读词词典、同形词词典、异形词词典、异序词词典、多义词词典、多音词词典、称谓词典、敬谦辞婉辞词典、詈词词典、口语词典、书面语词典、古词词典、数目词词典、动词词典、形容词词典、关联词词典、象声词词典、量词词典、兼类词词典、代词词典、名词词典、副词词典、离合词词典、信息词典、文化词词典、词源与理据词典、语法词典、搭配词典、造句词典、修辞词典;句典有妙语辞典、名句辞典、俏皮话辞典、引语辞典、楹联辞典、赠言辞典、箴言辞典、广告句典、祝贺语辞典、幽默语辞典、作文句典、家训句典、遗言辞典等。

(2) 语文辞书品种细化与功能整合并存

本时期在语文辞书类型创新方面,存在着品种细化与功能整合并存的状况。一方面是语文辞书品种划分更细致,产生了许多新品种;另一方面是语文辞书呈现出多功能化的趋势。普通语文辞书、详解型字典和详解型词典都尽力为读者提供尽量多的信息。专门性语文辞书,出现了融合两种或多种功能的语文辞书,如在同义词词典和反义词词典外,出现了同义词反义词词典等。

(3) 学习型汉语辞书编纂出版有了良好开端

本时期出版汉语学习词典42部,既有普通语文辞书如《现代汉语学习词典》(孙全洲,上海外语教育出版社,1995),也有专门性语文辞书,如《初级汉语图画字典》(人民教育出版社,1998)、《北京口语法语词典》(李亚明，广东教育出版社，2000)、《汉语 8000 词词典》(刘镰力，北京语言大学出版社，2000)、《汉语常用词用法词典》(李晓琪等，北京大学出版社，1997)、《现代汉语常用词用法词典》(李忆民主编，北京语言学院出版社，1998)、《HSK 中国汉语水平考试词汇大纲汉语 8000 词词典》(北京语言文化大学出版社，2000)、《HSK 汉语水平考试词典》(邵敬敏主编，华东师范大学出版社，2000)、《HSK 词语用法详解》(黄南松、孙德金主编，北京语言大学出版社，2000)、《现代汉语八百词》(吕叔湘主编，商务印书馆，1980) 等，为汉语学习型辞书编纂做了可贵探索。

5. 成语辞典编纂出版理念渐趋成熟

汉语成语辞典的出版在本时期取得了巨大成就，不仅数量多，而且品种和理念创新成就明显。本时期出版成语辞典 320 部。品种有普通成语辞典、同义成语辞典、同义反义成语辞典、图解成语辞典、成语义类辞典、双序成语辞典、成语语源辞典、规范性成语辞典等，从单一功能向多功能发展，从描写性向规范性发展。

6. 重视语文辞书修订再版及品牌维护

辞书是工具书，使用年限较长，出版社都应重视对所出辞书的修订再版。商务印书馆对《现代汉语词典》《新华词典》《新华字典》《古汉语常用字字典》等进行了全面认真的修订，于 1996 年推出了面貌全新的《现代汉语词典》，又于 1998 年推出其他三本，令人耳目一新。上海辞书出版社又组织专家对 1989 年出版的《辞海》进行认真修订，于 1999 年推出崭新的版本。《汉语大字典》和《汉语大词典》也分别出了简编本、缩印本，对原多卷本都做了对应的修订。商务印书馆的《汉语成语小词典》、上海教育出版社的《汉语成语词典》等都进行过多次修订。

(二) 语文辞书出版的阶段性特点

这一时期我国语文辞书出版的发展也表现出阶段性。1978～1990 年为第一阶段，《1975～1988 全国辞书编写出版规划》顺利实施，一批精品语文辞书陆续问世。1991～2000 年为第二阶段，《1988～2000 全国辞书出版编写出版规划》实施，语文辞书出版繁荣与混乱并存。

1978 年至 1990 年，我国在政治和文化建设方面拨乱反正，经济和文化等方面较改革开放前都有了很大的发展，教育事业迈上正轨，读者需求增加，1975 年开始的辞书出版规划效果显现，我国汉语语文辞书出版走向正轨，辞书品种增多。这一时期共出版汉语语文辞书1387部，特别是《汉语大字典》和《汉语大词典》等大型精品语文辞书陆续出版，填补了我国没有大型语文辞书的空白，极大地提高了我国汉语语文辞书的编辑出版水平。不过这一时期的语文辞书出版仍以普及型为主，有1242部，占这一阶段汉语语文辞书出版总数的89％。1987年对全国1％的人口抽样调查显示，有23.5％的文盲、半文盲人口（王新欣，1991），可见，这样一批普及型语文辞书的出版是与当时人口受教育水平不高的情况相符合的。

1991年至2000年，改革开放成就显著，文化事业繁荣，辞书出版实施"大型规划、小型开放"政策，辞书编纂出版由国家主导转变为多元主导。市场导向越来越明显，尤其是针对教育市场的语文工具书。辞书出版市场化程度提高，语文辞书出版数量激增，辞书市场逐步混乱。这一阶段汉语语文辞书共出版2408部。随着人们经济水平不断提高，对教育投资加大，辞书也跟风而上，为学生编写的词语手册占据了语文辞书的半壁江山，其他类型的学生辞书数量也不少，许多不具备辞书出版条件的出版单位也涉足辞书出版，造成辞书品种重复现象严重、辞书质量不高、假冒伪劣辞书层出不穷的状况。

（三）语文辞书出版规划意识增强

这一时期我国第一次辞书出版规划陆续实施，并着手制定第二次辞书出版规划。新中国成立后，百废待兴，辞书出版事业发展缓慢，特别是经过"文革"，我国语文辞书出版几乎停滞，从1966年至1975年十年间汉语语文辞书仅出版25部，与我国文化建设和读者需求极不适应。《关于召开中外语文词典编写出版规划座谈会的请示报告》（〔75〕出版字第48号文件）说："近几年来，新的词典出版不多，品种不全。现在公开出售的中外文词典，只有《新华字典》《工农兵字典》《简明英汉词典》《袖珍英汉词典》《袖珍日汉词典》等少数几种。这些都是小型词典，收词较少，群众反映很不够用。特别是中文的大中型词典和英、日、俄、法、德、西班牙、阿拉伯等几个主要语种的大中型词典，目前还没有。"这次列入规划的中外语文辞书共160部，包括新编和修订汉语语文辞书31部。本时期修订的有《新华字典》《工农兵字典》《四角号码新词典》《现代汉语词典》《辞源》《汉语成语小词典》《辞海》等，这一时期都已完成；完成新编出版的有《小学生字典》（上海人民出版社，1946）、《汉语小词典》(上海辞书出版社，1979)、《汉语大字典》和《汉语大词典》的大部分、《现代汉语同义词词典》(天津人民出版社，1987)、《古汉语虚词用法词典》(陕西人民出版社，1988)等。经过《1975～1988全国辞书编写出版规划》的实施，我国语文辞书编纂出版取得了很大的成绩，汉语语文辞书出版呈现繁荣局面。在辞书出版快速发展的同时，出现的一些问题引起辞书学界和新闻出版署的注意，如选题交叉重复，热门辞书大量出版；一些辞书质量不高，甚至粗制滥造。为了适应改革开放的新形势，促进辞书出版健康发展，1988年11月新闻出版署召开第二次全国辞书编写出版规划座谈会，制定了《1988～2000全国辞书编写出版规划》。

（四）语文辞书出版格局多元化的趋势日益明显

一批颇具实力的辞书专业出版社脱颖而出，上海辞书出版社、外语教学与研究出版社、汉语大词典出版社、四川辞书出版社、湖北辞书出版社、语文出版社等，成为辞书出版的新秀。

第四节 汉语现代语文辞书的新世纪

从2001年到2010年，我国汉语语文辞书出版继续繁荣，10年间共出版了2641部，占现代出版时期汉语语文辞书出版总量的37.3%，年均近264.1部。

一 综合性语文辞书

本时期共出版综合性语文辞书21部，主要是《辞海》1999年版及第六版的各种版本、《新华词典》2001年修订版的各种版本。另外有《汉语辞海》(北京教育出版社，2003)的彩图版、黑白版等，《中华辞海》(印刷工业出版社，2001)，《新编学生辞海》(张志公主编，光明日报出版社，2004)等。

二 普通语文辞书

本时期共出版普通语文辞书278部，有现代汉语普通语文辞书、古代汉语普通语文辞书和历时性普通语文辞书。

(一)现代汉语普通语文辞书

本时期出版现代汉语普通语文辞书 250 部,除《现代汉语词典》推出 2002 年增订本和第五版及其各种版本外,还有《现代汉语规范词典》《当代汉语学习词典》《商务馆学汉语词典》等。

1.《现代汉语规范词典》

李行健主编,外语教学与研究出版社、语文出版社 2004 年出版。

(1)编纂理念

规范性语文辞书在汉语规范化中具有重要作用。新中国成立以来,为了推广普通话和促进汉语规范化,国家语言文字管理部门制订了许多语言文字规范的法规、文件和标准,但群众了解、掌握规范标准通常不是靠阅读文件和有关规定,而是依靠体现和贯彻规范标准的汉语辞书和语文教科书,所以辞书在汉语规范工作中有不可替代的作用,必须认真全面贯彻国家的语言文字规范标准。吕叔湘先生说:"随着语言的发展,总得有新的词典来反映语言的变化;随着国家有关规范标准的修订和增加,总得有词典来体现。我国是一个人口众多的大国,也应该有适应不同读者需要的不同层次和规模的各种词典,才能满足群众语文学习和教学的需要。"(《现代汉语规范词典》序)该词典就是按照这种理念编纂的,既贯彻现代汉语的规范原则——普通话的标准,又落实国家的语言文字规范标准,努力为语文规范化服务。

语言文字在客体、主体和语言自身因素作用下,语词、语用、语法、文字不断变化发展。辞书必须与语俱进,充分反映这一动态的定格部分。(张志毅,2007b)《规范词典》对规范的处理分两个层次进行:第一,凡是国家有关部门有明确规范标准的,坚决全面贯彻执行。第二,对语言文字使用中没有规范标准,甚至不可能制定统一标准的,从语言文字应用的事实出发,按约定俗成与引导规范的原则处理。如在词汇方面的规范原则是"肯定汉语发展趋势,引导词汇规范"。一方面为已经进入广大群众日常使用中的某些变异"正名",给它们在现代汉语中一个"合法的身份"。另一方面也引导读者,告诉他们哪些是已经过时的、不宜再使用的成分;哪些是不利于交际、不符合语言发展规律的变异,应该加以规范。(陈松岑,2004)

在上述编纂理念的指导下,《规范词典》从收词、字形、词形、字音、词音、释义和用法诸方面提出规范。

（2）收词立目

《规范词典》收词 68000 条。收词的标准是"有利于人民大众的日常交际和符合汉语发展的趋势和规律"（陈松岑，2004）。重点是"现代汉语通用词中常用的词语"。收词的主要依据是《现代汉语通用词表》，为了"肯定汉语发展趋势，引导词汇规范"的任务，注意收录语言变化发展中那些具有生命力的新的变异，给予一定的肯定和引导，所以在通用词表的基础上，补收了社会上已经比较习用的新词语和某些通用词的新义项。由于收录字词是基于《现代汉语通用字表》和《现代汉语通用词表》（草案），在字词的收录方面更符合现代汉语字词使用的实际状况，因而在规范的确立和推广方面更具有实用性。

字形、词形规范。在字头后括号内附列繁体字和异体字，并在异体字左上角加星号"*"作为标记。"这比不区分繁体字和异体字的辞书，上了一个规范的新台阶。"（张志毅，2007b）在《现代汉语规范字典》和《学生规范字典》中也是这样处理的。

甲、乙词条字形相同，但乙词条最后的一个音节读轻声或儿化音，意义也不同于甲词条时，分立词条。

"对异形词的规范，是本书的一大特色，是编者对语言文字规范的一大贡献。"（张志毅，2007b）对异形词的规范分为三个层次：第一个层次是《第一批异形词整理表》收录的 338 组异形词，按《第一批异形词整理表》处理。非推荐词条一般不出条，只在推荐的词条后提示读者不使用非推荐词形；如果出条，不释义，只注明"现在规范词形写作'××'"。第二个层次是《第一批异形词整理表》没有收录的，依照《第一批异形词整理表》的整理原则，选用了推荐词形。非推荐词形出条的，则说明"现在一般写作'××'"。第三个层次是在"提示"中给出建议。这与《现代汉语词典》处理方法不同。

（3）注音

字音的提示有以下几种情况：《普通话异读词审音表》规定的统读音，提示为"统读×"，"不读×"。易读错的字，提示为"不读×"。提示不同义项或用法的读音，如：【宝藏】bǎozàng……，"藏"这里不读 cáng。多音字易混读的，提示为"这里不读×"。提示儿化读音，如"把"的第二个义项提示"口语多读 bǎr"。

(4) 释义

第一，《现代汉语规范词典》对义项的排列用时序原则。多义字头的义项按照意义的引申脉络排列，其引申发展关系用箭头标志。多音节词的义项不止一个时，一般按照词义出现的先后顺序排列，但义项之间不用箭头显示引申脉络。这与《现汉》频率兼时序的双序原则不同。第二，成语、典故及其他固定语的释义，既有字面意义又有比喻义或引申义的，先解释字面意义。需要专门解释的疑难字，括注在字面义之后。第三，按义项标注词性。字头（词缀或非语素用字除外）和双音节词、多音节词均分义项标注词性。词性标注依据一般的词类划分方法，将词分为12类：名词（包括时间词、方位词）、动词（包括助动词、趋向动词）、形容词（包括非谓形容词）、数词、量词、代词、副词、介词、连词、助词（包括语气词）、叹词和拟声词。第四，指出词语在使用中应注意的地方。对一些易混的同义词、近义词着重在用法上进行简要的比较。《规范》在中型词典中，首开辨析易混词的先河。（张志毅，2007b）辨析易混词，能使人准确、精确地掌握、运用词义。在条目释义之后，提示"参见'××'""跟'××'不同"，以说明同义词、近义词和同音异义词之间意义和用法上的差别，如：【保暖】……参见"保温"条的提示。【保温】……"保温""保暖"都有保持热量的意思，但"保温"着重指不让内部热量散失，"保暖"着重指不让外部的寒气侵入。

(5) 提示

设立"提示"，是《现代汉语规范词典》的一大特色。"提示"放在释义后面，以手形符号"☞"在容易产生分歧、出现差错和造成不规范的地方，尽可能分辨不同情况加以提示，以达到积极干预语言生活、推进语言文字规范的作用。字头部分的提示侧重在字音、字形、字义容易产生混淆和出现错误的地方。词条部分的提示侧重于以下几个方面：提出对异形词规范的处理意见。指出词语在读音或写法上应注意的地方。"过去的词典不讲用法，《现汉》开始注意这个问题，但是做得还很不够。"（胡明扬，1993）《规范词典》前进了一步。

(6) 附录

《规范词典》通过附录体现"规范性"。附录有11项内容，除多数辞书都有的"汉语拼音方案""新旧字形对照表"和"中国历史纪元表"外，还有"汉字笔画名称表""常见部首名称和笔顺""汉字笔顺规则"

"第一批异形词整理表""文章中数字的一般用法""部分计量单位名称统一用字表""中国500常用姓氏""标点符号主要用法简表",也突出了为汉语汉字规范化服务的宗旨。

语言文字的规范化工作包括两个方面,一是明确规范,一是普及规范。这两项工作《规范词典》都做到了,它"总结了已有的、长期形成的、为全民公认的规范,也推荐使用合乎语言发展规律和全民需要的语言成分"(张斌,2004)。

2.《国际标准汉字词典》

汪耀楠主编,外语教学与研究出版社2005年出版,是依据中、日、韩统一的汉字字符集编纂的词典,共收入20902个字头。适应了汉字国际化、标准化的趋势,在中国以及在日本、韩国和整个华文世界都有重要影响。收词以现代汉语为主,酌收常用古语词和港台习用词语,共60000余条。用汉语拼音方案注音,但日本和韩国汉字用罗马字母注音。

3.《商务馆学汉语词典》

鲁健骥、吕文华主编,商务印书馆2006年出版。这是一部专门给中级汉语水平的外国学习者使用的词典,它在继承传统语文词典查考功能的同时,又有自身的学习功能。

(1)字词收录

收基本字、常用字2400多个,涵盖HSK等级字表中的800个甲级字和804个乙级字;收基本词、常用词及其他词共10000多条,涵盖HSK等级词表中的1033个甲级词和2018个乙级词;其他字词收自国内和国外的初、中级汉语教材,以及口语、听力、报刊阅读等。凡汉语学习者必须掌握的和需要参考、查阅的字和词,本词典中都能查到。

(2)释义

第一,控制释义用词。正文中所有解释性文字和说明性文字在本词典中都有解释,以方便学习者自学。第二,释义注重文化因素。第三,用例力求浅易。采用常用词和结构简单的句子,限制用词和句式的难度。用例引入语法信息,提供常用的、典型的搭配关系。例句中引入文化信息,引入语义信息,补充和扩大释义的信息量,为某些虚词、难词提供典型的语言环境,体现词的具体用法。第四,给词和语素做标注。为词标词类:名、动、形、数、量、代等,共12类。语素标为"素",使学习者能区分哪些字是词,哪些字是语素,并正确使用它们。第五,给短语词做标注，分为动宾式、动结式、动趋式、动介式四类，从使用上方便了学习者掌握复音词的结构。第六，给出逆序词，这些词在本词典中都能查到解释，这有助于学习者理解字义、词义和扩大词汇。第七，给出声旁字，这些字只注音，不解释，如"孛"后面引出以它为声旁的字"渤"和"脖"，使学习者知道，这两个字的读音都是从"孛"来的。第八，设"注意"板块近800项，提示词语的使用对象、场合、在句中的位置、与其他词语的搭配关系、句法功能、文化内涵、语气、感情色彩等。第九，在相关词条下设"近义词辨析"150余组，提示易混近义词的区别。第十，配彩图近700幅，这些插图是对释义的很好的补充信息，并能起到图文并茂的效果。

(3) 查检

正文中单字和词条均按汉语拼音顺序排列，将ch、sh、zh从c、s、z中提出，单独设部，正文前的检字表中区分独体字和合体字，分为"笔画查字表""独体字查字表"和"部首查字表"三个部分，给检字带来了方便。

(4) 附录

该词典设有丰富的附录，包括语法要点的说明、汉语亲属称谓表、常用量词用法表、中文标点符号用法等共12个附录，这些附录具有很强的针对性，为学习者提供了实用的文化信息和语用规则。

此外，《当代汉语词典》（李国炎，上海辞书出版社，2001）、《商务馆小学生词典》（商务印书馆辞书研究中心编，商务印书馆，2009）等辞书也颇具特色。

(二) 古代汉语普通语文辞书

本时期出版古代汉语普通语文辞书20部，如《古汉语大词典》（徐复主编，上海辞书出版社，2001）、《古代汉语词典》（祝鸿熹主编，四川辞书出版社，2005）、《古汉语实用词典》（中华书局，2005）、《古代汉语词典》（商务印书馆，2006）等。

(三) 历时性普通语文辞书

本时期出版历时性普通语文辞书8部，如《古今汉语词典》（商务印书馆辞书研究中心编，商务印书馆，2002）、《汉语大词典》（缩印本）（汉语大词典出版社，2002）、《大辞海·语词卷》（夏征农主编，上海辞书出版社，2006）、《学生古今汉语词典》（董达武等主编，汉语大词典出版社，2003）。

三 专门性语文辞书

本时期出版专门性语文辞书 2342 部。

（一）字典

本时期共出版字典 572 部，有详解型字典、专用型字典和专项型字典。

1. 详解型字典

本时期出版详解型字典 333 部。

（1）现代汉语详解型字典

本时期出版现代汉语详解型字典 280 部，如《新华字典》第 10 版、《新编小学生字典》第 4 版、《新华多功能字典》（曹先擢、苏培成，商务印书馆，2005）、《基础汉语学习字典》（郑述谱主编，外语教学与研究出版社，2007 年出版韩语版，2009 年出版英语版）、《汉语 800 字》等。比较畅销的辞书还有《汉字标准字典》（许嘉璐主编，辽宁大学出版社，2001）、《学生规范字典》（李行健，中国大百科全书出版社，2001）、《商务馆小学生字典》（商务印书馆辞书研究中心编，商务印书馆，2007）、《小学生规范字典》（李行健，语文出版社，2003）、《金盾小学生字典》（李颐扬主编，金盾出版社，2001）等。

《新华多功能字典》是一部中型汉语字典，其宗旨是帮助读者掌握好汉字，更好地学习语文。它的特色是采用板块结构来安排字典的内容：第一，字体板块，列出篆、隶、草、楷四种字体，有助于帮助学生掌握字的音义和学习写字。第二，属性板块，包括整字笔画数、部首、结构、字级、四角号码等信息。第三，注音释义板块，创新之处在于：归纳和收录新义项；加强字词语用功能的说明。第四，词语苑板块，列举基本词、重要的百科词和部分稳定的新词语。第五，规范提示板块。第六，知识窗板块，内容涉及字形、字音、字义及词汇、语法、修辞和汉字文化等方面。第七，插图，为了补充释义，配了 180 组插图。

（2）古代汉语详解型字典

本时期出版古代汉语详解型字典 46 部，如《简明古汉语字典》第 2 版（张永言等编，四川人民出版社，2001）、《古汉语字典》（许惟贤，上海辞书出版社，2004）、《古代汉语字典》（严廷德、郑红编著，四川辞书出版社，2006)、《古汉语小字典》(张双棣编，北京大学出版社，2007)、《古代汉语字典》(严廷德、郑红，四川辞书出版社，2008)等。

(3) 历时性详解型字典

本时期出版历时性详解型字典 7 部，如《汉语大字典》(第 2 版) (全 9 册)、《古今汉语字典》(楚永安等编，商务印书馆，2003) 及《康熙字典》再版的各种版本。《汉字源流字典》(谷衍奎编，语文出版社，2008)，对汉字古今义项同时进行全面诠释，兼顾古代汉语和现代汉语，兼顾知识普及和专业研究。

2. 专用型字典

本时期出版专用型字典 97 部。

(1) 部首字典

部首字典 4 部，如《我的部首小字典》(达世平主编，上海东方文学社，2004) 列出 122 个常用部首，配以象形插图。

(2) 古文字字典

古文字字典 18 部，《古文字诂林》(李圃主编，上海教育出版社，2002)，收录了中国历史文字专著中对古汉字的注释，并以多种字体编排，便于读者参考检阅。《甲骨文字典》(徐中舒，四川辞书出版社，2003)。另外如《陶文字典》(王恩田编著，齐鲁书社，2007)、《先秦货币文字释读大字典》(王宏编著，天津古籍出版社，2006) 等。

《古文字诂林》，李圃主编，上海教育出版社 2002 年出版。全书共 12 册，第 1 册至第 10 册汇集了与《说文》篆书字头相对应的古文字及考释资料，第 11 册收集了未见于《说文》的古文字及考释资料，第 12 册是全书索引。该书甄选集录自《说文》以来历代学者有关古文字形、音、义的考释成果，贯通古今，详列了 1 万多字的近 16 万个古文字字形，汇录了甲骨文、金文、古陶文、货币文、简牍文、帛书、玺印文和石刻文的考释资料约 1400 多万字，大致反映了我国古文字研究领域的基本状况，尤其是近百年来取得的最新成果，可谓"检一书而诸说并陈，考一字而渊源悉备"，堪称我国迄今为止规模最大、搜罗最齐备的古文字纂集类工具书。(徐时仪，2007)

(3) 通假字字典

通假字字典 4 部。《古代汉语通假字大字典》(王海根编纂，福建人民出版社，2006)，收字 5000 余条。《古文字通假字典》(王辉，中华书局，2008），是一部记录汉语古文字资料中通假字的工具书。《通假字汇释》（冯其庸、邓安生，北京大学出版社，2006），汇集了 3600 个通假字，不仅适合专业工作者使用，也是一般古书读者理想实用的工具书。

（4）多音多义字字典

多音多义字字典 4 部，如《多音多义字字典》（周士琦，人民教育出版社，2001）等。

（5）多音字字典

多音字字典 7 部。《多音字辨析字典》（李行健主编，江苏教育出版社，2006），以小学高年级和初高中学生为主要读者。还有《汉语多音字学习手册》（褚佩如、金乃逯编，北京大学出版社，2002）等。

（6）常用字字典

常用字字典 27 部，如《常用三千字解》（山西教育出版社，2002）、《学生常用汉语字典》（黄山书社，2007）、《中学古汉语常用字词典》（青海人民出版社，2002）、《小学生常用 3000 字必备字典》（肖惠珍主编，湖北少年儿童出版社，2003）、《小学生常用字字典》（孙曼均、丌艳萍主编，学苑出版社，2003）等。

（7）难字字典

难字字典 4 部，如《疑难字简明字典》（刘叔新等编撰，中国社会出版社，2009），主要选取自古代的重要典籍和一般文学作品。另有《难僻字字典》（汤友祥主编，浙江大学出版社，2001）、《简明难字字典》（周行健，学苑出版社，2006）等。

（8）识字字典

图解识字字典 18 部，如《学生识字字典》（季恒铨等主编，文津出版社，2008）等。《新编快速识字字典》（杨洪清等，上海辞书出版社，2003），将汉字分类，以解释字形为本，利用偏旁带字、形音义结合训释。

另外，还有方言字典 3 部，如《新潮汕字典》（张晓山编，广东人民出版社，2009）等；俗字字典 1 部，即《敦煌俗字典》（黄征著，上海教育出版社，2005）；医用字典 1 部，即《医用古汉语字典：1752 个中医古籍常用字详释》（黄云台著，新世界出版社，2007）；佛学字典 1 部，即《佛学汉语字典》（荆磊编著，辽宁人民出版社，2005），收录源于《大藏经》的汉字 11348 个；异文字典 1 部，即《汉语异文字典》（陈荆长，厦门大学出版社，2010）；韵书 1 部，即《诗韵字典》（彭先初编，北京出版社，2005）；避讳字字典 1 部，即《历代避讳字汇典》（王彦坤编著，中华书局，2009）；另外重印《说文解字》2 部。

3. 专项型字典

本时期共出版专项型字典 142 部。

（1）正音字典

正音字典 10 部，如《中国人最易读错的字》（杨加深主编，中国书籍出版社，2008）、《汉语正音手册》（武学舜编，吉林大学出版社，2008）、《常用汉字正音释例》（俎文利编著，人民武警出版社，2002）、《小学生正音字典》（张艳荣编，延边人民出版社，2002）、《字词辨析词典·容易读错的字》（上海辞书出版社，2002）等。

（2）正字字典

正字字典 57 部，如《新华写字字典》（商务印书馆，2001）、《小学生全笔顺字典》（曹先擢主编，语文出版社，2003）等，都是规范汉字写法的字典。

《错别字辨析小词典》（杜维东等，人民教育出版社，2010），本书的"别字辨析篇"辑录容易写错的字 400 组共 995 字。两个或两个以上读音的字，则分条注音、释义。本书中所举的误例，是从报刊、书籍、影视字幕等处搜集的。句中括号内是正字，括号前边的一个字是误字，如"态度和霭（应为'蔼'）可亲"，括号内的"蔼"是正字，括号前边的"霭"是误字。

（3）辨析字典

辨析字典 6 部，如《现代汉语辨析字典》（苏培成主编，上海辞书出版社，2005）辨析笔顺、字音、字形，提供异体字的推荐形式。

（4）字体字典

字体字典 10 部，如《隶书辨异字典》（沈道荣编，文物出版社，2003）、《中国隶书大字典》（陈振濂、王义骅主编，浙江古籍出版社，2007）、《通用汉字标准草书字典》（徐海道编著，浙江古籍出版社，2006）等。

（5）字义字典

字义字典 2 部，如《汉字古今义合解字典》（许威汉、陈秋祥，上海教育出版社，2002）、《汉语同反义字典》（冯家俊，江苏少年儿童出版社，2003）。

(6) 字音字典

字音字典 3 部，如《汉字古音手册》（增订本）（郭锡良编著，商务印书馆，2009）等。

(7) 字源字典

字源字典 8 部，如《常用字字源字典》（高景成著，语文出版社，2008），揭示汉字本源意义，绝大多数是常用字，每字下解说字的本义，并适当选择可以说明本义的词汇加以训释。

(8) 组词字典

组词字典 45 部，如《学生汉语组词词典》（周士琦编著，外语教学与研究出版社，2007）、《小学生组词造句》（本书编写组编著，四川辞书出版社，2009）等。

其中组词造句字典 24 部，如《小学生组词造句词典》（彩图版）（张建国，中国大百科全书出版社，2008）、《小学生组词造句词典》（李爱珍，上海辞书出版社，2007）、《小学生组词造句词典》（东方出版中心，2006）、《新编学生组词造句词典》（任超奇，崇文书局，2006）、《组词造句词典》（东方出版中心，2006）、《小学生组词造句词典》（宋学海，崇文书局，2008）、《学生组词造句词典》（华语教学出版社，2009）等。

汉字文化字典 1 部，即《汉字文化大观》（人民教育出版社，2009），汇集了我国当代 40 余位汉字文化权威研究专家的最新成果，全面阐释了汉字文化的主要内容，代表了目前我国汉字文化研究的最高水平，被誉为"第一部汉字文化的百科全书"，对科学了解与研究汉字与汉字文化具有十分重要的参考价值，同时对弘扬我国传统文化，加强国际文化交流，增强我国文化软实力也都具有重要的文化意义。

(二) 词典

本时期共出版词典 680 部，有详解型词典 96 部、专用型词典 474 部，专项型词典 60 部，另有学生词语手册 50 部。

1. 详解型词典

本时期共出版详解型词典 96 部。

(1) 现代汉语详解型词典

本时期出版现代汉语详解型词典 74 部，如《实用对外汉语重点难点词语教学词典》（朱丽云等主编，北京大学出版社，2009）、《小学生标准词典》(赵宗国,中国大百科全书出版社,2009)、《新版现代汉语小词典》(任桂菊主编,哈尔滨出版社,2003)、《学生实用新华词典》(内蒙古大学出版社,2009)、《我的汉语小词典》(达世平、达婉中,北京语言文化大学出版社,2007)等。《两岸现代汉语常用词典》(施光亨、李行健等主编,北京语言大学出版社,2003),以记录汉语民族共同语言词汇为主,是反映两岸差异的中型现代汉语语文词典,适合中等以上文化程度的读者使用。

A. 《当代汉语学习词典》(初级本)

徐玉敏主编,北京语言大学出版社2005年出版。本词典努力遵循外向型词典的编纂理念:在解惑的同时更注重指导语言交际运用,以学习者为中心确立词典的编纂原则及宏观和微观结构设计。(徐玉敏、张伟,2008)

本词典的读者对象是具有初级汉语水平的外国人,主要收入《汉语水平词汇与汉字等级大纲》中的甲、乙级词,共有4337个条目,并以初级对外汉语教材做补充。还收录一些熟语和固定结构,如"不是吗""不要紧""不是……就是……"等。以词的义项为单位立目。每个词条包括5项信息:汉语拼音词汇;词形,用简化字,如有繁体,用括号标出;标注词性;释义,本词典采用"完整句释义法"占85%,图示释义占3.5%,说明释义占9.5%,英译释义占2%。(徐玉敏、张伟,2008)提供一定数量的完整句作为例证,印证词义,同时也将词的主要语义搭配范围和主要语法特点展现出来,让读者进一步理解词义与词的功能,以便直接用于交际。

词条的释义和例句部分用汉语拼音拼写。拼写方法按《汉语拼音方案》的拼写规则,并参照《汉语拼音正词法基本规则》,拼音注重口语形式,帮助读者扫除汉字所带来的障碍,让读者在读和说中更好地接受词典的内容。

B. 《全球华语词典》

李宇明主编,商务印书馆2010年出版。这是第一部全球华语词典,对于推动华语的规范化和标准化,帮助不同华语区消除语言隔阂,促进汉语的自然融合,加强汉语的国际传播,具有积极的作用。主要收录20世纪80年代以来各华人社区常见的特有词语约1万条,涵盖中国的大陆(内地)、香港、澳门、台湾,以及新加坡、马来西亚、泰国、印度尼西亚等东南亚地区和日本、澳大利亚、美国、加拿大等地区。词典使用的汉字以中国大陆、新加坡、马来西亚等通行的为标准，尽量考虑其他华人社区的用字习惯。条目用字存在差异的，采用字形对照的形式，大陆和新加坡、马来西亚等地通行的在前，中国港、澳、台等地通行的在后，以"/"隔开。依据普通话的读音用汉语拼音字母注音。标注词类，用现代汉语通用词语释义，方言词标明"源自××方言"，外来词注明音译、直译或音译兼意译，源自英语的，给出英语原形。用例注意保留各华人社区的词语使用习惯和语法特点。词条最后设立"使用地区""异名词语"和"知识窗"三个栏目。

另外具有创新性的还有《学汉语用例词典》（刘川平主编，北京语言大学出版社，2005）、《实用对外汉语重点难点词语教学词典》（朱丽云等主编，北京大学出版社，2009）、《小学生汉语学习词典》（李行健，外语教学与研究出版社，2006）。

(2) 古代汉语详解型词典

本时期出版古汉语详解型词典18部，如《学生实用古汉语词典》（甘也达，汉语大词典出版社，2004）、《古汉语八千词》（吾三省，上海辞书出版社，2006）、《文言文实词》（何新波编，兰州大学出版社，2001）、《古汉语小词典》（许惟贤编著，上海辞书出版社，2006）等。

(3) 历时性详解型词典

本时期出版历时性详解型词典4部，如《古今词义辨析词典》（陈涛编，语文出版社，2008）收单字条目及多字条目约三千条，收录范围限于古代汉语词汇中那些相沿至今且古今意义有差别的词；《学生古今汉语词典》（董达武等主编，汉语大词典出版社，2003）以现代汉语为主，兼收古代汉语的常用词语，共收单字、复音词、成语等三万五千余条。

2. 专用型词典

本时期出版专用型词典474部。

(1) 常用词词典

常用词词典3部，如《中学常用词语用法词典》（潘晓东编著，语文出版社，2002）收有3300多条词和成语，采自近年初、高中语文教材。

(2) 断代词典

断代词典1部：《近代汉语大词典》（许少峰编，中华书局，2008），解释自唐代至清代古籍中出现的口语词，共收词50306余条。

(3) 作家作品词典

作家作品词典9部，如《吕氏春秋词典》（修订本）（张双棣，商务印书馆，2009），收录《吕览》书中的全部词汇和固定词组，以供研究先秦词汇语法之用。其他如《全宋词语言词典》（廖珣英编，中华书局，2007）、《郑玄辞典》（语文出版社，2003）、《墨子大词典》（王裕安，山东大学出版社，2006）、《论衡词典》（时永乐、王景明，人民出版社，2005）、《〈红楼梦〉方言及难解词词典》（第1版）（刘心贞，东方出版社，2010）、《红楼梦大辞典》（增订本）（冯其庸等，文化艺术出版社，2010）等。

A.《宋金元明清曲辞通释》

王学奇、王竹静撰，语文出版社2002年出版。本书是近代曲辞研究方面集大成的辞书，专门收录、考释宋金元明清历代杂剧、传奇、散曲小令中的词语，是近代词语考释及其历史发展、五朝戏曲词语三大系统交汇的大型综合工程，（李开，2004）共收录戏曲词语10000多条，内容包括乡谈土语、江湖行话、隐语俗谚、戏曲术语、少数民族译语以及宋元以降历代典章制度、风俗习惯甚或虚字、拟声词等。取材广博，征引的文献典籍除历代杂剧、戏文、散曲小令以及近代话本小说、笔记杂著之外，还有周秦两汉以来群经诸子、二十四史、通鉴纲鉴、骚赋骈散、诗词变文、书札奏议、注释义疏、字书韵书等。释义多有创见。《通释》所考释的词语、义项、用法也多是国内诸多大型语文工具书中难以查到或语焉不详的。这些考释或发前人所未发，或正前贤之疏谬，或补充现有成说，使之更为全面准确。这部书的出版，填补了国内外在近代戏曲词汇研究方面的空白，对古代戏曲语言、汉语词汇史、中国戏曲史的研究，都具有非常重要的意义。

B.《中国古代小说俗语大词典》

翟建波编著，汉语大词典出版社2002年出版。在我国语文辞书出版起步期就有俗语辞典出版，但"小说俗语辞书的编纂，则起步较晚，主要原因可能有二：一曰资料搜集之困难，二曰语词说解之匪易"（宁希元，2002）。而本书的成功之处恰恰在于这两方面。该书收入宋明清通俗语体小说520余种，词条近20000条，无论是取材范围还是收词规模，均远远超过此前同类著作，可以说是中国古代小说俗语的一次大汇总。所收各词，逐条核检原书，避免以往同类著作以讹传讹之失误，这在很大程度上保证了著作的质量。将意义相关联的条目分为主副条集中在一起，使读者从中看出俗语的地方变异和演变过程。在语词释义上，既汲取前人研究成果，又订正了《小说词语汇释》诸书中的失误数百处，并补充了几千条以往辞书失收、未收的词条。

(4) 作文词典

作文词典 2 部，即《学生作文选词词典》（朱光雪、陈丽爽编，中华书局，2005）、《小学生好词好句好段》（夏虹主编，四川辞书出版社，2010）。

(5) 图解词典

图解词典 97 部，主要是商务印书馆出版的《汉语图解词典》《汉语图解小词典》的不同语种版本，还有《儿童快速识字图谱 1000 例：代词、量词、动词》（倪容之著，陈大元、肖夫绘，中国少年儿童出版社，2001）、《儿童快速识字图谱 1000 例：名词、形容词、成语》（郑辉著、任至昌绘，中国少年儿童出版社，2001）等。

(6) 义类词典

义类词典 5 部，除了再版《同义词词林》外，在义类词典的类型上有创新。如《现代汉语分类大词典》（董大年编，上海辞书出版社，2007），兼收普通语词和百科词语，分类编排释义。但是最具创新意义的是《反义词词林》（上海辞书出版社，2001）。

在写作、翻译和教学等工作中需要有尽可能多的同义词语和类义词语以供选择，但很多场合下为了观点表达更鲜明、更准确，还需要从尽可能多的反义词语中挑选最恰当、最可心的一个。鉴于这种需求，张志毅、张庆云两位先生独具匠心，从 1989 年开始，历经 10 年，编出了《反义词词林》。该词典选题独特、新颖，实用性强；收词建立在反义词理论基础上，允当、丰富；编排巧妙，兼有反义词词典和类义词典的双重作用和特点，创立了我国语文辞书的一个新品种。

A. 收词

就我国已出版的反义词工具书来说，《反义词词林》是收反义词最多的，共 8 万条，组配成 2 万多组相反或相对的反义词。不仅有一般语文词典所收的单音词、复音词、成语，而且有许多富有表现力的，特别是映衬成对的、有强烈对比的短语、重叠形式、妙语佳句。反义词的词汇系统应该是一致的。《词林》收词的原则是：古今兼收，以今为主；普通话、方言、术语兼收，以普通话为主；词、语和语素兼收，以词为主；以规范通用词语为主，尽量收词语的各种变体，以增强实用性。殷焕先称赞"这是词库式语文词典的新突破、新趋势。这是很可贵的"。（《反义词词林》序）朗文公司出版的 *Roget's International Thesaurus* 的最新版本就更名为 *Roget's Thesaurus of English Words and Phrases*（Betty Kirkpatrick，1987），可资佐证。

B. 编排

反义词词林中的反义词群的编排，比起同义词词林里的同义词群的编排，更为困难。因为一个同义词群是统一的，而一个反义词群则是两分的。对于两分的反义词群的编排，至少要解决三个问题：一是反义词群的划分，二是反义词群群内词序的排列，三是反义词群群序的排列。《词林》是建立在编者多年的反义词理论探索和反义词词典编撰经验基础上的，以上三个问题均得到了解决：（1）所收反义词是词的最佳反义类聚；（2）反义词群群内词序排列简明实用；（3）反义词群群序的排列查检方便。

C. 反义词群的划分

一个较大的同义词群与另一个较大的同义词群形成一个更庞大的反义词群。为了符合反义词应用的实际情况，反义词的大群宜划分为小群。作者对庞大的反义词群做了进一步划分，从而形成最佳反义类聚。作者在划分反义词群时，考虑了以下因素：词的系统性、逻辑意义、词汇意义、语用意义、语法意义、音节形式，做到了收词合理实用、词群划分科学。

a. 词的系统性

在划分反义词群时，充分考虑构成反义词的各单位的系统一致性。首先，古代汉语和现代汉语、共同语和方言，其词汇系统内各自构成反义词，一般不存在交叉。其次，普通话词汇系统中，口语词汇系统和书面词汇系统、普通词语系统和成语词汇系统，只有在同一个词汇系统的词，才能构成反义类聚，通常情况下，不存在交叉。如书面系统的"遐↔迩"和口语词汇系统的"远↔近"，各自构成反义类聚。术语词汇系统内自相构成反义类聚，一般不跟普通话词汇系统交叉。有时系统之间是渗透的，为了增强实用性，《词林》也收录一些系统间相互渗透的反义词，如："艮↔脆 酥"，"艮"是方言词；"俊↔磣 丑"，"磣"是方言词；"买↔沽 贾 卖 售 销 鬻"，"鬻""沽""贾"是书面语。

在反义成语条目中，《词林》尤其注意收列一个成语的各种变体，这样使一个成语的反义达到尽可能多的程度，有的已经超过百条，如"安之若素"的反义词群有131条，"饱食终日"的反义词群有124条，充分满足了读者选词的需要。

《词林》中反义词的词义系统也具有一致性。处于词义系统同一层次的词才能构成反义词，处于词义系统不同层次的词，则不宜构成反义词，如泛称系统和特称系统。这是作者反义词研究方面的独特见解。如"雄、男、公、牡、叫、乾"与"雌、女、母、牝、草、坤"是概念相对的反义词群，但是这些词处于不同的词义层级系统，《词林》分成不同的反义类聚："雄↔雌"是泛称系统，用于人和动植物；"男↔女"用于人；"公↔母"用于动物；"牡↔牝"用于禽兽；"叫↔草"用于家禽、家畜；"乾↔坤"则用于男性和女性物品。

b. 词的逻辑意义

反义词的逻辑意义应该是概念的不相容。在逻辑范畴相同的情况下，《词林》收了下列4类不相容概念构成的反义词。（一）矛盾概念。（二）对立概念。包括量的对立、两极对立和渐变性对立。（三）对偶概念。事物关联的对立，也是人们联想的对立。（四）某些并列概念。如果人们经常把某两个概念对比使用，就可以作为反义词看待，如"春↔秋""手↔脚""饭↔菜"。

c. 词汇意义

反义词的词汇意义应该相反、相对。《词林》以义位为单位，根据义素划分反义词群。反义词就是次要义素相同，主要义素相反或相对的词的类聚。反义词的次要义素是它们的共性义素，主要义素是它们的个性义素。共性义素是反义词的语义基础。因为反义词隶属于同一个语义场。值得特别提出的是，《词林》编者认为，一个词的一个义位因为有不同义素，所以可能系联出不同系列的反义词。如"强攻"含有"用强力"和"攻击"两个义素：在"用强力"义素上，与"用智力"相对，构成反义类聚"强攻↔智取"；"在攻击"义素上，与"不攻"相对，构成"强攻↔围困"。如果把攻守双方联系起来，又可与"死守、固守、坚守"构成反义类聚。在反义词的辨析方面，这是《词林》不同于其他反义词词典的一个特点，也是符合反义词使用的实际情况的。《词林》编者对反义词辨析之精微，于此可见。

d. 语用意义

《词林》划分反义词群时还考虑了反义词的语用意义的相反、相对关系。如渐变性对立概念"热、暖、温、凉、冷"，如按语义层次来分析，"热"与"冷"、"暖"和"凉"应该是相对的反义词，但语用意义的对应却不是这样整齐。在语用平面上，"热"和"凉"、"暖"和"冷"也可以在同一语境中形成反义词。"凉"和"温"、"热""暖"和"寒"也可形成反义词。从语用因素考虑反义词词群的划分，确有独到之处。（周荐，1995：161）

e. 语法意义

反义词的语法意义应基本相同。主要是语法单位的级别和词性两个问题。

语法单位的级别包括：语素、词、固定词组（成语）、自由词组、句子、句群。反义词一般是词对词，固定词组对固定词组。《词林》除词对词、固定词组对固定词组两种类聚外，还收了语素对语素、词组对词组，或者较固定的词组对较固定的词组。适当地收进这些大于词或小于词的单位，加大了《词林》的实用性。

词性不同的词或同一词性的不同次类的词能否构成反义词？有些人认为反义词必须词性相同，不同词性的词不能构成反义词。（周荐，1995：40、103）《词林》编者认为，反义词的大多数是词性相同的，但有极少数是词性不同的。（张志毅等，1989）较为多见的是形容词和动词纠葛在一起，如"动↔静""熟悉、熟识、熟习↔陌生、生疏"；有的是形容词跟名词或副词纠葛在一起，如"长远↔眼前""永久↔暂时"；也有动词和介词纠葛在一起的，如"自↔至"；还有同词类次范畴间的纠葛，主要是及物动词和不及物动词纠葛而成的反义词，如"固守↔失守"。这些都是词汇系统中客观存在的现象，《词林》实事求是地予以收录。

f. 词的音节结构

音节整齐相对，是汉语反义词的形式特点。有些人把这一观点绝对化（周荐，1995：103），但汉语里也确实存在少数音节不对等的反义类聚（石安石等，1983；张志毅等，1989），《词林》实事求是地予以收录。单音节对双音节的，如"横↔和气""有↔没有"；也有双音节对三音节的，如"吃亏↔占便宜""导体↔绝缘体""疯子↔健康人、正常人"；也有双音节对四音节的反义词，如"深交↔点头之交"。

深入探讨反义类聚的规律，在词典的收词中不拘泥于规则；对反义词词群的划分从语言实际出发，而不从不切合实际的概念出发，这也是《词林》编者的一贯主张。（张志毅等，1989）

D.《反义词词林》的编排工艺

同义词词林难在分类上，反义词词林难在编排上。反义词群，有的是一对一的，有的是一对多的，有的是多对多的。在一对多和多对多两种情况中，必然涉及同义词，这就更增加了反义词词群编排的难度。多对多左右两项，都可能是十几个词或几十个词，组成了较庞大的反义词群。本书作者在反义词词条的编排上可谓劳心苦思、殚精竭虑，确实做到了编排简明、检索方便。

a. 反义词群群内词序的排列

一组反义词之内包括一个首词及其率领的反义词语，其间按音序排列，便于查找。词目后用"↔"带出反义词，标识简明、醒目。

b. 反义词群群间次序的排列

反义词群群间次序的排列有两种方式：单序列和复序列。单序列，指所有的反义词群群内次序只排出一个单一的次序，确定出一个首词或领头的词；而群间的次序只按首词音序，或画数次序，或部首次序排列出一个单一的总序列。复序列，指让所有的反义词群群内的每个词都轮流做一次首词或领头词；而群间次序则按各个首词的音序（或别的次序）排列出一个复式总序列，其中包含词条的重复出现（二次或几次）。《词林》采用复序列编排法，这样便于检索已知词条的反义词，不必再辗转去查索引，增强了《词林》的实用性。主词条的同字头的变体或同字头的同义词语皆作为词条词的附条，附于该反义词群之下，标以"↑"，表示请见主条的反义词语。非通用词条作为副条，只注明"见××"（主条）。节省篇幅，标识简明，一目了然。

《词林》编排的实用原则，也可从它的另一个功用上看出来：查某些词语的同义词语或近义词语。书中的大多数反义词群，左方是一个词语，右方是几个、十几个、几十个甚至上百个反义词语。单从右方看，右方的词语就是同义或近义词群。

(7) 近义词词典

近义词词典 8 部，如《1700 对近义词语用法对比》（杨寄洲、贾永芬编著，北京语言大学出版社，2005），收录 2840 个词语，适合具有一定汉语水平的学习汉语的外国人使用。《商务馆学汉语近义词词典》（赵新、李英主编，商务印书馆，2009），专门辨析近义词差异，收近义词 2400 多个，共 1030 多组，供以汉语为外语的学习者使用。《汉语近义词典》（王还主编，北京语言大学出版社，2005），收录从《汉语水平词汇与汉字等级大纲》中选出的 420 组使用时易混淆的近义词。另外还有《小学生近义词规范词典》（岑运强主编，长春出版社，2002）、《汉语近义词学习手册》（牟淑媛、王硕，北京大学出版社，2005）、《汉语近义词词典》（马燕华，北京大学出版社，2003）、《近义词使用区别》（刘乃叔，北京语言大学出版社，2003）、《汉语常用近义词语辨析》（傅鸿础，北京大学出版社，2007）等。

(8) 同义词词典

同义词词典 44 部，如《古汉语常用同义词词典》（洪成玉，商务印书馆，2009）、《新华同义词词典》（中型本）（张志毅、张庆云，商务印书馆，2006）、《现代汉语同义词词典》（刘叔新，南开大学出版社，2004）等。《现代汉语同义词词典》共收 1640 个同义词组，包括 4600 多个词。

(9) 同义近义词典

同义近义词典 4 部，如《同义词近义词词典》（周永惠主编，中国大百科全书出版社，2007）、《小学生同义近义词手册》（雷莉，四川辞书出版社，2006）、《小学生同义词近义词词典》（程雪莲、徐进鹏，中国大百科全书出版社，2008）等。

(10) 反义词词典

反义词词典 33 部，如《反义词大词典》（张庆云、张志毅，上海辞书出版社，2003）是大型的现代汉语反义词辨析词典，共收反义词约 3000 余组、17000 余条，大多为词，少量是语素或短语。《新华反义词词典》（张志毅、张庆云，商务印书馆，2008）是中型现代汉语反义词辨析词典，收词囊括常用和非常用反义词 15000 多条。

(11) 同义（近义）反义词词典

同义词反义词词典 108 部，如《同义词反义词词典》（周永惠主编、何思成等编写,四川辞书出版社,2008)、《小学生同义词反义词手册》(第二版)(于风华,上海大学出版社,2007)、《小学生同义词近义词反义词》(雷莉主编,四川辞书出版社,2010)、《同义词近义词反义词词典》(东方出版中心,2005)等。其中《小学生同义词反义词词典》(解海江、章黎平主编,外语教学与研究出版社,2009)在体例上有创新,条目内容包括词目、注音、释义、例句、常用搭配,分别列举同义词、反义词,并对易混的同义词进行辨析,同义词、反义词之间及词典中全部词条按汉语拼音字母顺序编排。

(12) 外来词词典

外来词词典 2 部。《古典戏曲外来语考释词典》(方龄贵,汉语大词典出版社,2001),收录了见于戏曲中的蒙古语词语合计近二百条,并有部分来自波斯、阿拉伯语的词语,以及来自满语的借词等。《近现代汉语新词词源词典》,香港中国语文学会统筹,汉语大词典出版社 2001 年出版。本书收列近现代时期出现的外来词共 5275 个,分属政治、经济、法律、哲学、自然科学、医药、工程和日常生活等各个领域。释义尽可能给出早期书证,甚至是首见例证,并力求标出相应的年代。区分"正条"与"副条",一般以现在习用的词语为正条,以现已不用或少用的旧词为副条,相互参见,以说明词语的源流演变和关系。大部分条目附外语对应词。

(13) 新词词典

新词词典 41 部,包括流行语词典。《21 世纪华语新词语词典》(邹嘉彦、游汝杰编著,复旦大学出版社,2007),收录京沪港台等地区 2000 年以后产生或流行的新词 1500 多条。另外有《全球华语新词语词典》(邹嘉彦、游汝杰编著,商务印书馆,2010)。

《新华新词语词典》,周洪波主编,商务印书馆 2003 年出版。主要收录了 20 世纪 90 年代以来出现或进入社会生活的新词、新义、新用法,尤其关注信息、财经、环保、医药、体育、军事、法律、教育、科技等领域的新词语,共 2200 条。词目上使用汉英对照,词目后既有汉语拼音,又有该词的英文翻译,为汉语读者和英语读者架起了一座文化沟通的桥梁。释文尽量反映词源信息,使用了不少漫画形式的插图来增添阅读趣味。在每条词目的例句后增加了"知识窗"和"相关词语"两个栏目,"知识窗"介绍有关该词的背景知识,使词典的内容更加丰富;而"相关词语"里则附上了与词目相关的一些新词,增加了信息量,使该词典实际收词达 4000 条。此外,该词典正文后还增设了如"常用字母词""港澳台流行词语""京沪穗流行词语""网络流行词语"等附录。

《新词语大词典》,亢世勇、刘海润主编,上海辞书出版社 2003 年出版。该词典收录 1978~2002 年出现的新词近 20000 条,是目前国内收词规模最大的新词语词典。词条内容包括词目、词性、释义、例句及出处。

(14) 方言词典

方言词典 34 部,如《香港社区词词典》(田小琳编著,商务印书馆,2009)、《新编北京方言词典》(董树人编,商务印书馆,2009)、《现代汉语方言大词典》(综合本)(李荣主编,江苏教育出版社,2002~2012)、《上海话大词典》(钱乃荣、许宝华、汤珍珠编著,上海辞书出版社,2008)等。

《闽南方言大词典》(修订本),周长楫主编,福建人民出版社 2006 年出版。这是迄今为止最完整的闽方言工具书。收录闽南方言词语 35000 条,范围包括厦门、漳州、泉州,比较完整地表现了闽南方言语音、词汇的面貌,还收录了一些反映闽南地域人文习俗的词语,以表现闽南文化的某些特征。该词典对于厘清闽南方言源流关系有重要意义。

(15) 缩略语词典

缩略语词典的释文项目包括简称或缩写、全称、标音或必要的释义和语法标注等。本时期出版缩略语词典 6 部,如《实用缩略语词典》(王吉辉主编、焦妮娜等编著,上海辞书出版社,2003)、《现代汉语缩略语词典》(袁晖、阮显忠主编,语文出版社,2002)、《简明汉语略语词典》(君希主编,文汇出版社,2002)、《实用合称词词典》(袁世全,上海辞书出版社,2004)等。还有包含数字的缩略语词典,如《常见数序缩略语词典》(姚建元主编,山东大学出版社,2001)、《数字合称词海》(常江编著,中国青年出版社,2002)等。

(16) 字母词词典

字母词词典 3 部。如《汉语字母词词典》(刘涌泉编著,外语教学与研究出版社,2009)、《实用字母词词典》(沈孟璎,汉语大词典出版社,2002)等。

《字母词词典》,刘涌泉编著,上海辞书出版社 2001 年出版。该词典以字母词为收词范围,是工具书中的新品种。字母词就是"汉语拼音字母、拉丁字母或希腊字母构成的以及它们分别与符号、数字或汉字混合构成的词"。("序")正文以拉丁字母字母词为主，另收有少量的希腊字母字母词，共计 2000 余条。除源于英语和少量希腊字母的字母词外，一律都加注语种，表明其来源。对许多字母词，还指出其使用的范围。刘涌泉编著的《汉语字母词词典》收词增加到了 2600 余条。

(17) 隐语行话词典

隐语行话词典 2 部，即《中国秘密语大辞典》(陈崎主编，汉语大词典出版社，2002)、《中国江湖隐语辞典》(刘延武，中国社会科学出版社，2003)。

(18) 同音词词典

同音词词典 1 部，即《现代汉语同音词词典》，周勇翔等编著，商务印书馆国际有限公司 2009 年出版，收录现代汉语中的同音词（包括部分三音常词、成语、熟语等）近 7000 组。

(19) 异形词词典

异形词词典 3 部，即《异形词规范手册》(李行健等，上海辞书出版社，2005)；《字词辨析词典：异形词》(上海辞书出版社，2002)；《现代汉语异形词规范词典》(李行健主编，上海辞书出版社，2002)，第一部分是《第一批异形词整理表》所列 338 组异形词；第二部分是需规范的 1000 多组异形词。

(20) 叠词词典

叠词词典 2 部，即《常用叠词词典》(傅玉芳、姜心编写，上海大学出版社，2006)、《汉语叠字词词典》(孙继万，中国大百科全书出版社，2003)。

(21) 联绵词典

联绵词典 1 部：《新编联绵词典》，高文达主编，河南人民出版社 2001 年出版，收录双音节联绵词 5100 条，在选词定目、注音释义、条目编排，特别是主副条关联方面做了若干新的尝试。

(22) 多义词词典

多义词词典 1 部，即《现代汉语多义词词典》(袁晖主编，书海出版社，2001)。

(23) 多音词词典

多音词词典 3 部，如《学生多音词词典》(林山森编著，中国大百科全书出版社，2008）以《现代汉语词典》为主要依据，并参考其他有关辞书，搜集了现代汉语中双音节以上的多音词。

(24) 称谓词典

称谓词典 1 部：《汉语称谓大辞典》（吉常宏，河北教育出版社，2001）按照"古今兼收，源流并重，以普通话为主，兼及方言，重在实用"的原则，所收词目近 30000 条。释义注重称谓词的系统性，义项按时代顺序排列，堪称汉语称谓词研究的一部力作。

(25) 敬谦辞婉辞词典

敬谦辞婉辞词典 5 部，《谦词敬词婉词词典》（增补本）（洪成玉编，商务印书馆 2002 初版，2010 年出版增补本）、《谦辞敬辞辞典》（朱英贵，四川辞书出版社，2005）、《实用委婉语词典》（王雅军，上海辞书出版社，2005）等。

(26) 戏谑语词典

戏谑语词典 1 部：《汉语戏谑语词典》，陈建文、王聚元主编，上海人民出版社 2001 年出版。

(27) 儿化词词典

儿化词词典 1 部，即《汉语儿化词学习手册》（韩解况、马均编著，北京大学出版社，2002）。

(28) 口语词典

口语词典 3 部，如《汉语口语常用格式例释》（张建新，北京语言大学出版社，2008）等。

(29) 书面语词典

书面语词典 2 部。《汉语书面用语初编》（冯胜利著，北京语言大学出版社，2006）提供书面语近 250 个嵌偶单音词组双实例、近 400 个合偶双音词搭配实例、近 300 个常用文言句式。《文言书面语辞典》（6 册）（陈有生、张炳元主编，中国物资出版社，2004）共收单音词 3678 个、复音词 14500 余条，均以典雅为准，俗词、俗语一律不收。

(30) 标题用语词典

本期出版标题用语词典 1 部，即《标题用语词典》，尹世超编纂，商务印书馆 2007 年出版，是汉语辞书中的一个全新的品种。它是作者在多年研究标题语言的基础上编纂的。标题用语是只用于标题或用于标题时有特定意义与用法的词语，可作为标题的标记帮助人们及计算机确定哪个言语片断是标题,还可作为文体标记帮助断定篇章的体裁种类,甚至作为作者论述方式与主观情态的标记帮助人们及计算机了解更多更细微的信息。因此《标题用语词典》不仅对于人们提高标题用语的理解与运用能力和相关文体的阅读与写作能力大有裨益,而且对计算机处理和理解汉语标题具有直接的应用价值。(史文静,2009)该词典收录标题用语及部分标题短语和格式共4550条,先注音,标注词类,然后按义项分别释义,用例也大多标明作者和出处。释义重点说明用于标题的特有意义。辨析或者说明标题用语之间的异同,或者指出与非标题用语的差别,如意义不同、词义扩大、感情色彩不同、义项增加、比喻用法等。

(31) 书信用语词典

书信用语词典1部,即《常用书信用语词典》(蒋竹荪主编,上海辞书出版社,2007)。

(32) 难词词典

难词词典1部,即《疑难字词词典》(徐默凡,华东师范大学出版社,2008)。

(33) 数目词词典

数目词词典1部,即《数码词语手册》,王计东主编,华龄出版社2004年出版,收入含数字的单词或短语3200余条,多为缩略语,以数字命名的节日、事件、会议等酌情选入。另外有《数字合称词海》《常见数序缩略语词典》,我们归入缩略语词典。

(34) 人名词典

人名词典1部,即《古人混号辞典》(孙恒年编著,北京出版社,2010)。

(35) 三音词词典

三音词词典1部,即《现代汉语三音词词典》(增订本),王彦坤著,语文出版社2005出版,主要收录现代汉语书面语中三音节的普通词语及熟语。

(36) 时间词词典

时间词词典1部,即《古汉语时间范畴词典》,王海棻著,安徽教育出版社2004年出版,收录了三千多个记时词语。

(37) 虚词词典

虚词词典19部,如《古代汉语虚词词典》(何乐士,语文出版社,

2006)、《近代汉语虚词词典》（钟兆华编，商务印书馆，2007)、《古汉语虚词词典》（白玉林、迟锋主编，中华书局，2004)、《现代汉语虚词词典》（朱景松，语文出版社，2007)、《古代汉语虚词词典》（中国社科院语言研究所古代汉语研究室，商务印书馆，2002)、《现代汉语虚词词典》（侯学超，北京大学出版社，2004)、《现代汉语八百词》（增订本）（吕叔湘主编，商务印书馆，2005)、《对外汉语教学虚词辨析》（金立鑫主编，北京大学出版社，2005）等。

《现代汉语虚词词典》，张斌主编，商务印书馆 2001 年出版，共收现代汉语口语和书面语中常用的虚词 1013 个，编者充分吸收了语法学界对虚词的最新研究成果，不但释义精确，而且找出其出现的语法规律，并设有"注意""比较"等栏目补充相关知识和进行同义虚词的辨析。

(38) 形容词词典

形容词词典 11 部，如《汉语形容词用法词典》（郑怀德，商务印书馆，2003)、《形容词应用词典》（安如磐、赵玉玲，金盾出版社，2009)、《常用形容词分类词典》（傅玉芳编，上海大学出版社，2010）等。

(39) 关联词词典

关联词词典 3 部，如《关联词语小词典》（戴金木、黄江海编著，四川辞书出版社 2005)、《汉语常用关联词语学习手册》（胡鸿，北京大学出版社，2007）等。

(40) 量词词典

量词词典 7 部，如《现代汉语量词用法词典》（郭先珍，语文出版社，2002)、《汉语量词学习手册》（褚佩如、金乃逯编，北京大学出版社，2002)、《量词词典》（胡思忠、胡宇编著，四川辞书出版社，2010)、《量词小词典》（中国大百科全书出版社，2006）等。

另外，还有离合词词典 1 部，即《现代汉语离合词用法词典》（北京师范大学出版社，2006)；信息词典 1 部，即《现代汉语常用词表》（草案）（商务印书馆，2008)。

3. 专项型词典

本时期出版专项型词典 60 部。

(1) 词语辨析词典

辨析词典 17 部，如《古今词义辨析词典》（陈涛编，语文出版社，2008)、《小学词语辨析词典》（王南平、李建红主编，崇文书局，2001

等。《常用词语误用评改词典》(周俊生编著，上海大学出版社，2006)，选取现代汉语中的常用词语1000余个，对其容易出现使用错误的情况进行评改。另外《现代汉语正误词典》(杨庆蕙主编，北京师范大学出版社，2009)出版了第2版。

(2) 词源与理据词典

词源词典6部，如《佛源语词词典》(孙维张，语文出版社，2007)、《汉语理据词典》(王艾录编著，华龄出版社，2006)等。

《近现代辞源》，黄河清编著，上海辞书出版社2010出版，主要收录明末清初到1949年前后这段时间，汉语受西方文化影响而产生的词语，同时也收录了少量的本土新词，共计9500多条。以词语溯源为主，尽可能给出早期书证，甚至是始见书证，并力求标出相应的年代。在一定程度上反映了十余年来该领域的研究成果。

(3) 语法词典

语法词典6部，如《图解汉语语法难点学习手册》(郭晓麟，北京大学出版社，2007)、《现代汉语疑难词词典》(李临定，商务印书馆，2002)、《汉语动词用法词典》(孟琮等，商务印书馆，2003)等。

(4) 搭配词典

搭配词典4部，如《现代汉语实词搭配词典》(张寿康、林杏光，商务印书馆，2002)等。

(5) 造句词典

造句词典19部，如《现代汉语造句词典》(苏新春主编，上海辞书出版社，2009)、《小学生解词造句规范词典》(岑运强主编，长春出版社，2002)、《学生造句辨析词典》(杨光主编，江苏教育出版社，2006)、《动词造句词典》(贺国伟编著，汉语大词典出版社，2002)等。

(6) 修辞词典

修辞词典3部，主要是褒贬义词词典。褒贬在语言表达中具有较强的表达功能，它能帮助人们表达鲜明的爱憎和评价态度。朱永贵等编的《褒义词词典》和《贬义词词典》(四川辞书出版社，2006)，分别对褒义词和贬义词进行了注音、释义、说明用法、列举例句和辨析。《汉语褒贬义词语用法词典》(王国璋，华语教学出版社，2001)，收词语1015条，包括双音节词、成语和惯用语，还包括少量常用的敬辞、谦辞和客套话。目前对汉语褒义词和贬义词的研究还比较薄弱，甚至对褒义词、贬义词

与带褒贬陪义词的区别及其内涵和范围等问题还没有取得一致意见。(解海江等，2003)

(7) 正音词典

正音词典4部，如《新华拼写词典》(尹斌庸，商务印书馆，2002)、《新华正音词典》(晁继周，商务印书馆，2002) 等。

另外还有语音词典1部，即《多功能汉语拼音词典》(吴欣欣、管锡华主编，书海出版社，2001)，共收录汉语拼音词目近2000条。

(三) 语典

本时期共出版语典761部。

1. 详解型语典

本时期出版详解型语典49部，即《汉语熟语学习手册》(胡鸿，北京大学出版社，2006)、《汉语语典》(贾采珠、晁继周，汉语大词典出版社，2003)、《现代汉语语典》(许匡一、谢逢江，崇文书局，2008)、《现代汉语小语典》(人民教育出版社，2008) 等。《北京俏皮话词典》(周一民编著，商务印书馆，2008) 收录现代北京俏皮话 (谚语、歇后语、口头惯用语) 1500余条。

2. 专用型语典

本时期共出版专用型语典712部。

(1) 成语辞典

本时期出版成语辞典412部，普通成语辞典如《汉语成语实用词典》(倪宝元主编，汉语大词典出版社，2002)、《新华成语词典》(商务印书馆辞书研究中心，商务印书馆，2003)、《小学生成语词典》(吉文斌，上海辞书出版社，2007)、《汉语成语词典》(伍宗文等编写，四川辞书出版社，2007)、《新编成语多用词典》(修订版)(张寿康，金盾出版社，2000)、《汉语成语大词典》(湖北大学古籍研究所，中华书局，2002)、《成语速查词典》(张国强等编著，人民教育出版社，2009)、《十用成语词典》(李新等编著，上海辞书出版社，2006)、《连用成语词典》(许正元，上海辞书出版社，2006) 等。还有辨析成语词典4部，如《汉语成语辨析词典》(倪宝元、姚鹏慈，商务印书馆国际有限公司，2004) 等。规范成语词典5部，如《现代汉语成语规范词典》(第4版)(李行健主编，华语教学出版社，2010) 等。同义成语词典4部，如《同义成语词典》(蒋荫楠编著，上海辞书出版社，2006) 等。成语义类语典9部，如

《速查实用成语群词典》(李冠盛,广西师范大学出版社,2005)、《分类成语词典》(吉林教育出版社,2007)、《学生分类成语词典》(钟芈,四川辞书出版社,2007)等。成语语源辞典 4 部,如《汉语成语考释词典》(刘洁修,商务印书馆,2003)、《成语源流大词典》(刘洁修,江苏教育出版社,2003)等。还有新成语辞典 1 部,即《汉语新成语词典》(史式等编著,重庆出版社,2002),收成语 3692 条,所收新成语是指五四新文化运动提倡白话文之后,才在书面上大量出现的成语。

(2) 典故辞典

本时期出版典故辞典 35 部,如《常用典故分类词典》(孙立群,上海大学出版社,2005)、《中华典故词典》(中华书局编辑部编,中华书局,2007)、《汉语典故大辞典》(赵应铎主编,上海辞书出版社,2007)、《中国典故小词典》(虞万里等编著,上海辞书出版社,2002)等。

(3) 成语典故辞典

成语典故辞典 10 部,如《中华成语典故辞海》(四册)(林之满、于永玉主编,中国戏剧出版社,2002)、《小学生常用成语典故词典》(修订版)(石恢主编,中国大百科全书出版社,2009)等。

(4) 俗语辞典

本时期出版俗语辞典 39 部,如《简明汉语俗语词典》(修订本)(许少峰编,中华书局,2007)、《俗语小词典》(董小玉主编,四川辞书出版社,2005)、《通用俗语词典》(邱崇丙主编,语文出版社,2010)、《俗语词典》(徐宗才,商务印书馆,2004)等。

(5) 歇后语辞典

本时期出版歇后语辞典 146 部,如《中国歇后语大词典》(温端政主编,上海辞书出版社,2002)、《歇后语词典》(双查版)(王陶宇、孙玉芬,四川辞书出版社,2006)、《小学生歇后语》(王陶宇、王若燕、银海燕编著,四川辞书出版社,2009)、《小学生歇后语手册》(朱华、宁林主编,上海大学出版社,2007)、《分类歇后语词典》(温端政主编,上海辞书出版社,2005)、《常用歇后语分类词典》(沈慧云,上海大学出版社,2007)等。《学生歇后语规范词典》(李行健主编,长春出版社,2005)收现代汉语常用歇后语 2000 余条。

《新华歇后语词典》,温端政主编,商务印书馆辞书研究中心编,商务印书馆 2008 年出版。共收录常用歇后语 4055 条,区分主条与副条:主条2092条，副条1963条。歇后语前后两个部分在表义上所起的作用不相等，后一部分表示整个歇后语的基本意义，该词典将后一部分所表示的语义相同或基本相同的"同义歇后语"聚合在一起，以主条统领副条。在总体设计上开辟了"知识窗"，补充和延伸了歇后语的释义，内容有：第一，说明语义是如何形成的；第二，分析语源，揭示歇后语产生的历史文化背景；第三，介绍相关知识，帮助理解例证。这种做法是歇后语类辞书的新尝试。根据歇后语语义构成的双关性，把歇后语的双关现象归纳为4种类型，并相应地采用了不同的释义模式：第一，语音双关型。通过字词的音相同或相近，形成双关。在语目的本字词后括注谐音字词，然后在"知识窗"里指明同音相谐或近音相谐，有的还进一步加以具体阐述。第二，语素义双关型。通过后一语节里同一语素的不同义，形成双关。除了解释语义外，在"知识窗"里采用"本指……与前一部分相应；转指……形成语义"的表述格式，对语素义双关的具体内容加以说明。第三，组合双关型。利用后一语节里字词与字词的组合，形成双关。除了解释语义外，在"知识窗"里对组合双关构成方法加以说明。第四，综合双关型。综合运用上面几种双关类型。除了解释语义外，在"知识窗"里根据不同情况做具体说明。

（6）谚语辞典

本时期出版谚语辞典50部。既有普通谚语辞典，如《中国谚语大全》（温端政等编著，上海辞书出版社，2004）、《谚语小词典》（温端政，上海辞书出版社，2009）、《中华谚语大词典》（杨艳，中国大百科全书出版社，2007）等；也有分类谚语辞典，如《分类谚语词典》（温端政主编，上海辞书出版社，2005）、《常用谚语分类词典》（厉振仪，上海大学出版社，2008）等；还出现了规范性谚语辞典，如《现代汉语谚语规范词典》（李行健主编，长春出版社，2001），这是第一本从规范角度编纂的谚语辞典，是本时期谚语辞典类型的创新。

（7）惯用语辞典

本时期出版惯用语辞典14部，如《新华惯用语词典》（温端政，商务印书馆，2007）、《现代汉语惯用语规范词典》（李行健主编，长春出版社，2001）、《中国惯用语大全》（温端政等编著，上海辞书出版社，2004）、《汉语惯用语学习手册》（苏向丽，北京大学出版社，2007）、《分类惯用语词典》（温端政主编，上海辞书出版社，2006）等。

另外，还有交际语辞典 1 部，即《实用社交用语词典》（王雅军编著，上海辞书出版社，2006），所收词条涉及各种社交场合，包括礼貌语、问候语、祝颂语、规劝语、慰问语、赞美语等；数字熟语辞典 1 部，即《数字熟语词典》（唐庶宜编著，上海辞书出版社，2004）；谜语词典 1 部，即《趣味谜语词典》（侯小宝等编，四川辞书出版社，2008）；吉祥语词典 1 部，即《常用吉祥词语》（李家玉、李宜编著，中国社会出版社，2005），该词典收录了数百条吉祥用语，同时在书后列出了一些手机短语，以供读者参考；短语词典 1 部，即《现代汉语短语解析词典》（李临定、许小颖，商务印书馆，2008）。

（四）句典

本时期共出版句典 331 部。

1. 详解型句典

本时期共出版详解型句典 46 部。《现代汉语句典》，白维国主编，中国大百科全书出版社 2001 年出版。该书选收现当代作品中使用的古代诗文名句、格言、谣谚和现代口语中常用的谚语、俗句、歇后语等共 14225 条。释义先注释条目中的难解字、词，再译解条目的字面意思，有出处的注明出处。在引文后，一般解释出条语句的使用意义。《中华句典》（李屹之，新世界出版社，2006）收录名言警句、谜语、对联，也收歇后语、俗语、谚语、语文故事等。

2. 专用型句典

本时期共出版专用型句典 285 部。

（1）比喻辞典

比喻语辞典 1 部：《实用比喻语词典》（王雅军，上海辞书出版社，2003）。该书从古今中外大量文化典籍、文学作品、民间谚语中加以遴选，搜集了与人的学习、生活、写作密切相关的各类比喻语 3000 余条，分类编排，分为"景色·自然""外貌·仪态""场面·气氛""文明·文化""理想·事业""求知·创造""道德·善恶"等类。

（2）格言辞典

格言辞典 60 部。《中国格言大辞典》（温端政、范瑞婷主编，上海辞书出版社，2008），将格言定义为具有传承价值的表述性言语单位，内容具有教育意义，有较强的哲理性。其他如《中华传统美德格言》（人民教育出版社，2003）、《格言小辞典》（丁伟来编，四川辞书出版社，2001）、

《中华格言词典》（中华书局编辑部编，中华书局，2007）等。

(3) 妙语辞典

妙语辞典 11 部，如《人生幽默妙语词典》（修订本）（徐侗选编，上海辞书出版社，2003）等。

(4) 名句辞典

名句辞典 65 部，如《诗词名句应用辞典》（陈军，东方出版中心，2006）、《中华名句词典》（中华书局编辑部，中华书局，2007）、《古代汉语名言词典》（姜林森、刘兰英、马志伟等编，商务印书馆，2005）、《名句经典》（吴礼权，吉林教育出版社，2008）、《常用名句词典》（吴光奇编著，上海辞书出版社，2007）、《唐诗句典》（刘墉，中国盲文出版社，2007）等。

(5) 名言辞典

名言辞典 108 部，如《中国当代名言博览》（花建主编，上海辞书出版社，2001）、《中国名言大辞典》（王延梯，山东大学出版社，2004）等。

(6) 引语辞典

引语辞典 2 部，即朱祖延《引用语小辞典》（四川辞书出版社，2005）、《引用语大辞典》（增订本）（武汉出版社，2010）。

(7) 楹联辞典

楹联辞典 2 部，如《中华对联辞典》（丁荣凡，四川辞书出版社，2008）等。

(8) 赠言辞典

赠言辞典 13 部，如《常用赠言分类辞典》（第 2 版）（孙立群等编，上海大学出版社，2007）、《赠言小辞典》（黄晓帆，四川辞书出版社，2008）等。

(9) 箴言辞典

箴言辞典 8 部，如《箴言珍选》（韩小惠主编，团结出版社，2009）、《人生箴言录》（关玉国、周桂强编著，上海科学普及出版社，2007）、《资政箴言》（祁茗田，浙江古籍出版社，2006）、《中华当代美德箴言选》（中华炎黄文化研究会编，红旗出版社，2007）等。

(10) 作文句典

本时期出版作文句典 12 部，如《现代汉语写作描写辞海》（倪文杰，中央民族大学出版社，2002)、《古典诗词分类引用辞典》系列（刘琳等，中国大百科全书出版社，2009）等。

另外，还有描述语辞典1部，即《汉语描述语辞典》(高歌东、高鹏编著，天津教育出版社，2006)，选取中国历代文学作品中常见的具有描述性的六千条固定俗句编辑成篇；篆刻语辞典1部，即《中国闲章萃语综汇》(上海书画出版社，2005)。

四 汉语现代语文辞书新世纪的特点

（一）语文辞书出版持续繁荣

语文辞书出版数量继续增长。进入21世纪，我国汉语语文辞书出版持续繁荣。1978～2000年，年平均出版语文辞书近165部；而2001～2010年，共出版2641部，年平均出版264.1部。

学生辞书出版仍是热点。基础教育的快速发展为学生语文辞书出版提供了机遇。本时期，出版普及型汉语语文辞书2390部，占91%。其中学生辞书占三分之一。

（二）语文辞书出版的阶段性特点

这一时期汉语语文辞书出版状况仍可分为两个阶段：2001～2006年为第一阶段，2006～2010年为第二阶段。进入21世纪，汉语语文辞书出版繁荣与混乱共存的状况继续存在，重复出版、抄袭拼凑之风较上一时期第二阶段尤盛，甚至出现了"王同亿现象"。国家新闻出版总署和辞书学术界通过对"王同亿现象"的批判，吸取经验教训，采取了一些措施如颁发辞书奖、开展辞书质量检查等，但仍然没能从根本上改善辞书出版质量和环境。2006年3月国家新闻出版总署发布了《关于进一步规范辞书出版业务范围的若干规定》。《规定》实施前的2001～2005年5年间出版了辞书1201部；从2006～2010年《规定》实施的5年间，出版了辞书1440部。虽然出版语文辞书的出版社有所减少，但是语文辞书的出版数量并未减少，反而增加了。

（三）语文辞书设计理念多功能化

本时期在语文辞书品种创新方面，存在着品种细化与功能整合并存的状况。一方面是语文辞书品种划分更细致，产生了许多新品种，如字母词词典、标题用语词典、书信用语词典、同义近义词词典等。另一方面是语文辞书呈现出多功能化的趋势，特别是学生辞书中，出现了把同义词、近义词、反义词与组词造句等功能相融汇的辞书，如《同义近义反义组词造句多音多义词典》（海南出版社，2009）、《同义词近义词反义词组词造句谦词敬词词典》（彭景茹，吉林人民出版社，2009）、《新编同义词近义词反义词组词造句词典》（杨合鸣，云南人民出版社，2009）、《学生同义词反义词与组词造句词典》（崇文书局，2009）、《同义词近义词反义词与组词造句词典》（东方出版中心，2007）、《同义词近义词反义词组词造句词典》（华语教学出版社，2009）、《学生同义词近义词反义词与组词造句》（世界图书出版公司北京公司，2008）、《同义词近义词反义词与组词造句词典》（长江出版社，2009）、《同义近义反义词组词造句》（白山出版社，2007）、《同义近义反义词组词造句词典》（延边大学出版社，2005）、《同义词近义词反义词组词造句词典》（长江出版社，2008）、《同义词近义词反义词与组词造句词典》（长江出版社，2006）、《同义词近义词反义词与组词造句词典》（东方出版中心，2007）、《同义近义反义组词造句词典》（商务印书馆国际有限公司，2009）、《同义词近义词反义词与组词造句词典》（广东世界图书出版公司，2008）等。

（四）出版社品牌意识进一步增强，重视品牌辞书的修订

　　一些重要的品牌辞书陆续得到修订。经过修订再版的有近200部，多是修订2版，有的是3版、4版。大型辞书如《辞海》《汉语大字典》等，中型语文辞书如《现代汉语词典》《现代汉语规范字典》《现代汉语成语规范词典》《现代汉语规范词典》《简明古汉语字典》等，小型的如商务印书馆的《汉语成语小词典》《古汉语常用字字典》《现代汉语小词典》《新华字典》等和人民教育出版社的《新编小学生字典》等。

第五节　汉语现代语文辞书的发展规律

　　我国现代语文辞书开始于民国时期，在继承传统汉语语文辞书和吸收西方先进经验的基础上，由出版社组织编纂出版。我国现代语文辞书经历了由起步期草创既成、随着新中国成立后语文政策的变化而转折、逐步走向繁荣的发展历程。每一个时期的进步都是在历史的基础上再向前推进的。汉语语文辞书理念由朦胧到清晰，类型从无到有，品种由少到多，理论由粗浅到成熟，体例由略到详，结构由粗到细，随着时代社会的发展而演进。

一 语文辞书年均出版数量逐期增多

我国汉语语文辞书进入现代时期以来，共出版汉语语文辞书 7089 部，但四个时期出版的汉语语文辞书数量相差悬殊。1912～1949 年的 38 年间出版了 337 部，占现代时期出版总量的 4.8％；1950～1977 年的 28 年间出版了 316 部，占现代时期出版总量的 4.5％；1978～2000 年的 23 年间出版了 3795 部，占现代时期出版总量的 53.5％；2001～2010 的 10 年间出版了 2641 部，占现代时期出版总量的 37.2％。见图 3-1、图 3-2 和图 3-3。1978～2000 年这一时期汉语语文辞书出版数量最多，达到 3795 部。从年平均出版语文辞书的数量来看，四个时期呈逐年增加的趋势。1912～1949 年年均 8.9 部，1950～1977 年年均 11.3 部，1978～2000 年年均 165 部，而 2001～2010 年则达到年均 264.1 部。

数量	1912～1949	1950～1977	1978～2000	2001～2010
	337	316	3795	2641

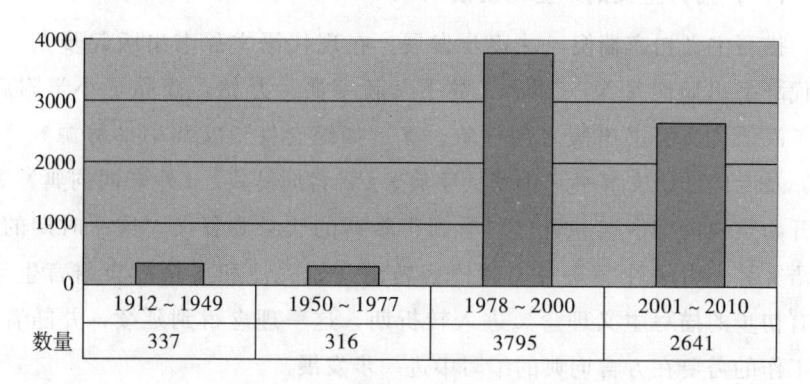

图 3-1　四个时期出版的语文辞书数量

百分比	1912～1949	1950～1977	1978～2000	2001～2010
	4.8	4.5	53.5	37.2

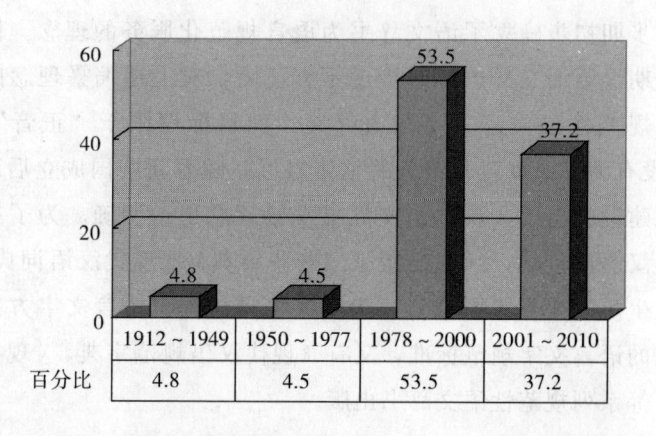

图 3-2　四个时期出版的语文辞书分别占总量的百分比

年均(本)8.9	1912~1949	1950~1977	1978~2000	2001~2010
	8.9	11.3	165	264.1

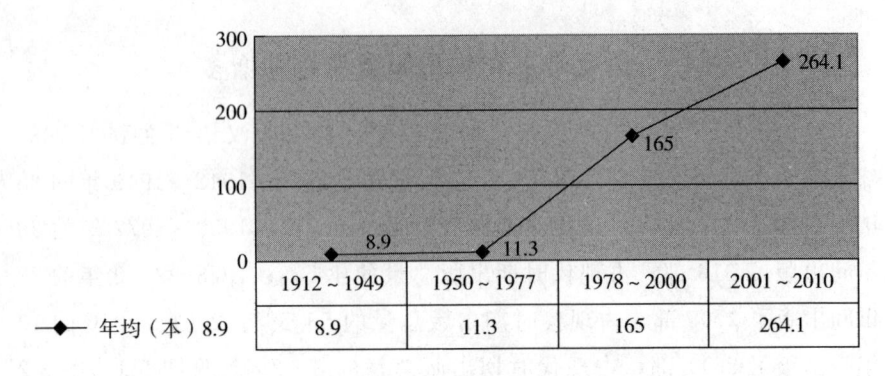

图 3-3　四个时期出版的语文辞书年平均数量

二　语文辞书编纂理念的发展变化

(一) 描写主义的产生与发展

描写主义初露端倪，并逐步发展。在现代语文辞书出版起步期，从现代辞书出版时期第一部语文辞书《新字典》开始，摆脱了小学附庸，开了汉语语文辞书出版之新气象。其后如综合性语文辞书《辞源》《辞海》及专门性语文辞书《中华大字典》《新名词辞典》《外来词词典》等，都开始重视俗字俗词和近代科学新字新词的收录和释义。这一时期的汉语语文辞书由关注经籍等文献语言转向开始关注和反映社会语言生活，具有初步的描写主义理念。进入转折期，这一理念得到延续，并随着推普工作的需要在方言词典的编写中进一步发展。

(二) 规定主义理念由朦胧逐渐清晰化

在起步期初步确立了语文辞书为语言规范化服务的理念。但是总的来说起步期汉语语文辞书编纂理念不够清晰，对上述编纂理念的贯彻也不够，如规范性语文辞书《国语辞典》的目标仅限于"正音"和"定词"，还没有为汉语规范化服务的整体目标。随着新中国成立后政治、经济、文化建设的需要，汉语语文辞书编纂理念更为明确。为了推行普通话和促进汉语规范化，编纂出版了《新华字典》《现代汉语词典》，并随社会语文生活的变化不断修订。为了严格贯彻国家语言文字方针政策和执行国家的语言文字规范标准，又有《现代汉语规范字典》《现代汉语规范词典》等系列规范性语文辞书出版。

(三) 实用主义趋势

在规模卷帙、结构、排检、修订等方面都向着实用主义方向发展。

辞书设计多功能化。一般来说语文辞书的功能设计是通过辞书类型体现的。从起步期到转折期，随着读者不断增加的对语文辞书功能的需求，语文辞书类型不断丰富，品种逐步增多。但是进入繁荣期，语文辞书开始呈现出多功能化的趋势。特别是新世纪，这种趋势更为明显。普通语文辞书、详解型字典和详解型词典都尽力为读者提供尽量多的信息；专门性语文辞书融合两种或多种功能，如同义词反义词词典、组词造句词典、搭配造句词典、同义词近义词反义词组词造句词典、同义词反义词搭配造句词典、同义近义反义组词造句多音多义词典，甚至出现了《同义词近义词反义词组词造句谦词敬词词典》，但以学生辞书为多，有一味迎合市场需求之嫌。

三 语文辞书编纂理论的演进

百年来我国汉语语文辞书的编纂理论经历了由粗浅到成熟的发展过程。国语运动要求根据规范化、现代化的要求及时编出新型字词典。1922年，胡适呼吁词典编纂与研究应"脱离经学羁绊而独立"，肯定了词典编纂与研究独立存在的价值。30年代，叶籁士曾提出词典"要不用字作单位，而用词儿作单位"（邹酆，2000）。在起步期，一方面脱胎于传统辞书，在收录单位和立目方面，还未能严格区分"字"与"词"的概念，对词与非词区分不严格，释义上还未能摆脱传统辞书的训诂式释义。这些问题在《辞源》《辞海》及部分普通语文辞书上都不同程度地存在着。起步期汉语语文辞书编纂缺乏明确、成熟的理论支持。新中国成立后，全国推广普通话，推行汉语拼音方案和简化字，正式把语言文字规范化、现代化纳入正常轨道。这给词典编纂与研究的现代化提供了政策理论依据。而现代语法学、语音学、词汇学、语义学研究的新发展，为词典编纂理论的现代化，奠定了现代语言学的理论基础。1954年，周祖谟有鉴于汉语词典长期重字轻词的倾向急待纠正，结合评论《新华字典》，提出在字词典中应"建立'词'的观念"的理论主张。词典编纂由"字本位"向"词本位"转变。进入转折期，支持语文辞书编纂的词汇学、词典学理论获得了巨大发展。这集中表现在《现代汉语词典》上。赵克勤（1996）说《现汉》的"整个内容贯穿着高深的词汇学理论。它的释义包含着语义学的重要理论"。这些理论表现在郑奠等的《中型现代汉语词典编纂法》和吕叔湘《〈现代汉语词典〉编写细则》等著作里。到了繁荣期，随着语言学各部门的发展，专门性语文辞书编纂理论发展迅速，各种专门性语文辞书的编纂有了成熟的理论支持。

四 语文辞书类型品种系列化

辞书体系化，就是各类型辞书出版成龙配套，构成完整的体系，以满足不同读者的不同需要。

汉语语文辞书类型发展的特点，在辞书创新方面，体现为由详解型辞书向专用型和专项型发展，详解型辞书向着多功能发展。汉语语文辞书的系列化发展程度较高。

辞书"专门化"代替辞书"通用化"成为现代纸质辞书的重要发展趋势。（李宇明等，2006）不同人群对辞书会有不同需求，纸质辞书常采取"专门化"措施来解决这些不同需求，即为不同专业领域、不同文化水平的人群编写不同类型的辞书。

在语文辞书出版起步期，汉语语文辞书类型草创既成，有综合性语文辞书、普通语文辞书、专门性语文辞书，而且专门性语文辞书之下有字典、词典、语典、句典，此后各个时期都是在这个类型框架中进行语文辞书品种创新的。综合性语文辞书、普通语文辞书是各个时期都有的类型；专门性语文辞书中，既包括详解型字典、详解型词典、详解型语典、详解型句典的详解型语文辞书，也包括专用型字典、专用型词典、专用型语典、专用型句典的专用型辞书，还包括专项型字典、专项型词典、专项型语典、专项型句典的专项型语文辞书，都是各个时期共有的语文辞书类型，但是分别属于字典、词典、语典和句典的专用型辞书、专项型辞书下的具体语文辞书品种，各个时期不尽相同。现代语文辞书出版起步期，汉语语文辞书品种较少，专用型辞书和专项型辞书共有33个品种。字典中，专用型字典有说文字典、古文字字典、韵书、同音字典、常用字字典、识字字典、俗字字典等7种，专项型字典有正音字典、正字字典、辨析字典、字音字典、字源字典等5种。词典中，专用型词典有作家作品词典、作文词典、义类词典、外来词词典、新词语词典、方言词典、隐语行话词典、同音词词典、叠词词典、联绵词词典、口语词典、虚词词典等12种；专项型词典只有1种。语典中，除了详解型语典外，还有成语辞典、成语典故辞典、俗语辞典、歇后语辞典、谚语辞典、作文语典等6种专用型语典。句典中，除了详解型句典外，还有格言辞典、名言辞典等 2 种专用型句典。现代语文辞书出版转折期，虽然语文辞书出版数量较少，但仍有 33 个品种，而且在专用型辞书和专项型辞书中有品种创新。专用型字典，除了说文字典、古文字字典、韵书、同音字字典、常用字字典、识字字典、俗字字典是两个时期共有的外，部首字典、多音多义字字典、多音字字典、难字字典、方言字典、信息字典是前一时期所没有的。专用型词典，除了作家作品词典、外来词词典、新词语词典、方言词典、虚词词典外，常用词词典、同义词词典、轻声词词典、难词词典是前一时期所没有的；专项型词典，除了与前一时期共有的正词法词典，本期还有辨析词典和正音词典。专用型语典，除了成语辞典、俗语辞典、谚语辞典外，还出现了作家作品语典。现代语文辞书出版繁荣期，也是我国语文辞书创新期，本时期专用型语文辞书和专项型语文辞书共有 111 种，其中 66 个是创新品种，既是出版品种最多的时期，也是创新品种最多的时期。专用型字典，除了前两个时期出现的 13 个品种外，还出现了形声字字典、通假字字典、多义字字典、古今字字典、避讳字字典等 5 个新品种。专项型字典，除了前两个时期出现的 5 个品种外，还有字体字典、字义字典、组词字典等 3 个新品种。专用型词典，除了具有前两个时期出现的 16 个品种外，还出现了 30 个新品种：断代词典、图解词典、近义词词典、反义词词典、同义反义词典、缩略语词典、异读词词典、同形词词典、异形词词典、异序词词典、多义词词典、多音词词典、称谓词典、敬谦辞婉辞词典、詈词词典、书面语词典、古词词典、数目词词典、动词词典、形容词词典、关联词词典、象声词词典、量词词典、兼类词词典、代词词典、名词词典、副词词典、离合词词典、信息词典、文化词词典。专项型词典，除了前两个时期出现的辨析词典、正音词典外，还出现了 6 个新品种：词源与理据词典、语法词典、搭配词典、造句词典、修辞词典、语音词典。专用型语典，除了前两个时期出现的 7 个品种外，还有典故词典、掌故词典、惯用语词典、方言语典、同义语典、习用语辞典、交际语辞典、四字语辞典等 8 个新品种。专用型句典，除了格言辞典、名言辞典外，还出现了 14 个新品种：比喻辞典、妙语辞典、名句辞典、俏皮话辞典、引语辞典、楹联辞典、赠言辞典、箴言辞典、广告句典、祝贺语辞典、幽默语辞典、作文句典、家训句典、遗言辞典。进入新世纪，辞书品种创新较少。专用型字典，只有医用字典、异文字典、佛学字典是创新品种；专项型字典，只有汉字文化字典是新品种。专用型词典，有同义近义词典、戏谑语词典、标题用语词典、书信用语词典、人名词典、三音词词典、时间词词典等7个新品种；专项型词典则未出现新品种。专用型语典，有数字熟语辞典、谜语辞典、吉祥语辞典、短语辞典等4个新品种。专用型句典有描述语辞典、篆刻语辞典是新品种。本时期创新品种较少的原因，一方面是前一时期语文辞书品种创新较多，使得本期创新空间较小，另一方面是前一时期出版的辞书本时期仍然沿用，或修订，或再版。

综上，我国从进入现代语文辞书出版以来，专用型语文辞书和专项型语文辞书共出版了131种，见表3-1。

表3-1 四个时期出版的专用型、专项型语文辞书品种数量、累计品种数量

品种	时期	1912~1949	1950~1977	1978~2000	2001~2010	累计
字典	专用型字典	7	13	18	16	21
	专项型字典	5	3	8	9	9
词典	专用型词典	12	9	46	42	54
	专项型词典	1	3	8	8	9
专用型语典		6	4	15	12	19
专用型句典		2	1	16	12	19
总计		33	33	111	109	131

另外，普通语文辞书有现代汉语普通语文辞书、古代汉语普通语文辞书和历时性普通语文辞书3种，详解型语文辞书包括现代汉语详解语文辞书、古代汉语详解语文辞书和历时性详解语文辞书3种。总之，我国进入现代语文辞书出版时期以来，共出版了141种汉语语文辞书。

五 语文辞书读者分众化

汉语语文辞书从传统出版时期进入现代出版时期，读者定位发生了转向。汉语语文辞书出版传统时期，由于语文辞书属于小学，为读经服务，其读者限于社会精英分子。进入现代出版时期，语文辞书摆脱了经学附庸地位，转向为普通大众服务，读者对象定位逐步多元化。在起步期，读者定位主要是学生和普通知识分子。新中国成立后，为配合政府扫盲工作，编纂出版了一批识字字典，读者对象扩大到普通工农大众。

改革开放后,随着现代语文辞书的发展,读者定位逐步细化。随着经济建设和国际文化交流的需要,汉语语文辞书读者对象扩展到以汉语为第二语言的学习者。目前我国的汉语语文辞书既有成人辞书和学生辞书,也有儿童辞书;既有以中等文化程度读者和初学者为服务对象的普及型语文辞书,也有为语言文字研究者服务的学术性语文辞书。

六 语文辞书释义理据的变化

词典释义根据由以"据形立训"为主、文献书证为辅发展到据文献书证立训。《说文》时代,去古未远。小篆仍保留了汉字造字时的某些特点,形义联系紧密,所以词形与词义之间的联系是《说文》追求的重心。通过解剖汉字形体,寻求汉字本义,形成了《说文》"据形立训"的释义体系。《说文》完备的"据形立训"的释义方法,揭开了无数有文献依据和无文献依据的汉字本义的秘密,使它确立了后代字书寻求汉字本义的规范,这种规范成了后代词典释义的依据。《说文》的"据形立训"成为后代词典的书证。随着历史的演进,发掘到的文献和可利用的后代文献日益增多,字书释义积累得越来越多,字书本身也成为一种广义的书证资料。随着语言的发展,词义引申、派生,新的义位不是"据形立训"所能概括的,所以后代词典特别是现代词典据书证或活的语言立训完全代替了"据形立训"。

七 语文辞书释义参数逐步丰化

传统汉语语文辞书一般只对字词的概念意义进行释义。现代语文辞书微观结构逐步丰化,释义方式由起步时期的简单注释转向从语义、语法和语用多角度释义。对语法意义的释义,开始标注词性,如《王云五大辞典》每个词条标明词性;《国语辞典》"各词中有注明词性之必要者,均于释义中分别注明之";《现汉》给全部虚词和实词中的代词、量词标明了词性。有些实词,尽管没有标注词性,但尽量用释语来表明词性。《应用汉语词典》词性标注的对象包括三个层面:词、短语、语素。《现代汉语学习词典》动词再细分为〈及物〉与〈不及物〉。《现汉》说明词的语法功能和语法环境,还在释文中加括号说明词的搭配关系。此外,《现代汉语学习词典》建立了词语的句型结构模式,《应用汉语词典》列出一些名词性词语的常用量词。《现代汉语学习词典》在名词和动词词条后面，用［名-量］、［动-量］注出与该名词和动词搭配使用的名量词和动量词。《应用汉语词典》设立［重迭］，具体标明有关名词、动词、形容词的重叠变化形式。

《王云五大辞典》《国语辞典》都通过例句来显示词语的用法，但例句不丰富。《现汉》开始解释词的修辞意义，注明词的色彩，仅情感、态度和评价陪义就标注了 16 种：惋惜、喜爱、亲昵、厌恶、轻蔑、讽刺、戏谑、斥责、客气、骄傲、谦虚、尊敬、委婉、詈骂、褒义、贬义；语体色彩的标注，〈口〉表示口语，〈书〉表示现在还常见于书面的文言词语，〈方〉表示方言词语，等等。另外，还注明词的修辞环境。《现代汉语学习词典》标注〈口〉、〈书〉、〈外〉、〈敬〉、〈熟〉、〈褒〉、〈贬〉等陪义。《应用汉语词典》对某些词语的特殊用法或易混淆词加以说明或提示。

《现汉》开始说明词义关系，必要时注明词的反义词、同义词，并加以必要的辨析。《应用汉语词典》对大量的同义词从词语搭配、句法功能、情态陪义、语体陪义等语法、语义、语用角度进行辨析。《现代汉语学习词典》词条最后列举出有关的同义词、反义词和类义词，并分别标注［同义］、［反义］、［类义］。

八　语文辞书释语语体的变化

汉语语文辞书释义语言的发展具有通俗易懂的趋势。古代汉语语文辞书释义使用文言；现代语文辞书释义语言，起步期使用文言或半文言释义，如《新字典》《辞源》《中华大字典》《注音新辞林》等，甚至《国语辞典》也用了半文言释义。后来逐步发展到使用白话释义，《王云五大辞典》《标准语大辞典》开始采用白话释义。转折期逐渐发展形成用简明的现代汉语书面语释义的辞书体，如《现代汉语词典》、新《辞海》等。如"面"，《说文》《玉篇》《类篇》《字汇》《康熙字典》均释作"颜前也"，"颜"带有书面语体色彩；《现汉》（第 2 版）为："头的前部；脸；面孔，笑容满面"；《汉语大字典》为："脸。如面孔；面不改色"。"脸"指称"面"义大约产生于唐代，至今一直在口语中通行，并由非主导词位上升为主导词位（解海江、张志毅，1993），"脸"比"颜"通俗易懂。又如"额"，《说文》《玉篇》《类篇》《字汇》《康熙字典》均释为"颡"；《后汉书·城中谣》："城中好高髻，四方高一尺；城中好广眉，四方且半额"。据此来看，"额"在汉时是比较通俗的口语词。《方言》："中夏谓之额，东齐谓之颡。"据此，则"颡"为东齐方言，以方言释通语，自然不能让释义通俗易懂。《辞源》释为"眉上发下之部位"，显明易懂。《现汉》（第2版）释为："人的眉毛之上头发之下的部分，或某些动物头部大致与此相当的部位。通称额头或脑门子。"《汉语大字典》释为："额头，眉上发下部分。"两者比《辞源》更通俗。

九　语文辞书排检明晰化、便利化

在现代语文辞书出版起步期，字头和词目编排由部首笔画编排发展到音序编排。《新字典》《辞源》《标准语大辞典》《辞海》等均是按部首笔画顺序排列，《国语辞典》开始按音序编排。现代语文辞书音序编排，起步期使用注音符号，转折期随着语文现代化政策的变化改用汉语拼音。

辅助索引是辞书必不可少的组成部分，它是扩大辞书检索功能的重要工具和方法。现代语文辞书辅助检索逐步完善，与正文检索逐步形成形序、音序、义序相辅相成的完整的检索体系。

第四章 改革开放以来汉语语文辞书的出版状况

经过近百年的发展，我国汉语语文辞书的系列化建设取得了很大的成就，出版汉语语文辞书的总数达到 7089 部，但为了使本研究更具有针对性，我们重点讨论改革开放以来的汉语语文辞书系列化建设的成就和存在的问题。

第一节 改革开放以来汉语语文辞书出版的成就

改革开放以来汉语语文辞书系列化建设的成就主要表现在以下几个方面：专门语文辞书数量多、语文辞书系列化程度较高、普及型语文辞书一枝独秀、出版队伍繁荣。

一 专门性语文辞书出版数量众多

改革开放以来，我国共出版汉语语文辞书 6436 部，其中普通语文辞书 389 部；专门语文辞书 6000 部，其中字典有 1447 部，词典有 2276 部，语典有 1486 部，句典有 791 部；综合性语文辞书 47 部。专门性语文辞书数量最多，占本期语文辞书总数的 93.2%。四类专门汉语语文辞书数量分布见图 4-1。

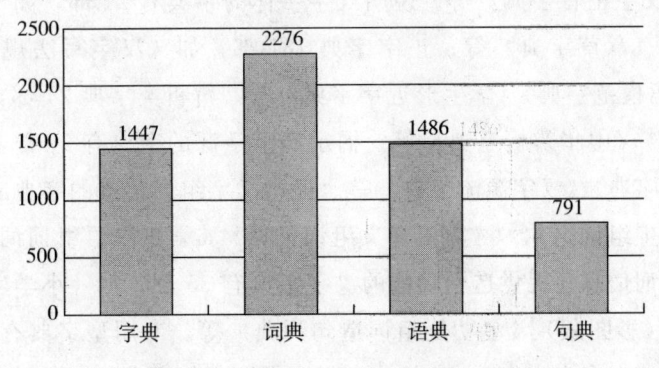

图 4-1 四类汉语语文辞书数量分布

可见，词典数量最多，字典次之，语典与字典数量相当，句典数量相对较少。

二 汉语语文辞书系列化程度较高

从宏观上看，本期语文辞书品种比较丰富，有普通语文辞书、专门语文辞书、综合性语文辞书；专门语文辞书之下有字典、词典、语典、句典四个不同种类。

四种类型的语文辞书可根据不同的分类标准分出不同的类，每类下都有相当数量的辞书。具体可见我们的语文辞书分类体系及每类的举例。

（一）普通语文辞书的系列化状况

我国改革开放以来出版普通语文辞书389部。从辞书收录单位的时间来看，古代型的有32部，现代型的有329部，古今兼收型的有28部。从普通语文辞书所面向的读者对象来看，内向型普通语文辞书有386部，外向型普通语文辞书有3部。其中，内向型普通语文辞书的普及型有335部，普及兼学术型51部。普及型的语文辞书数量最多，这是由普通语文辞书所面向的读者对象决定的。

（二）专门语文辞书的系列化状况

改革开放以来专门语文辞书的系列化程度比较高，字典、词典、语典、句典齐全，照顾到了条目的形、音、义等多个方面。

1. 字典的系列化状况

从功能上来看，专项型字典有411部。其中，字音字典有7部，如《古入声字手册》《新变字音辑录》等；正音字典44部，如《忌读半边音字典》《汉字正音字典》等。说明汉字字体的字典有21部，如《隶书辨异字典》《章草字典》等；正字字典187部，如《汉字写法规范字典》《现代汉语模范字典》《学生形近字字典》等。辨析类字典24部，如《易错字字典》《中华辨析字典》等。揭示汉字字源的字典有27部，如《常用字字源字典》《汉字源流字典》等。提供汉字组词信息的字典有57部，如《小学生组词造句》《实用释义组词词典》《学生汉语组词词典》等；不仅有组词信息还提供造句功能的汉字字典有35部，如《小学生组词造句词典》（彩图版）《多功能组词造句词典》等。专用型字典有462部。涉及字音的有多音字字典27部，如《多音字全解词典》《常用多音字用法字典》等；多音多义字字典 22 部，如《多音多义字典》《多音多义字应用字典》等。通假字字典有 30 部，如《古代汉语通假字大字典》《通假字小字典》《简明通假字字典》等。韵书 39 部，多是古代韵书的影印本，如《钜宋广韵》《切韵求蒙》等。只收常用字的常用字字典有 86 部，如《古汉语常用字字典》《简明常用字字典》《现代常用汉字规范字典》等；而收古文字的字典有 55 部，如《金文常用字典》《甲骨文字典》《古文字诂林》等；只收难字的难字字典有 12 部，如《难字小字典》《农村常用难字》《疑难字简明字典》。说明汉字部首的有 9 部，如《汉字部首字典》《现代汉字表音字简编》等。《说文解字》的现代版本及与之有关的字典有 15 部。以图解方式诠释汉字的字典有 10 部，如《汉字图解字典》《小学生图解字典》等。为信息处理服务的汉字信息字典有 8 部，如《汉字信息字典》《汉字属性字典》等。详解型字典有 574 部，提供汉字多个方面的信息，如《汉语大字典》《新华字典》《古今汉语字典》《现代汉语规范字典》等。

从时间上来看，古代型字典有 269 部，是对古文字的解说，近半数为学术性字典，多为学者研究之用。现代型字典有 1125 部，以普及汉字文化知识为目的，以普通文化水平的读者为对象。古今兼收型字典有 53 部，主要是《汉语大字典》的分册及各种版本。

从读者对象来看，内向型字典 1391 部，在功能、时间、规模上划分比较细致。外向型字典 56 部，规模都比较小，如外语教学与研究出版社出版的多语种的《汉语 800 字》系列。

2. 词典的系列化状况

从功能上来看，专项型词典有 188 部。纠正词语读音的正音词典 5 部，如《新华正音词典》《普通话正音掌中宝》等；对容易认错、读错、写错的词语的辨析类词典有 61 部，如《现代汉语正误词典》《小学生易混词词典》《中学文言字词辨正》《实用词语辨析词典》等；提供词语搭配的搭配词典有 15 部，如《简明汉语搭配词典》《学生名词量词搭配词典》《现代汉语实词搭配词典》等；说明词语来源的词源词典有 18 部，如《近现代汉语新词词源词典》《同源字典》《汉语理据词典》等；收录修辞方式给予解释或有修辞色彩的词语的修辞词典有 15 部，如《贬义词词典》《修辞方式例解词典》等；提供词语的用法及语法信息的语法词典有 13 部，如《古代汉语词类活用辞典》《动词用法词典》《中学文言语法词典》《现代汉语疑难词词典》等；词语造句词典有58部，如《现代汉语造句词典》《小学生解词造句词典》《学生造句大辞典》等。

专用型词典有1175部，小类比较丰富。收录常用词的常用词词典有46部，如《中学生常用文言词解》《中学文言常用词词典》《小学生常用词词典》《中学语文常用词词典》等；收录方言词汇的方言词典有144部，如《现代汉语方言大词典》《汉语方言常用词词典》《广州话正音字典》《汉语方言词汇》等；同义词词典113部，如《简明同义词词典》《新华同义词词典》《简明古汉语同义词词典》《现代汉语同义词词典》等；近义词词典有23部，如《近义词应用词典》《实用近义词词典》等；反义词词典有77部，如《反义词大词典》《中华反义词词典》《小学生反义词词典》等；同时提供同义词和反义词的综合词典有154部，如《小学生同义词反义词词典》《小学生同义词近义词词典》《常用同义词反义词词典》等；新词语词典92部，如《新语词大词典》《1993汉语新词语》《当代汉语新词词典》《新词语大词典》等。虚词是比较难掌握的，所以此类词典较多，有87部，如《古汉语虚词词典》《现代汉语虚词词典》《近代汉语虚词词典》等。说明其余词类的词典数量较少，形容词词典26部，动词词典9部，量词词典8部，象声词词典4部，代词词典3部，数目词词典3部，名词词典1部，如《现代汉语形容词辞典》《常用形容词分类词典》《现代汉语动词分类词典》《汉语量词词典》《汉语代词词典》等。某些特殊词语也有专门的词典来解说，如同音词、同形词。同音词词典有11部，如《常用同音词典》等；同形词词典有5部，如《古今同形异解词语词典》等；异形词词典5部，如《现代汉语异形词规范词典》等；异读词词典6部，如《现代汉语异读词词典》等；异序词词典4部，如《常用同素反序词辨析》《同字异序小词典》等；字母词词典3部，如《实用字母词词典》等。一些作品中使用的词语或者由于时代久远，不被当代人所理解，或者隐含了作家的某种特殊感情，不易为读者理解的，可以编出作家作品语言词典，这类词典有56部，如《红楼梦语言词典》《敦煌文献语言词典》《吕氏春秋词典》《世说新语词典》等。以图画的形式来解释词语的图解词典有115部，如《儿童图解词典》《汉语图解小词典》等。为作文提供丰富词汇的作文词汇词典有18部，如《中学作文词语汇编》《小学生作文词典》等。为信息处理服务，统计词语出现频率的信息词典有8部，如《现代汉语语法信息词典详解》《现代汉语频率词典》等。此外还有按义类编排词语的义类词典 13 部，如《同义词词林》《现代汉语分类词典》《简明汉语义类词典》等。不仅提供同义词、近义词、反义词，还提供组词和造句的组词造句词典有 15 部，等等。

详解型词典有 279 部，提供词语的多方面信息，如《汉语常用词用法词典》《学汉语用例词典》《汉语 8000 词词典》《HSK 汉语水平考试词典》《两岸现代汉语常用词典》《中学生五用词典》《全球华语词典》等。为学生编写的词语手册有 634 部，它与详解型词典的性质类似。

从时间上来看，古代型词典有 254 部，为普通读者编写的普及型词典占多数，重点在古汉语的虚词；偏学术性的词典一般是解释古代文学作品中出现的词语。现代型词典有 1972 部，重在普及现代汉语词汇知识。古今兼收型词典 50 部，重在古今词语的对比。

从读者对象来看，内向型词典 2109 部，词典规模、读者细分、特色区分比较细致。外向型词典 167 部，主要是商务印书馆多语种的《汉语图解词典》《汉语图解小词典》系列。

3. 语典的系列化状况

从功能上来看，专项型语典有 13 部，揭示成语语源的语典有 11 部，揭示俗语语源的有 2 部，如《成语源流大词典》《成语探源辞典》《中华俗语源流大辞典》等。专用型语典有 1405 部，其中成语语典 763 部，如《中国成语大辞典》《汉语成语词典》等；典故语典 93 部，如《诗词典故辞典》《历代典故辞典》等；惯用语语典 28 部，如《新华惯用语词典》《书信惯用语辞典》等；俗语语典 85 部，如《俗语小词典》《中国俗语大辞典》等；歇后语语典 229 部，如《歇后语词典》（双查版）《小学生歇后语》等；谚语语典 183 部，如《中华谚语词典》《中国谚语大全》等。成语语典的下位分类比较细致，有成语典故语典 41 部，成语义类语典 38 部，图解成语语典 16 部，成语规范类语典 11 部，同义成语语典 7 部，反义成语语典 6 部，成语辨析语典 6 部，成语用法语典 3 部，新成语语典 1 部。成语语典的目标读者比较明确，学生是其主要服务对象，763 部成语语典中有 224 部是为学生编写的。详解型语典 68 部，多角度解释语汇，多为普及语汇知识而编写，如《汉语常用语词典》《现代汉语语典》等。

从时间上来看，古代型语典 49 部，多是古书中出现的成语、典故、俗语等，收集起来方便现代人理解。现代型语典有 513 部，以普及语典知识为主，学生是主要的目标读者。古今兼收型的语典有 924 部，是数量最多的一类，这与语汇本身带有较多的文化内涵有关。

从读者对象来看，内向型语典 1397 部，外向型语典 8 部，主要是成语和惯用语，这两种语汇有隐含意义，非母语学习者学习起来比较困难，学习者应有中级以上汉语水平，所以出版数量较少。

4. 句典的系列化状况

从功能上来看，专用型句典有 719 部。收录名言的名言句典有 280 部，如《名言大辞典》《中外名言分类大辞典》等。收录格言的格言句典有 153 部，如《中国古代格言大全》《格言小辞典》等。收录名句的名句句典有 98 部，如《中国古代名句辞典》《中国经典名句小辞典》等。收录妙语的句典有 55 部，如《世界名人妙语大全》《中华妙语大辞典》等。收录赠言的句典有 49 部，如《赠言小辞典》《常用赠言分类辞典》等。收录箴言的句典有 42 部，如《妙语箴言集成大词典》《人生箴言录》等。为作文服务的好句好段句典有 14 部，如《学生作文借鉴辞典》《现代汉语写作描写辞海》等。还有比较活泼的收录俏皮话的句典 8 部，等等。详解型句典有 72 部，如《现代汉语句典》《名言警句小辞典》等。

从时间上来看，古代型句典有 133 部，收录的是古代的名言名句等。现代型句典有 168 部，收录内容包含了现代人对生活的感悟。古今兼收型的句典有 490 部，是句典中数量最多的一类。这是由其收录单位的性质决定的。很多名言警句是一代代传下来的，许多古代名言对今天的人仍有很大的指导作用。

从读者对象来看，791 部句典都是内向型的，主要是为母语为汉语的学习者使用。它的读者对象也决定了这类辞书以普及型为主的特点。

由此可见，专门语文辞书中，字典和词典的品种分类非常细致，选题立意的角度很齐全，系列化程度很高。语典和句典的系列化程度稍低，但随着研究的深入，这两类辞书的品种也会逐渐丰富起来。

三 普及型语文辞书数量众多

改革开放以来出版的普及型汉语语文辞书共有 5879 部，占该时期汉语语文辞书总数的 91.3%，是语文辞书中数量最多的一种。学术型汉语语文辞书有 123 部，占该时期汉语语文辞书总数的 1.92%。普及兼学术型汉语语文辞书有 199 部，占该时期汉语语文辞书总数的 3.1%。我们以专门语文辞书为例来说明。

（一）普及型字典

普及型的字典有 1241 部，占字典总数的 85.76%。其中为学生编写的有 608 部，占字典总数的 42.02%，以小学生的居多。学术型的字典有 102 部，占字典总数的 7.04%。普及兼学术型的字典共有 47 部，占字典总数的 3.25%。外向型字典 57 部不计入此内。

（二）普及型词典

词典的读者对象遍布初、中、高三个层次。普及型词典有 2022 部，占词典总数的 90.11%；其中为学生编写的有 1220 部，占词典总数的 54.37%。学术型词典有 18 部，仅占词典总数的 0.80%。普及兼学术型词典共有 69 部，占词典总数的 3.07%。为学生编写的辞书数量众多，其他社会成员的需要较少顾及。

（三）普及型语典

语典面向广大社会成员，以普及知识为目的，读者对象以普通大众为主，因此为普通读者编写的共有 1451 部，占语典总数的 97.64%。其中，为学生编写的有 333 部，占语典总数的 22.41%；为专门工作者研究用的学术型语典仅有 1 部；普及兼学术型的语典有 25 部，占语典总数的 1.68%。可见，读者对象群体分布极为不合理。语典的研究刚刚起步，随着研究的深入，语典类型划分必定会更细，读者群体也会得到有效的区分。

（四）普及型句典

句典以普通读者为服务对象，791 部句典都是普及型的。为学生编写的有 113 部，占句典总数的 14.30%。

普及型语文辞书数量巨大，由此看出全社会对基础教育、普及文化的重视程度。

四 语文辞书出版队伍繁荣

从信息库里可以看到，改革开放以来，出版汉语语文辞书的出版社有 510 多家。出版辞书品种超过 100 部的有 6 家，分别是中华书局、延边人民出版社、四川辞书出版社、汉语大词典出版社、商务印书馆和上海辞书出版社。出版数量在 10 部以下的有 363 家；出版数量在 10 部以上 50 部以下的有 124 家；出版数量在 50~100 部的有 20 家；只出版过 1 本辞书的有 120 家。如此多的出版社涉足语文辞书出版，为丰富辞书品种、繁荣辞书市场做出了贡献。

（一）普通语文辞书的出版单位

通过对出版社的统计，有 109 家出版社出版过普通语文辞书。出版数量超过 10 部的有 9 家，其中商务印书馆 46 部，汉语大词典出版社 27 部，吉林大学出版社 22 部，商务印书馆国际有限公司 17 部，世界图书出版公司 16 部，崇文书局 14 部，延边人民出版社 14 部，内蒙古大学出版社 11 部，上海辞书出版社 10 部。由此可见，大部分普通语文辞书仍是由比较专业的辞书出版社出版的。

（二）专门语文辞书的出版单位分布

专门语文辞书的出版涉及 510 多家出版社，出版辞书数量比较多的有上海辞书出版社 245 部，商务印书馆 172 部，四川辞书出版社 138 部，汉语大词典出版社 117 部，中华书局 93 部，语文出版社 91 部，延边人民出版社 90 部。出版数量在 50 部以上 90 部以下的还有中国大百科全书出版社、外语教学与研究出版社、江苏教育出版社、商务印书馆国际有限公司、江西教育出版社、崇文书局、上海教育出版社、吉林大学出版社、中国少年儿童出版社、上海大学出版社、海燕出版社、福建人民出版社、延边大学出版社、四川人民出版社、内蒙古人民出版社、吉林教育出版社、世界图书出版公司、浙江教育出版社等。由此可以看出，专门语文辞书的出版主要还是由一些大型、专业的辞书出版单位完成的。

第二节 改革开放以来汉语语文辞书出版存在的问题

虽然语文辞书系列化取得了很大的成就，但存在的问题也是很明显的。主要表现为：汉语语文辞书种类分布不合理，一方面某些类型辞书的出版数量不足，另一方面有些类型重复出版严重；在再版修订、辞书规模、读者对象三个方面系列化程度较低；国家重视的外向型学习词典得不到学习者的认可等。

一 汉语语文辞书种类分布不合理

改革开放以来，我国逐步实行社会主义市场经济，特别是经济管理体制的开放搞活,使得辞书编纂出版产业走向市场,经营模式变得灵活多样。这一方面给辞书编纂出版事业带来了前所未有的发展活力,另一方面也导致了市场竞争机制所带来的负面影响的出现,主要表现就是各出版社竞相出版辞书,而且利多多编、利少少编甚至不编,造成汉语语文辞书出版种类的不合理,主要体现在以下两个方面。

(一) 多种类型的语文辞书数量不足

1. 普通语文辞书

普通语文辞书中的古今兼收型辞书是数量最少的,只有 28 部,而《汉语大词典》的各分册及各版本就有 19 部,是该类型辞书的主力。《古今汉语词典》弥补了此类辞书没有中型本的缺憾。即便如此,此类辞书也只有这两种质量较高的品种。

2. 综合性语文辞书

综合性语文辞书只有 40 部,《辞海》的各种版本占据了半壁天下,大有一枝独秀的气势。经过近百年的补充修订,《辞海》无疑已成为综合性语文辞书的标杆。但近百年的时间只有这一种大型综合性辞书,对一个辞书大国来说,少了百家争鸣的精彩。中型本的《新华词典》是对综合性语文辞书类型单一的一个补充,但该书首次出版也是上个世纪 80 年代的事情。近 30 年没有出类拔萃的综合性语文辞书出版。

3. 专门语文辞书

(1) 字典

为研究之用的学术型字典只有 102 部。这类字典多是已有字书的影印再版,如《草字汇》《隶篇》《玉篇》《原本玉篇残卷》《宋刻集韵》等。仅《说文解字》及一系列研究此书的字书就有 11 部,如《说文解字约注》《说文解字六书疏证》《说文解字诂林》等。

普及兼学术型的字典有 46 部。《汉语大字典》8 个不同的版本就有 21 部。其余多是已有字典的重复出版,如《康熙字典》先后被成都古籍书店、上海书店、天津古籍出版社、上海文艺出版社、广州出版社、商务印书馆、大众文艺出版社、上海古籍出版社、中国书籍出版社、汉语大词典出版社等 10 多家出版社重复出版过。

字典中还有许多小类数量不足。一是频率字典,只有 3 部,我们收集到的这 3 部字典只是汉字使用频率的统计,如 1989 年国家语委发布的《现代汉语常用字频率统计》,与现在所说的频率统计有出入,且都出版于 20 世纪，已跟不上语言文字发展的脚步和信息时代的步伐。二是属性字典，也只有 3 部，即《汉字信息字典》（科学出版社）、《汉字属性字典》（书目文献出版社）、《汉字属性字典》（语文出版社）。此类字典的编纂需要加强。

（2）词典

专用型断代语言词典，收录历史上某一时代的词汇，目前已有魏晋南北朝、唐、五代、宋、元等几个朝代的语言词典和几部上古汉语词典及近代汉语断代语言词典。中华文明有几千年的历史，12 部断代语言词典难以全面反映汉语历史的面貌。编纂断代语言词典有很大的难度，但有较高的学术价值。

作家作品语言词典共 56 部，其中有 49 部古代作家或作品语言词典，现代作家语言词典只有 7 部。

图解词典数量有 86 部。基本是《汉语图解词典》和《汉语图解小词典》系列，是为母语为非汉语的汉语学习者编写的。内向型的汉语图解词典，只有 17 部，多为低龄儿童编写，如《彩图宝宝词典》《幼儿彩图词典》《幼儿知识图画词典：生产交通工具》《幼儿知识图画词典：社会生活》等。严格来说，此类为低龄儿童编写的"词典"只能算图解手册。较早的一部中型汉语图解词典《实用汉语图解词典》是 1982 年出版的，距今已有 30 年。图解词典是近几年比较热门的选题，以图的方式诠释词语，比较生动直观。但由于画图成本较高，对印制的纸张要求也很高，且有许多抽象词语不适合以图画的形式表现，所以虽然图解词典的呼声很高，但成果不多。目前来看，编写一本或一套高质量的适合内向型读者的图解词典是极有必要的。

（3）语典

语典中的语源语典数量较少，仅 13 部，其中有 11 部成语语源语典、2 部俗语语源语典。其他如典故、歇后语、谚语的来源都可以作为今后的选题方向。

新词语一直是学者们关注的对象，并且已有一定数量的新词语词典出版。但人们对新成语、新歇后语、新谚语的关注却很少。新语语典只有史式、赵培玉编著的《汉语新成语词典》2 部（包括 1 个修订本）。"新语语典"可以作为今后选题的方向。

专用型语典中只有成语语典的分类比较细致，有典故、义类、图解、规范、同义、反义、辨析、用法、新成语等小类。同为语典收录对象的俗语、谚语、歇后语、惯用语等则没有这么幸运,有如此多的细致分类。

这些空白点的存在,需要在将来的出版规划中体现出来,以丰富辞书品种,满足读者多方面的查检需要。

(二) 某些类型的语文辞书重复出版严重

1. 重复出版

辞书市场混乱主要表现为选题重复、内容雷同。如汉语成语词典,改革开放以来出版了 732 部,还有 42 部成语典故辞典,但除了《中国成语大辞典》等几部精品外,多为沿袭、借鉴之作,创新较少。对此吕叔湘先生早在 1984 年就批评过:"以现代词语为主要对象的词典为数不少,可是除《现代汉语词典》还做了点研究工作外,别的中、小型词典(字典)都只是在编排上用心思,在收罗词汇和分析词义上都没有下多大功夫,这是极不应该的。"(吕叔湘,1984)

专门语文辞书中现代汉语字典和词典重复出版最严重,这类语文辞书比较容易编写,社会需求较大。普及型现代汉语字典有 1062 部,占改革开放以来字典总数的 73.44%。普及型现代汉语普通词典有 1791 部,占改革开放以来词典总数的 79.81%,主要是为学生编写的词语手册。普及型语典有 503 部,占改革开放以来语典总数的 33.85%;成语语典数量较多,有 333 部,占改革开放以来语典总数的 22.41%,多数还停留在为条目注音、释义、举书证的阶段,重复出版严重。

2. 辞书冠名重复问题比较突出

2006 年 3 月 24 日,《人民日报》发表文章《辞书市场"李鬼"多》,指出辞书仿冒的种种情况。《规定》实施 5 年来,情况是否有好转呢?从"汉语语文辞书信息库"中,我们抽取 2006~2010 年的语文辞书做了考察,发现目前汉语语文辞书市场"李鬼"仍然较多,最突出的表现是"傍名牌",这也是造成选题重复问题的重要原因,其中冠名重复问题比较突出。数量繁多的同类语文辞书在内容上差别不大,封面设计上仿冒名牌辞书,命名时以名牌辞书的名称为核心,或在前面冠以"实用""常用""多用""标准""新编""最新编"等字眼,或在后面缀以"最新版""全新修订本""双色本""修订增补本""珍藏本"等,造成命名雷同,同时将这些可以区别辞书的文字设置在封面不起眼的位置,误导读者。如 2006~2010 年出版的以"现代汉语词典"命名的辞书,除商务印书馆的《现代汉语词典》外,竟还有 64 部之多。有的直接以"现代汉语词典"命名,如商务印书馆国际有限公司的《现代汉语词典》(2008)、南方出版社的《现代汉语词典》(2006)。有的冠以"常用""多功能""新编""精编""标准规范""中华"等字眼,有的缀以"修订""增补""最新版""双色版"等字眼,如长江出版社的《精编现代汉语词典》(修订版)、《现代汉语词典新编·新版·大字本》(修订版),崇文书局的《实用现代汉语词典》《多功能现代汉语词典》《新现代汉语词典》及《新编现代汉语词典》(最新版)、《新编现代汉语词典》(最新版)(教育专家推荐使用工具书)、《学生实用现代汉语词典》(教育专家推荐使用工具书),湖南教育出版社的《小学生现代汉语词典》(最新版),湖南人民出版社的《学生现代汉语词典》(最新修订版)、《新编现代汉语词典》,湖南少儿出版社的《新编现代汉语词典》《学生实用现代汉语词典》(最新双色版),吉林出版集团有限责任公司的《中华现代汉语词典》《捷进学生现代汉语词典》《学生实用现代汉语词典》《新版现代汉语词典》《新编现代汉语词典》《标准规范现代汉语词典》(双色缩印本)和《学生现代汉语词典》(规范·标准·权威·实用),吉林大学出版社的《学生现代汉语词典》《新编学生现代汉语词典》和《新编现代汉语词典》(21 世纪推荐版修订版),吉林教育出版社的《新编学生现代汉语词典》《实用多功能小学生现代汉语词典》《新编现代汉语词典》和《新编现代汉语词典》(词语分类科学功能新颖实用),吉林人民出版社的《现代汉语词典》(新编增补本·缩印本),内蒙古大学出版社的《中华现代汉语词典》《学生现代汉语词典》《学生实用现代汉语词典》和《现代汉语词典》(全新修订本),世界图书出版公司的《常用现代汉语词典》(双色版)、《学生实用现代汉语词典》、《精编现代汉语词典》(教育专家推荐使用工具书)、《新现代汉语词典》(最新版)、《现代汉语词典》(最新版)、《现代汉语词典》(双色版)、《学生现代汉语词典》(珍藏版)、《现代汉语词典》(珍藏版),延边人民出版社的《小学生现代汉语词典》(最新修订版)、《新世纪学生现代汉语词典》(最新修订版),云南人民出版社的《现代汉语词典》(双色版)、《新编现代汉语词典》《现代汉语词典》(最新版)、《新编现代汉语词典》(最新版)、《小学生现代汉语词典》(最新版),中国大百科全书出版社的《中华现代汉语词典》等。这些辞书虽然命名花样翻新,但书名核心词都用"现代汉语词典"。

小学生字典版本很多，但大多是在《新华字典》等的基础上稍加改造而已，缺乏新意、新功能和新特色。2006～2010年出版的以"新华字典"为核心书名的语文词典有17部。

另外《现代汉语规范词典》和《新华词典》也有类似遭遇。这种做法不仅混淆了消费者的视线，也侵害了品牌辞书出版社的权益。

3. 语文辞书出版雷同的原因

从影响辞书出版的因素来看，目前汉语语文辞书重复出版现象，主要是以下原因造成的。首先，是辞书市场需求。上述重复出版的辞书，多是学生辞书。随着九年制义务教育的普及和我国社会文化的发展，普及型辞书尤其是学生辞书需求量大，这是造成辞书出版泛滥的市场基础。其次，某些出版社市场意识强，社会责任感不足。有的出版社甚至采用不正当竞争，采取低定价、高回扣等手段占领市场。第三，出版社不重视对已有辞书的修订维护。第四，出版社辞书选题开发创新不足，通过"傍名牌"占领市场。第五，虽然《规定》对出版社辞书出版资质进行规范，对重点辞书出版给予支持，但对出版社的辞书选题没有进行规范，对中小型辞书仍然采取开放的政策。第六，读者辞书知识贫乏，不具有分辨良莠的能力，盲目选购，给了仿冒辞书或低质量辞书存在的机会。

二 语文辞书的再版修订很不及时

辞书的生命力在于不断修订增补。但经过统计，四大类辞书有修订再版的只有394部，仅占到所收辞书总数的6.15%，多是修订2版、3版。少数优秀辞书修订次数较多，如《新华字典》（修订10次）、《现代汉语词典》（修订5次）、《古汉语常用字字典》（修订4次）等。

有些语文辞书的更新是通过重复出版实现的，即辞书内容不变，交由不同的出版社出版。如《中华成语大词典》，2006年由人民日报出版社出版，2008年改由内蒙古大学出版社出版。两个版本只是主编不同，内容并无差异。同一部辞书的重复出版，造成了资源的浪费，也让读者面对繁多的种类，不知如何选择。

辞书的编纂都是受当时的社会环境影响的，当社会环境改变的时候就要不断地对辞书修订再补，以增强辞书的适用性和稳定性。要增长辞书的生命周期、保持辞书的生命力，就必须及时地进行修订和增补。（欧阳旭等，1999）

三 语文辞书规模分布不合理

我国目前在语文辞书规模的分布上是：大型辞书数量较少，中型辞书数量比较合理，小型辞书数量众多。大、中、小型语文辞书的数量比例不协调，系列化程度不高。大型辞书的代表有《汉语大字典》《中华大字典》《中华字海》《汉语大词典》《古代汉语大词典》《近代汉语大词典》《现代汉语大词典》《现代汉语方言大词典》《汉语方言大词典》《汉语成语源流大辞典》《中华歇后语大辞典》《中国谚语大全》等，语典中成语、典故、歇后语、谚语、俗语等语典都有大型本，缺少大型本的句典。大型语文辞书的覆盖面较小，没有涉及所有的语文辞书类型。中型语文辞书数量相对比较合理。小型语文辞书数量较多，重复出版严重，需控制小型辞书的编纂出版。

四 出版社分布相对分散

前文提到，改革开放以来，出版汉语语文辞书的出版社有 510 多家。出版过 10 部以下语文辞书的单位有 363 家，其中仅出版过 1 部辞书的有 120 家。

虽然出版语文辞书数量较大的仍是一些信誉较高的专业出版社，但总体来看，出版社的分布还是很分散，造成了语文辞书出版的混乱。辞书是特殊的文化商品，承载着承传民族文化、提高民族文化水平、传播文化的重任。辞书编纂除了对编者有一定的要求外，也应该加强对出版社的监管，只有这样才能较好地保证辞书质量。

自 2006 年 5 月实施辞书出版准入制后，出版语文辞书的出版社数量明显减少，约有 170 家出版单位出版过语文辞书，出版过 10 部以下的有 150 家，其中仅出版过 1 本的仍有近 90 家。

五 语文辞书的读者对象分布不合理

以普通读者为对象的普及型语文辞书占了绝大多数，学术型的和普及兼学术型的语文辞书数量相对较少。其中，学生是普及型语文辞书主要的服务对象，为学生编写的普及型普通语文辞书有 113 部，占辞书总数的 2.57％；专门型语文辞书有 2275 部（包括词语手册），占语文辞书总数的 51.65％；综合性语文辞书有 8 部，占语文辞书总数的 0.18％。学生辞书数量及占辞书总数的百分比，见表 4-1。

表 4-1　学生辞书的类型分布

	普通语文辞书	专门语文辞书	综合性语文辞书	合计
学生辞书数量（部）	113	2275	8	2396
百分比	2.57	51.65	0.18	54.39

从表 4-1 中可以看出，学生辞书占据了语文辞书总数的 50% 还多。这一方面反映出人们对教育的重视，努力为学生提供可用工具书的心态可见一斑。另一方面反映出我国语文辞书出版在读者对象选择上的失当。人们重视教育，学生辞书市场就有利可图，这导致出版商对学生辞书的出版热情不减，辞书数量居高不下，但忽视了中等及中等以上文化水平读者的需要。随着教育的普及和人们文化水平的提高，人们对辞书的需求也在增加。出版商的视野应该放宽、放远一些，及时看到这些变化，只有这样才能更好地满足社会各阶层读者的需要，实现更大的经济效益。

第五章　我国语文辞书的应用状况

　　词典学的主要研究内容包括词典历史、词典类型、词典结构、词典使用和词典评论，由此来看，辞书用户研究是词典学的重要内容之一。从词典交际的视角来看，词典研究涉及编者、用户和词典，辞书使用的研究属于词典用户范畴。而词典学一直以来侧重于词典编者视角的研究，主要集中在词典历史、词典编纂和词典类型等方面，而忽视词典用户视角，词典使用研究成为词典理论研究最薄弱的部分。20世纪中后期，随着语言学及相关学科的发展，对词典的研究不再局限于编者角度，开始关注用户需求。所有词典都是为满足用户词汇需求而编写的，并以之为评价标准，因此对用户的研究贯穿词典编纂的全过程。近几十年来，我国辞书事业的发展越来越受到社会的重视。在我国，用户角度的词典研究，多集中在英语词典的使用方面，对汉语词典用户状况缺乏研究，特别是从用户角度进行的辞书研究还远远满足不了汉语语文辞书研究和编纂出版的需要。现阶段发展我国辞书事业，应该了解我国语文辞书的应用状况。

　　为了了解我国语文辞书的应用状况，我们对我国语文辞书用户进行了调查。希望借此掌握我国语文辞书用户情况，为国家制定语文辞书发展政策提供依据；也便于辞书出版机构了解我国语文辞书用户的辞书购买和需求状况，有利于语文辞书系列化建设。

第一节　语文辞书应用研究状况

　　从词典学发展的历史来看，词典研究一直注重编纂者角度，强调词典对语言使用的规范作用，忽视用户等对词典编纂的影响。20世纪30年代，H. E. Palmer、A. S. Hornby 和 M. West 等在从事海外英语教学时发现，读者对词典的需求存在差异，词典编纂应考虑用户的需求。由此在英语学习词典编纂中确立了"用户友好"的原则，第一代英语学习词典也因此产生，即《新方法英语词典》（1935）、《英语词汇语法》（1938）和《英语习语及句法词典》（1942）。20 世纪中后期，功能语言学、交际语言学和认知语言学得到了发展，语言不再被认为是一个封闭的自足体系，它受到各种外部因素的影响，例如语言使用者、环境、文化背景等。语言学理论的发展扩大了词典研究的视角，人们越来越认识到词典用户在词典编纂中的重要性，词典研究不再局限于编纂者的角度。1966 年在美国印第安纳（Indiana）大学举行的词典学大会得出的主要结论是："词典编纂应该考虑到用户以及他们不同和特殊的需要"（Householder，Saporta，1967：279）。这标志着词典研究中词典使用研究方向的确立。到 20 世纪末，欧美词典使用研究获得了巨大的发展。据王小海（2005），McCreary 与 Dolezal（1999）曾对 1965～1999 年间在国际核心期刊上发表的词典学研究论文做过统计，共有 178 篇，其中对词典使用者做调查的文章有 26 篇，调查研究使用者的具体需求、目标和查询技能等；实验性的文章共有 36 篇，调查词典使用与外语学习各个环节的关系，如词典使用与阅读理解的关系等。Hulstijn 和 Atkins（1998）把半个世纪的词典使用研究成果概括为 7 个主题：词典使用者的态度、需求与偏好，词典与文本理解，词典与文本产出，词典与词汇学习，词典与语言测试，词典查询技能的传授，词典评论。目前大部分集中于词典使用者的态度、需求、习惯、偏好及词典查询技能的研究。我国学者对此做了许多跟踪介绍，如罗思明等（2005）、陈玉珍（2006）、何家宁（2002）、张杏（2006）、王小海（2005）、吴建设等（2007）等。也有以词典用户为出发点的研究，如章宜华等（2007：83）从交际词典学的理论出发，认为词典用户是词典交际活动中的重要因素，应该考虑词典用户的语言水平、教育程度、年龄层次和经济状况等。章宜华（2011）调查了对外汉语词典的使用状况。目前我国学者对词典使用研究的论文已有 140 多篇。下面我们主要从词典用户、词典需求、词典与文本理解和产出等语言活动、词典与词汇学习、词典技能与词典教学等方面回顾国内外辞书使用的研究状况。

一 词典用户的习惯、态度和偏爱的研究

（一）不同类型词典用户习惯和态度的研究

Quirk（1973）是第一位对词典用户的态度、需求及使用偏好进行调

查的学者，他设计了30个题目，就用户拥有词典的数量、用户学习的专业、词典查阅频率和查询目的等问题对220名英国本族语学生进行了问卷调查。此后有很多学者对词典用户的习惯、态度和偏爱进行过调查。调查显示，学生普遍认为词典是外语学习必不可少的工具，外语专业学生一般拥有至少一本词典，而且学生拥有词典的数量和使用词典的频率成正相关。夸克（1985）对完成大学一年级一半课程的英国学生进行过问卷调查，调查对象包括文科生和理科生。调查的主要内容是：（1）词典使用的情况以及对词典的设想；（2）词典存在的不足和对词典的建议。通过调查夸克得出如下结论：（1）文、理科学生以及词典使用频率不同的学生对词典使用的状况存在一定的差异；（2）关于词典用户对词典文本的理解，英国学生设想的词典是阐明定义，记录民族标准语中的一般词汇；（3）关于词典的不足，主要是词典用户对词典释义的理解存在困难，要求词典在释义、内容和排版等方面进行改进。

（二）二语用户词典类型偏好和态度的研究

不同类型的词典用户在使用词典的时候，有不同的习惯、态度和偏爱。如母语词典用户与二语学习词典用户在习惯和态度方面存在差异。20世纪30年代，正是Palmer、Hornby和M. West等人意识到这种差异，才以"用户友好"（user-friendly）为原则，编写了第一代英语学习词典。目前对词典用户的习惯、态度和偏爱的研究，调查对象多集中于二语学习者，调查问题多集中于用户对不同类型词典的选用上。

1. 用户对单语词典和双语词典偏好的研究

根据目前对词典使用的研究，用户对词典的选用偏好，有下面几种情况（Nesi, 1999）：不使用词典，使用给本族人编写的单语词典，使用专门给非本族人编写的单语学习词典，使用双解词典，使用双语词典，使用电子词典。大多数研究集中于用户选用单语词典还是双语词典上。大部分研究结果显示，二语学习者偏好选用双语词典，但也有学者的调查结果相反。

Tomaszczyk（1979）、Béjoint（1981）、Griffin（1991）、Atkins等（1990）、Atkins等（1997）和Li（1998）对二语学习者进行调查的一致结果是：比起单语词典他们更喜欢双语词典。Atkins和Varantola（1997）对拥有词典使用技能的一组用户进行调查，观察他们如何利用词典来解决翻译中出现的生词和模糊语义问题。调查结果显示，大部分用户倾向于查阅双语词典，而不是单语词典；只有在多次使用双语词典不能奏效时，他们才会转向单语词典。章宜华（2011：63）关于汉语留学生对汉语词典选择偏好的调查发现，拥有国内外出版的双语词典的人较多，有61.1%；有51.7%的教师认为应该针对留学生的汉语水平编纂不同的对外汉语词典；有79.3%的教师认为外向型汉外或者外汉双语词典更有助于留学生学习汉语。南旭萌等（2008）的调查发现，将近90%的留学生倾向于使用双语词典来学习。张金忠（2011）对中国俄语专业学生使用俄语词典进行调查后发现，俄语专业学生俄汉词典的拥有率较高。

关于词典用户偏好使用双语词典的原因，Kharma（1985）认为是学生在理解母语释义方面一般不会有困难，而在理解单语词典中的目的语释义时可能有困难。Jerzy Tomaszczyk（1979）和Li（1998）调查发现，读者拥有的双语词典中外语—本族语双语词典居多，可能与词典主要用于阅读理解外语材料有关。于伟昌（1999）认为，与外语—母语双语词典相比，双解词典更受外语学习者的欢迎。Lew（2004）对波兰英语专业学生的词典使用情况进行了调查，结果显示：英英词典的使用明显低于英波双解词典的使用。史耕山、陈国华（2007）的调查显示，中国的英语学习者中双解词典的使用频率最高，英英词典的使用频率最低。

但是有的研究者的调查结果不同。Béjoint（1981）对122名法国英语学生进行的调查发现，大部分学生都拥有、使用英语单语词典，但他们一般购买老师推荐的词典；与双语词典相比，他们对单语词典更为满意。陈伟、王维波（2005）针对内向型汉英词典的使用情况对中国英语专业与非英语专业大学生进行的问卷调查显示：大学生对内向型汉英学习词典的使用频率不高。近年来随着汉语作为二语学习需求的增长，出现了针对汉语词典使用状况的调查研究，安德源等（2008）发现，少数民族大学生最常用的工具书是《现代汉语词典》。章宜华（2011）对外国留学生的调查显示，《现代汉语词典》在外国留学生中的使用也较为普遍。

2. 用户对单语词典和双语词典态度的研究

目前研究者对单语词典和双语词典的态度也不尽一致。对双语词典持否定态度的学者认为，双语词典的缺陷是它强化了将两种语言在单词这个层面上进行简单的一对一关联。Celce Murcia和Rosenzweig（1979：254）声称双语词典"经常是误导性的"；Ard（1982：5）也认为双语词典易于"引发错误"；Summers（1995：25）说"双语词典会引发问题甚至错误"；而 Meara 和 English（1987：2）认为："双语词典效率低下，因为其词条不是未能防范明显的错误出现，就是强化了错误"。对双语词典持相同观点的学者还有 Béjoint、Moulin（1987）和 Hartmann（1987）。有一些学者肯定双语词典的作用，如 Baxter（1980）、Snell-Homby（1987）、Thompson（1987）。一些研究者对两者都不认同，Bensoussan、Sim 和 Weiss（1984）通过实验发现，在阅读时使用双语词典、单语词典或不用词典对阅读理解测试的成绩没有影响。Maingay 和 Rundell（1987）认为，无论什么词典，如果词的释义缺乏足够的语义、文体、句法和搭配信息，就不能给学习者以有效的指导。

对单语词典和双语词典作用的评价不能简单、笼统地持肯定或否定态度，要视不同外语水平的用户和不同使用目的而定。受教育程度不同的词典使用者在词典使用上也存在差异。Cowie 在《英语学习词典史》（2002）中指出，高水平的语言学习者更喜欢选择单语词典，而不是双语词典。使用目的不同，用户对词典的选用也不同。Laufer 和 Hadar（1997）认为：在阅读理解方面，查询双语词典比单语词典和双解词典会更有帮助；在语言产出方面，查询双语词典比单语词典会更有帮助。Béjoint 和 Moulin（1987）认为，双语词典便于快速查阅，单语词典方便使用者了解二语的词汇系统。Baxter（1980）、Tomaszczyk（1979＼1983）、Hartmann（1983）的调查发现，二语学习者在翻译和阅读过程中主要使用双语词典，使用单语词典的不多。Jerzy Tomaszczyk（1979）最早对外语学习者和翻译者的词典使用情况进行了调查研究，调查问卷包括 57 个问题，调查发现，查找词义时，初级用户使用双语词典比单语词典频率高，高级用户使用单语词典频率高；调查对象普遍认为，尽管单语词典不如双语词典使用方便，但是单语词典的质量更令人满意。史耕山、陈国华（2007）的调查显示，约半数学生使用电子词典、双解词典和英汉词典来查找生词，其中电子词典是首选；查找已知单词的特殊用法时，他们优先使用双解词典，其次是英英词典，使用电子词典和汉英词典的学生则很少；翻译时多数学生使用汉英词典，少数学生使用双解词典和英汉词典。

岑玉珍等（2008）关于汉语留学生选用汉语词典情况的调查显示，不同汉语水平的学习者对单语词典和双语词典的需求不同。学汉语者在词典使用中，对母语的依赖性强是一个普遍现象；同时随着学习时间的增加，用目的语解释的词典需求也在增加，在学习 2～3 年、3 年以上的人中,使用汉语单语词典的学习者达到或超过50%。调查也显示,只是单一使用母语解释的词典的比例随着学习时间的增长呈现出递减的趋势,同时使用双语和目的语解释的词典的人数比例呈现出明显的递增趋势。这反映了以目的语解释的词典更能满足中高级水平者的学习要求。

词典选择与学习目标有关系。研究发现,查找生词的意义,大部分高级用户使用单语词典。查找单词的用法,很多学生更喜欢使用双语词典而不是单语词典。学生使用词典的目的会随着不同的学习阶段而改变,高级用户认为单语词典更有用,能比较充分地利用词典中的编码信息。

3. 用户对电子词典使用习惯和态度的研究

电子词典的使用倾向也引起了研究者的注意。由于纸质词典查阅烦琐、速度慢,查询结果经常不尽如人意,所以许多学习者在阅读理解中倾向于用电子词典。章宜华(2011:63)关于汉语留学生拥有电子词典情况的调查发现,拥有国内外出版的电子词典的留学生较多,有62.1%。邓琳(2006)的调查显示,58%的学生常用电子词典,但67%的学生认为纸质词典更可靠、更有帮助。这种矛盾说明,电子词典方便、快捷、多功能等特点具有极大的吸引力。这种矛盾也导致目前学者对电子词典的看法出现分歧。Liontas(2001)调查发现,一些研究阅读的学者和教师认为频繁使用纸质词典不利于用户流畅阅读,应予避免。而Kisito(2007)指出,英汉电子词典特别是带有铃声提示的电子词典干扰了课堂英语学习。学生没有意识到,仅仅提供对应词对学习英语词汇不仅没有帮助,还阻止了学习者在学习上下文过程中的正常英语思维。

由于汉语汉字与印欧语言文字的类型差异,汉语辞书与印欧语词典的编排和检索方式也存在一定差异。汉语辞书的编排除了有音序编排法,还有部首编排和笔画编排等方式。安德源(2012)的调查显示,77.6%的学生希望使用音序排序法,同一音节内按汉字笔画数排列;22.4%的学生希望使用部首、笔画、笔形排序法;仅有12.4%的学生希望尝试义序排序法。

二 关于词典查阅需求的研究

词典查阅需求是词典使用研究中关注最多的问题。Béjoint(2002)认为,调查用户实际查阅需求的目的在于了解用户查阅词典的场合,哪些词条使用者查阅最为频繁,哪些词条使用者从不查阅,另外还有不同类型的词典用户对信息范畴的需求是否存在差别。Hartmann(2005:87)也指出,不同的用户群体有不同的需要,用户的需求分析应该优先于词典的设计。

(一) 词典查阅需求理论的研究

Kuhn(1989;见 Hartmann,2005:88)第一次系统地提出词典需求理论,总结了各种查询目的,并对此提出了相关的要求:(1)检测语言能力,如拼写困难;(2)文本接受能力,如"难词"理解;(3)文本制作,如语义和句法问题;(4)翻译,如指出词汇的对应词;(5)技能知识,如术语;(6)研究,如文本与数据的一致性;(7)启发,如对谚语的兴趣;(8)语言习得,如同义的表述。

Hulstijn and Atkins(1998)的研究表明,影响二语学习者的词典使用效率有多种因素,如学习者的语言熟练程度、推测能力、需要查阅的语言信息种类等。

章宜华等在《当代词典学》(2007)中指出,在确定了词典用户后,对词典用户的需求应该从四个方面进行调查。这四个方面分别是:(1)使用环境调查,重点调查不同类型的词典用户在特定的环境中需要什么类型的词典;(2)知识结构调查,充分利用心理语言学和认知语言学的研究成果,使词典的解释方式与人类自然语言的习得方式更加相近;(3)知识需求调查,了解词典用户的知识结构和潜在的接受能力;(4)接受需求调查,了解词典用户心中的理想词典,主要包括:词典的规模、词典的开本、字体、颜色、封面、装帧、价位等。

(二) 词典信息范畴需求的研究

现在词典里所包含的信息越来越丰富,但是读者并没有充分利用其中的信息。不管是有关对英语为母语的词典使用者的研究,还是针对英语为外语的学习者的研究,得出的一致结论是:用户查阅频率最高的信息是意义。Barnhart(1967)率先提出用户查阅词典的需求问题,并对27个美洲国家百所高校的百余位教师进行了问卷调查,发现词典信息范畴的需求顺序依次是:意义、拼写、语音、同义词、语用和同源词,说明查阅词义和拼写是大多数用户的主要需求。Quirk(1973)的调查发现,用户最主要的查阅目的是为了查找意义,对词源和读音信息不感兴趣。Quirk 的研究与 Barnhart 不同的是通过调查学生直接取证,而不是间接通过教师。Tomaszczyk(1979)对450名波兰高级语言学习者、教师以及翻译人员的词典信息范畴需求状况进行了调查,发现词典用户的信息范畴需求依次是:意义、同义词、拼写、语音、语法和词源。

Béjoint（1981）对法国英语专业二、三、四年级学生做的调查发现，在单语词典使用者当中，意义的查询率占87%，句法占53%，同义词占52%。Carla Marello（1989）对意大利英语专业学生进行的调查发现，在双语词典使用者当中，意义的查询率占98%，拼写占70%；在单语词典使用者中，意义的查询率占51%，同义词占49%，语法占36%。Bareggi（1989）对意大利英语专业一年级学生进行的调查发现，在单语词典使用者中，发音的查询率最高，形态、句法、语体的查询率最低。Cowie在《英语学习词典史》（2002）中指出，词典用户关注最多的是意义信息范畴，以及造成文化困难或语义困难而非结构或功能困难的词语。Quirk（1973）论证了意义信息范畴对使用母语词典的本族语学生是最重要的。Hilary nesi（1994）调查发现，用户使用词典的首要目的是查阅词义，其余目的依次是：生词的写法、词的语法信息、词的文化信息、词语搭配、词的读音等。通过Barnhart、Tomaszyk、夸克和考伊等的上述调查研究可知："意义"是词典用户在使用词典时主要查阅的信息范畴，同时词典用户在信息范畴的需求上存在较大的相似性，只是在需求的频率次序上面会有细微的差别。

虽然用户对词典信息范畴的需求存在相似性，但也应意识到，随着时间的推移和社会的不断变化，用户的需求会发生变化。对此Dubois（1981）指出：词典用户的查阅需求在20世纪的最后50年和最后10年、20年的情况是不同的，对于不同类型的词典使用者，词典的需求也会存在一些差异。（Hartmann，2005：89）岑玉珍等（2008）调查发现，随着学习时间的增加，被调查对象逐渐由积累学习转移到应用学习，用法是他们非常关注的项目。

不同语言文化背景的英语学习者对英语学习词典信息范畴的需求不尽相同。胡美华（2002）通过调查发现，中国的英语学习者在使用英语词典时主要查阅的信息范畴是：发音、拼写、词义、用法、常见搭配、语法信息和文化背景知识。史彬彬和潘攀（2005）通过调查发现，非英语专业的英语学习者心目中的理想词典应该重视收词量、同义词辨析、例句、释义和新词的收录。雍和明（2003）调查中国的英语学习者在语言需求和信息检索上的英汉词典使用状况，并与夸克关于单语词典用户的调查结果进行比较，发现共同点是：拥有词典的数量；对词目和信息的选择，大部分中美两国学生都主张收录常用词；词典的总体形象，大部分中美学生对词典都有过失望的经历，原因包括对用法说明或释义不满意、收词不全等。不同点是：查询词典的原因，这主要是由中美两国学生的母语不同造成的；对释义架构的态度，中国学生希望用简单的词语进行释义，并且提供例证信息，而美国学生主要是抱怨释义提供的信息太少。陈伟和王维波（2005）对内向型汉英学习词典使用情况做过一次调查，抽样对象是中国大陆英语专业与非英语专业的大学生。结果显示，学生希望现有词典在对等词的词义辨析、收词全、对等词的语法信息、对等词的文化信息等方面有所改进与提高。

上述调查研究大都针对英语词典用户，目前对汉语辞书用户需求的调查研究不多。李志江等（1999）调查了汉语词典用户在检索、开本上的一些需求，并且通过被调查者已有的词典类型得知用户对词典类型的需求。安德源（2012）对少数民族汉语学习者对词典附录的需求状况进行了调查，结果显示：76％的学生认为词典附录有必要，20％的学生认为无所谓，4％的学生认为没必要。最需要的附录信息依次是：汉语偏旁名称表、汉语拼音方案、计量单位表等，他们对附录中的历代纪元表、元素周期表等很少关注。安德源（2012）还发现少数民族汉语学习者对词条信息的需求：(1) 语法信息尽可能翔实、充分；(2) 错误和疑难点提示；(3) 词的文化背景知识；(4) 日常交际中常用的口语词；(5) 插图能为释义做生动形象的补充和延伸；(6) 标注的标签或代码应简明。

张金忠（2011）在对中国俄语专业学生使用俄语词典的调查后发现，俄语专业学生希望查询的信息层面较广，经常查阅的信息有拼写、词义、用法；较常查阅的信息有词类、例证、词语搭配。其中词义信息和用法信息查阅频率最高。多数学生认为，他们使用的俄语词典的最大不足是信息不全，对词典提供的词义辨析、文化国情、语音或语法、用法等信息和联想信息不满意。

编写适合词典用户需求的词典是词典研究的最终目的，因此词典用户需求越来越得到研究者的重视。但是从已有的研究来看，内容主要集中在表面的信息范畴需求和频率的统计。虽然有一些学者，例如 Tono（1992）通过实验对词典释义提出了建议，但是缺少系统的、可操作性的研究。从出版词典的实际情况看，学者提出的模式或建议很少在已出版的词典中得到体现。

目前对词典信息范畴需求状况的研究多集中于英语词典，研究结论也较为明确。而对汉语词典用户对词典信息范畴的需求研究不够，结论也不够明确,需要进一步调查研究。

三 关于词典使用与语言活动的研究

关于词典使用与语言活动的关系,目前的研究结果显示,词典主要用于书面语活动中。对于二语学习者来说,词典用作解码(如阅读和 L2 到 L1 的翻译)比用作编码(如写作和 L1 到 L2 的翻译)的时间要多。阅读理解是一种使用词典较多的语言活动,预习和复习则是使用词典最系统的语言活动。Tomaszczyk(1979)研究发现,词典主要用于阅读理解和写作,而在翻译(母语翻译成外语)、听说活动中词典使用不多。Béjoint(1981)发现词典用于解码活动,依次为:外语翻译成母语、书面理解、书面写作、母语翻译成外语、口语理解和口头作文。Hartmann(1983)进行了问卷调查,对象是英国的部分德语教师和学生,结果发现无论在课堂内还是课堂外,双语词典都主要用于翻译活动,其次是阅读和写作。陈伟和王维波(2005)对内向型汉英学习词典使用情况做的调查显示:内向型汉英学习词典主要用于汉语—英语方向的翻译与英语写作中。上述研究均显示,在阅读过程中,学生遇到生词时最希望从词典中获得的信息便是该词的语义,尤其是符合上下文语境的意思。Hulstijn(1993)的研究发现,英语学习者需要查找的词汇一般都是在阅读理解中碰到的,英语水平较高的学习者只有在通过上下文无法猜测出词义的情况下才会查阅。Grabe 和 Stoller(1997)针对二语学习者使用词典的情况进行了研究,结果表明使用词典不但可以提高学生的阅读理解能力,而且有助于提高翻译能力,测试对象在接受了为期五个月的词典使用训练后,翻译练习的正确率从第一个月的 30% 陡然提高到最后一个月的 90% 以上。

Ard(1982)发现学生写作中的用词错误可能跟使用的双语词典有关。Nesi(1987;见何家宁,2003)分析了英语学生写作时用词方面的错误,然后查看常用的教学词典对有关词语的释义,发现那些词典对词语的语体、搭配等释义信息不足。McKcown(1993;见何家宁,2003)发现,COBUILD 提供的句子释义方式比其他的释义方式更能帮助学生使用生词。Harvey 和 Yuill(1997)让学生在写作中使用 COBUILD 词典时做详细的记录,发现它的整句释义方式、采自语料库的例子和所列的同义词均对写作有帮助。

关于词典例证与写作的关系。Laufer(1992)的实验说明,阅读词典编者自造例的用户比采自语料库的例句的读者写作成绩更好，也更有助于言语的理解。

对用户在写作、理解、翻译中词典的使用情况进行研究的还有：Berwick、Horsfall（1996），Hulstijn 等（1996），Hulstijn、Atkins（1998），Atkins、Varantola（1998）、Rundell（1999）、Scholfield（1999）、McCreary、Dolezal（1999），Nesi、Haill（2002），Lew（2004）。

关于词典使用与语言活动关系的研究，目前的研究成果多集中于英语词典用户，缺乏对汉语词典用户的调查研究。

四 关于词典使用与词汇学习的研究

Nation（1990）认为使用词典不但可以帮助阅读理解，还可以提高词汇习得。Grabe 和 Stoller（1997）对二语学习者使用词典的调查表明，词典是帮助外语学习的有效工具，它能促进词汇记忆，提高学生的阅读理解能力。Nation（2001）尝试把词典使用纳入词汇习得的研究框架中。他认为词典释义、词典用户的态度、词典使用的技巧与培训、词典的选择、词典的评估都与词汇学习策略有关。词典作为语言知识的重要来源，能够为学习者的词汇学习提供帮助。

在词汇习得方面，词典主要用于查找和核对词义。在阅读过程中，除了根据上下文猜测词义，使用词典也是一个重要的学习策略。在词汇测试中，使用词典的学生比不使用者成绩要好得多。Knight（1994）调查阅读过程中词典使用情况时发现，经常使用词典的二语学生比不使用的能记住更多单词的词义。查阅词典会花一些时间，但阅读效果比不用词典者要好得多，因此应该鼓励多用词典，尤其是初学外语者。他们的语境推测能力很弱，其他策略对他们的帮助不大，而且使用太多的学习策略不利于他们准确地记忆和扩展词汇。

目前可以肯定的是，使用词典有助于二语学习者词汇附带习得（Hulstijn，1992；Watanabe，1992；Jacobs、Dufon、Fong，1994），不同类型的词典对词汇学习效果如何，对此存在着不同的意见。Luppescu 和 Day（1993）通过实验证明，双语词典比单语词典更有利于词汇记忆，原因可能是，与单语词典中的外语释义相比，读者更容易理解双语词典的本族语释义。但根据 Petrylaite、Vaskeliene、Vezyte（2008）的调查，多数英语教师反对学生在学习过程中使用英汉词典，他们认为使用英汉词典容易造成阅读过程中不可跨越的翻译障碍，学生每遇到一个生词都要寻找一个母语对应词，造成阅读过程不连贯，以及不良的词汇学习习惯。Raudaskoski（2002）建议学生阅读中使用英英词典，因为与英汉词典相比，英英词典能为学习者提供更多更准确的词汇背景，对发展词汇能力有帮助。而且词语释义和示例的阅读本身就是很有意义的学习经历，能帮助学习者提高英语思维能力。吴建设等（2007）通过实验表明，与词表相比，使用单语词典对词汇附带习得有较强的促进作用，因此在词汇教学中，要鼓励学生在阅读、听力等各项任务中多使用单语词典。

词典释义和例句对理解词语的作用不同。Laufer（1993）通过实验发现释义和例句的综合信息比单独的释义信息或者单独的例句信息对理解词语更有利，而释义比例句提供的信息更有帮助。

五　关于词典技能与词典教学的研究

词典使用技能是指"用户应该拥有，并通过习得具备的有效检索和充分利用词典信息的各项技能"。（Hartmann、James，2000：117）词典技能及其教学，讨论词典技能内容及评估、用户的词典技能状况、用户的词典使用策略；词典技能教学的必要性、词典技能与用户类型、词典教学与词典用户类型、词典教学的内容，词典教学的方式；用户技能与词典编纂等。

（一）词典技能内容的研究

词典技能包含的内容以及如何确定词典技能的内容，不同的研究者基于自己的知识背景会提出不同的观点。Nesi（Hartmann，1999：53~67）认为词典使用技能包括六个方面：（1）了解和选择词典，包括了解现有词典类型，选择适合的词典，了解词典信息类型；（2）确定查阅项，包括根据语境信息确定是否有必要查阅词典、确定查阅项、根据语境推测查阅项的义项；（3）定位词条信息，主要是熟悉词典结构；（4）阅读词条信息，区分相关信息和无关信息；（5）筛选和记录词条信息；（6）其他，如熟悉词典术语、熟悉不同释义或翻译方式等。他还对词典使用技能分出了六种情况：学习之前；查阅词典之前；找到词条信息所在；理解词条信息；记录词条信息；了解词典编纂问题。（Nesi，1999；见 Hartmann，2005：115）

哈特曼（2003）提出七组查阅技能：辨识查阅问题，选定有问题的词语，选择最合适的词典，搜寻宏观结构，搜寻微观结构，获取相关资料，融合信息。Wiegand（1998，见 Hartmann，2005：92）建立了一个学习词典的查考技能框架，把用户视角放在了一个广泛的词典研究背景下，提出了建立查考技能"行为类型"的详尽描述。这些描述建立在59个"什么"问题的基础上，如：什么类型的词典，为了什么目标和期望；在什么条件下，用什么方法达到什么样的结果等。Bogaards（1993）提出词典使用模型：识别词汇难题，决定使用词典，查找词条，找到词条中的具体位置，理解信息并运用。Hartmann（2005）把查询步骤总结为：用户语境（→活动形式→决定难点词）→选择词典→词典语篇［→词典外部搜索（宏观结构）→内部搜索（微观结构）→提取相关数据］→信息融合→用户语境。

曹杰旺和罗思明（2005）、罗思明等（2002）提出词典使用的四个主要阶段：词典定位，信息定位，信息阅读，信息提取和运用。词典用户运用词典认知能力、语言认知能力、百科认知能力、逻辑认知能力完成对词典信息的查找、阅读、分析、推导、归纳和总结，从宏观结构和微观结构中找出相关的显性信息和隐性信息，完成信息提取，并将所提取信息储存在短期记忆中。

章宜华（2011：42）认为用户查阅词典的心理过程包括：（1）问题的提出；（2）查阅词典的决定；（3）索引单位的确定；（4）查阅技能和查阅策略的应用；（5）词典信息的解读与选择。

在翻阅词典之前，读者首先要决定查哪些词语。Hulstijn（1993）发现，学生更多地查阅他们认为跟阅读目标密切相关及不能从上下文猜测出词义的词语，相关性和难易度是影响学生查阅哪些词语的重要因素。

（二）用户词典技能和查询策略的研究

1. 用户词典技能状况的研究

实验研究表明，词典使用能力越好查得率越高、查阅速度越快（Neubach，Cohen，1988）。但是大量的研究结果表明，词典用户的词典技能普遍低下，缺乏相关的词典技能训练。（Cowie，2002）Béjoint（1981）是第一个对词典用户的查阅技能进行研究的学者。他发现，由于大部分学生不知道词典包含哪些信息，因此单语学习词典并没有得到充分利用。与那些为本族语人而编写的词典相比，学习者没有从单语学习词典获得更多的帮助，因为他们对学习词典里为二语学习者特别设计的信息不熟悉。

（1）用户对词典信息获取不完整

Nesi（1994）调查发现：在使用词典的时候，如果用户不能够区分相关信息和无关信息，那么词典用户就会错误地满足于自己的查询结果，从而就会造成错误地使用所获取的信息；同时，教师和词典用户对于词典正文中的附加信息都没有给予重视，这也影响了词典使用的效果。Nesi（2000）、Nesi 和 Haill（2002）以留学英国的外国学生为调查对象，研究 ESL 学习者使用词典的习惯和存在的问题。研究发现，词典查阅过程中读者利用有关词义和用法的先备知识与词条中的信息项进行对比，读者对词典信息选择时会受到语义思维定式的影响，当二者发生冲突时，读者会倾向于自己的感觉。罗思明等（2002）通过实验发现，高级词典用户在词典使用过程中确实有一定的规律，遵循一定的检索路径。用户检索技能获得具有阶段性，经过半年多的专门训练后仍然存在一些问题：(1) 能较好地获取显性信息，但对隐性信息获取能力差，缺乏必要的联想、推导和归纳能力。(2) 找到所需的部分信息后，就不愿再继续阅读，获取信息不全。这与 Tono（1984）的研究不谋而合，Tono 发现学生查阅词条信息时并非看完整个词条，而是倾向于只看词条的前面部分。

(2) 用户对标注代码缺乏关注

Béjoint（1981）通过问卷调查发现，超过一半的用户没有利用词语用法标注。Harvey 和 Yuill（1997）也发现，英语写作中学生根本不查阅词典的语法代码，甚至不明白语法代码的含义。

(3) 对内词条关注不够

Nesi（2000）及 Nesi 和 Haill（2002）经过调查发现，有一半的受试者在查阅词典时不能准确地选择词条和内词条。罗思明等（2002）发现，中国的高级英语词典用户在具体检索形态的确定上缺乏准确性。

(4) 词典使用技能与词典类型选择

词典知识和使用技能丰富的用户能从多种类型的词典中获得帮助。Laufer 和 Hadar（1997）的实验表明，通过词汇测验和造句测验的成绩能够看出，双语词典对词典使用技能低的学生帮助最大；对于词典使用技能中等的学生，双解词典最合适；而双解词典和单语词典对词典使用技能高的学生很适合。

2. 用户词典查询策略的研究

(1) 对双解词典过度关注母语释义和对应词

双解词典是广泛受到二语学习者欢迎的一种词典，可能是因为这种词典既保留了词目外语释义，又有词目的母语对应词。但是他们使用词典时并不是同时查阅释义和对应词。Laufer 和 Kimmel（1997）给出 15 个生僻词语，测试学生的词典查阅技能，最终发现学生更倾向于查询双解词典中的母语对应词部分。Taylor 和 Chan（1994）调查了学生使用电子词典的情况，也得到相似的结论：学生在核实生词的词义时，首先求助于词典中的母语对应词，而不是阅读外语释义。罗思明等（2002）发现，英语高级词典用户对译文依赖性太强。部分受试者对双语词典或双解词典中的汉语信息过度依赖，在读过汉语对应词后，不愿再读英语释义。

史耕山、陈国华（2007）调查发现，有半数的学生查阅词典时能浏览词条中的几个义项，但无法避免使用英汉对等策略，对英语释义注意不够。史耕山、陈国华（2007）调查还发现，多数学生（60.3%）查完新词后只记下汉语释义或对等词，这是"寻找易懂释义策略"所致，汉语释义或对等词在认知上更直接、更便捷。

Laufer 和 Kimmel（1997）通过对 70 名外语学习者的调查发现，学生们倾向于查阅由一种语言所提供的词义，词条内的其他信息似乎并无太多的实际用途，只有 13% 的受试者阅读了整个词条。

Tono（1984）对 402 位英语专业的学生进行了查阅技能测试，发现若干词条内提供的信息太多不利于用户准确、有效地查阅所需信息。学生查阅双语词典时倾向于选择第一个对应词。Li（1998）发现中国学生在使用双语词典进行英汉翻译时，翻译出现错误的一个原因就是学生往往选择第一个对应词。

（2）过分关注第一个义项

Tono（1984）做过一项实验，让 402 名日本的英语学生（包括英语专业和非英语专业）翻译几篇英语材料，学生在查阅多义词时，明显倾向于选择第一个义项，而不会读完整个词条。可见，若词条内提供的信息太多，则会妨碍准确、有效地查阅词典。

如何编写词典才能满足词典用户信息范畴查询的需求也是词典研究者关注的一个主题。Tono（1992）发现，如果词条在第一个义项后面有很长的例句，那么词典用户不会跳到第二个义项上。所以 Tono 建议将一系列"词典菜单"体系中有辨别力的例句和细节信息放在每一个词条的前面。但是史耕山、陈国华（2007）对中国英语专业学生的调查显示，约半数学生会把前几个或全部义项看完，只有 3.5% 的学生只看第一个义项。这与 Tono 的调查结果显然不同。

Tono（1992）发现，在多义词前设置"义项清单"对使用技能差的用户较有帮助。在测试中，被调查者被分为受教育程度较高的、有查阅技能的词典用户和受教育程度较低的、没有查阅技能的词典用户。结果发现："词典菜单"对于有技能的词典用户来说作用不大，但是可以帮助缺乏词典技能的词典用户快速地找到需要的信息。

（3）语言活动与词典使用策略

Al-khawadeh（1994）调查了学习者在读和写的过程中使用词典的策略。由于受试者的性别、专业方向、学业背景及具体的学习任务不同，他们查阅词典时使用的策略也不同。Hulstijn（1993）对查阅词典的策略进行了调查，发现查阅词典的频率与其学习任务的相关性有密切联系。当学生认为他们所遇到的生词与其当前学习内容和语言活动的目的有关时，他们使用词典的频率就高；如果认为不相关的，他们就不愿意翻阅词典。

（4）用户语言水平与词典查阅策略

Tono（1984）发现外语程度高的学生比程度低的学生能更好地利用词典中的信息。

此外，邓琳（2006）、田志强等（2007）、刘军（2007）、黄广芳（2008）、王文渊与徐福文（2008）、张荷（2008）、邓燕萍（2008）的研究都表明，我国的英语词典用户对词典的认知和使用存在很多问题，词典使用技能还比较低下，词典的很多信息没有得到充分利用。

（三）词典用户教育的研究

辞书使用教学是指为了提高辞书用户的使用技能和培养全民辞书文化意识而开展的一系列教学活动。该领域主要研究如何根据用户的需求，对他们进行系统的词典技能教育和培训。Kipfer编写了专门的词典用户教育教材《词典学著作：词典用户教程》（1984），该书系统地阐述了词典教学的重要性、词典用户需求、词典技能、词典教学原则等问题。

1. 词典用户教育的必要性研究

Li（1998）指出用户对词典的认识越多，对词典使用所持的态度就越积极。对学生进行培训和指导能显著提高其词典技能。从用户对词典信息的需求和查阅技能来看，词典编者的设想和用户的实际需求之间存在着不小差距。Hatherall（1984）认为缩小差距的方法有两种：（1）编者要更多地了解用户的实际需求；（2）读者更多地了解词典编纂的意图。因此，对用户进行词典知识和词典使用技巧的培训非常有必要。读者词典技能的提高有助于他们更有效地利用词典中所包含的丰富信息。然而目前的情况是，学生很少得到培训，读者基本不了解学习词典的特点。Thompson（1987）指出，如果我们希望词典能得到有效使用，就必须教授词典知识和使用技能。所以，应通过各种途径加强词典使用教学。

目前的调查显示，学生肯定词典在外语学习中的重要作用，但他们对词典的结构、内容和功能等普遍缺乏足够的了解。Hartmann（1999）在埃克塞特大学通过对学生问卷调查和对教师访谈的方式，对不同专业的学生词典使用情况进行了调查。他指出学生查阅词典的熟练程度较低，但普遍肯定技能培训的作用；教师表示将考虑在不同的课程中尝试词典的教学。Béjoint（1989）提出应该通过教育来培训词典用户。

2. 词典用户自教育状况的研究

用户自教育指词典用户通过阅读词典凡例或使用指南等丰富自己的词典知识，增加自己对词典使用方法的了解。这是加强词典使用教育的重要途径。而目前的调查结果表明，大部分用户不重视对词典知识技能的学习和自我训练。Atkins 和 Varantola 在法国、德国、意大利和西班牙对英语学习者进行了大规模调查，使用的方法是调查问卷、编班考试和词典考试。调查发现，很多缺乏训练的词典用户不知道应该在哪个部分查找需要的信息；大部分学生在使用词典的时候，几乎没有人去认真地阅读凡例。（Hartmann，2005：85）

3. 词典用户教育的任务和内容

曹杰旺和罗思明（2005）对词典使用教学的任务进行了探讨，他们认为可以通过教学影响用户的使用过程，从而提高用户的使用技能和使用效益，形成正确的使用习惯和词典文化意识。同时努力探索用户的心理行为和使用规律，总结教学经验与教学规律，为词典研究、出版和词典使用提供有力的支持。

目前对词典用户教育的内容研究较多。Hartmann（2005）认为，通过分析用户的查阅过程，可以建立词典使用模型，找出词典技能包括的内容。陈玉珍在《当前英语专业学生词典使用培训的途径》中根据词典查阅过程模型设置了词典技能教学的内容，包括：（1）识别查阅问题。Herbst 和 Stein（1987）认为，学生应该预测可能的错误，以便知道何时需要查阅词典。Horsfall（1997）指出，知道何时不用词典也是一项重要的技能。因此，学生应掌握猜测词义的策略。（2）在词典的宏观结构中查找信息，包括：掌握字母编排顺序，了解词目词的立目原则，参见不同的词条，选择同形或同音词，利用词典正文之外的信息。（3）在词典的微观结构里查找信息，包括：查找拼写信息，查找发音信息，查找用法信息，查找语法信息，查找语义信息，查找相关词，查找词源信息，利用双语词典提供的对应词。（4）记录所查阅的信息。

曹杰旺和罗思明（2005）认为词典使用技能教学应包括以下内容：词典的历史，词典的类型，词典的功能，编纂传统，词典的结构，词典信息内容、结构、呈现方式，词典元语言（包括符号、公式、图表等），检索路径，认知策略、模式与方法，词典编纂的复杂性和词典用户之间的技能差异等。

南旭萌等（2008）主张对汉语学习词典用户设置分级教学内容。对初级阶段的学生，应对其选择词典给予帮助，避免学生选择过难的、超越自己学习阶段的学习词典，并在查找、选择词义时给予指导，防止误解误用。对中级阶段的学生，教师应引导他们逐渐向使用汉语词典过渡，减少对母语及拼音的依赖。高级阶段的学生一般能够独立、自由地使用汉语学习词典，但教师仍要提醒学生，在理解词义的基础上，关注和积累词的搭配、用法，但不要过分依赖词典。

杨蔚君（2009）强调教师在词典教学中所起的作用：教师应帮助学生了解各类词典的功能，同时引导学生理解词典在英语学习中，尤其是词汇量积累以及英语知识构建过程中所起到的作用。

文军和姜治文（1998）认为词典教学的内容包括：教授词典使用的原因；词典教学的意义；关于词典教学课程的开设状况，指出没有专门的词典课程，指导也很随意、薄弱；英语专业设置词典教学的必要性；词典课程教学包含的内容，主要是从宏观角度和微观角度进行了细致的论述。

4. 词典用户教育的方式

Hartmann（2005）提出应从三个方面进行词典用户的培训：（1）词典本身提供"用户指导"；（2）出版社帮助用户练习正确的"词典习惯"；（3）在"课堂"上，词典使用是语言学习的组成部分，老师可以检测用户学习的过程。Hartmann（2005）对词典使用教学提出九条建议：（1）提高对词典的认识；（2）加强用户、编者及教师之间的联系；（3）更重视查阅背景；（4）考虑词典在考试大纲中的作用；（5）设计实践性课程；（6）设计更好的练习册；（7）融合不同的查阅形式；（8）改进有关这些问题的文献资料；（9）在教师培训中列入词典使用内容。曹杰旺和罗思明（2005）认为词典技能教学实践性强，最理想的教学模式是在"用中学"。

Béjoint 和 Moulin（1987）提出可以设计专门的词典手册，用以指导学生如何利用各种词典来帮助学习。Béjoint（2002：168）指出，教授学生使用词典最有效的方法是把它纳入日常教学计划，通过课堂教学来进行。章宜华（2011：47~48）指出，要发挥词典在二语教学中的作用：首先，任课教师应该提高对词典辅助教学作用的认识，把词典的使用纳入到教学计划中来。其次，教师要负责培养学生使用词典的兴趣。第三，教师要注意学生词典查阅技能的培养。第四，教师要引导学生养成经常使用词典的习惯。章宜华等在《当代词典学》（2007）中专门对词典教学的设计、词典教学与用户教育进行了论述。他们认为应该分阶段对词典用户进行教学，根据学生的知识水平可以分为六个阶段：小学、中学、大学一年级、大学二年级、大学三年级和大学四年级。每一个阶段都设置不同的教学要求和教学内容。对于词典教学和用户教育，他们还区分出专业人才的培养和普通的词典用户教育。关于词典学专业人才的培养，他们认为有三种方式：一是针对词典学专业的学生讲授词典学理论和实践知识，进行系统的词典学专业教学；二是在高校中针对语言学专业的学生开设与词典学相关的选修课程；三是针对某个主题或课题开设专题讲习班，进行深入的讨论。对于普通的词典用户，他们认为应该为词典用户提供词典的基本知识和词典技能的教学，帮助用户解决词典在使用上的问题。因此，他们提出了词典用户教育的三个基本原则：一是分阶段教育原则；二是分专业教育原则，这主要是针对高校教育来说的；三是有选择教育原则，针对不同的教学对象、不同的教学问题选择不同的教学内容和采用不同的教学方式。

邓琳（2006）认为教师可以在课堂上穿插讲解词典的基本知识，还可以通过举办讲座、开设兴趣小组和选修课等方式，让学生全面了解词典知识，并让学生在使用词典解决问题的过程中找到乐趣和自信。

六 辞书用户研究存在的问题

从词典用户的角度进行的词典研究虽然时间较短，却得到了较大的发展。研究的主题越来越丰富。在研究方法上，也不再局限于问卷调查，而是通过实验得到数据，受到了更多研究者的青睐。虽然词典用户研究的主题越来越细化，但是从已有的研究上，我们不难发现，这些主题之间存在着密不可分的联系，它们之间是相辅相成的，不能孤立地看待每个主题。词典用户本身的研究为词典需求、词典技能以及词典教学研究提供了基础；词典需求研究是为了编纂出更加适合词典用户的辞书；词典技能和词典教学的研究是为了词典用户更好地利用词典。

目前词典用户的研究虽然取得了一定的成就，但是仍然存在一些问题。第一，缺少理论框架，研究不够系统。由于研究的目的不同，导致最后的研究结果显得不成体系。并且由于研究目的的多样化使已经得出的研究结果难以评估和比较，缺少可重复性，获得的实验结果很难推广。（哈特曼，2003）第二，研究还受到了很多限制，如样本过小，观察的对象（或总体）太有限，考察的词典类型过于单一。虽然用户群体不再局限于大学生，但是教育体系中的学生仍然是主要的观察群体，其他类型的用户群体则几乎不知道他们的状况；大部分研究是针对已经出版的词典，对于新词典或将要编写的词典研究不够（哈特曼 2003）；很多研究是对过去或现在的情形进行分析，缺少对未来的预测。而且研究往往局限于对个别问题提出解决方案，没有提高到为国家语文辞书发展战略服务的高度。第三，从国内的研究来看，研究内容集中、重复，调查的用户多集中于语言学习者，特别是英语学习者，而汉语辞书用户调查研究的较少。

七 本书研究计划

事实上，不同语言文化背景的用户，其需求状况、使用策略等存在着差别，针对一种语言词典用户所做的研究结论未必适用于另一种语言的辞书用户。Nesi（1994）通过实验对葡萄牙的英语学习者和马来西亚的英语学习者在使用词典方面的差异进行了比较。这些被调查的学生在年龄、受教育程度上都处于同等水平。在实验中，首先给这两组学生一些词汇，有常用词汇和非常用词汇。研究的问题主要是：（1）不同语言背景的学生在所给定的任务中查阅词汇的数量是否存在不同。（2）不同语言背景的学生在查阅词条时所花费的时间是否存在不同。（3）不同语言背景的学生在查阅词典后，所造的可接受的句子在数量上是否有所不同。经过实验发现：葡萄牙学生在词典查阅的词汇数量、花费的时间以及所造的可接受的句子这三个方面的表现都要优于马来西亚学生。Nesi 分析了造成这些差异的原因：首先，与马来西亚学生相比，葡萄牙学生在日常生活中使用英语的机会更多；其次，葡萄牙学生更加熟悉词典中的语法编码和语法定义；而且葡萄牙学生熟悉其他的欧洲语言或者是在英语中出现的母语借词。因此，目前针对英语词典用户的调查研究的结论未必适用于汉语辞书用户。现阶段，人们对汉语辞书的需求在数量和质量上都有较高的要求。但是，因为缺乏词典使用研究，很多辞书的编纂者不能够很好地从用户的角度出发，针对词典用户的需求编写合适的汉语辞书。因此，仍有必要对汉语辞书使用状况进行调查研究。

哈特曼（2003）对词典使用研究提出八条建议：（1）扩大使用者研究范围；（2）增加受研究人群；（3）拓展被研究的参考工具的种类；（4）使不同方法的研究更有可比性；（5）使研究结果更易推广；（6）扩大研究中可变因素的范围；（7）进行词典出版前的潜在使用情况调查；（8）提供更多的方法培训。鉴于此，应该对我国语文辞书使用状况进行一次大范围的调查研究，以扩大词典用户的群体，全面掌握我国语文辞书的应用现状，向国家的相关部门提供可靠的信息和数据，为我国制定辞书发展战略提供依据。同时，也能为语文辞书出版部门提供用户的需求信息，使我国的辞书更加符合使用者的需求，避免浪费一些不必要的辞书出版资源。而且，提出辞书使用者应该具备的参考技能，能为辞书使用的教学工作提供客观的依据。

第二节　语文辞书应用研究的材料和方法

一　调查问卷的设计

词典用户理论是从词典使用的角度出发，在词典使用过程中，以词典使用者以及与之相关的词典需求、词典技能和词典教学等因素为研究对象。通过对词典用户在词典使用过程中的相关因素进行科学、深入的分析，发现词典使用规律，找出词典用户在词典使用中的不足并进行改正，能提高词典使用的效率。其内容主要包括：第一，研究词典用户，了解词典用户本身的背景，包括教育背景、社会文化背景、经济背景等，为进一步深入研究奠定基础。第二，分析和研究词典用户的词典需求。词典需求主要包括宏观需求和微观需求，通过了解词典需求为词典编纂和出版提供参考依据。同时，找出词典用户背景与词典需求的内在规律，针对不同背景的词典用户编纂合适的词典。第三，对词典技能和教学进行分析和研究，分析词典技能和词典教学包含的内容。通过了解词典用户的词典技能状况，找出词典用户在词典技能方面存在的不足，提高词典知识和查询技能，可以帮助用户解决词典使用过程中的问题。

为了全面了解我国语文辞书用户状况，本次问卷调查包括 5 项内容：辞书拥有和购买情况、辞书宏观使用情况、辞书微观使用状况、辞书知识和查阅技能状况。

二　调查方法

词典用户研究的方式主要有：调查问卷法、观察法、访谈法和实验法。我们以问卷调查法为主，必要时结合使用访谈法。

我们在烟台大学中文系和鲁东大学文学院招募了 200 名调查人员。按招生来源地看，他们分别来自全国 31 个省份，分布于东、中、西部，其中东部地区 100 名，中部地区 60 名，西部地区 40 名。

调查前我们对这 200 名调查人员进行了培训，说明本次调查的意义、目标、方法和要求。对调查人员的基本要求是：（1）调查前，简要说明本次调查的意义。（2）调查信息的填写要求客观、真实。调查对象回答不了的问题，不能勉强，可以缺如。（3）最好调查同学、邻居、亲友、老师或其他熟悉的人，以便顺利开展调查工作，保证调查所得信息的可靠性。（4）最好深入到家中或办公室调查。（5）必要时，在发放问卷后，可以结合使用访谈法，为被调查者讲解问卷内容，指导填写表格。（6）调查对象选择要求：普通成人 15 人，其中工人 3 人、农民 3 人、公务员 3 人、科技人员 3 人、其他 3 人。如果家住农村，农民调查人数可以多些；家住城市，其他人员可以多些。年龄分布：老、中、青均有分布。中小学教师 15 人，其中小学教师 3 人，包括语文教师 2 人、其他科目教师 1 人；初中教师 6 人，包括语文教师 2 人、其他文科教师 2 人、理科教师 2 人；高中教师 6 人，包括语文教师 2 人、其他文科教师 2 人、理科教师 2 人。中小学生 18 人，包括小学生、初中生、高中生，从小学三年级至高中二年级，每个年级调查 2 人，男女生各占一半。

三　调查问卷的处理

本次调查共发放 10000 份调查问卷，收回了 7000 多份。我们对收回的调查问卷进行了筛选,最后得到了 5001 份有效的调查问卷。利用 SPSS 统计软件建立数据库"我国语文辞书用户信息库",然后进行统计分析。

四 调查对象的基本情况

对于被调查者的基本情况,我们主要了解其地区分布、年龄、民族、母语、性别、职业、文化程度,以及被调查者父母的文化程度。

(一) 调查对象的地区、年龄、民族、母语、性别分布情况

本次调查的范围是:中国大陆的 22 个省、5 个自治区、4 个直辖市。不包含中国香港特别行政区、澳门特别行政区和台湾地区。根据调查范围的经济发展水平、人口数量以及教育状况,被调查的地区分为东部、中部和西部。其中东部地区包括:北京、天津、上海、江苏、浙江、福建、山东、湖北、湖南、广东 10 个省(直辖市);中部地区包括:河北、河南、山西、辽宁、吉林、黑龙江、海南、安徽、江西 9 个省;西部地区包括:重庆、四川、陕西、内蒙古、广西、贵州、云南、西藏、甘肃、青海、宁夏、新疆 12 个省(自治区)。各个地区调查人数分布情况见表 5-1。

表 5-1 调查对象地区分布状况

地区分布	东部	中部	西部	合计
调查人数	2461	1412	1128	5001
百分比	49.2	28.2	22.6	100

在调查的范围中,东部地区共调查了 2461 人,占总数的 49.2%;中部地区调查了 1412 人,占总数的 28.2%;西部地区调查了 1128 人,占总数的 22.6%。

在年龄方面,本次被调查者的年龄跨度较大,最小的被调查者仅 6 岁,年龄最大的被调查者 71 岁。在尽量扩大被调查者范围的同时,我们考虑到词典使用者的实际人群,所以被调查者主要集中在 12～24 岁之间,具体分布如下:6～11,275 人;12～15,837 人;16～19,1045 人;20～24,1111 人;25～30,488 人;31～40,621 人;41～50,431 人;50～71,149 人;未填写,44 人。共计,5001 人。

关于被调查者的民族分布,此次被调查者以汉族为主,共 4837 人,占 96.7%;被调查的少数民族包括白族、回族、壮族、纳西族、蒙古族、满族、土家族、彝族、瑶族、藏族、傣族、布朗族、哈尼族、维吾尔族、

哈萨克族、赫哲族、苗族、畲族、乌孜别克族，共20个少数民族，164人，占总调查人数的3.3%。

在被调查者中，母语为汉语的人数是4933人，占总数的98.7%，母语是非汉语的人数占1.3%。

在性别分布上，男性共2332人，占46.6%；女性为2667人，占总人数的53.3%。此外，有2人没有填写该项。

（二）调查对象的职业、文化程度、家庭经济状况的分布

词典使用者的文化程度、从事的职业以及家庭背景都会对词典的使用产生影响，所以我们也对被调查者的职业、文化程度、家庭经济状况、父母的文化程度进行了调查。

1. 调查对象的职业分布状况

从职业的分布状况看，学生人数最多，共2191人，占总数的43.8%；教师786人，占15.7%；工人412人，占8.2%；农民276人，占5.5%；公务员211人，占4.2%；科技人员138人，占2.8%；职业为医生、律师、军人、个体经营者以及公司职员的人数也较多，共713人，占总数的14.3%。在被调查者中，共274人没有回答该问题，占总数的5.5%。见表5-2。

表5-2 调查对象的职业分布状况

		频数	百分比	有效百分比	累计百分比
有效	工人	412	8.2	8.7	8.7
	农民	276	5.5	5.8	14.5
	公务员	211	4.2	4.5	19
	科技人员	138	2.8	2.9	21.9
	教师	786	15.7	16.6	38.5
	学生	2191	43.8	46.4	84.9
	其他	713	14.3	15.1	100
	合计	4727	94.5	100	
缺失		274	5.5	5.5	
合计		5001	100	100	

注："其他"包括医生、律师、军人、个体经营者、公司管理人员、公司职员等。

词典用户的主要群体是学生和教师，所以学生的比例占了多数，教师的被调查人数也较多，两者占59.5%。

2. 调查对象的文化程度分布

文化程度在影响词典使用的各种因素中有着举足轻重的地位，它直接影响到词典用户的词典需求、词典技能等。在调查中，我们将文化程度分为八个层次：小学、初中、高中、中专、大专、大学（本科）、研究生及其他。详见表5-3。

表5-3 调查对象的文化程度分布

		频数	百分比	有效百分比	累计百分比
有效	小学	594	11.9	12.7	12.7
	初中	998	20	21.3	34
	高中	940	18.8	20.1	54.1
	中专	212	4.2	4.5	58.6
	大专	503	10.1	10.7	69.3
	大学	1333	26.7	28.5	97.8
	研究生	96	1.9	2	99.8
	其他	8	0.2	0.2	100
	合计	4684	93.7	100	
缺失		317	6.3		
合计		5001	100		

注："其他"包括博士以及博士后。

小学文化程度的被调查者594人，占11.9%；初中文化程度的被调查者共998人，占20%；高中文化程度的被调查者共940人，占18.8%；中专文化程度的被调查者共212人，占4.2%；大专文化程度的被调查者共503人，占10.1%；大学（本科）文化程度的被调查者共1333人，占26.7%；研究生文化程度的被调查者共96人，占1.9%；文化程度是博士的有8人，占0.2%。另外，有317人没有回答该问题，占总数的6.3%。所以在被调查者中，大学、初中、高中文化程度的比例相对较大，他们也正是辞书使用的主要人群。

3. 调查对象的家庭经济状况

在调查对象中，经济情况选择"一般"的共3070人，占61.4%；经济情况选择"较好"的有 881 人，占 17.6%；经济情况选择"好"的共 235 人，占 4.7%。另外，有 600 人没有回答该问题，占总数的 12%。详见表 5-4。

表 5-4 调查对象的家庭经济情况

		频数	百分比	有效百分比	累计百分比
有效	好	235	4.7	5.3	5.3
	较好	881	17.6	20	25.3
	一般	3070	61.4	69.8	95.1
	困难	215	4.3	4.9	100
	合计	4401	88	100	
缺失		600	12		
合计		5001	100		

从被调查者的信息来看，在地域分布上，人员分布广，涵盖了中国大陆的各个省份。而且根据东、中、西部的经济状况和人口分布，此次调查的人数同样也是从东部到西部依次降低。在民族、年龄的分布上面，也基本上覆盖了人口较多的各民族。年龄的跨度大，但是调查者相对集中在 12～24 岁之间。关于被调查者的职业，此次调查的对象以学生为主，教师的人数也较多，这主要是考虑到词典使用的主要人群。关于被调查者的经济状况，以"一般"为主，经济状况困难的被调查者较少。被调查对象父母亲的文化程度也符合我国成年人的基本文化状况。

第三节 我国语文辞书应用状况调查

一 用户拥有和购买辞书状况

在调查中，首先需要了解的是辞书用户拥有和购买辞书的状况。这些问题包括：拥有和使用的词典，影响购买词典的因素，词典价格的接受范围，词典的来源，购买、借阅辞书的条件。

（一）用户拥有和使用的辞书

为了了解我国语文辞书用户开始使用的辞书有哪些，以及我国语文辞书用户在开始时对辞书类型的需求情况，我们设计的调查题目是：你开始拥有或使用的词典是什么？调查结果统计如下：《新华字典》是大部分被调查者最早拥有或使用的词典，共有3852人，占被调查人数的77%。填写其他字典的情况是："汉语字典"，42人；"中华字典"，27人；"现代汉语小字典"，7人；"四角号码字典"，12人；"新编新华字典"，6人；"小学生实用字典"，4人。综合统计，开始拥有和使用字典的占被调查人数的79%。其次，是《现代汉语词典》，共有301人，占总数的6%。填写其他普通语文词典的情况是："中华汉语词典"，5人；"新编汉语词典"，5人；"现代汉语多功能词典"，4人；"小学生多功能词典"，3人；"袖珍汉语词典"，4人；"中华大辞典"，4人；"古汉语词典"，13人。综合统计，开始拥有和使用汉语词典的占被调查人数的6.8%。再次，"成语词典"，29人；"汉语成语小词典"，16人。综合统计，开始拥有和使用成语词典的占0.9%。开始拥有和使用"英汉词典"的有24人，占0.5%。开始拥有和使用"同义词反义词词典"的有7人，占0.14%。另外，填写《辞海》的有5人；其他（使用该词典的人数少于3人的各种词典），13人；填写"不记得了"的有283人；未填写的有426人。因为有一部分学生开始使用的词典有两本或两本以上，所以总数大于5001。

（二）用户购买辞书的类型倾向

通过调查词典用户对于辞书购买的类型需求状况，可以了解词典用户现阶段对于词典类型的需求方向，从而为词典出版提供指导。

我们让用户列举了目前拥有的辞书之后，又让用户列举了希望购买的辞书类型。设计的调查问题是：你还希望购买什么种类的词典？由于是主观题，被调查者填写的词典名称各种各样。为了统计，我们对这些词典进行了归类。具体归类如下："英汉词典"包括：朗文、牛津出版的各种英汉、汉英、英英以及英汉双解词典；"汉语词典"包括：现代汉语词典、现代汉语规范词典、新华词典等；"小语种词典"包括：韩语词典、日语词典、法语词典、德语词典、俄语词典、蒙古语词典等；"熟语词典"包括：歇后语词典、谚语词典、惯用语词典等；"古汉语词典"除了查询古代汉语的各种词典，还包括说文解字、康熙字典等。"其他"指想要购买该种类词典的人数较少的各类词典的总和，例如：新版本的词典、搭配词典、大的词典、厚的词典等。因为被调查者可能想要购买的辞书种类不止一种，所以最后的数量超过了5001。最后形成的统计结果见表5-5。

表5-5 辞书购买倾向

		频数	百分比	有效百分比	累计百分比
有效	英汉词典	673	13.1	13.8	13.8
	专业词典和《辞海》等百科词典	712	13.8	14.6	28.4
	成语等熟语词典	172	3.3	3.5	31.9
	电子词典	138	2.7	2.8	34.7
	收词多，内容丰富、多功能的汉语词典	259	5	5.3	40
	小语种词典	85	1.7	1.7	41.7
	古汉语词典	78	1.5	1.6	43.3
	同义词反义词词典	45	0.9	0.9	44.2
	解释详细的词典	26	0.5	0.5	44.7
	新词语词典	22	0.4	0.5	45.2
	携带方便或便宜的词典	21	0.4	0.4	45.6
	汉英词典	15	0.3	0.3	45.9
	带插图的词典	12	0.2	0.2	46.1
	其他	184	3.6	3.8	49.9
	不想买词典	395	7.7	8.1	58
	不知道	2038	39.6	41.8	100
缺失		276	5.4		
合计		5151	100		

从统计来看，被调查者希望购买的词典种类处于前列的是：专科词典和《辞海》等百科词典，占14.6%；英汉词典，占13.8%；收词多，内容丰富、多功能的词典占5.3%；成语等熟语词典占3.5%；电子词典占2.8%。其次是小语种词典、古汉语词典、普通汉语词典、同义词反义词词典等。

随后我们向被调查者提供具体的词典类型供他们选择。提供的词典类型有：英语词典，包括英汉词典、英汉双解词典、汉英词典；汉语语文辞书，包括字典、普通汉语语文词典、古汉语词典、同义词词典、反义词词典、汉语成语词典、汉语歇后语词典、汉语惯用语词典、汉语谚语词典、汉语新词语词典；知识辞书，包括汉语专科词典、百科辞典、综合性词典。他们对上述各种词典的选择频率，见下表。

（1）用户购买英语词典的意向

表 5-6　词典购买的类型倾向（英汉词典）

		频数	百分比	有效百分比	累计百分比
有效	有	1242	24.8	53.4	53.4
	无	1083	21.7	46.6	100
	合计	2325	46.5	100	
缺失		2676	53.5		
合计		5001	100		

关于英汉词典的购买意向，回答问题的被调查者有2325位，表示有购买意向的用户有53.4%，没有购买意向的有46.4%。没有回答该问题的有2676位，占被调查者的53.5%。

表 5-7　词典购买的类型倾向（英汉双解词典）

		频数	百分比	有效百分比	累计百分比
有效	有	966	19.3	45.9	45.9
	无	1137	22.7	54.1	100
	合计	2103	42.1	100	
缺失		2898	57.9		
合计		5001	100		

关于英汉双解词典的购买意向，回答问题的被调查者有2103位，表示有购买意向的用户有45.9%，没有购买意向的有54.1%。没有回答该问题的有2898位，占被调查者的57.9%。

表 5-8　词典购买的类型倾向（汉英词典）

		频数	百分比	有效百分比	累计百分比
有效	有	913	18.3	45.2	45.2
	无	1109	22.2	54.8	100
	合计	2022	40.4	100	
缺失		2979	59.6		
合计		5001	100		

关于汉英词典的购买意向，回答问题的被调查者有 2022 位，表示有购买意向的用户有 45.2%，没有购买意向的有 54.8%。没有回答该问题的有 2979 位，占被调查者的 59.6%。

（2）用户购买汉语语文辞书的意向

表 5-9　词典购买的类型倾向（字典）

		频数	百分比	有效百分比	累计百分比
有效	有	1260	25.2	55.4	55.4
	无	1013	20.3	44.6	100
	合计	2273	45.5	100	
缺失		2728	54.5		
合计		5001	100		

关于字典的购买意向，回答问题的被调查者有 2273 位，表示有购买意向的用户有 55.4%，没有购买意向的有 44.6%。没有回答该问题的有 2728 位，占被调查者的 54.5%。

表 5-10　词典购买的类型倾向（普通汉语语文词典）

		频数	百分比	有效百分比	累计百分比
有效	有	864	17.3	42.5	42.5
	无	1167	23.3	57.5	100
	合计	2031	40.6	100	
缺失		2970	59.4		
合计		5001	100		

关于普通汉语语文词典的购买意向，回答问题的被调查者有 2031

位，表示有购买意向的用户有 42.5%，没有购买意向的有 57.5%。没有回答该问题的有 2970 位，占被调查者的 59.4%。

表 5-11 词典购买的类型倾向（古汉语词典）

		频数	百分比	有效百分比	累计百分比
有效	有	712	14.2	36.5	36.5
	无	1237	24.7	63.5	100
	合计	1949	39	100	
缺失		3052	61		
合计		5001	100		

关于古汉语词典的购买意向，回答问题的被调查者有 1949 位，表示有购买意向的用户有 36.5%，没有购买意向的有 63.5%。没有回答该问题的有 3052 位，占被调查者的 61%。

表 5-12 词典购买的类型倾向（汉语同义词词典）

		频数	百分比	有效百分比	累计百分比
有效	有	502	10	26.8	26.8
	无	1371	27.4	73.2	100
	合计	1873	37.5	100	
缺失		3128	62.5		
合计		5001	100		

关于汉语同义词词典的购买意向，回答问题的被调查者有 1873 位，表示有购买意向的用户有 26.8%，没有购买意向的有 73.2%。没有回答该问题的有 3128 位，占被调查者的 62.5%。

表 5-13 词典购买的类型倾向（汉语反义词词典）

		频数	百分比	有效百分比	累计百分比
有效	有	466	9.3	25.1	25.1
	无	1391	27.8	74.9	100
	合计	1857	37.1	100	
缺失		3144	62.9		
合计		5001	100		

关于汉语反义词词典的购买意向，回答问题的被调查者有 1857 位，表示有购买意向的用户有 25.1%，没有购买意向的有 74.9%。没有回答该问题的有 3144 位，占被调查者的 62.9%。

表 5-14　词典购买的类型倾向（汉语成语词典）

		频数	百分比	有效百分比	累计百分比
有效	有	730	14.6	36.8	36.8
	无	1252	25	63.2	100
	合计	1982	39.6	100	
缺失		3019	60.4		
合计		5001	100		

关于汉语成语词典的购买意向，回答问题的被调查者有 1982 位，表示有购买意向的用户有 36.8%，没有购买意向的有 63.2%。没有回答该问题的有 3019 位，占被调查者的 60.4%。

表 5-15　词典购买的类型倾向（汉语歇后语词典）

		频数	百分比	有效百分比	累计百分比
有效	有	583	11.7	31.1	31.1
	无	1293	25.9	68.9	100
	合计	1876	37.5	100	
缺失		3125	62.5		
合计		5001	100		

关于汉语歇后语词典的购买意向，回答问题的被调查者有 1876 位，表示有购买意向的用户有 31.1%，没有购买意向的有 68.9%。没有回答该问题的有 3125 位，占被调查者的 62.5%。

表 5-16　词典购买的类型倾向（惯用语词典）

		频数	百分比	有效百分比	累计百分比
有效	有	494	9.9	26.4	26.4
	无	1375	27.5	73.6	100
	合计	1869	37.4	100	
缺失		3132	62.6		
合计		5001	100		

关于汉语惯用语词典的购买意向，回答问题的被调查者有 1869 位，表示有购买意向的用户有 26.4%，没有购买意向的有 73.6%。没有回答该问题的有 3132 位，占被调查者的 62.6%。

表 5-17　词典购买的类型倾向（汉语谚语词典）

		频数	百分比	有效百分比	累计百分比
有效	有	593	11.9	31.8	31.8
	无	1273	25.5	68.2	100
	合计	1866	37.3	100	
缺失		3135	62.7		
合计		5001	100		

关于汉语谚语词典的购买意向，回答问题的被调查者有 1866 位，表示有购买意向的用户有 31.8%，没有购买意向的有 68.2%。没有回答该问题的有 3135 位，占被调查者的 62.7%。

表 5-18　词典购买的类型倾向（汉语新词语词典）

		频数	百分比	有效百分比	累计百分比
有效	有	541	10.8	28.6	28.6
	无	1353	27.1	71.4	100
	合计	1894	37.9	100	
缺失		3107	62.1		
合计		5001	100		

关于汉语新词语词典的购买意向，回答问题的被调查者有 1894 位，表示有购买意向的用户有 28.6%，没有购买意向的有 71.4%。没有回答该问题的有 3107 位，占被调查者的 62.1%。

（3）用户购买知识辞书的意向

表 5-19　词典购买的类型倾向（专科词典）

		频数	百分比	有效百分比	累计百分比
有效	有	472	9.4	25.9	25.9
	没有	1347	26.9	74.1	100
	合计	1819	36.4	100	

(续表)

	频数	百分比	有效百分比	累计百分比
缺失	3182	63.6		
合计	5001	100		

关于汉语专科词典的购买意向，回答问题的被调查者有 1819 位，表示有购买意向的用户有 25.9%，没有购买意向的有 74.1%。没有回答该问题的有 3182 位，占被调查者的 63.6%。

表 5-20　词典购买的类型倾向（百科词典）

		频数	百分比	有效百分比	累计百分比
有效	有	619	12.4	32.6	32.6
	无	1278	25.6	67.4	100
	合计	1897	37.9	100	
缺失		3104	62.1		
合计		5001	100		

关于汉语百科词典的购买意向，回答问题的被调查者有 1897 位，表示有购买意向的用户有 32.6%，没有购买意向的有 67.4%。没有回答该问题的有 3104 位，占被调查者的 62.1%。

表 5-21　词典购买的类型倾向（综合性词典）

		频数	百分比	有效百分比	累计百分比
有效	有	610	12.2	32.8	32.8
	无	1247	24.9	67.2	100
	合计	1857	37.1	100	
缺失		3144	62.9		
合计		5001	100		

关于综合性词典的购买意向，回答问题的被调查者有 1857 位，表示有购买意向的用户有 32.8%，没有购买意向的有 67.2%。没有回答该问题的有 3144 位，占被调查者的 62.9%。

4. 小结

上述词典类型按购买意向的频率排序由高到低依次是：字典 55.4%，

英汉词典 53.4%，英汉双解词典 45.9%，汉英词典 45.2%，普通汉语语文词典 42.5%，汉语成语词典 36.8%，古汉语词典 36.5%，综合性词典 32.8%，汉语百科词典 32.6%，汉语谚语词典 31.8%，汉语歇后语词典 31.1%，汉语新词语词典 28.6%，汉语同义词词典 26.8%，汉语惯用语词典 26.4%，汉语专科词典 25.9%，汉语反义词词典 25.1%。上文对用户拥有辞书情况的调查结果显示，字典是用户拥有量最多的辞书类型。不同的是对专科词典的购买意向差别较大。

比较用户填写和提示选择的调查结果可以发现，在没有提示和有提示的条件下，用户的选择结果是不同的。在用户自主填写时，用户填写最多的是专科词典；而在有提示选择项的情况下，用户选择最多的是字典，这与对用户拥有辞书情况的调查结果一致。说明有无辞书知识等背景因素对辞书选择和购买有影响，在具有辞书知识背景的情况下用户在选择和购买辞书时做出的选择会更客观。

（三）用户购买辞书的影响因素

用户对辞书的选择和购买受到各方面因素的影响。这些因素也影响着辞书策划、编写、出版和营销的各个环节。我们设计的调查题目是：选购词典时考虑哪些因素？提供的选项有：（1）编者知名度；（2）出版社知名度；（3）词典的知名度；（4）开本；（5）前言介绍；（6）封面提示；（7）编排版式；（8）内容是否适合需要；（9）收词量；（10）内容是否全面；（11）释义精确易懂；（12）例证多少；（13）印刷质量；（14）价格；（15）广告宣传；（16）报刊的介绍；（17）书店销售人员推荐；（18）其他。不同影响因素的统计结果，见表 5-22。

表 5-22 辞书购买的影响因素

	频数	百分比
内容是否适合需要	3114	62.8
内容是否全面	2754	55.1
价格	2698	53.9
收词量	2564	51.3
释义精确易懂	2536	50.7
词典的知名度	1858	37.2
出版社知名度	1599	32

(续表)

	频数	百分比
印刷质量	1478	29.6
开本	1266	25.2
编排版式	1240	24.8
例证多少	930	18.6
编者知名度	734	14.7
封面提示	609	12.2
前言介绍	430	8.6
书店销售人员推荐	398	8
报刊的介绍	346	6.9
广告宣传	294	5.9
其他	123	2.5

从统计的结果可以看出：影响用户购买辞书的因素按选择频率由高到低依次是：内容是否适合需要，共3114人次选择，占62.8%；内容是否全面，共2754人次，占55.1%；价格，共2698人次，占53.9%；收词量，共2564人次，占51.3%；释义精确易懂，共2536人次，占50.7%；词典的知名度，共1858人次，占37.2%；出版社知名度，共1599人次，占32%；印刷质量，共1478人次，占29.6%；开本，共1266人次，占25.2%；编排版式，共1240人次，占24.8%；例证多少，共930人次，占18.6%；编者知名度，共734人次，占14.7%；封面提示，共609人次，占12.2%；书店销售人员推荐，共398人次，占8%；报刊介绍，共346人次，占6.9%；广告宣传，共294人次，占5.9%；影响人们购买词典的其他因素有123人次选择，占2.5%。可见，内容是否适合需要、内容是否全面、收词量、释义精确易懂等辞书内容因素和价格因素的选择人次均超过50%，是影响用户选购辞书的决定性因素；其次，是出版社知名度、辞书知名度等美誉度和印刷装帧质量、开本、编排方式等辞书形式；而封面提示、前言介绍、书店销售人员推荐、报刊的介绍和广告宣传等宣传因素，则不被用户看重。这说明了我国辞书用户选购辞书时较为理性。

（四）用户购买辞书价格的接受范围

既然辞书价格是影响用户购买辞书的主要因素，我们对用户选购辞书时接受的价格范围做了进一步调查。我们设计的问题是：你认为字典、词典价格在什么范围可以接受？对小型辞书和中型辞书分别提供不同的选项。对小型辞书提供的选项有：（1）10元以下；（2）11～20元；（3）21～30元；（4）31～40元。对中型辞书提供的选项有：（1）21～30元；（2）31～40元；（3）41～50元；（4）51～60元；（5）61～70元；（6）71～80元；（7）80元以上。统计结果见下表。

表 5-23　辞书价格的接受范围（小型）

		频数	百分比	有效百分比	累计百分比
有效	10元以下	1461	29.2	30.1	30.1
	11～20元	2415	48.3	49.8	79.9
	21～30元	834	16.7	17.2	97.1
	31～40元	143	2.9	2.9	100
	合计	4853	97	100	
缺失		148	3		
合计		5001	100		

表 5-24　辞书价格的接受范围（中型）

		频数	百分比	有效百分比	累计百分比
有效	21～30元	1366	27.3	28.5	28.5
	31～40元	1257	25.1	26.3	54.8
	41～50元	1067	21.3	22.3	77.1
	51～60元	332	6.6	6.9	84
	61～70元	449	9	9.4	93.4
	71～80元	179	3.6	3.7	97.1
	80元以上	138	2.8	2.9	100
	合计	4788	95.7	100	
缺失		213	4.3		
合计		5001	100		

对于小型词典，认为10元以下的人数有1461人，占30.1％。11～20元之间较为合适的人数是2415人，占49.8％。21～30元的人数是834人，占17.2％。认为小型词典合适的价格在31～40元之间的有143人，

占 2.9%。除此之外，有 148 人没有回答该问题。看来小型辞书可接受的价格范围在 20 元以下。

对于中型辞书，认为价格在 21~30 元之间的人数是 1366 人，占 28.5%；31~40 元的人数是 1257 人，占 26.3%；41~50 元的人数是 1067 人，占 22.3%；51~60 元的人数是 332 人，占 6.9%；61~70 元的人数是 449 人，占 9.4%；71~80 元的人数是 179 人，占 3.7%；认为合适的价格范围可以超过 80 元的人数是 138 人，占 2.9%。看来中型辞书的可接受价格在 50 元上下。

（五）用户的辞书来源状况

为了了解辞书的购买群体，我们对读者获取辞书的渠道做了调查。我们设计的题目是：你（你家）字典、词典的主要来源是什么？提供的选项有：(1) 自己买；(2) 家长买；(3) 亲戚朋友送；(4) 哥哥、姐姐传下来；(5) 学校统一；(6) 老师介绍推荐；(7) 同学介绍；(8) 单位发。调查统计结果见表 5-25。

表 5-25　辞书来源状况

来源	自己买	家长买	亲戚朋友送	哥哥、姐姐传下来	学校统一	老师介绍推荐	同学介绍	单位发
频数	3360	1682	369	1100	703	992	253	123
百分比	67.3	33.6	7.4	22	14.1	19.8	5.1	2.5

注：因为来源可以多选，所以累计百分比超过 100%。

由统计可知，词典的主要来源是自己买，共 3360 人次，占总数的 67.3%；其次是家长买，共 1628 人次，占总数的 33.6%；然后是哥哥、姐姐传下来的，1100 人次，占 22%；通过老师介绍推荐的有 992 人次，占 19.8%；学校统一发放的 703 人次，占 14.1%；是亲戚朋友送的有 369 人次，占 7.4%；同学介绍的有 253 人次，占 5.1%；单位发放的较少，只有 123 人次，占 2.5%。

（六）用户购买辞书的条件

不同地区经济文化发展水平不同，用户购买词典的条件会有差别。对此我们设计的调查题目是：目前购买字典、词典的条件如何？提供的选项有：1. 很容易；2. 较容易；3. 不大容易；4. 没地方买。调查统计结果见表 5-26。

表 5-26 购买辞书的条件

		频数	百分比	有效百分比	累计百分比
有效	很容易	2011	40.2	40.7	40.7
	较容易	2437	48.7	49.3	90
	不大容易	453	9.1	9.2	99.2
	没地方买	39	0.8	0.8	100
	合计	4940	98.8		
缺失		60	1.2		
合计		5001	100		

可见，目前购买字典、词典的条件较好。选择很容易购买到的有2011人，占40.2%。选择较容易购买到词典的人数是2437，占总数的48.7%。所以，购买字典、词典的条件较好的共计为4448人，占被调查者总数的88.9%。不容易购买到词典的是453人，占9.1%。而没地方买词典的只有39人，仅占0.8%。

（七）用户借阅辞书的条件

不同经济文化发展水平的地区、处于不同工作环境和不同学习环境的辞书用户，借阅辞书的条件不同，直接影响到他们的基本文化权益。为了了解用户借阅辞书的条件，我们设计的调查问题是：目前借阅字典、词典的条件如何？提供的选项有：（1）很容易；（2）较容易；（3）不太容易；（4）无处借阅。调查统计结果见表5-27。

表 5-27 借阅辞书的条件

		频数	百分比	有效百分比	累计百分比
有效	很容易	1274	25.5	25.9	25.9
	较容易	2126	42.5	43.2	69.1
	不太容易	1138	22.8	23.1	92.2
	无处借阅	381	7.6	7.8	100
	合计	4919	98.4	100	
缺失		82	1.6		
合计		5001	100		

与购买词典的条件相比较，借阅词典的条件稍差一些。目前借阅字

典、词典的条件较好,能够很容易或较容易地借阅词典的占68%;不太容易借阅词典的占22.8%;无处借阅的占7.6%。

二 用户对辞书的需求状况

目前词典编纂与出版者越来越关注词典使用者的需求。为了给词典编纂和出版策划提供有价值的参考信息,我们调查了词典用户的需求状况。

(一) 用户对辞书重要性和出版状况的认识

1. 用户对辞书重要性的认识

辞书用户对辞书的态度是影响辞书需求的首要因素。为了了解词典用户在学习、工作中对于辞书的态度,我们设计了以下问题:如何看待字典、词典对语文学习的重要性?字典和词典对培养独立学习能力的重要性?字典和词典在工作、生活中的重要性?我们提供的选项有:(1)很重要;(2)重要;(3)不重要;(4)不知道。

表 5-28 对辞书重要性的认识

		频数	百分比	有效百分比	累计百分比
有效	很重要	2069	41.4	42.9	42.9
	重要	2339	46.8	48.5	91.4
	不重要	182	3.6	3.7	95.1
	不知道	230	4.6	4.8	99.9
	其他	5	0.1	0.1	100
	合计	4825	96.5	100	
缺失		176	3.5		
合计		5001	100		

从统计的结果来看,有42.9%的被调查者认为字典、词典对语文学习、培养独立学习的能力有很重要的作用;有48.5%的被调查者认为有重要的作用。因此累计共有4408位被调查者认为字典、词典对学习、工作和生活有重要作用,占91.4%。

2. 用户对辞书出版状况的认识

为了了解词典用户对辞书出版状况的认识,我们设计的调查题目是:

你认为目前字典、词典的种类、数量如何？提供的选项有：（1）不多；（2）一般；（3）较多；（4）太多；（5）不清楚。

表 5-29 辞书出版状况的认识

		频数	百分比	有效百分比	累计百分比
有效	不多	54	5.3	5.6	5.6
	一般	223	22	23.3	28.9
	较多	339	33.4	35.5	64.4
	太多	178	17.6	18.6	83
	不清楚	162	16	17	100
	合计	956	94.3	100	
缺失		58	5.7		
合计		1014	100		

认为目前词典种类太多的有 178 人，占 18.6%；认为词典的种类较多的有 339 人，占 35.5%。所以，有超过 50% 的被调查者认为目前字典、词典的种类和数量已经足够了。持相反观点，认为词典的种类不够多的共有 277 人，占 28.9%。还有 17% 的用户对此表示不清楚。

（二）用户对辞书类型的需求状况

处于不同的学习阶段及拥有不同性质的工作的用户，对辞书的宏观需求存在着差异，即对辞书类型、辞书载体的需求会有差别。在本次调查中，我们通过调查辞书类型的使用状况、购买倾向以及辞书载体的使用、购买状况，了解了辞书用户对辞书的宏观需求。

1. 辞书使用的类型倾向

辞书用户在使用词典时，会针对不同的需求选择使用不同类型的词典。有些词典类型使用的频率较高，有些词典类型使用的频率比较低。词典用户学习的任务和工作的环境不同，需要的词典类型也会存在差别。我们对不同词典类型的使用频率进行了调查，调查的内容有：英语词典的使用倾向，包括：英汉词典、英汉双解词典、汉英词典；汉语语文辞书的使用倾向，包括：字典、普通汉语语文词典、古汉语词典、汉语同义词词典、汉语反义词词典、汉语成语词典、汉语歇后语词典、汉语新词语词典；汉语知识辞书的使用倾向，包括：专科词典、百科辞典、综合性词典。调查结果见下表。

(1) 英语词典的使用倾向

表 5-30　辞书使用的类型倾向（英汉词典）

		频数	百分比	有效百分比	累计百分比
有效	最常使用	587	11.7	14.6	14.6
	经常使用	1365	27.3	34	48.6
	有时使用	908	18.2	22.6	71.2
	极少使用	496	9.9	12.4	83.6
	从来不用	654	13.1	16.3	100
	合计	4010	80.2	100	
缺失		991	19.8		
合计		5001	100		

关于英汉词典的使用情况，在回答问题的用户中，最常使用、经常使用、有时使用的有 71.2%，其中最常使用和经常使用的有 48.6%；极少使用和从来不用的有 28.7%。还有 19.8% 的用户没有回答该问题。

表 5-31　辞书使用的类型倾向（英汉双解词典）

		频数	百分比	有效百分比	累计百分比
有效	最常使用	467	9.3	12.5	12.5
	经常使用	914	18.3	24.5	37
	有时使用	816	16.3	21.9	58.9
	极少使用	533	10.7	14.3	73.2
	从来不用	996	19.9	26.7	100
	合计	3726	74.5	100	
缺失		1275	25.5		
合计		5001	100		

关于英汉双解词典的使用情况，在回答问题的用户中，最常使用、经常使用、有时使用的有 58.9%，其中最常使用和经常使用的有 37%；极少使用和从来不用的有 41%。还有 25.5% 的用户没有回答该问题。

表 5-32　辞书使用的类型倾向（汉英词典）

		频数	百分比	有效百分比	累计百分比
有效	最常使用	395	7.9	10.9	10.9
	经常使用	846	16.9	23.5	34.4
	有时使用	932	18.6	25.9	60.3
	极少使用	562	11.2	15.6	75.9
	从来不用	868	17.4	24.1	100
	合计	3603	72	100	
缺失		1398	28		
合计		5001	100		

关于汉英词典的使用情况，在回答问题的用户中，最常使用、经常使用、有时使用的有 60.3%，其中最常使用和经常使用的有 34.4%；极少使用和从来不用的有 39.7%。还有 28% 的用户没有回答该问题。

(2) 汉语语文辞书的使用倾向

表 5-33　辞书使用的类型倾向（字典）

		频数	百分比	有效百分比	累计百分比
有效	最常使用	1165	23.3	28.7	28.7
	经常使用	1249	25	30.7	59.4
	有时使用	884	17.7	21.8	81.2
	极少使用	382	7.6	9.4	90.6
	从来不用	382	7.6	9.4	100
	合计	4062	81.2	100	
缺失		939	18.8		
合计		5001	100		

关于字典的使用情况，在回答问题的用户中，最常使用、经常使用、有时使用的有 81.2%，其中最常使用和经常使用的有 59.4%；极少使用和从来不用的有 18.8%。还有 18.8% 的用户没有回答该问题。

表 5-34　辞书使用的类型倾向（普通汉语语文词典）

		频数	百分比	有效百分比	累计百分比
有效	最常使用	551	11	14.6	14.6
	经常使用	946	18.9	25.1	39.7
	有时使用	862	17.2	22.9	62.6
	极少使用	571	11.4	15.2	77.8
	从来不用	835	16.7	22.2	100
	合计	3765	75.3	100	
缺失		1236	24.7		
合计		5001	100		

关于普通汉语语文词典的使用情况，在回答问题的用户中，最常使用、经常使用、有时使用的有 62.6%，其中最常使用和经常使用的有 39.7%；极少使用和从来不用的有 37.4%。还有 24.7% 的用户没有回答该问题。

表 5-35　辞书使用的类型倾向（古汉语词典）

		频数	百分比	有效百分比	累计百分比
有效	最常使用	258	5.2	7	7
	经常使用	610	12.2	16.6	23.6
	有时使用	847	16.9	23.1	46.7
	极少使用	765	15.3	20.8	67.5
	从来不用	1192	23.8	32.5	100
	合计	3672	73.4	100	
缺失		1329	26.6		
合计		5001	100		

关于古汉语词典的使用情况，在回答问题的用户中，最常使用、经常使用、有时使用的有 46.7%，其中最常使用和经常使用的有 23.6%；极少使用和从来不用的有 53.3%。还有 26.6% 的用户没有回答该问题。

第五章 我国语文辞书的应用状况

表 5-36 辞书使用的类型倾向（汉语同义词词典）

		频数	百分比	有效百分比	累计百分比
有效	最常使用	197	3.9	5.6	5.6
	经常使用	454	9.1	12.9	18.5
	有时使用	613	12.3	17.4	35.9
	极少使用	864	17.3	24.5	60.4
	从来不用	1392	27.8	39.5	100
	合计	3520	70.4	100	
缺失		1481	29.6		
合计		5001	100		

关于汉语同义词词典的使用情况，在回答问题的用户中，最常使用、经常使用、有时使用的有 35.9％，其中最常使用和经常使用的有 18.5％；极少使用和从来不用的有 64％。还有 29.6％的用户没有回答该问题。

表 5-37 辞书使用的类型倾向（汉语反义词词典）

		频数	百分比	有效百分比	累计百分比
有效	最常使用	162	3.2	4.6	4.6
	经常使用	458	9.2	12.9	17.5
	有时使用	566	11.3	16	33.5
	极少使用	889	17.8	25.1	58.6
	从来不用	1464	29.3	41.4	100
	合计	3539	70.8	100	
缺失		1462	29.2		
合计		5001	100		

关于汉语反义词词典的使用情况，在回答问题的用户中，最常使用、经常使用、有时使用的有 33.5％，其中最常使用和经常使用的有 17.5％；极少使用和从来不用的有 66.5％。还有 29.2％的用户没有回答该问题。

表 5-38　辞书使用的类型倾向（汉语成语词典）

		频数	百分比	有效百分比	累计百分比
有效	最常使用	287	5.7	7.7	7.7
	经常使用	747	14.9	20.2	27.9
	有时使用	809	16.2	21.8	49.7
	极少使用	661	13.2	17.8	67.5
	从来不用	1200	24	32.4	100
	合计	3704	74.1	100	
缺失		1297	25.9		
合计		5001	100		

关于汉语成语词典的使用情况，在回答问题的用户中，最常使用、经常使用、有时使用的有 49.7%，其中最常使用和经常使用的有 27.9%；极少使用和从来不用的有 50.2%。还有 25.9% 的用户没有回答该问题。

表 5-39　辞书使用的类型倾向（汉语歇后语词典）

		频数	百分比	有效百分比	累计百分比
有效	最常使用	163	3.3	4.6	4.6
	经常使用	455	9.1	13	17.6
	有时使用	682	13.6	19.4	37
	极少使用	734	14.7	20.9	57.9
	从来不用	1476	29.5	42.1	100
	合计	3510	70.2	100	
缺失		1491	29.8		
合计		5001	100		

关于汉语歇后语词典的使用情况，在回答问题的用户中，最常使用、经常使用、有时使用的有 37%，其中最常使用和经常使用的有 17.6%；极少使用和从来不用的有 63%。还有 29.8% 的用户没有回答该问题。

表 5-40　辞书使用的类型倾向（新词语词典）

		频数	百分比	有效百分比	累计百分比
有效	最常使用	138	2.8	4	4
	经常使用	432	8.6	12.5	16.5
	有时使用	499	10	14.4	30.9
	极少使用	726	14.5	20.9	51.8
	从来不用	1671	33.4	48.2	100
	合计	3466	69.3	100	
缺失		1535	30.7		
合计		5001	100		

关于汉语新词语词典的使用情况，在回答问题的用户中，最常使用、经常使用、有时使用的有 30.9%，其中最常使用和经常使用的有 16.5%；极少使用和从来不用的有 69.1%。还有 30.7% 的用户没有回答该问题。

(3) 汉语知识辞书的使用倾向

表 5-41　辞书使用的类型倾向（专科词典）

		频数	百分比	有效百分比	累计百分比
有效	最常使用	149	3	4.3	4.3
	经常使用	343	6.9	10	14.3
	有时使用	409	8.2	11.9	26.2
	极少使用	734	14.7	21.4	47.6
	从来不用	1799	36	52.4	100
	合计	3434	68.7	100	
缺失		1567	31.3		
合计		5001	100		

关于专科词典的使用情况，在回答问题的用户中，最常使用、经常使用、有时使用的有 26.2%，其中最常使用和经常使用的有 14.3%；极少使用和从来不用的有 73.8%。还有 31.3% 的用户没有回答该问题。

表 5-42　辞书使用的类型倾向（百科词典）

		频数	百分比	有效百分比	累计百分比
有效	最常使用	172	3.4	4.9	4.9
	经常使用	366	7.3	10.4	15.3
	有时使用	521	10.4	14.8	30.1
	极少使用	705	14.1	20.1	50.2
	从来不用	1751	35	49.8	100
	合计	3515	70.3	100	
缺失		1486	29.7		
合计		5001	100		

关于百科词典的使用情况，在回答问题的用户中，最常使用、经常使用、有时使用的有 30.1%，其中最常使用和经常使用的有 15.3%；极少使用和从来不用的有 69.9%。还有 29.7% 的用户没有回答该问题。

表 5-43　辞书使用的类型倾向（综合性词典）

		频数	百分比	有效百分比	累计百分比
有效	最常使用	202	4	6	6
	经常使用	315	6.3	9.3	15.3
	有时使用	482	9.6	14.2	29.5
	极少使用	611	12.2	18	47.5
	从来不用	1777	35.5	52.5	100
	合计	3387	67.7	100	
缺失		1614	32.3		
合计		5001	100		

关于综合性词典的使用情况，在回答问题的用户中，最常使用、经常使用、有时使用的有 29.5%，其中最常使用和经常使用的有 15.3%；极少使用和从来不用的有 70.5%。还有 32.3% 的用户没有回答该问题。

（4）小结

上述各类型辞书，按最常使用、经常使用和有时使用统计，使用频率由高到低依次是：字典 81.2%，英汉词典 71.2%，普通汉语语文词典 62.6%，汉英词典 60.3%，英汉双解词典 58.9%，汉语成语词典

49.7%，古汉语词典 46.7%，汉语歇后语词典 37%，汉语同义词词典 35.9%，汉语反义词词典 33.5%，汉语新词语词典 30.9%，百科词典 30.1%，综合性词典 29.5%，专科词典 26.2%。如果按最常使用和经常使用统计，使用频率由高到低依次是：字典 59.4%，英汉词典 48.6%，普通汉语语文词典 39.7%，英汉双解词典 37%，汉英词典 34.4%，汉语成语词典 27.9%，古汉语词典 23.6%，汉语同义词词典 18.5%，汉语歇后语词典 17.6%，汉语反义词词典 17.5%，汉语新词语词典 16.5%，百科词典 15.3%，综合性词典 15.3%，专科词典 14.3%。上述两种统计其差别不大。看来我国辞书用户使用频率较高的 7 种辞书类型是：字典、英汉词典、普通汉语语文词典、汉英词典、英汉双解词典、汉语成语词典和古汉语词典。这同词典类型的购买倾向的调查结果基本一致，被调查者对字典、英汉词典、汉英词典及普通汉语词典的需求较高。但是也有不一致的情况，从辞书使用的类型倾向调查中我们知道：被调查者对百科词典、专科词典的使用需求相对较低。但是在"你还希望购买什么种类的词典"的调查中，有一部分被调查者对百科词典、专业词典的购买需求较高。

2. 用户对辞书载体的使用和购买倾向

词典的载体已经不再局限于纸质词典，电子词典、光盘词典和网络词典都成为比较常见的词典载体。我们还调查了词典用户对词典载体的使用、拥有和购买状况。

（1）用户对四种载体辞书的使用情况

首先，我们要了解的是辞书用户对辞书载体的使用情况。我们设计的问题是：纸质词典、电子词典、光盘词典和网络词典中，你经常使用的是什么？统计结果见下表。

表 5-44 辞书载体的使用频率（纸质词典）

是否经常使用纸质词典		频数	百分比	有效百分比	累计百分比
有效	是	3227	64.5	79.3	79.3
	不	843	16.9	20.7	100
	合计	4070	81.4	100	
缺失		931	18.6		
合计		5001	100		

关于纸质词典的使用情况，在被调查者中，有 4070 人回答问题，其中 79.3％的被调查者经常使用纸质词典。还有 931 人，占 18.6％的被调查者没有回答该问题。

表 5-45　辞书载体的使用频率（电子词典）

是否经常使用电子词典		频数	百分比	有效百分比	累计百分比
有效	是	1340	26.8	39.5	39.5
	不	2055	41.1	60.5	100
	合计	3395	67.9	100	
缺失		1606	32.1		
合计		5001	100		

关于电子词典的使用情况，在被调查者中，有 3395 人回答问题，其中 39.5％的被调查者经常使用电子词典。还有 1606 人，占 32.1％的被调查者没有回答该问题。

表 5-46　辞书载体的使用频率（光盘词典）

是否经常使用光盘词典		频数	百分比	有效百分比	累计百分比
有效	是	317	6.3	10.7	10.7
	不	2639	52.8	89.3	100
	合计	2956	59.1	100	
缺失		2045	40.9		
合计		5001	100		

关于光盘词典的使用情况，在被调查者中，有 2956 人回答问题，其中 10.7％的被调查者经常使用光盘词典。还有 2045 人，占 40.9％的被调查者没有回答该问题。

表 5-47　辞书载体的使用频率（网络词典）

是否经常使用网络词典		频数	百分比	有效百分比	累计百分比
有效	是	525	10.5	17.5	17.5
	不	2480	49.6	82.5	100
	合计	3005	60.1	100	
缺失		1996	39.9		
合计		5001	100		

关于网络词典的使用情况，在被调查者中，有 3005 人回答问题，其中 17.5% 的被调查者经常使用网络词典。还有 1996 人，占 39.9% 的被调查者没有回答该问题。

用户对四种载体辞书的使用频率由高到低依次为：纸质词典 79.3%、电子词典 39.5%、网络词典 17.5%、光盘词典 10.7%。

（2）用户对四种载体辞书的拥有情况

其次，我们调查了纸质词典、电子词典、光盘词典和网络词典的拥有情况，见下表。

表 5-48　辞书载体拥有情况（纸质词典）

是否拥有纸质词典		频数	百分比	有效百分比	累计百分比
有效	有	3261	65.2	83	83
	没有	670	13.4	17	100
	合计	3931	78.6	100	
缺失		1070	21.4		
合计		5001	100		

关于纸质词典的拥有情况，在被调查者中，有 3931 人回答问题，其中 83% 的被调查者拥有纸质词典。还有 1070 人，占 21.4% 的被调查者没有回答该问题。

表 5-49　辞书载体拥有情况（电子词典）

是否拥有电子词典		频数	百分比	有效百分比	累计百分比
有效	有	1185	23.7	35.3	35.3
	没有	2176	43.5	64.7	100
	合计	3361	67.2	100	
缺失		1640	32.8		
合计		5001	100		

关于电子词典的拥有情况，在被调查者中，有 3361 人回答问题，其中 35.3% 的被调查者拥有电子词典。还有 1640 人，占 32.8% 的被调查者没有回答该问题。

表 5-50 辞书载体拥有情况（光盘词典）

是否拥有光盘词典		频数	百分比	有效百分比	累计百分比
有效	有	296	5.9	10.1	10.1
	没有	2649	53	89.9	100
	合计	2945	58.9	100	
缺失		2056	41.1		
合计		5001	100		

关于光盘词典的拥有情况，在被调查者中，有 2945 人回答问题，其中 10.1% 的被调查者拥有电子词典。还有 2056 人，占 41.1% 的被调查者没有回答该问题。

表 5-51 辞书载体拥有情况（网络词典）

是否拥有网络词典		频数	百分比	有效百分比	累计百分比
有效	有	480	9.6	16.2	16.2
	没有	2487	49.7	83.8	100
	合计	2967	59.3	100	
缺失		2034	40.7		
合计		5001	100		

关于网络词典的拥有情况，在被调查者中，有 2967 人回答问题，其中 16.2% 的被调查者拥有网络词典。还有 2034 人，占 40.7% 的被调查者没有回答该问题。

用户对四种载体词典的拥有率，由高到低依次为：纸质词典 83%、电子词典 35.3%、网络词典 16.2%、光盘词典 10.1%。

（3）用户对四种载体辞书的购买意向

最后，我们调查了纸质词典、电子词典、光盘词典、网络词典等的购买意向，调查结果见下表。

表 5-52　辞书载体购买意向（纸质词典）

购买纸质词典的意向		频数	百分比	有效百分比	累计百分比
有效	有	1149	23	49.7	49.7
	没有	1165	23.3	50.3	100
	合计	2314	46.3	100	
缺失		2687	53.7		
合计		5001	100		

关于纸质词典的购买意向，在被调查者中，有 2314 人回答问题，其中 49.7% 的被调查者有购买纸质词典的意向。还有 2687 人，占 53.7% 的被调查者没有回答该问题。

表 5-53　辞书载体购买意向（电子词典）

购买电子词典的意向		频数	百分比	有效百分比	累计百分比
有效	有	744	14.9	36.9	36.9
	没有	1271	25.4	63.1	100
	合计	2015	40.3	100	
缺失		2986	59.7		
合计		5001	100		

关于电子词典的购买意向，在被调查者中，有 2015 人回答问题，其中 36.9% 的被调查者有购买纸质词典的意向。还有 2986 人，占 59.7% 的被调查者没有回答该问题。

表 5-54　辞书载体购买意向（光盘词典）

购买光盘词典的意向		频数	百分比	有效百分比	累计百分比
有效	有	252	5	14.7	14.7
	没有	1468	29.4	85.3	100
	合计	1720	34.4	100	
缺失		3281	65.6		
合计		5001	100		

关于光盘词典的购买意向，在被调查者中，有 1720 人回答问题，其中 14.7% 的被调查者有购买纸质词典的意向。还有 3281 人，占 65.6% 的

被调查者没有回答该问题。

表 5-55 辞书载体购买意向（网络词典）

购买网络词典的意向		频数	百分比	有效百分比	累计百分比
有效	有	366	7.3	21.4	21.4
	没有	1346	26.9	78.6	100
	合计	1712	34.2	100	
缺失		3289	65.8		
合计		5001	100		

关于网络词典的购买意向，在被调查者中，有1712人回答问题，其中21.4%的被调查者有购买纸质词典的意向。还有3289人，占65.8%的被调查者没有回答该问题。

四种载体词典的购买意向由高到低依次为：纸质词典49.7%、电子词典36.9%、网络词典21.4%、光盘词典14.7%。

看来我国辞书用户对四种载体词典的使用频率、拥有率和购买意向是一致的：目前纸质词典仍然是用户的首要选择，其次是电子词典，而对光盘词典和网络词典的使用频率和购买意向较低。随着互联网的普及及手机等终端业务的发展，网络词典比光盘词典更易于被用户接受。

（4）用户选择辞书载体的影响因素

那么，影响用户使用和购买四种载体词典的因素有哪些呢？对此我们做了进一步调查。每种词典载体下提供的选项有：使用方便、携带方便、收词量大、信息量大、更新方便、价格高、对学习有帮助、内容可靠、习惯。要求被调查者对每个选项做出"是"与"不是"选择。然后统计每个选项下做出肯定回答者占回答问题人数的百分比。结果见表5-56。

表 5-56 影响辞书载体使用和购买的因素

影响使用和购买的因素	纸质词典		电子词典		光盘词典		网络词典	
	频数	百分比	频数	百分比	频数	百分比	频数	百分比
使用方便	2149	52.9	1678	44.6	1289	25	1352	27.1
携带方便	1851	32.9	1613	45.3				
收词量大	1789	40.3	4345	93.9	1248	25.5	1275	28.9
信息量大	4504	93.8	1417	28.4	1176	23.3	1289	29.1

（续表）

影响使用和购买的因素	纸质词典		电子词典		光盘词典		网络词典	
	频数	百分比	频数	百分比	频数	百分比	频数	百分比
更新方便	1641	19.9	4345	93.5	1199	22.9	1238	28.7
价格高	1930	34.2	4347	93.9	1232	23.7	1249	25.9
对学习有帮助	2066	55.4	1538	44.8	1220	32.5	1271	28.2
内容可靠	2026	49.8	1542	38.1	1236	27.3	1251	24
习惯	1964	44.1	1496	23.5	1228	15.9	1208	18.9

调查结果反映了用户对各种词典载体优缺点的认识，也反映了影响用户使用和购买不同载体词典的因素。被调查者认为：纸质词典使用最为方便，占回答问题人数的52.9%；其次是电子词典，占回答问题人数的44.6%；认为使用最不方便的是光盘词典，占回答问题人数的25%；随着互联网的普及和网络终端的发展，认为网络词典使用方便的有27.1%。与纸质词典相比，被调查者认为电子词典携带更为方便。被调查用户认为在收词量方面，电子词典收词量最大，占回答问题人数的93.9%，其次是纸质词典，而网络词典则比光盘词典收词量大。被调查用户认为纸质词典信息量最大，占回答问题人数的93.8%；其次是网络词典。被调查用户认为电子词典和网络词典更新较为方便。被调查用户一般认为电子词典价格最高，占93.9%；其次是纸质词典。被调查用户认为纸质词典对学习有帮助的有55.4%；其次是电子词典，有44.8%；而认为光盘词典和网络词典对学习的帮助较小。关于不同词典载体的内容可靠性，被调查用户认为纸质词典内容最可靠，占回答问题人数的49.8%；其次是电子词典；认为内容可靠性最低的是网络词典，只有24%。受习惯影响使用和购买纸质词典的用户最多，占回答问题用户的44.1%；其次是电子词典，占23.5%；而选择光盘词典和网络词典的用户较少。

从调查中可以发现，我国辞书用户对四种词典载体有比较正确的认识。调查结果与学术界对四种载体词典的认识较为一致。

（三）用户对汉语辞书微观结构信息的需求状况

国外的研究者对用户的词典微观结构需求进行过大量的调查研究。在国内对于词典微观结构信息的需求调查集中在英语词典方面，针对汉语词典的微观结构信息需求的调查还很少。为了具体了解我国词典用户对汉语辞书的微观结构信息的需求状况，我们调查了用户对辞书微观结构信息的查阅频率和对微观结构设置的态度。

1. 用户对汉语辞书微观结构信息的查阅频率

辞书微观结构按一定的格式提供词目词所蕴含的全部或主要信息。（章宜华等，2007：59）为了最大限度地满足用户的查阅需求，编者在词典中提供了各种信息范畴，可分为"形式描写"和"语义诠释"两部分。（章宜华等，2007：59）"形式描写"包括：字形词形、读音、词类、词法、句法、标签，"语义诠释"包括释义、搭配、例证、同义词反义词辨析、词源、用法说明等。不同的词典用户对于这些信息范畴的使用状况存在差异，主要表现为使用频率和使用场合的差异。在调查中，我们设置了相关题目来了解我国辞书用户在这些方面的差异。针对汉语辞书的微观结构内容，我们调查的内容有："形式描写"，包括字形词形、汉字笔顺、读音、语法信息；"语义诠释"，包括释义、组词、搭配、例句、同义词辨析和反义词辨析、词源信息。提供的选项是查询频率的五种情况：总是、经常、有时、很少和从不。统计结果见下表。

（1）用户对汉语辞书形式描写信息的查阅频率

表 5-57　辞书信息范畴的查阅频率（字形、词形）

		频数	百分比	有效百分比	累计百分比
有效	总是	468	9.4	11.3	11.3
	经常	1035	20.7	24.9	36.2
	有时	1108	22.2	26.7	62.9
	很少	894	17.9	21.5	84.4
	从不	651	13	15.7	100
	合计	4156	83.1	100	
缺失		845	16.9		
合计		5001	100		

对字形、词形总是、经常、有时查阅的有 62.9%，其中总是和经常查阅的有 36.2%；很少、从不查阅的有 37.2%。另外有 16.9% 的被调查者没有回答。

表 5-58　辞书信息范畴的查阅频率（汉字笔顺）

		频数	百分比	有效百分比	累计百分比
有效	总是	248	5	6.1	6.1
	经常	742	14.8	18.2	24.3
	有时	979	19.6	24	48.3
	很少	1148	23	28.1	76.4
	从不	964	19.3	23.6	100
	合计	4081	81.6	100	
缺失		920	18.4		
合计		5001	100		

对汉字笔顺总是、经常、有时查阅的有 48.3%，其中总是和经常查阅的有 24.3%；很少、从不查阅的有 51.7%。另外有 18.4% 的被调查者没有回答。

表 5-59　辞书信息范畴的查阅频率（读音）

		频数	百分比	有效百分比	累计百分比
有效	总是	592	11.8	14.1	14.1
	经常	1596	31.9	38	52.1
	有时	1100	22	26.2	78.3
	很少	534	10.7	12.7	91
	从不	377	7.5	9	100
	合计	4199	84	100	
缺失		802	16		
合计		5001	100		

对读音总是、经常、有时查阅的有 78.3%，其中总是和经常查阅的有 52.1%；很少、从不查阅的有 21.7%。另外有 16% 的被调查者没有回答。

表 5-60　辞书信息范畴的查阅频率（语法信息）

		频数	百分比	有效百分比	累计百分比
有效	总是	228	4.6	5.7	5.7
	经常	826	16.5	20.7	26.4
	有时	1119	22.4	28.1	54.5
	很少	1002	20	25.2	79.7
	从不	808	16.2	20.3	100
	合计	3983	79.6	100	
缺失		1018	20.4		
合计		5001	100		

对语法信息总是、经常、有时查阅的有54.5%，其中总是和经常查阅的有26.4%；很少、从不查阅的有45.5%。另外有20.4%的被调查者没有回答。

（2）用户对汉语辞书语义诠释信息的查阅频率

表 5-61　辞书信息范畴的查阅频率（释义）

		频数	百分比	有效百分比	累计百分比
有效	总是	473	9.5	11.5	11.5
	经常	1421	28.4	34.5	46
	有时	1119	22.4	27.2	73.2
	很少	566	11.3	13.7	86.9
	从不	542	10.8	13.2	100
	合计	4121	82.4	100	
缺失		880	17.6		
合计		5001	100		

对释义总是、经常、有时查阅的有73.2%，其中总是和经常查阅的有46%；很少、从不查阅的有26.9%。另外有17.6%的被调查者没有回答。

表 5-62 辞书信息范畴的查阅频率（组词）

		频数	百分比	有效百分比	累计百分比
有效	总是	270	5.4	6.7	6.7
	经常	973	19.5	24.2	30.9
	有时	1203	24.1	29.9	60.8
	很少	883	17.7	21.9	82.7
	从不	695	13.9	17.3	100
	合计	4024	80.5	100	
缺失		977	19.5		
合计		5001	100		

对组词信息总是、经常、有时查阅的有 60.8%，其中总是和经常查阅的有 30.9%；很少、从不查阅的有 39.2%。另外有 19.5% 的被调查者没有回答。

表 5-63 辞书信息范畴的查阅频率（搭配信息）

		频数	百分比	有效百分比	累计百分比
有效	总是	193	3.9	4.8	4.8
	经常	761	15.2	19.1	23.9
	有时	1145	22.9	28.7	52.6
	很少	984	19.7	24.7	77.3
	从不	904	18.1	22.7	100
	合计	3987	79.7	100	
缺失		1014	20.3		
合计		5001	100		

对搭配信息总是、经常、有时查阅的有 52.6%，其中总是和经常查阅的有 23.9%；很少、从不查阅的有 47.4%。另外有 20.3% 的被调查者没有回答。

表 5-64　辞书信息范畴的查阅频率（例句）

		频数	百分比	有效百分比	累计百分比
有效	总是	180	3.6	4.5	4.5
	经常	677	13.5	17.1	21.6
	有时	1083	21.7	27.4	49
	很少	1071	21.4	27.1	76.1
	从不	948	19	23.9	100
	合计	3959	79.2	100	
缺失		1042	20.8		
合计		5001	100		

对例句总是、经常、有时查阅的有 49%，其中总是和经常查阅的有 21.6%；很少、从不查阅的有 51%。另外有 20.8% 的被调查者没有回答。

表 5-65　辞书信息范畴的查阅频率（同义词辨析）

		频数	百分比	有效百分比	累计百分比
有效	总是	151	3	3.9	3.9
	经常	570	11.4	14.5	18.4
	有时	1091	21.8	27.8	46.2
	很少	1049	21	26.8	73
	从不	1059	21.2	27	100
	合计	3920	78.4	100	
缺失		1081	21.6		
合计		5001	100		

对同义词辨析总是、经常、有时查阅的有 46.2%，其中总是和经常查阅的有 18.4%；很少、从不查阅的有 53.8%。另外有 21.6% 的被调查者没有回答。

表 5-66　辞书信息范畴的查阅频率（反义词辨析）

		频数	百分比	有效百分比	累计百分比
有效	总是	124	2.5	3.2	3.2
	经常	452	9	11.7	14.9
	有时	812	16.2	20.9	35.8
	很少	1117	22.3	28.8	64.6
	从不	1374	27.5	35.4	100
	合计	3879	77.6	100	
缺失		1122	22.4		
合计		5001	100		

对反义词辨析总是、经常、有时查阅的有 35.8%，其中总是和经常查阅的有 14.9%；很少、从不查阅的有 64.2%。另外有 22.4% 的被调查者没有回答。

表 5-67　辞书信息范畴的查阅频率（词源）

		频数	百分比	有效百分比	累计百分比
有效	总是	115	2.3	3	3
	经常	369	7.4	9.6	12.6
	有时	789	15.8	20.5	33.1
	很少	1032	20.6	26.8	59.9
	从不	1549	31	40.2	100
	合计	3854	77.1	100	
缺失		1147	22.9		
合计		5001	100		

对词源信息总是、经常、有时查阅的有 33.1%，其中总是和经常查阅的有 12.6%；很少、从不查阅的有 67%。另外有 22.9% 的被调查者没有回答。

(3) 小结

在以上各项词条信息中，从总是、经常和有时三项频率来看，查阅频率由高到低依次是：读音，78.3%；释义，73.2%；字形、词形，

62.9%；组词信息，60.8%；语法信息，54.5%；搭配信息，52.6%；例句，49%；汉字笔顺，48.3%；同义词辨析，46.2%；反义词辨析，35.8%；词源信息，33.1%。如果就总是和经常查阅两项频率来看，查阅频率由高到低依次是：读音，52.1%；释义，46%；字形、词形，36.2%；组词信息，30.9%；语法信息，26.4%；汉字笔顺，24.3%；搭配信息，23.9%；例句，21.6%；同义词辨析，18.4%；反义词辨析，14.9%；词源信息，12.6%。两种统计频率的区别在于搭配信息、例句和汉字笔顺的排列先后。所以，人们在使用词典的时候，经常查阅的是读音、释义、字形和词形及组词信息，对于词源、反义词辨析、同义词辨析的查阅频率不高。这与上文"你希望购买什么类型的词典"的调查结果基本一致。

(4) 汉、英辞书用户对词条信息需求的语际差异

在词典词条信息范畴的查询频率上，我国辞书用户对汉语辞书信息的需求同国外词典用户对母语词典的信息需求存在差异。首先，查询频率最高的信息范畴不同。Barnhart (1967) 曾对词典用户需求的信息范畴的查阅频率进行了调查，发现美国大学生在使用母语词典时，词典信息范畴的需求顺序依次是：意义、拼写、语音、同义词、语用和同源词。Tomaszczyk (1979) 对450名波兰高级语言学习者、教师以及翻译人员对词典信息范畴的需求进行了调查，发现词典用户的信息范畴需求依次是：意义、同义词、拼写、语音、语法和词源。Béjoint (1981) 对法国英语专业二、三、四年级学生做的调查发现，单语词典使用者当中，意义的查询率占87%，句法占53%，同义词占52%。Cowie (2002) 在《英语学习词典史》中指出：词典用户关注最多的信息范畴是意义。但是，中国用户对汉语辞书查询的信息范畴频率最高的是读音，其次是释义，国外词典使用者查询读音的频率排在信息范畴需求的第三位或第四位。这与语言自身的特点有关，英语是表音文字，通过单词的书写形式就能够基本上判断出该词的读音；而汉语作为表意文字，从字形本身很难知道词语的正确读音。其次，在信息范畴上，国外词典使用者查询同义词或词源的频率较高，汉语词典使用者对于同义词或词源的查阅频率较低。同时，汉语词典用户对组词查阅频率较高，国外的词典用户则查阅频率不高。这也同语言自身的特点有关。

2. 用户对辞书微观结构设置的态度

(1) 用户对辞书标注词汇等级的态度

词典编纂者为了方便用户快速地查找所需要的信息，在辞书微观结构中设置了很多标注符号。那么词典用户对这些符号的态度如何呢？我们通过问卷进行了调查。

为了方便学生用户的学习和使用，在学生词典中，是否有必要使用特殊的符号标注词汇的等级？在问卷中，我们设计的调查题目是：是否希望用特殊符号标出小学、初中、高中词汇或高级词汇？提供的选项是：1. 不是；2. 是；3. 不清楚。我们的统计结果见表5-68。

表 5-68　用户对标注词汇等级的态度

		频数	百分比	有效百分比	累计百分比
有效	不是	1102	22	23.8	23.8
	是	2476	49.5	53.4	77.2
	不清楚	1062	21.2	22.9	100
	合计	4640	92.8	100	
缺失		361	7.2		
合计		5001	100		

不希望用特殊的符号标出小学、初中、高中词汇或高级词汇的，有1102人，占23.8%；希望使用特殊的符号标出小学、初中、高中词汇或高级词汇的，有2476人，占53.4%。22.9%的人对此表示不清楚。所以超过半数的被调查者支持在词典中标出词汇的等级。

(2) 用户对词典插图的态度

插图是词典释义的一个重要的组成部分，可以帮助词典使用者形象地理解词语的释义。欧美国家的很多语文词典都配有一定数量的插图，以此来弥补词典在文字释义方面的一些不足。那么，我国的词典用户对词典插图有什么样的看法呢？在调查问卷中，为了解词典用户对释义配有插图的态度，我们设计的调查题目是：是否希望有些词目释义时配有插图？提供的选项是：1. 不是；2. 是；3. 不清楚。调查结果见表5-69。

表 5-69　用户对词典插图的态度

		频数	百分比	有效百分比	累计百分比
有效	不是	656	13.1	14.2	14.2
	是	3164	63.3	68.4	82.6
	不清楚	806	16.1	17.4	100
	合计	4626	92.5	100	
缺失		375	7.5		
合计		5001	100		

希望词目释义时配有插图的被调查者有 3164 人，占 68.4%；不希望配有插图的仅占 14.2%。还有 17.4% 的被调查者表示不清楚。由此可知，大部分被调查希望释义时配有插图。

(3) 用户对词典收词的态度

不同类型的词典针对不同词典使用者的需求，在收词的时候也会存在差异。语文词典在收词的时候需要兼顾各方面的知识，不但要收录通用词汇，还要适当收录科技词汇或专有名词。为了满足读者查考的需要，一些方言词或古代作品中的古语词也应该收录。虽然词典在编写的时候有一定的收词原则，但是对于某些词语是否应该收录很难确定。在调查问卷中针对这类问题进行了调查，调查的内容有：普通话词语，包括高透明度词、俚语、禁忌语；境外华语社区词和方言词。调查结果见下表。

A. 用户对某些普通话词语收录的态度

表 5-70　用户对普通语文词典收词的态度（高透明度词语）

		频数	百分比	有效百分比	累计百分比
有效	不赞成	787	15.7	17.1	17.1
	赞成	2798	55.9	60.8	77.9
	不清楚	1016	20.3	22.1	100
	合计	4601	92	100	
缺失		400	8		
合计		5001	100		

对于词典是否应收入高透明度词语，17.1% 的被调查者不赞成收录，60.8% 的被调查者赞成收录，22.1% 的被调查者对此表示不清楚。

表 5-71　用户对普通语文词典收词的态度（俚语、禁忌语）

		频数	百分比	有效百分比	累计百分比
有效	收录	1741	34.8	37.7	37.7
	不收录	1559	31.2	33.7	71.4
	不清楚	1323	26.5	28.6	100
	合计	4623	92.4	100	
缺失		378	7.6		
合计		5001	100		

在被调查的词典用户中，37.7%的被调查者认为普通语文词典应该收录俚语、禁忌语；有33.7%的被调查者认为不应该收录俚语、禁忌语；还有28.6%的被调查者对此表示不清楚。赞成收录和不赞成收录的人数比较接近，所以人们对词典是否应该收录俚语、禁忌语的分歧较大。

B. 用户对境外华语社区词和方言词收录的态度

表 5-72　用户对普通语文词典收词的态度（境外华语社区词）

对语文词典收海外华语词的态度		频数	百分比	有效百分比	累计百分比
有效	大量收录	236	4.7	5.1	5.1
	适当收录	1975	39.5	42.8	47.9
	个别收录	1515	30.3	32.8	80.7
	不应收录	582	11.6	12.6	93.3
	不清楚	311	6.2	6.7	100
	合计	4619	92.4	100	
缺失		382	7.6		
合计		5001	100		

华人已经遍布全球，全球华人使用的汉语在基本词汇上差别不大。但是对于一些非基本词汇来说，每个地区的词汇差异就会显现出来。随着各地华人在经济、文化上的深入交流，这些具有差异的词汇会给交流带来不便。在普通的语文词典中应该如何收录这些词语成为一个需要探讨的问题。对于普通语文词典是否应该收录港、澳、台地区及海外华人

汉语中的词语，被调查的词典用户的观点是：认为应该大量收录的被调查用户占 5.1%；认为应适当收录的占 42.8%；认为应个别收录的占 32.8%；认为不应收录的占 12.6%；表示不清楚的占 6.7%。所以，多数被调查者对普通语文词典收录港、澳、台地区及海外华人汉语词语持肯定但有保留的态度——适当或个别收录。中国大陆同港、澳、台地区及海外华人使用的汉语词汇差别主要存在于一些非基本词汇中（汪惠迪，2004），这些非基本词汇在交流中出现的频率相对比较低。

表 5-73 用户对普通语文词典收词的态度（方言词）

对语文词典收录方言词的态度		频数	百分比	有效百分比	累计百分比
有效	大量收录	203	4.1	4.4	4.4
	适当收录	2040	40.8	44.4	48.8
	个别收录	1130	22.6	24.6	73.4
	不应收录	753	15.1	16.4	89.8
	不清楚	468	9.4	10.2	100
	合计	4594	91.9	100	
缺失		407	8.1		
合计		5001	100		

对于普通语文词典是否应该收录方言词，被调查的词典用户的观点是：认为应该大量收录的人数占 4.4%；认为应适当收录的人数占 44.4%；认为应个别收录的人数占 24.6%；认为不应收录的人数占 16.4%；10.2% 的被调查者表示不清楚。

总体来说，用户对于词典收词抱着积极、谨慎的态度。词典用户希望词典在收词上做到全面，但是考虑到是否实用，对于一些非基本词汇和非常用词汇希望适当收录，甚至个别收录。

三 辞书用户的辞书知识和技能状况

用户要有效查阅词典需要具备词典知识和词典使用技能。词典查阅技能是指词典用户应该拥有的，并通过习得获得的有效查检和充分利用词典信息的各项技能，能力越好查得率越高，查阅速度越快。（章宜华，2011：41）Li（1998）的研究表明，用户对词典的认识越多，对词典使用所持的态度就越积极。那么，我国辞书用户的辞书知识和技能状况如何呢？

（一）对字典和词典区别的了解状况

Hartmann（2005）指出在词典查询过程中，一个重要的步骤是从宏观上选择一本类型恰当的词典，这是成功查找所需信息的前提条件。汉语辞书中字典和词典是最基本的、最常见到的两种类型。对汉语辞书用户来说，使用辞书时首先碰到的问题是应该选择使用字典还是词典。胡明扬（1998）说，使用拼音文字的语言没有必要、也没有可能区分字典和词典；但是就使用汉字的汉语而言，有必要，而且也需要区分字典和词典。这与汉语的特点有关。为了了解被调查者对于词典和字典两者差别的认识，我们设计的问题是：字典与词典的差别是什么？被调查者的回答结果见表5-74。

表5-74 用户对字典和词典区别的认识

	字典与词典的区别是什么	频数	百分比	有效百分比
有效	侧重点、功能不同，一个用来查词，一个用来查字	3674	73.5	74.4
	词典比字典的内容丰富、全面，词典的功能更齐全，解释更详细、准确	371	7.4	7.5
	词典比字典使用更方便，查起来更快捷	13	0.3	0.3
	厚薄、大小、价格不同	6	0.1	0.1
	词典包含字典，字典是词典的一个子集	7	0.1	0.1
	词典与字典基本上没有差别	27	0.5	0.5
	不知道	742	14.8	15.1
	其他	78	1.6	1.6
	合计	4918	98.3	100
缺失		83	1.7	
合计		5001	100	

注："其他"指填写相同内容的人数少于5人的各种回答内容。

从统计可知，74.4%的被调查者认为字典和词典的侧重点、功能不同，字典是用来查字的，词典用来查词的；有7.5%的被调查者认为词典比字典的内容丰富，词典的功能更齐全，解释更详细、准确；有0.3%的被调查者认为词典比字典使用起来更加方便，查起来更加快捷；有6人认为词典与字典在厚薄、大小、价格方面不同，占0.1%；有7人认为词典包含字典，字典是词典的一个子集，占0.1%；有27人认为词典和字典差不多，占0.5%；有78人认为字典与词典的差别表现在其他方面，例如：词典更贴近生活，词典有利于学习语言，字典与词典的层次不同，编排方式不同等，占1.6%；有742人回答"不知道"，占15.1%；还有83人，没有回答该问题，占1.7%。

可见，大多数被调查者基本了解字典与词典的区别。只有约17%的被调查者不知道字典与词典的区别。

（二）辞书"前言"或"凡例"的阅读状况

1. 辞书"前言"的阅读情况

辞书一般都有"前言"，在前言中，编者介绍编纂目的、宗旨、适用对象、词汇覆盖面、编纂要点、查阅方法等。购买和查阅词典时仅仅依靠词典的名称来判断可能会产生误导。虽然"前言"的内容比较简单，不过也需要去阅读。我们设计的调查题目是：请选择你对字典、词典"前言"的阅读情况。提供的选项有：（1）认真阅读；（2）粗略浏览；（3）从不阅读。对于这个问题统计情况见表5-75。

表5-75 用户对辞书前言的阅读状况

		频数	百分比	有效百分比	累计百分比
有效	认真阅读	821	16.4	17.1	17.1
	粗略阅读	2655	53.1	55.4	72.5
	从不阅读	1316	26.3	27.5	100
	合计	4792	95.8	100	
缺失		209	4.2		
合计		5001	100		

从统计可以得知：有2655人粗略阅读，占55.4%；821人认真阅读，占17.1%。所以共有3476人，占总数72.5%的被调查者会去阅读辞书前

言。从不阅读的有 1316 人，占 27.5％。有 209 人没有回答该问题，占 4.2％。从统计的结果看，大部分辞书用户会阅读辞书前言，但也有多于四分之一的人从不阅读。

2. 辞书"凡例"或"使用说明"的阅读情况

现代辞书在内容、功能和结构设计、编纂符号等方面越来越复杂，因此现代辞书一般都设置"凡例"或"使用说明""用法指南"来告诉读者适用对象、辞书结构、各种不同的符号表示的含义等，以引导用户认识辞书功能，最大限度地使用辞书信息。所以读者要了解辞书的功能，要真正学会使用词典，阅读词典的"凡例"或"使用说明"是非常有必要的。汉语语文辞书一般都有"凡例"，相当于英语词典的"使用指南"。兰多（2005：160）说："词典的使用指南是正文前信息中唯一有实际作用的部分，而且也是大多数读者唯一使用的部分。"那么我国辞书用户对"凡例"等的阅读情况如何呢？我们设计的问题是：请选择对字典、词典"凡例"或"使用说明"的阅读情况。提供的选项有：(1) 仔细阅读；(2) 粗略浏览；(3) 从不阅读。调查统计结果见表 5-76。

表 5-76　用户对辞书"凡例"的阅读状况

		频数	百分比	有效百分比	累计百分比
有效	仔细阅读	863	17.3	18.1	18.1
	粗略阅读	2509	50.2	52.5	70.6
	从不阅读	1405	28.1	29.4	100
	合计	4777	95.5	100	
缺失		224	4.5		
合计		5001	100		

对词典"凡例"仔细阅读的，有 863 人，占 18.1％；粗略阅读的，有 2509 人，占 52.5％。两项相加，阅读"凡例"的人共有 3372 人，占 70.6％。但是还有 1405 人从不阅读，占 29.4％。除此之外，还有 224 人没有回答该问题，占 4.5％。

3. 用户对辞书体例、用途的熟悉状况

了解辞书的适用对象和用途是用户使用辞书的第一步。其次，要了解辞书的体例,以便快速地查阅到所需的信息。为了了解辞书用户对于辞书体例和用途的熟悉状况,我们设计的调查问题是:对手头字典、词典的体例、用途了解如何?提供的选项如下:(1)熟悉;(2)比较了解;(3)基本了解;(4)不了解。调查统计结果见表5-77。

表5-77 用户对辞书体例的熟悉状况

		频数	百分比	有效百分比	累计百分比
有效	熟悉	651	13	13.3	13.3
	比较了解	1492	29.8	30.4	43.7
	基本了解	2338	46.8	47.7	91.4
	不了解	421	8.4	8.6	100
	合计	4902	98	100	
缺失		99	2		
合计		5001	100		

熟悉字典、词典的体例、用途的有651人,占13.3%;比较了解的有1492人,占30.4%;基本了解的有2338人,占47.7%;不了解的只有421人,占总数的8.6%。还有99人没有回答该问题,占被调查者总数的2%。所以被调查者了解字典、词典的体例和用途的共有4481人,占被调查者总数的89.6%,说明被调查对象对字典、词典的体例和用途的了解状况总体较好。这与对辞书"凡例"阅读情况的调查结果一致。

4. 用户获得辞书知识的途径

既然辞书知识和技能对用户有效获得辞书信息和培养用户辞书使用的主动性非常重要,那么就有必要对用户加强辞书知识和技能的培养。从上面的调查中发现,大部分辞书用户会阅读辞书"前言"和"凡例",这是他们获得辞书知识和技能的重要途径,除此之外还有哪些途径呢?为了了解目前辞书用户获取辞书知识的途径,我们设计了调查题目:你通过哪些途径获得字典、词典知识和使用方法?提供的选项是:(1)课本学习;(2)老师课堂讲授;(3)阅读字典词典"凡例"或"使用说明";(4)课外书;(5)其他。调查统计结果见表5-78。

表 5-78 用户获取辞书知识的途径

		频数	百分比	有效百分比	累计百分比
有效	课本学习	646	12.9	14.2	14.2
	老师课堂讲授	2313	46.3	50.7	64.9
	阅读"凡例""使用说明"	1237	24.7	27.1	92.1
	课外书	184	3.7	4	96.1
	其他	178	3.6	3.9	100
	合计	4558	91.1	100	
缺失		443	8.9		
合计		5001	100		

通过课本学习获得词典知识的人数是 646 人，占 14.2%；通过老师课堂讲授获得词典知识的人数是 2313 人，占 50.7%；通过阅读字典、词典"凡例"或"使用说明"获得词典知识的人数是 1237 人，占 27.1%；通过课外书获得词典知识的人数是 184 人，占 4%；通过其他方法获得词典知识的人数是 178 人，占 3.9%。还有 443 人没有回答该问题，占被调查者总数的 8.9%。可见词典用户获得词典知识的主要途径是老师课堂讲授。但是，通过阅读字典、词典"凡例"或"使用说明"获得词典知识的词典用户也占有一定的比例。所以，上面的调查中有超过 70% 的用户阅读辞书"凡例"或"使用说明"。相比之下，通过课本学习获得辞书知识的比例较小，说明目前中小学语文教材中辞书知识的内容不足。

（三）用户关于辞书排检知识的状况

哈特曼（2003）提出词典查阅过程包括七项技能：辨识查阅问题，选定有问题的词语，选择最合适的词典，搜寻宏观结构，搜寻微观结构，获取有关资料，融合信息。其中，用户能否正确、迅速地搜寻宏观结构和微观结构与对辞书排检体例的熟悉程度有关。熟悉辞书排检体例是用户词典技能的重要组成部分，也是词典用户必备的能力。

1. 用户对辞书编排体例的认识

每一本辞书都有自己的条目编排体例和义项排列顺序。辞书用户在使用汉语辞书的时候，认为哪种编排方法更方便？对此，我们设计了两个问题：词典正文条目的编排顺序，哪种方法好？提供的选项有：（1）拼音字母；（2）部首笔画；（3）按照意义分类编排；（4）四角号码；（5）纵横码；（6）不清楚。义项的排列，哪种方法好？提供的选项有：（1）按使用频率（是否常用）；（2）按义项产生时间先后；（3）一个义项一个词目；（4）不清楚。被调查者对于这两个问题的回答情况，见下表。

表 5-79 用户对词条编排顺序的态度

		频数	百分比	有效百分比	累计百分比
有效	拼音字母	2983	59.3	65.6	65.6
	部首笔画	944	18.8	20.8	86.4
	义类编排	246	4.9	5.4	91.8
	四角号码	52	1	1.1	92.9
	纵横码	14	0.3	0.3	93.2
	不清楚	307	6.1	6.8	100
	不知道	1	0	0	
	合计	4547	90.4	100	
缺失		480	9.6		
合计		5027	100		

对词条的编排顺序，认为应该按照汉语拼音字母顺序编排词条的人数最多，有 2983 人，占总数 65.6%。汉语拼音方案已经推行了 50 多年，人们对拼音字母已经比较熟悉，而且这种方法简明准确，使用方便，所以受到了人们广泛的认同。其次，认为按照部首笔画编排最好的有 944 人，占 20.8%。认同按照意义分类编排的有 246 人，占 5.4%。得到词典用户认同最少的是四角号码和纵横码。因为这两种方法出现的时间较早，而且没有在普通使用者中得到认同和普及。认为按照四角号码的顺序来编排的只有 52 人，仅占总数的 1.1%。认为按照纵横码的顺序来编排的人只有 14 人，仅占总数的 0.3%。

表 5-80 用户对义项排序的态度

		频数	百分比	有效百分比	累计百分比
有效	按使用频率	2410	48.2	57.1	57.1
	时序	675	13.5	16	73.1
	一个义项一个词目	476	9.5	11.3	84.4
	不清楚	655	13.1	15.5	99.9
	不知道	1	0	0	100
	合计	4217	84.3	100	
缺失		785	15.7		
合计		5002	100		

对于义项的排列，认同按使用频率编排的人数最多，有 2410 人，占 57.1%。其次，认同按义项产生时间先后排列的有 675 人，占 16%。认同率最低的排列方法是：一个义项一个词目，只有 476 人，占 11.3%。对于不清楚哪种义项排列方法较好的有 655 人，占 15.5%。除此之外，还有 785 人的被调查者没有回答该问题，占 15.7%。

2. 检字法选择倾向的调查

因为汉语辞书自身的特点，在使用辞书的时候，有三种检字法可供词典用户选择。这三种检字法分别是：音序检字、部首检字和笔画检字。为了了解辞书用户对各种检字法的认识状况，在调查问卷中，我们设计了以下两个问题：知道字词的读音，如"可"，想知道意义和用法，用哪种检字法？想知道"喆"的读音和用法，用哪种检字法？我们的调查结果见下表。

表 5-81 用户对检字法的认识状况（"可"读音→意义）

		频数	百分比	有效百分比	累计百分比
有效	音序检字	3323	66.3	75.4	75.4
	部首检字	561	11.2	12.7	88.1
	笔画检字	299	6	6.8	94.9
	不清楚	223	4.4	5.1	100
	不知道	1	0	0	100
	合计	4407	87.9	100	
缺失		607	12.1		
合计		5014	100		

表 5-105　学生使用词典类型频率（英汉双解词典）

		频数	百分比	有效百分比	累计百分比
有效	最常使用	224	10.2	13.1	13.1
	经常使用	469	21.4	27.4	40.5
	有时使用	363	16.6	21.2	61.7
	极少使用	247	11.3	14.4	76.1
	从来不用	409	18.7	23.9	100
	合计	1712	78.1	100	
缺失		479	21.9		
合计		2191	100		

英汉双解词典，学生最常使用、经常使用、有时使用的，有 61.7%；从来不用的，有 23.9%。

表 5-106　学生使用词典类型频率（汉英词典）

		频数	百分比	有效百分比	累计百分比
有效	最常使用	166	7.6	10.1	10.1
	经常使用	407	18.6	24.8	34.9
	有时使用	443	20.2	27	61.9
	极少使用	278	12.7	16.9	78.8
	从来不用	347	15.8	21.1	100
	合计	1641	74.9	100	
缺失		550	25.1		
合计		2191	100		

汉英词典，学生最常使用、经常使用、有时使用的，有 61.9%；从来不用的，有 21.1%。

（2）学生对汉语语文辞书的使用状况

表 5-82　用户对检字法的认识状况（"喆"字形→读音意义）

		频数	百分比	有效百分比	累计百分比
有效	音序检字	799	16	18.1	18.1
	部首检字	2683	53.6	60.9	79
	笔画检字	676	13.4	15.3	94.3
	不清楚	249	5	5.7	100
	不知道	1	0	0	100
	合计	4408	88	100	
缺失		600	12		
合计		5008	100		

对于常用字"可"的意义，有 3323 位被调查者选择了音序检字，占 75.4％。有 561 人选择了部首检字，占 12.7％。有 299 人选择了笔画检字，占 6.8％。而对于生僻字"喆"的读音，选用部首检字法的人占多数，有 2683 人，占总数的 60.9％。其次，有 799 人选择了音序法，占 18.1％。有 676 人选择了笔画检字，占 15.3％。说明大部分读者能够恰当地选用合适的检字法。从统计中我们不难发现：在调查的两种情况中，使用笔画检字法的人均较少。

（四）用户对辞书释义符号的熟悉状况

现代语文辞书为了节约篇幅和突出词条信息，普遍使用编纂符号。对辞书编纂符号是否熟悉会影响用户正确全面地理解辞书信息。为此国家技术监督局发布了《中华人民共和国国家标准辞书编纂符号》（GB11617-89）来规范辞书编纂符号的使用。辞书用户应该熟悉辞书编纂符号。在上面的调查中，超过 70％的被调查者阅读辞书"凡例"或"使用说明"，超过 90％的被调查者认为自己熟悉和了解辞书体例。那么，我国用户对辞书释义符号的熟悉程度到底如何呢？在调查问卷中，我们根据上述标准设计了相关的测试问题。测试结果统计见下表。表中"其他"代表少于 5 人的各种答案的总和。

1. 词目"白"包含的辞书符号

白[1] 像霜或雪的颜色。

白² 错误▷写～字。

白³ 陈述，说明▷表～｜辩～。

"白¹""白²""白³"是什么关系？

"▷"表示什么意思？

"｜"表示什么意思？

"～"代表什么？

"陈述，说明"中，","表示什么意思？

表 5-83 用户对辞书符号的熟悉状况（1）

"白¹""白²""白³"是什么关系		频数	百分比	有效百分比
有效	"白"的三种含义	1866	37.3	40
	"白"的三个词性	66	1.3	1.4
	并列关系	290	5.7	6.1
	递进关系	35	0.6	0.7
	引申关系	7	0.1	0.1
	三种不同的读音	29	0.6	0.6
	"白"的三种用法	5	0.1	0.1
	表示注解的号码	7	0.1	0.1
	连接关系	10	0.2	0.2
	其他	23	0.4	0.5
	不知道	2378	47.6	50.4
	合计	4716	94.3	100
缺失		285	11.3	
合计		5001	100	

"白¹""白²""白³"表示同形同音异义词。被调查者均未能准确回答。最接近的是"'白'的三种含义"，其次是"'白'的三种用法"和"'白'的三个词性"，三项相加共有 1937 人，仅占回答问题人数的 41.5%。回答"不知道"的占 50.4%。

表 5-84　用户对辞书符号的熟悉状况（2）

	"▷" 表示什么意思	频数	百分比	有效百分比
有效	表示举例	1291	25.8	27.5
	表示间隔	63	1.3	1.3
	解释说明	95	1.9	2
	表引申	26	0.5	0.6
	引领指示	91	1.8	1.9
	表示组词	56	1.1	1.2
	表示并列关系	21	0.4	0.4
	其他	88	1.8	1.9
	不知道	2963	59.2	63.1
	合计	4694	93.9	100
缺失		307	6.1	
合计		5001	100	

"▷"表示举例。正确回答的有1291人，占回答问题人数的27.5％，回答"不知道"的占63.1％。

表 5-85　用户对辞书符号的熟悉状况（3）

	"｜" 表示什么意思	频数	百分比	有效百分比
有效	表示隔开，是分隔符号	1513	30.2	32.3
	表示并列	314	6.3	6.7
	表示停顿	20	0.4	0.4
	表示不同的释义	13	0.3	0.3
	表示举例	45	0.9	0.9
	不知道	2701	54	57.6
	其他	82	6.3	1.7
	合计	4688	93.7	100
缺失		313	6.3	
合计		5001	100	

"｜"表示例证间隔。能够正确回答的有1513人，占回答问题人数的32.3％，回答"不知道"的占57.6％。

表 5-86　用户对辞书符号的熟悉状况（4）

	"~"代表什么	频数	百分比	有效百分比
有效	表示代替被解释的字	2375	47.5	50.1
	表示举例	23	0.5	0.5
	表示叠词的省略	8	0.2	0.2
	表示解释	23	0.5	0.5
	其他	37	0.7	0.8
	不知道	2173	43.5	45.8
	合计	4741	94.8	100
缺失		260	10.5	
合计		5001	100	

"~"是词目替代的符号，置于例证中需要替代该词目处。回答正确的有 2375 人，占回答问题人数的 50.1%，回答"不知道"的占 45.8%。

表 5-87　用户对辞书符号的熟悉状况（5）

	"陈述，说明"中的","表示什么意思	频数	百分比	有效百分比
有效	表示并列	760	15.2	16.3
	表示间隔	277	5.5	5.9
	表示停顿	323	6.5	6.9
	表示解释	122	3.4	2.6
	表示不同的意思	56	1.1	1.2
	表示引用	31	7.5	0.7
	表示补充说明	15	0.6	0.3
	其他	186	3.7	4
	不知道	2886	57.7	62
	合计	4656	93.1	100
缺失		345	6.9	
合计		5001	100	

"陈述，说明"中的","是同义词间隔符号，置于释文中同义词之间。回答"表示并列"和"表示间隔"的，共 1037 人，占回答问题人数

的 22.2%，回答"不知道"的占 62%。

从统计中发现：被调查者普遍缺乏对词典中各种符号的正确了解，在对各个题目的回答中，正确者多不及半数。填写"不知道"的人数总是最多。其中对"'▷'表示什么意思"填写"不知道"的比例最高，达 63.1%，其他题目依次是：不知道","表示什么意思的人数占 62%，不知道"│"含义的占总数的 57.6%，最后是对于"～"的含义，回答不知道的占 45.8%。错误的回答在所有问题的回答中均占有一定的比例。

2. 词目"尔"包含的辞书符号

尔〈书〉①你。②如此，这样。

例中的①、②表示什么意思？

对"尔"的释义中，"〈书〉"表示什么？在什么情况下用"〈〉"？

表 5-88　用户对辞书符号的熟悉状况（6）

	①、②表示什么意思	频数	百分比	有效百分比
有效	表示不同的义项	1923	38.5	41.7
	表示并列	26	0.5	0.6
	表示不同的词性	12	0.2	0.3
	不知道	2588	51.7	56.1
	其他	66	1.3	1.4
	合计	4615	92.3	100
缺失		386	7.7	
合计		5001	100	

①、②是义项符号，置于释文各义项的起始处。回答正确者有 1923 人，占回答问题人数的 41.7%，回答"不知道"的占 56.1%。

表 5-89　用户对辞书符号的熟悉状况（7）

	〈书〉表示什么	频数	百分比	有效百分比
有效	表示书面语	1473	29.5	34.2
	表示文言文	171	3.4	4
	不知道	2589	51.8	60.1
	其他	72	1.4	1.7
	合计	4305	86.1	100

(续表)

〈书〉表示什么	频数	百分比	有效百分比
缺失	696	13.3	
合计	5001	100	

"〈〉"是语域标注符号,"〈书〉"表示该词用于书面语。回答正确的有1473人,占回答问题人数的34.2%。有72人认为"〈书〉"代表其他的含义,如:书中的解释、特别注释、特别说明、特别强调、引用等,占1.7%。回答"不知道"的有2589人,占60.1%。没有回答该问题的人数是696,占总数的13.3%。

3. 词目"顿挫"包含的辞书符号

【顿挫】(语调、音律等)停顿转折。

对"顿挫"的释义中,"()"表示什么?

表5-90 用户对辞书符号的熟悉状况(8)

	"()"表示什么	频数	百分比	有效百分比
有效	表示限制、补充说明	1675	33.5	35.6
	表示强调	20	0.4	0.4
	表示插入解释	27	0.5	0.6
	表示举例	60	1.2	1.3
	其他	95	1.9	2
	不知道	2780	55.6	59.7
	合计	4657	93.1	100
缺失		344	6.9	
合计		5001	100	

"()"是注解符号,用于放置释文中的补充说明。认为"()"是对释义的补充说明和表示使用范围的有1675人,占回答问题人数的35.6%。有95人认为"()"有其他的含义,如:搭配、引用、并列、省略等,占2%。对于"()"表示什么,回答"不知道"的人数最多,有2780人,占59.7%。

4. 词目"敞开"包含的辞书符号

【敞开】大开,打开▷大门~着◇~思想

例中的"◇"表示什么?

表 5-91　用户对辞书符号的熟悉状况 (9)

"◇"表示什么		频数	百分比	有效百分比
有效	表示比喻义	522	10.4	11.4
	表并列	113	2.3	2.5
	表示举例	94	1.9	2
	表示分隔	316	6.3	6.9
	表示两个解释	26	0.5	0.6
	其他	118	2.4	2.6
	不知道	3406	68.1	74.1
	合计	4595	91.9	100
缺失		406	8.1	
合计		5001	100	

"◇"是比喻的符号，置于释文中比喻用法之前。回答正确的有 522 人，占回答问题人数的 11.4%；回答"不知道"的占 74.1%；没有回答的，占总数的 8.1%。

5. 小结

综上可知，首先，被调查者普遍缺乏辞书基本知识。除"'～'代表什么？"外，每一个调查的问题，回答比例最高的都是"不知道"。还有一部分人没有回答调查问卷中的问题。据了解，一般情况下未填写的主要原因是不知道。所以如果将这个因素考虑在内的话，"不知道"的比例还会更大。

其次，对上述问题，能够正确回答的比例较小。回答正确的题目，按比例由高到低依次是："～代表什么"，占 50.1%；"①、②代表的意思"，占 41.7%；了解"白^1""白^2""白^3"是什么关系的，占 41.5%；"（）"代表的含义，占 35.6%；正确回答出"〈书〉"的含义的，占 34.2%；知道"｜"所代表意义的，占 32.3%；"▷"代表的含义回答正确的，占 27.5%；","代表的含义回答正确的，占 22.2%；"◇"代表的含义回答正确的，占 11.4%。

虽然在被调查者中有 72.5% 的辞书用户会去阅读词典"前言"，超过 70% 的用户阅读辞书"凡例"或"使用说明"，但是对于"凡例"或"使用说明"中各种常用符号的熟悉程度却很低，这也暴露出用户对于词典

"凡例"的重视程度很低，只是粗略地浏览，忽略了"凡例"中提供的重要信息。

第四节 中小学师生语文辞书应用状况

Hartmann（2005）曾经提出词典研究有四个方面，其中一个重要的方面是"谁在使用词典"。每个人在生活或工作中都会使用词典，但是在所有的使用者中，学生和教师是使用词典频率最高的群体。所以有必要深入了解教师和学生两个群体的辞书使用状况。

一 教师和学生的辞书需求状况

（一）教师和学生对不同类型词典的使用状况

Hartmann（2005）指出在词典查询过程中，一个重要的步骤是从宏观上选择一本类型恰当的词典，这是成功查找所需信息的前提条件。在调查中，我们对教师和学生两个群体对词典类型的使用频率状况进行了调查。使用频率分为：最常使用、经常使用、有时使用、极少使用、从来不用五种情况。调查的词典类型包括：英英词典、英汉词典、英汉双解词典、汉英词典、字典、普通汉语语文词典、古汉语字典、汉语同义词词典、汉语反义词词典、汉语成语词典、汉语歇后语词典。

1. 教师对不同类型词典的使用状况

教师使用词典类型的调查统计结果见下表。

（1）教师对英语词典的使用状况

表 5-92 教师使用词典类型频率（英英词典）

		频数	百分比	有效百分比	累计百分比
有效	最常使用	51	6.5	9.7	9.7
	经常使用	80	10.2	15.2	24.9
	有时使用	76	9.7	14.5	39.4
	极少使用	116	14.8	22.1	61.5
	从来不用	202	25.7	38.5	100
	合计	525	66.8	100	

（续表）

	频数	百分比	有效百分比	累计百分比
缺失	261	33.2		
合计	786	100		

英英词典，教师最常使用、经常使用和有时使用的，有39.4%；从来不用的，有38.5%。

表5-93 教师使用词典类型频率（英汉词典）

		频数	百分比	有效百分比	累计百分比
有效	最常使用	83	10.6	14.3	14.3
	经常使用	168	21.4	29	43.3
	有时使用	149	19	25.8	69.1
	极少使用	84	10.7	14.5	83.6
	从来不用	95	12.1	16.4	100
	合计	579	73.7	100	
缺失		207	26.3		
合计		786	100		

英汉词典，教师最常使用、经常使用、有时使用的，有69.1%；从来不用的，有16.4%。

表5-94 教师使用词典类型频率（英汉双解词典）

		频数	百分比	有效百分比	累计百分比
有效	最常使用	80	10.2	14.7	14.7
	经常使用	131	16.7	24	38.7
	有时使用	131	16.7	24	62.7
	极少使用	80	10.2	14.7	77.4
	从来不用	124	15.8	22.7	100
	合计	546	69.5	100	
缺失		240	30.5		
合计		786	100		

英汉双解词典，教师最常使用、经常使用和有时使用的，有 62.7%；从来不用的，有 22.7%。

表 5-95　教师使用词典类型频率（汉英词典）

		频数	百分比	有效百分比	累计百分比
有效	最常使用	72	9.2	14.1	14.1
	经常使用	109	13.9	21.3	35.4
	有时使用	125	15.9	24.5	59.9
	极少使用	85	10.8	16.6	76.5
	从来不用	120	15.3	23.5	100
	合计	511	65	100	
缺失		275	35		
合计		786	100		

汉英词典，教师最常使用、经常使用、有时使用的，有 59.9%；从来不用的，有 23.5%。

（2）教师对汉语辞书的使用状况

表 5-96　教师使用词典类型频率（字典）

		频数	百分比	有效百分比	累计百分比
有效	最常使用	188	23.9	30.4	30.4
	经常使用	193	24.6	31.2	61.6
	有时使用	133	16.9	21.5	83.1
	极少使用	56	7.1	9	92.1
	从来不用	49	6.2	7.9	100
	合计	619	78.8	100	
缺失		167	21.2		
合计		786	100		

字典，教师最常使用、经常使用、有时使用的，有 83.1%；从来不用的，仅有 7.9%。

表 5-97　教师使用词典类型频率（汉语普通语文词典）

		频数	百分比	有效百分比	累计百分比
有效	最常使用	103	13.1	17.9	17.9
	经常使用	164	20.9	28.5	46.4
	有时使用	137	17.4	23.8	70.2
	极少使用	72	9.2	12.5	82.7
	从来不用	100	12.7	17.4	100
	合计	576	73.3	100	
缺失		210	26.7		
合计		786	100		

汉语普通语文词典，教师最常使用、经常使用、有时使用的，有 70.2%；从来不用的，仅有 17.4%。

表 5-98　教师使用词典类型频率（古汉语词典）

		频数	百分比	有效百分比	累计百分比
有效	最常使用	50	6.4	9.2	9.2
	经常使用	106	13.5	19.6	28.8
	有时使用	141	17.9	26	54.8
	极少使用	101	12.8	18.6	73.4
	从来不用	144	18.3	26.6	100
	合计	542	69	100	
缺失		244	31		
合计		786	100		

古汉语词典，教师最常使用、经常使用、有时使用的，有 54.8%；从来不用的，有 26.6%。

表 5-99　教师使用词典类型频率（汉语同义词词典）

		频数	百分比	有效百分比	累计百分比
有效	最常使用	38	4.8	7.3	7.3
	经常使用	86	10.9	16.5	23.8
	有时使用	106	13.5	20.3	44.1
	极少使用	101	12.8	19.4	63.5
	从来不用	190	24.2	36.5	100
	合计	521	66.3	100	
缺失		265	33.7		
合计		786	100		

汉语同义词词典，教师最常使用、经常使用、有时使用的，有 44.1%；从来不用的，有 36.5%。

表 5-100　教师使用词典类型频率（汉语反义词词典）

		频数	百分比	有效百分比	累计百分比
有效	最常使用	27	3.4	5.2	5.2
	经常使用	89	11.3	17.3	22.5
	有时使用	106	13.5	20.6	43.1
	极少使用	99	12.6	19.2	62.3
	从来不用	194	24.7	37.7	100
	合计	515	65.5	100	
缺失		271	34.5		
合计		786	100		

汉语反义词词典，教师最常使用、经常使用、有时使用的，有 43.1%；从来不用的，有 37.7%。

表 5-101　教师使用词典类型频率（汉语成语词典）

		频数	百分比	有效百分比	累计百分比
有效	最常使用	56	7.1	10	10
	经常使用	138	17.6	24.6	34.6
	有时使用	130	16.5	23.2	57.8
	极少使用	82	10.4	14.6	72.4
	从来不用	155	19.7	27.6	100
	合计	561	71.4	100	
缺失		225	28.6		
合计		786	100		

汉语成语词典，教师最常使用、经常使用、有时使用的，有 57.8%；从来不用的，有 27.6%。

表 5-102　教师使用词典类型频率（汉语歇后语词典）

		频数	百分比	有效百分比	累计百分比
有效	最常使用	23	209	4.4	4.4
	经常使用	87	11.1	16.8	21.2
	有时使用	115	14.6	22.2	43.4
	极少使用	102	13	19.7	63.1
	从来不用	190	24.2	36.8	100
	合计	517	65.8	100	
缺失		269	34.2		
合计		786	100		

汉语歇后语词典，教师最常使用、经常使用、有时使用的，有 43.4%；从来不用的，有 36.8%。

2. 学生对不同类型词典的使用状况

学生使用词典类型的调查统计结果见下表。

（1）学生对英语词典的使用状况

表 5-103　学生使用词典类型频率（英英词典）

		频数	百分比	有效百分比	累计百分比
有效	最常使用	95	4.3	5.7	5.7
	经常使用	194	8.9	11.6	17.3
	有时使用	256	11.7	15.3	32.6
	极少使用	385	17.6	23	55.6
	从来不用	747	34.1	44.5	100
	合计	1677	76.5	100	
缺失		514	23.5		
合计		2191	100		

英英词典，学生最常使用、经常使用、有时使用的，有 32.6%；从来不用的，有 44.5%。

表 5-104　学生使用词典类型频率（英汉词典）

		频数	百分比	有效百分比	累计百分比
有效	最常使用	269	12.3	14.5	14.5
	经常使用	710	32.4	38.3	52.8
	有时使用	424	19.4	22.9	75.7
	极少使用	215	9.8	11.6	87.3
	从来不用	236	10.8	12.7	100
	合计	1854	84.6	100	
缺失		337	15.4		
合计		2191	100		

英汉词典，学生最常使用、经常使用、有时使用的，有 75.7%；从来不用的，仅有 12.7%。

表 5-107　学生使用词典类型频率（字典）

		频数	百分比	有效百分比	累计百分比
有效	最常使用	539	24.6	29.8	29.8
	经常使用	596	27.2	32.9	62.7
	有时使用	373	17	20.6	83.3
	极少使用	162	7.4	9	92.3
	从来不用	139	6.3	7.7	100
	合计	1809	82.6	100	
缺失		382	17.4		
合计		2191	100		

字典，学生最常使用、经常使用、有时使用的，有 83.3%；从来不用的，仅有 7.7%。

表 5-108　学生使用词典类型频率（汉语普通语文词典）

		频数	百分比	有效百分比	累计百分比
有效	最常使用	239	10.9	14.3	14.3
	经常使用	427	19.5	25.6	39.9
	有时使用	372	17	22.3	62.2
	极少使用	272	12.4	16.3	78.5
	从来不用	360	16.4	21.5	100
	合计	1670	76.2	100	
缺失		521	23.8		
合计		2191	100		

汉语普通语文词典，学生最常使用、经常使用、有时使用的，有 62.2%；从来不用的，有 21.5%。

表 5-109 学生使用词典类型频率（古汉语词典）

		频数	百分比	有效百分比	累计百分比
有效	最常使用	104	4.7	6.2	6.2
	经常使用	257	11.7	15.4	21.6
	有时使用	396	18.1	23.8	45.4
	极少使用	368	16.8	22.1	67.5
	从来不用	540	24.6	32.4	100
	合计	1665	76	100	
缺失		526	24		
合计		2191	100		

古汉语词典，学生最常使用、经常使用、有时使用的，有 45.4%；从来不用的，有 32.4%。

表 5-110 学生使用词典类型频率（汉语同义词词典）

		频数	百分比	有效百分比	累计百分比
有效	最常使用	76	3.5	4.8	4.8
	经常使用	176	8	11.1	15.9
	有时使用	279	12.7	17.5	33.4
	极少使用	440	20.1	27.7	61.1
	从来不用	619	28.3	38.9	100
	合计	1590	72.6	100	
缺失		601	27.4		
合计		2191	100		

汉语同义词词典，学生最常使用、经常使用、有时使用的，有 33.4%；从来不用的，有 38.9%。

表 5-111　学生使用词典类型频率（汉语反义词词典）

		频数	百分比	有效百分比	累计百分比
有效	最常使用	60	2.7	3.7	3.7
	经常使用	179	8.2	11.1	14.8
	有时使用	253	11.5	15.7	30.5
	极少使用	456	20.8	28.2	58.7
	从来不用	668	30.5	41.3	100
	合计	1616	73.8	100	
缺失		575	26.2		
合计		2191	100		

汉语反义词词典，学生最常使用、经常使用、有时使用的，有 30.5%；从来不用的，有 41.3%。

表 5-112　学生使用词典类型频率（汉语成语词典）

		频数	百分比	有效百分比	累计百分比
有效	最常使用	109	5	6.5	6.5
	经常使用	342	15.6	20.5	27
	有时使用	370	16.9	22.2	49.2
	极少使用	324	14.8	19.4	68.6
	从来不用	523	23.9	31.4	100
	合计	1668	76.1	100	
缺失		523	23.9		
合计		2191	100		

汉语成语词典，学生最常使用、经常使用、有时使用的，有 49.2%；从来不用的，有 31.4%。

表 5-113 学生使用词典类型频率（汉语歇后语词典）

		频数	百分比	有效百分比	累计百分比
有效	最常使用	71	3.2	4.5	4.5
	经常使用	184	8.4	11.6	16.1
	有时使用	311	14.2	19.6	35.7
	极少使用	339	15.5	21.3	57
	从来不用	683	31.2	43	100
	合计	1588	72.5	100	
缺失		603	27.5		
合计		2191	100		

汉语歇后语词典，学生最常使用、经常使用、有时使用的，有 35.7%；从来不用的，有 43%。

3. 小结

为了得到这两个用户群体在不同类型词典使用频率方面的情况，我们将最常使用、经常使用和有时使用三项的频数相加，然后从高到低进行排列。统计发现，教师和学生这两个用户群体对词典类型的需求，有共同点也有差异。教师使用的词典类型频率由高到低依次为：字典，83.1%；汉语普通语文词典，70.2%；英汉词典，69.1%；英汉双解词典，62.7%；汉英词典，59.9%；汉语成语词典，57.8%；古汉语词典，54.8%；汉语同义词词典，44.1%；汉语歇后语词典，43.4%；汉语反义词词典，43.1%；英英词典，39.4%。学生使用的词典类型频率由高到低依次为：字典，83.3%；英汉词典，75.7%；汉语普通语文词典，62.2%；汉英词典，61.9%；英汉双解词典，61.7%；汉语成语词典，49.2%；古汉语词典，45.4%；汉语歇后语词典，35.6%；汉语同义词词典，33.4%；英英词典，32.6%；汉语反义词词典，30.5%。教师和学生使用的词典类型频率由高到低的顺序基本一致，使用频率最高的都是汉语字典；汉语成语词典、古汉语词典及英英词典的使用频率都低于英汉词典或汉英词典。不同的是教师使用汉语普通语文词典的频率高于英汉词典，而学生使用英汉词典的频率高于汉语普通语文词典；教师使用英汉双解词典的频率高于汉英词典，而学生使用汉英词典的频率高于英汉双解词典；教师使用汉语同义词词典的频率高于汉语歇后语词典，而学生正好相反。教师使用汉语同义词词典、汉语歇后语词典、汉语反义词词典、英英词典的频率明显高于学生;而学生使用英汉词典、汉英词典的频率高于教师,这与学生的学习需求有关。也就是说,学生在学习中使用英汉词典和汉英词典的频率高于汉语词典,这与目前我国过度重视英语教学、对母语教学重视不够有关。在英语词典中,教师比学生更喜欢使用英英词典,这与词典使用者的英语水平有密切的关系。教师的英语水平相对较高,查找英语的解释更有助于准确理解被查找词语的含义。学生的英语水平相对较低,理解英语释义存在一定的困难。

(二) 教师和学生对汉语辞书微观结构信息的需求状况

1. 教师和学生对词条信息的查阅频率

语文辞书是教师教学和学生学习的主要工具,能帮助他们正确理解语词所蕴含的多种知识内容并正确得体地使用。我们主要调查教师和学生对词条内各种信息内容的查询频率。词条信息包括的内容有:形式描写,包括字形、词形、汉字笔顺、读音、语法信息;语义诠释,包括释义、组词、搭配、例句、用法说明、同义词辨析、反义词辨析、词源、插图。对查阅频率提供的选项有:总是、经常、有时、很少、从不。调查统计结果见下表。

(1) 教师对词条信息的查阅频率

表 5-114 教师对词条信息内容的查阅频率(字形、词形)

		频数	百分比	有效百分比	累计百分比
有效	总是	54	6.9	8.4	8.4
	经常	169	21.4	26.1	34.5
	有时	197	25.1	30.6	65.1
	很少	147	18.7	22.9	88
	从不	77	9.8	12	100
	合计	643	81.8	100	
缺失		143	18.2		
合计		786	100		

教师对字形和词形总是、经常和有时查阅的有 65.1%,总是和经常查阅的有 34.5%;从不查阅的有 12%。

表 5-115　教师对词条信息内容的查阅频率（汉字笔顺）

		频数	百分比	有效百分比	累计百分比
有效	总是	32	4.1	5.1	5.1
	经常	101	12.8	16.1	21.2
	有时	179	22.8	28.5	49.7
	很少	194	24.7	30.8	80.5
	从不	123	15.6	19.5	100
	合计	629	80	100	
缺失		157	20		
合计		786	100		

教师对汉字笔顺总是、经常和有时查阅的有 49.7%，总是和经常查阅的有 21.2%；从不查阅的有 19.5%。

表 5-116　教师对词条信息内容的查阅频率（读音）

		频数	百分比	有效百分比	累计百分比
有效	总是	75	9.5	11.6	11.6
	经常	262	33.3	40.6	52.2
	有时	202	25.7	31.3	83.5
	很少	77	9.8	11.9	95.4
	从不	30	3.8	4.6	100
	合计	646	82.2	100	
缺失		140	17.8		
合计		786	100		

教师对读音总是、经常和有时查阅的有 83.5%，总是和经常查阅的有 52.2%；从不查阅的有 4.6%。

表 5-117　教师对词条信息内容的查阅频率（语法信息）

		频数	百分比	有效百分比	累计百分比
有效	总是	23	2.9	3.7	3.7
	经常	149	19	24.1	27.8
	有时	207	26.3	33.4	61.2
	很少	150	19.1	24.2	85.4
	从不	90	11.5	14.5	100
	合计	619	78.8	100	
缺失		167	21.2		
合计		786	100		

教师对语法信息总是、经常和有时查阅的有 61.2%，总是和经常查阅的有 27.8%；从不查阅的有 14.5%。

表 5-118　教师对词条信息内容的查阅频率（释义）

		频数	百分比	有效百分比	累计百分比
有效	总是	62	7.9	9.5	9.5
	经常	250	31.8	38.5	48
	有时	206	26.2	31.7	79.7
	很少	81	10.3	12.5	92.2
	从不	51	6.5	7.8	100
	合计	650	82.7	100	
缺失		136	17.3		
合计		786	100		

教师对释义总是、经常和有时查阅的有 79.7%，总是和经常查阅的有 48%；从不查阅的有 7.8%。

表 5-119　教师对词条信息内容的查阅频率（组词）

		频数	百分比	有效百分比	累计百分比
有效	总是	35	4.5	5.7	5.7
	经常	155	19.7	25.2	30.9
	有时	219	27.9	35.7	66.6
	很少	129	16.4	21	87.6
	从不	76	9.7	12.4	100
	合计	614	78.1	100	
缺失		172	21.9		
合计		786	100		

教师对组词信息总是、经常和有时查阅的有 66.6%，总是和经常查阅的有 30.9%；从不查阅的有 12.4%。

表 5-120　教师对词条信息内容的查阅频率（搭配信息）

		频数	百分比	有效百分比	累计百分比
有效	总是	27	3.4	4.4	4.4
	经常	121	15.4	19.6	24
	有时	209	26.6	33.9	57.9
	很少	144	18.3	23.3	81.2
	从不	116	14.8	18.8	100
	合计	617	78.5	100	
缺失		169	21.5		
合计		786	100		

教师对搭配信息总是、经常和有时查阅的是 57.9%，总是和经常查阅的有 24%；从不查阅的有 18.8%。

表 5-121　教师对词条信息内容的查阅频率（例句）

		频数	百分比	有效百分比	累计百分比
有效	总是	32	4.1	5.3	5.3
	经常	116	14.8	19.1	24.4
	有时	175	22.3	28.8	53.2
	很少	170	21.6	28	81.2
	从不	114	14.5	18.8	100
	合计	607	77.2	100	
缺失		179	22.8		
合计		786	100		

教师对例句总是、经常和有时查阅的是53.2%，总是和经常查阅的有24.4%；从不查阅的有18.8%。

（2）学生对词条信息的查阅频率

表 5-122　学生对词条信息内容的查阅频率（字形、词形）

		频数	百分比	有效百分比	累计百分比
有效	总是	228	10.4	12.3	12.3
	经常	517	23.6	27.9	40.2
	有时	487	22.2	26.3	66.4
	很少	388	17.7	20.9	87.3
	从不	235	10.7	12.7	100
	合计	1855	84.7	100	
缺失		336	15.3		
合计		2191	100		

学生对字形和词形总是、经常和有时查阅的有66.4%，总是和经常查阅的有40.2%；从不查阅的有12.7%。

表 5-123　学生对词条信息内容的查阅频率（汉字笔顺）

		频数	百分比	有效百分比	累计百分比
有效	总是	136	6.2	7.4	7.4
	经常	344	15.7	18.8	26.2
	有时	455	20.8	24.8	51
	很少	516	23.6	28.1	79.1
	从不	383	17.5	20.9	100
	合计	1834	83.7	100	
缺失		357	16.3		
合计		2191	100		

学生对汉字笔顺总是、经常和有时查阅的有 51%，总是和经常查阅的有 26.2%；从不查阅的有 20.9%。

表 5-124　学生对词条信息内容的查阅频率（读音）

		频数	百分比	有效百分比	累计百分比
有效	总是	309	14.1	16.3	16.3
	经常	800	36.5	42.2	58.5
	有时	474	21.6	25	83.5
	很少	204	9.3	10.8	94.3
	从不	108	4.9	5.7	100
	合计	1895	86.5	100	
缺失		296	13.5		
合计		2191	100		

学生对读音总是、经常和有时查阅的有 83.5%，总是和经常查阅的有 58.5%；从不查阅的有 5.7%。

表 5-125 学生对词条信息内容的查阅频率（语法信息）

		频数	百分比	有效百分比	累计百分比
有效	总是	133	6.1	7.4	7.4
	经常	415	18.9	23.2	30.6
	有时	493	22.5	27.6	58.2
	很少	455	20.8	25.4	83.6
	从不	292	13.3	16.3	100
	合计	1788	81.6	100	
缺失		403	18.4		
合计		2191	100		

学生对语法信息总是、经常和有时查阅的有 58.2%，总是和经常查阅的有 30.6%；从不查阅的有 16.3%。

表 5-126 学生对词条信息内容的查阅频率（释义）

		频数	百分比	有效百分比	累计百分比
有效	总是	259	11.8	14	14
	经常	715	32.6	38.6	52.6
	有时	468	21.4	25.2	77.8
	很少	243	11.1	13.1	90.9
	从不	169	7.7	9.1	100
	合计	1854	84.6	100	
缺失		337	15.4		
合计		2191	100		

学生对释义总是、经常和有时查阅的有 77.8%，总是和经常查阅的有 52.6%；从不查阅的有 9.1%。

表 5-127　学生对词条信息内容的查阅频率（组词）

		频数	百分比	有效百分比	累计百分比
有效	总是	141	6.4	7.8	7.8
	经常	476	21.7	26.2	34
	有时	556	25.4	30.6	64.6
	很少	388	17.7	21.3	85.9
	从不	257	11.7	14.1	100
	合计	1818	83	100	
缺失		373	17		
合计		2191	100		

学生对组词总是、经常和有时查阅的有 64.6%，总是和经常查阅的有 34%；从不查阅的有 14.1%。

表 5-128　学生对词条信息内容的查阅频率（搭配信息）

		频数	百分比	有效百分比	累计百分比
有效	总是	96	4.4	5.3	5.3
	经常	389	17.8	21.7	27
	有时	514	23.5	28.7	55.7
	很少	453	20.7	25.3	81
	从不	342	15.6	19.1	100
	合计	1794	81.9	100	
缺失		397	18.1		
合计		2191	100		

学生对搭配信息总是、经常和有时查阅的有 55.7%，总是和经常查阅的有 27%；从不查阅的有 19.1%。

表 5-129　学生对词条信息内容的查阅频率（例句）

		频数	百分比	有效百分比	累计百分比
有效	总是	96	4.4	5.3	5.3
	经常	319	14.6	17.7	23
	有时	514	23.5	28.5	51.5
	很少	512	23.4	28.4	79.9
	从不	360	16.4	20	100
	合计	1801	82.2	100	
缺失		390	17.8		
合计		2191	100		

学生对例句总是、经常和有时查阅的有 51.5%，总是和经常查阅的有 23%；从不查阅的有 20%。

（3）小结

教师和学生对词条信息范畴"总是""经常"和"有时"查阅的频率三项相加由高到低的顺序基本一致，差别仅在于教师对"字形、词形"的查阅频率低于"释义"和"组词"，而学生则相反。教师对词条信息内容"总是""经常"和"有时"查阅的频率由高到低依次是：读音，83.5%；释义，79.7%；组词，66.6%；字形、词形，65.1%；语法信息，61.2%；搭配信息，57.9%；例句，53.2%；汉字笔顺，49.7%。学生对词条信息内容"总是""经常"和"有时"查阅的频率由高到低依次是：读音，83.5%；字形、词形，66.4%；释义，77.8%；组词，64.6%；语法信息，58.2%；搭配信息，55.7%；例句，51.5%；汉字笔顺，51%。

教师和学生对词条信息范畴"总是""经常"查阅的频率有同有异。二者对"读音"的查阅频率都是最高的，其次依次是"释义""字形、词形""组词信息""语法信息"。教师对"例句"的查阅频率高于"搭配信息"，而学生对"搭配信息"的查阅频率高于"例句"。教师总是和经常查阅的频率由高到低依次是：读音，52.2%；释义，48%；字形、词形，34.5%；组词，30.9%；语法信息，27.8%；例句，24.4%；搭配信息，24%；汉字笔顺，21.1%。学生总是和经常查阅的频率由高到低依次是：读音，58.5%；释义，52.6%；字形、词形，40.2%；组词，34%；语法信息，30.6%；搭配信息，27%；汉字笔顺，26.2%；例句，23%。

(三) 教师和学生对词典设置和词典收词的态度

词典用户在使用词典的时候，为了能够快速地找到需求的信息正确地理解，会对词典的设置提出一些要求。

1. 教师和学生对辞书标注词汇等级的态度

在针对学生编写的词典中，通常标出词汇的等级、适用的句型。标注词汇的等级可以帮助词典用户在学习词汇的时候有针对性。通常情况下，教育水平越高的词典用户，掌握的词汇越丰富。这部分词典用户希望标出词汇的等级。所以在词典的设置方面，如果是高阶词典可以使用特殊的符号标出词汇的等级。相反，教育水平低的词典用户掌握的词汇量比较小，因此在低阶词典就没有这个必要了。我国教师和学生对辞书标注词汇等级的态度如何呢？我们设计的调查的题目是：是否希望用特殊符号标出小学、初中、高中词汇或高级词汇？提供的选项是：1. 不是；2. 是；3. 不清楚。调查统计结果见下表。

表 5-130 对辞书标注词汇等级的态度（教师）

		频数	百分比	有效百分比	累计百分比
有效	不是	214	27.2	28.8	28.8
	是	410	52.2	55.1	83.9
	不清楚	120	15.3	16.1	100
	合计	744	94.7	100	
缺失		42	5.3		
合计		786	100		

表 5-131 对辞书标注词汇等级的态度（学生）

		频数	百分比	有效百分比	累计百分比
有效	不是	474	21.6	23.1	23.1
	是	1135	51.8	55.4	78.5
	不清楚	439	20	21.4	100
	合计	2048	93.5	100	
缺失		143	6.5		
合计		2191	100		

统计结果显示，在教师群体中，有 55.1% 的被调查者认为有必要对

辞书标注词汇等级，28.8%的被调查者认为没有必要，还有16.1%的被调查者不清楚。在学生群体中，有55.4%的被调查者认为有必要对辞书标注词汇等级，23.1%的被调查者认为没有必要，还有21.4%的被调查者不清楚。可见超过半数的教师和学生希望语文辞书标注词汇等级。

2. 教师和学生对辞书标注句型的态度

现代语文辞书尤其是积极性词典越来越重视对语法信息的表述。（章宜华等，2007：121）句法结构模式是词典中表述的重要语法信息，通常用一组字母或语法术语的缩写形式组成系列代码来表示。为了了解教师和学生对辞书标注句型的态度，我们设计的调查题目是：是否需要标注词语适用的句型？提供的选项是：1. 不是；2. 是；3. 不清楚。

表 5-132　对辞书标注句型的态度（教师）

		频数	百分比	有效百分比	累计百分比
有效	不是	114	14.5	16.2	16.2
	是	482	61.3	68.5	84.7
	不清楚	108	13.7	15.3	100
	合计	704	89.6	100	
缺失		82	10.4		
合计		786	100		

表 5-133　对辞书标注句型的态度（学生）

		频数	百分比	有效百分比	累计百分比
有效	不是	249	11.4	12.7	12.7
	是	1366	62.3	69.5	82.2
	不清楚	351	16	17.9	100
	合计	1966	89.7	100	
缺失		225	10.3		
合计		2191	100		

从统计的结果看，教师和学生普遍认为需要标注词语使用的句型。有68.5%的教师认为在词典中需要标注词语的适用句型，16.2%的教师认为不需要标注词语的适用句型。69.5%的学生认为在词典中需要标注词语的适用句型，12.7%的学生认为不需要标注词语的适用句型。在调

查中我们发现：认为需要标注词语适用句型的被调查者中，大部分是针对英语词典而言的；认为在汉语词典中需要标注词语适用句型的主要是中小学生，受较高教育水平的高中生、大学生一般认为没有必要在汉语词典中标注词语的适用句型。

3. 教师和学生对辞书收词的观点

关于教师和学生对于词典收词的观点，主要是针对汉语普通语文词典而言的，设计的问题是：普通语文词典是否需要收词完备？是否需要收录高透明度的词语？是否应该收录方言词语？提供的选项是：1. 不赞成；2. 赞成；3. 不清楚。

表 5-134　对辞书收录高透明度词的态度（教师）

		频数	百分比	有效百分比	累计百分比
有效	不赞成	144	18.3	19.6	19.6
	赞成	494	62.8	67.4	87
	不清楚	95	12.1	13	100
	合计	733	93.3	100	
缺失		53	6.7		
合计		786	100		

表 5-135　对辞书收录高透明度词的态度（学生）

		频数	百分比	有效百分比	累计百分比
有效	不赞成	331	15.1	16.3	16.3
	赞成	1255	57.3	61.9	78.2
	不清楚	441	20.1	21.8	100
	合计	2027	92.5	100	
缺失		164	7.5		
合计		2191	100		

通过统计可知：有 19.6% 的教师不赞成普通语文词典收词十分完备，收录很通俗易懂的词语；67.4% 的教师赞成普通语文词典收词完备，需要收录通俗易懂的词。有 16.3% 的学生不赞成普通语文词典收词十分完备，收录通俗易懂的词语；61.9% 的学生赞成普通语文词典收词完备，收录通俗易懂的词。在教师用户群体中，有 13% 的词典用户表示不清楚。

在学生用户群体中,有 21.8% 的词典用户表示不清楚。

表 5-136　对辞书收录方言词的态度(教师)

		频数	百分比	有效百分比	累计百分比
有效	大量收录	31	3.9	4.2	4.2
	适当收录	388	49.4	52.6	56.8
	个别收录	167	21.2	22.7	79.5
	不应收录	116	14.8	15.7	95.2
	不清楚	35	4.5	4.7	100
	合计	737	93.8	100	
缺失		49	6.2		
合计		786	100		

表 5-137　对辞书收录方言词的态度(学生)

		频数	百分比	有效百分比	累计百分比
有效	大量收录	95	4.3	4.7	4.7
	适当收录	870	39.7	43	47.7
	个别收录	514	23.5	25.4	73.1
	不应收录	343	15.7	17	90.1
	不清楚	201	9.2	9.9	100
	合计	2023	92.3	100	
缺失		168	7.7		
合计		2191	100		

从统计的结果来看:4.2% 的教师认为应该大量收录方言词,52.6% 的教师认为应该适当收录方言词,22.7% 的教师认为应该个别收录方言词,15.7% 的教师认为不应该收录方言词,还有 4.7% 的教师不清楚是否应该收录方言词;4.7% 的学生认为应该大量收录方言词,43% 的学生认为应该适当收录方言词,25.4% 的学生认为应该个别收录方言词,17% 的学生认为不应该收录方言词,还有 9.9% 的学生不清楚是否应该收录方言词。

通过调查词典使用者关于词典收词方面的看法,我们可以得出结论:在教师和学生这两个用户群体中,教师对于词典应该收哪一类词的肯定回答和否定回答,在比例上都高于学生,选择"不清楚"的比例低于学生。所以教师比学生对于词典收词的观点更加明确。从词典需求的角度来看,教师更加了解在查阅词典的时候需要的信息范畴。

二 教师和学生辞书知识技能及辞书教育状况

(一) 辞书知识的教学状况

前面我们已经对全国辞书用户的辞书知识和技能状况进行了调查,本节我们重点对两个最大的词典用户群体——教师和学生的辞书知识和技能状况进行调查分析。

1. 教师和学生辞书自教育状况

辞书用户自教育是其获得辞书知识和技能的重要途径,而阅读辞书"凡例"或"使用说明"则是用户自教育的主要途径。关于教师和学生对于词典体例的阅读状况,我们设计的调查问题是:字典、词典"凡例"或"使用说明"的阅读情况?提供的选项有:(1)仔细阅读;(2)粗略阅读;(3)从不阅读。调查统计结果见下表。

表 5-138 对辞书凡例的阅读情况(教师)

		频数	百分比	有效百分比	累计百分比
有效	仔细阅读	170	21.6	22.4	22.4
	粗略阅读	443	56.4	58.4	80.8
	从不阅读	146	18.6	19.2	100
	合计	759	96.6	100	
缺失		27	3.4		
合计		786	100		

表 5-139 对辞书凡例的阅读情况(学生)

		频数	百分比	有效百分比	累计百分比
有效	仔细阅读	379	17.3	18.1	18.1
	粗略阅读	1093	49.9	52.1	70.2
	从不阅读	626	28.6	29.8	100
	合计	2093	95.8	100	
缺失		93	4.2		
合计		2191	100		

教师和学生对于辞书"凡例"或"使用说明"的阅读情况是：仔细阅读的，教师有 22.4%，学生有 18.1%；粗略阅读的，教师有 58.4%，学生有 52.1%。可见，阅读辞书"凡例"或"使用说明"的，教师有 80.8%，学生有 70.2%，教师高于学生。而从不阅读的，教师有 19.2%，而学生有 29.8%。教师辞书自教育状况好于学生。

2. 辞书知识的课堂教学状况

除了辞书用户自教育，课堂教学也是辞书用户接受辞书知识和辞书技能的重要途径。为了了解辞书知识的课堂教育状况，我们针对教师和学生分别设计了调查问卷。学生问卷：教师讲授字典、词典的知识吗？老师以什么方式讲授字典、词典知识？提供的选项有：（1）不；（2）是，课堂系统讲授；（3）是，课堂穿插讲授；（4）是，引导查字典、词典。调查统计结果见下表。

表 5-140　教师对辞书知识的讲授情况（学生）

		频数	百分比	有效百分比	累计百分比
有效	不	396	18.1	21.6	21.6
	是，课堂系统讲授	862	39.3	47	68.6
	是，课堂穿插讲授	421	19.2	23	91.6
	是，引导查字典、词典	154	7	8.4	100
	合计	1833	83.7	100	
缺失		358	16.3		
合计		2191	100		

从统计来看，学生认为老师系统讲授词典知识的有 47%，认为老师穿插讲授的有 23%，认为老师引导查字典、词典的有 8.4%。所以有 78.4% 的学生认为老师讲授辞书知识。认为老师没有讲授辞书知识的仅有 21.6%。可见，大部分老师会在课堂上讲授辞书知识。

针对教师设计的问卷是：您对语文课本中的字典、词典教学内容，讲授情况如何？提供的选项是：（1）系统讲授；（2）重点讲授；（3）基本不讲；（4）忽略。调查统计结果见表 5-141。

表 5-141　教师对辞书知识的讲授情况（教师）

		频数	百分比	有效百分比	累计百分比
有效	系统讲授	133	16.9	24.5	24.5
	重点讲授	179	22.8	33	57.5
	基本不讲	189	24	34.8	92.3
	忽略	42	5.3	7.7	100
	合计	543	69.1	100	
缺失		243	30.9		
合计		786	100		

对语文课本中辞书知识的教学内容，24.5%的教师系统讲授，有33%的教师重点讲授，所以累计有57.5%的教师讲授。而有42.5%的教师基本不讲授或忽略辞书知识。而没有回答此问题的有243人，占调查教师人数的30.9%。对学生和教师的调查结果均显示：超过50%的教师在课堂上讲授辞书知识和技能，但二者也稍有出入。不过对学生的调查结果与上文对用户获得辞书知识的途径的调查结果一致：通过教师课堂讲授是用户获得辞书知识的主要途径。

(二) 教师和学生对词典释义符号的了解状况

前面已经了解了全国辞书用户对于词典释义符号的了解状况，为了进一步深入地了解辞书使用中最大的两个用户群体——教师和学生关于词典符号的熟悉程度，我们在调查问卷中设置了相关的问题。调查统计结果见下表。

1. 词目"白"包含的辞书符号

白^1 像霜或雪的颜色。

白^2 错误▷写～字。

白^3 陈述，说明▷表～｜辩～。

下面的"白^1""白^2""白^3"是什么关系？

下面的"▷"表示什么意思？

"｜"表示什么意思？

"～"代表什么？

"陈述，说明"中，","表示什么意思？

表 5-142 学生与教师对辞书符号的熟悉程度（1）

"白¹""白²""白³"是什么关系		教师			学生		
		频数	百分比	有效百分比	频数	百分比	有效百分比
有效	"白"的三种含义	306	38.9	41.4	490	22.3	23.3
	"白"的3个词性	25	3.2	3.4	26	1.2	1.2
	并列关系	64	8.1	8.6	132	6	6.3
	递进关系	4	0.5	0.5	8	0.4	0.4
	引申关系	6	0.8	0.8	3	0.1	0.1
	其他	35	4.5	4.7	57	2.6	2.7
	不知道	300	38.2	40.5	1386	63.2	65.9
	合计	740	94.1	100	2102	95.9	100
缺失		46	5.9		89	4.1	
合计		786	100		2191	100	

"白¹""白²""白³"是什么关系，被调查的教师和学生都未能准确回答。最接近的是"'白'的三种含义"，其次是"'白'的3个词性"和"并列关系"。三项相加，教师有53.4%，学生有30.8%。回答"不知道"的，教师有40.5%，学生有65.9%。总之，对"'白¹''白²''白³'是什么关系"回答准确率教师高于学生。

表 5-143 学生与教师对辞书符号的熟悉程度（2）

"▷"表示什么意思		教师			学生		
		频数	百分比	有效百分比	频数	百分比	有效百分比
有效	表示举例	246	31.3	33.5	613	28	29.2
	表示间隔	6	0.8	0.8	24	1.1	1.1
	解释说明	22	2.8	3	40	1.8	1.9
	表引申	9	1.1	1.2	7	0.3	0.3
	引领指示	0	0	0	22	1	1
	表示组词	2	0.3	0.3	27	1.2	1.3
	表示并列关系	2	0.3	0.3	11	0.5	0.5

(续表)

"▷"表示什么意思		教师			学生		
		频数	百分比	有效百分比	频数	百分比	有效百分比
有效	其他	49	6.2	6.7	52	2.4	2.5
	不知道	398	50.6	54.2	1302	47.1	49.2
	合计	734	93.4	100	2098	95.8	100
缺失		52	6.6		93	4.2	
合计		786	100		2191	100	

"▷"表示什么意思，教师回答正确的有 33.5%，学生回答正确的有 29.2%。教师回答正确的比例高于学生。

表 5-144　学生与教师对辞书符号的熟悉程度（3）

"｜"表示什么意思		教师			学生		
		频数	百分比	有效百分比	频数	百分比	有效百分比
有效	表示隔开	283	36	38.5	570	26	27.3
	表示并列	59	7.5	8	202	9.2	9.7
	表示停顿	8	1	1.1	12	0.5	0.6
	表示不同的释义	7	0.9	1	22	2.8	1.1
	表示举例	8	1	1.1	39	5	1.9
	不知道	357	45.4	48.5	1202	54.9	57.5
	其他	14	1.8	1.9	44	2	2.1
	合计	736	93.6	100	2091	95.4	100
缺失		50	6.4		100	4.6	
合计		786	100		2191	100	

"｜"表示什么，教师回答正确的有 38.5%，学生回答正确的有 27.3%。教师回答正确的比例高于学生。

表 5-145　学生与教师对辞书符号的熟悉程度（4）

"～"代表什么		教师			学生		
		频数	百分比	有效百分比	频数	百分比	有效百分比
有效	表示代替被解释的字	470	59.8	59.8	1161	53	53
	表示举例	2	0.3	0.3	6	0.3	0.3
	表示叠词的省略	0	0	0	6	0.3	0.3
	表示解释	0	0	0	11	0.5	0.5
	其他	33	4.2	4.2	46	2.1	2.1
	不知道	281	35.8	35.8	961	43.9	43.9
	合计	786	100	100	2191	100	100

"～"代表什么，教师回答正确的有 59.8%，学生回答正确的有 53%。教师和学生回答正确的比例均较高，但教师高于学生。

2. 词目"顿挫"包含的辞书符号

【顿挫】（语调、音律等）停顿转折。

对"顿挫"的释义中，"（）"表示什么？

表 5-146　学生与教师对辞书符号的熟悉程度（5）

"（）"表示什么		教师			学生		
		频数	百分比	有效百分比	频数	百分比	有效百分比
有效	表示限制、补充说明	487	62	65.3	728	33.2	35.2
	表示强调	13	1.7	1.7	0	0	0
	表示举例	8	1	1.1	32	1.5	1.5
	其他	53	6.7	7.1	88	4	4.3
	不知道	179	22.8	24	1221	55.7	59
	合计	740	94.1	100	2069	94.4	100
缺失		46	5.9		122	5.9	
合计		786	100		2191	100	

"（）"表示什么，教师回答正确的有 65.3%，学生回答正确的有

35.2%。教师回答正确的比例大大高于学生。

3. 词目"敞开"包含的辞书符号

【敞开】大开,打开▷大门～着◇～思想

例中的"◇"表示什么?

表 5-147 学生与教师对辞书符号的熟悉程度(6)

"◇"表示的含义		教师			学生		
		频数	百分比	有效百分比	频数	百分比	有效百分比
有效	表示比喻义	140	17.8	19.2	171	7.8	8.4
	表并列	23	2.9	3.1	55	2.5	2.7
	表示举例	30	3.8	4.1	50	2.3	2.4
	表示分隔	46	5.9	6.3	151	6.9	7.4
	表示两个解释	14	1.8	1.9	13	0.6	0.6
	其他	25	3.2	3.4	77	3.5	3.8
	不知道	453	57.6	62	1518	69.2	74.6
	合计	731	93	100	2035	92.9	100
缺失		55	7		156	7.1	
合计		786	100		2191	100	

"◇"表示的含义,教师回答正确的有 19.2%,学生回答正确的有 8.4%。教师和学生回答正确的比例均不高,但教师高于学生。

4. 小结

从统计来看,教师和学生对词典释义符号的了解状况表现出以下几个特征:

(1) 教师和学生对辞书编纂符号缺乏了解

从总体来看,教师和学生对辞书编纂符号的了解状况均不太理想。对辞书编纂符号所表示的含义,回答"不知道"的占多数。教师用户群体对上述释义符号回答"不知道"的百分比,由高到低依次是:"◇"的含义,占 62%;"▷"的含义,54.2%;"|"的含义,48.5%;"白^1""白^2""白^3"的关系,40.5%;"～"的含义,35.8%;"()"的含义,24%。学生用户群体对上述释义符号回答"不知道"的百分比,由高到低依次是:"◇"的含义,74.6%;"白^1""白^2""白^3"的关系,占 65.9%;"()"的

含义，占 59%；"｜"的含义，占 57.5%；"▷"的含义，占 49.2%；"~"的含义，占 43.9%。

在被调查者中，能够准确回答的人数偏少。对释义符号，教师用户群体回答正确的比例由高到低依次是："（）"的含义，65.3%；"~"的含义，59.8%；"｜"的含义，38.5%；"▷"的含义，33.5%；"◇"的含义，19.2%；"白^1""白^2""白^3"的关系，0%。对释义符号，学生用户群体正确回答的比例由高到低依次是："~"的含义，53%；"（）"的含义，35.2%；"▷"的含义，29.2%；"｜"的含义，27.3%；"◇"的含义，8.4%；"白^1""白^2""白^3"的关系，0%。教师用户群体比较熟悉的释义符号是："（）"和"~"。学生群体比较熟悉的释义符号是"~"。对其余的释义符号的熟悉程度都比较低，能够正确回答的人数比例都低于 50%。

（2）学生对于释义符号的熟悉程度远低于教师

学生和教师相比，熟悉程度差距最大的释义符号是"（）"，老师正确回答的比例是 65.3%，学生只有 35.2%。其他依次是："｜"的含义，正确回答的比例分别是 38.5% 和 27.3%，相差 11.2%；"◇"的含义，正确回答的比例分别是 19.2% 和 8.4%，相差 10.8%；"~"的含义，正确回答的比例分别是 59.8% 和 53%，相差 6.8%；"▷"的含义，正确答的比例分别是 33.5% 和 29.2%，相差 4.3%。

（3）学生对辞书编纂符号的熟悉状况低于全国总体水平

在个别问题上，学生正确回答的比例跟全国总体水平有差距："｜"总体比例是 30.2%，学生是 27.3%。"◇"总体比例是 10.4%，学生是 8.4%。但在有的问题上，学生回答正确的比例比全国总体水平高："▷"，总体比例是 25.8%，学生是 29.2%。"~"总体比例是 47.5%，学生是 53%。有的则持平："（）"总体比例是 35.6%，学生是 35.2%。因此，学生对"▷"的含义和"~"的含义熟悉程度上高于全国总体水平，其他三项均低于全国的总体水平。学生作为辞书使用的主要用户群体之一，辞书教育有待加强。

第六章 辞书的三个世界

辞书是文化知识产品,它的编纂出版受多种因素的影响。研究辞书编纂出版的影响因素,有助于探讨辞书的发展规律并有针对性地提出辞书发展对策。关于辞书的影响因素,有些学者从不同侧面做过分析,如黄建华在《词典论》(1985/2001:6~13)中论述了词典与社会、意识形态和语言研究的关系,郝明义等在《词典的两个世界》(2005)中也论述了词典与人类历史、文化发展和社会变迁的关系,哈特曼《词典使用者观察:特别关注跨语词典》中指出"词典舞台上的演员"有四个角色:编撰者、使用者、教师、研究者。但已有的研究都着重于影响辞书编纂出版的不同侧面。词典是人们对语言认知的结果,反映了语言研究的成果,它的发展也符合科学发展的一般规律。在现代科学哲学流派中,波普尔的科学哲学在我国知识界有比较持久的影响。(纪树立《〈科学知识进化论:波普尔科学哲学选集〉编译前言》)我们借鉴波普尔"三个世界"的科学哲学理论探讨辞书在科学知识体系中的地位,建立辞书三个世界理论来分析辞书编纂出版的影响因素。

第一节 辞书三个世界理论

卡尔·波普尔是20世纪最伟大的思想家之一,他提出的三个世界理论打破了西方哲学主客两分的传统,这也是他后期哲学最重要的贡献。他认为整个宇宙分为三个世界:"世界一",物理客体或物理状态的世界;"世界二",意识状态或精神状态的世界;"世界三",思想的客观内容的世界。(波普尔,1987:309)为方便起见,在图6-1中我们记为W1、W2、W3。"世界一""世界二""世界三"依次由低层次向高层次进化。

①"世界一"是"物理的东西、事件、状态或过程"(张尧官,

1981),以及现实中全部现象的总和。

②"世界二"包括人的全部感性知觉和认识经验,是"大脑中枢神经系统的认知活动",是"心智思维世界"(姚礼明,2009)。"世界一"和"世界二"可以相互作用。

③世界三"是客观知识世界,包括语言、文化、理论体系、科学问题及批判性争论等。语言是"世界三"的"第一批成员",而且具备两个最重要的高级功能:描述功能和论证功能。(波普尔,1987:325)任何人的主观经验,比如思想、猜测、创造性想象等,在用语言表达前,都是属于个人主观的知识或思想,也就是"世界二"。一旦用语言(包括书面语言)表达、描述,主观的知识或思想就转为客观的知识或思想,成为"世界三"的成员。(张尧官,1981)

④⑤⑥现代西方许多哲学家认为,世界除了物质世界、精神世界外,还有语言世界。只有通过语言分析,才能澄清或解决哲学问题。(涂纪亮,2007)"语言"是"世界三"的成员,而且是第一批成员,仅当它是第一批成员,我们把它从"世界三"独立出来,记为"L",以区别于用语言作为描述和论证工具的客观知识世界。同时因为语言具有描述功能和论证功能,它是客观知识世界即"世界三"的表征形式,"理论,或命题,或陈述,都是第三世界的最重要的语言实体"(波普尔,1987:367)。我们把它与作为其第一批成员的"语言"(L)区分开来,由此语言(L)与"世界三"分别成为日常语言的世界和学科(知识)语言的世界。与语言(L)和"世界三"相对应,语言系统中有日常语言和学科语言的二值划分,语言词汇系统中也因此有语文(普通)词汇和学科词汇(术语)的二值划分,二者可以相互转化。

⑦⑧⑨词典是对自然语言高度概括和描写的结果,自然语言中存在着语文词语和学科词语的二值划分及其相互转化,它们经由"世界二",相应地形成了语文词典、知识词典和综合性词典,我们记作"D",它们是"世界三"的成员。

当语言(L)作为客观存在,作用于"世界二",会形成关于语言(L)的客观知识,即语言理论,属于"世界三"。词典(D)作用于"世界二",形成了关于词典的客观知识,也成为"世界三"的成员。"世界一"和"世界三"之间以"世界二"为中介相互影响。作为"世界三"成员的词典理论又反过来对词典产生影响。

需要说明的是,至此,"世界一"已不是完全"由石头与星球、动物与植物、桌子与板凳等本真实物构成的世界"(姚礼明,2009),"它不仅指事物本身,而且也指过程、关系、状态以及现实中全部现象的总和"(兹维金采夫,见张志毅等,2001:103),包括客体、语言,甚至客观知识。

①~⑨说明了语文词典、知识词典和综合性词典的形成过程,同时也表明了影响词典的各种因素,我们表述为图6-1 辞书的三个世界。

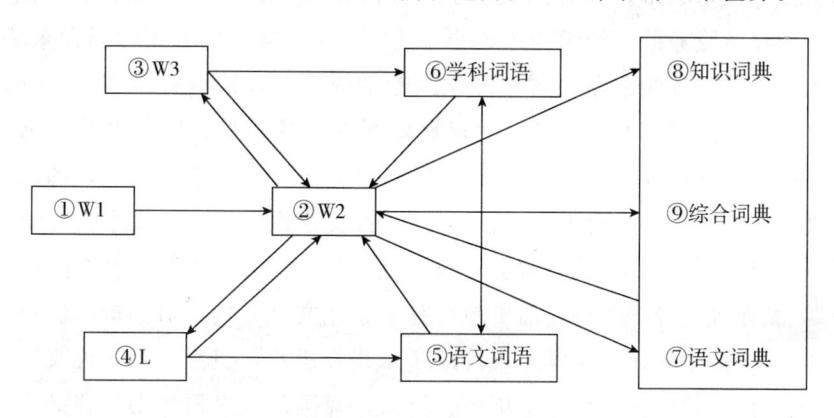

图 6-1 辞书的三个世界

从图6-1可以看出,影响语文辞书的因素有三个方面:语言世界(L)、主体世界(世界二)、知识世界(世界三,含辞书世界(D))。辞书世界(D)与"世界三"相联系的纽带正是语言世界(包括日常语言世界和学科语言世界)。词典作为文化知识产品,"世界二"不仅指编纂者的认知活动,还包括出版者和用户等主体的心理活动。

第二节 语文辞书的知识世界

辞书作为文化知识产品,不仅自身构成知识世界的一部分,其发展也受到知识世界的影响,如学术研究、辞书文本、科学科技发展、政策等。

一 学术研究影响辞书编纂出版

无论西方还是中国,最早的辞书都是"难词汇编"或"词集",编制方法多凭感性或经验,难以有理论的指导。随着词典规模日益扩大,收词愈来愈多,对词义的认识愈来愈深入,人们开始研究词条的编排检索和释义问题,词典编纂逐渐由经验转向理性。特别是"现代辞书编纂,首先不属于经验范围,而属于理性范围"(张志毅,2010)。它不仅受到辞书研究的指导,还受到语言研究的影响,甚至受到学术思潮的影响。

(一)学术思潮影响辞书编纂

从《说文》以来,汉语辞书的发展变化与辞书编纂者所处时代的学术背景有密切联系。汉语言文字学,传统称小学,字书也属于小学。小学是为经学服务的,经学为体,小学为用。《说文》的编撰时间在东汉,正值今文经学逐步衰落、古文经学兴起的时期。汉代盛行隶书,同时大篆、小篆、虫书等八体并存。古代典籍既有口耳相传、用隶书写成的今文文献,如《周易》《毛诗》,又有后来由鲁恭王坏孔宅壁而发现的旧本古文文献,如《古文尚书》《礼古经》《古文论语》等。汉代今文经学者根据隶书训释字义,牵强附会。许慎为了驳正今文经学家的"巧说邪辞",站在古文经学立场,历史地研究了篆体文字结构,追溯造字源流及其本义。"经学为体、小学为用"的学术指导思想,贯穿着从《说文》到《康熙字典》的中国古代辞书历史。所以,我国传统汉语辞书的释义重在探求古训,阐明古今字形的变化。清末民初"维新"兴起,经学随封建社会的没落而衰落,西学东渐,由维新变法、辛亥革命开始,"中学为体,西学为用"的强国理念、五四运动、新文化运动等思想文化运动深刻影响着人们的思想。同时西方的语言学和词典学理论传入中国,西方词典的编写体例、释义方式等对汉语辞书产生了直接的影响。为了适应人们学习文化、了解新知识的需要,汉语语文辞书不但结构发生了变化,收录了反应社会变化、文化发展和科技最新成就的新词语,还出现了新的语文辞书类型。我国语文辞书出版起步时期确立了我国汉语语文辞书的基本类型:综合性语文辞书、普通型语文辞书和专门性语文辞书。专门性语文辞书方面出版了不少新品种:正音字典、同音字典、古文字字典、新词语词典、外来语词典等。另一方面,随着新文化运动的兴起以及西方语言文化对汉语文化的影响,现代汉语词汇形成,国语地位确立,为反映汉语词汇的发展和传播新文化、推广国语,汉语词典编纂进入了现代时期,《现汉》正是总结了国语运动以来汉语汉字规范化和语言研究的成就。《现汉》的出版标志着中国现代规范词典进入了成熟时期。

(二)辞书研究影响语文辞书编纂出版

辞书的发展需要词典学理论和词典编纂实践的不断创新,而新观点、新理论和新方法的出现和传播离不开必要的学术园地或学术媒介。(章宜华,2010)《辞书研究》在我国现代词典学理论的构建和创新中,如词典学理论的引进、借鉴与创新,理论体系的构建与创新,相关理论的应用与创新,新技术的应用与创新等方面发挥了重要作用,为我国改革开放以来语文辞书编纂出版提供了强大的理论支持。

1. 语文辞书类型理论影响辞书的策划与编纂出版

语文辞书分类理论模型,一方面来源于语文辞书编纂实践,通过总结语文辞书编纂实践中出现的语文辞书品种而建立语文辞书分类模型;另一方面来源于人们对可能出现的语文辞书类型的理论假设。人们对语言研究的深入,一方面影响语文辞书的结构,另一方面也影响语文辞书的类型。语文辞书分类模式可以为词典编纂确定类型提供理论根据,保证语文辞书编纂有明确的目的。"科学可行的分类理论可以对不同的词典类型进行定位,这样在词典的编纂过程中,编者就会特别关注词典类型属性的区别性特征",避免语文词典类型混淆。在辞书编纂出版中,如果"纯属无意识的类别混淆,就容易使词典驳杂臃肿,不能很好地为读者服务"(黄建华,2001:162)。

语文辞书类型理论还有利于我们对已出版的语文辞书查漏补缺,完善语文辞书品种。改革开放以来对国外词典类型理论的翻译,如〔苏〕谢尔巴《词典编纂学一般理论初探》、〔苏〕蔡文《关于俄语词典的分类问题》(石肆壬,1981:68~84),黄建华(2001:22~40)对国外词典类型理论的介绍;还有对语文辞书分类的探讨,如王德春《论词典的类型》(1980)、汪耀楠《论词典分类》(1985)、陈炳迢《辞书概要》(1985)、胡明扬等《词典学概论》(1982)、杨祖希《词典学试论》(1979)等,这些研究有效地指导了汉语语文辞书的编纂和出版。

但是词典类型是个开放的系统,实际生活中的语文辞书常常是跨类的。为了满足读者的需求,词典编者有时会有意地兼顾其他类型的某些方面,有时会开拓创造语文辞书新品种。

2. 辞书编纂理念影响辞书编纂出版

"理念演绎辞书"(张志毅,2007a)。从世界和中国辞书发展的历史看,正是辞书编纂理念的不断更新和发展,推动着语文辞书的不断进步。

世界范围内,现代语文辞书编纂理念经历了从规定主义到描写主义的变化。规定主义也叫规范主义。从《英语词典》(1755)到《韦氏新国际英语词典》(第二版)(1934),基本上受规定主义编纂理念的支配。规定主义的宗旨是保持语言的纯洁、正统、正确、稳定,词典编者自命为语言的立法者,肩负规范语言发展、净化语言的神圣使命,扬弃偏误、谬误,取材于典范作品;梳理千变万化、千差万别的语言,分出正误,指导人们宗正匡谬。我国出版的《现代汉语词典》《现代汉语规范词典》《现代汉语规范字典》及学生辞书、大部分专项型语文辞书等的主导思想就是规定主义。《牛津英语词典》(第1版)(1928)的出版标志着规定主义词典编纂理念的衰落和描写主义的兴起,它的最早发起人特伦奇认为词典应该如实地反映语言。《韦氏第三版新国际英语词典》(1961)的问世,标志着词典编纂理念正式进入描写主义时期。描写主义的宗旨是全面、系统、客观记录活语言的真实情况,而不是最好的语言,取材不限于典范作品,还有口语、广播、报刊、文艺作品等。我国历时性语文辞书《汉语大词典》《汉语大字典》和作家作品语言词典、方言词典及古代型语文辞书等的主导思想就是描写主义。

以用户为中心的实用主义理念演绎出了外向型学习词典。二战后随着世界经济的复苏和科技的发展,学习英语成了战后各国的当务之急,由此产生了学习英语的新理念——把词作为语义、语法、语用统一体,突出语用,提示惯用法,强调在正确性的基础上更突出得体性。(张志毅,2007a)世界上第一本外向型学习词典是1948年霍恩比主编的《牛津高阶当代英语学习词典》。20世纪70年代开始陆续出现了《朗文当代英语词典》《柯林斯英语词典》《剑桥国际英语词典》《麦克米伦英语词典》等英语学习词典。受此影响,我国出版了《现代汉语学习词典》《商务馆学汉语词典》《当代汉语学习词典》(初级本)等汉语学习词典。但是这些汉语学习词典的外向型特征不明显。

我国语文辞书进入现代出版时期,发生了理念的转变,开始脱离了小学的范畴和经学附庸地位,由关注经籍故训转变为关注社会语文生活,由服务社会精英转变到为读者大众服务,由此编纂出版了一批现代汉语语文辞书,同时改变了我国语文辞书的类型模式。随着国语运动的开展,现代语文辞书开始为国家语文现代化政策服务,随之出版了一批规范性语文辞书,如《国音字典》《国音常用字汇》《国语辞典》等。《辞源》《辞海》《新名词辞典》《外来词词典》等还对新词语和外来词的规范发挥了积极作用。

（三）语言文字研究影响辞书编纂

语文词典质量如何、种类是否齐全，与整个社会的语言研究水平密切相关。（黄建华，2001：9）"一部词典的编纂水平必然受到同时代语言研究所能达到的水平的制约"（胡明扬，1993）。无论是中国小学时期还是历史语言学以来，每次语言学理论的发展都对词典编纂理论和实践产生过重要影响。据张志毅等（2010）对《辞书研究》发表的与词典学相关的理论的统计，辞书跟四十几个学科理论相关，如：文字学、语音（音韵）学、语法学、词汇学、训诂学、语义学、语用学、语体学、方言学、语言教学、理论语言学、历史语言学、比较语言学、应用语言学、计算语言学、认知语言学、语料库语言学、翻译学、术语学、信息学、符号学、计算机科学、逻辑学和数理逻辑学、心理学、文学、教育学、社会学、历史学、文化学、人类学、民族学、民俗学、图书馆学、百科学、哲学、交际学、文献学、目录学、统计学、出版学等，其中语言学理论对语文辞书编纂尤为重要。

1. 语言文字研究影响辞书类型

历史语言学的产生导致了历时性语文辞书的产生。描写语言学的兴盛催生了描写词典的诞生，并引起了词典编纂的描写主义与规定主义的论争。语用学催生了朗文词典和柯林斯词典等新理念学习词典。认知语言学和二语习得理论促使词典编纂实现了由以编者为中心向以用户为中心的转变。（章宜华等，2007：334）

传统汉语语文辞书多是字典，即以"字"为单位。国语运动以"国语"作为民族共同语，这就要求对国语的语音、词汇和语法要有明确标准。于是国语运动推动了学者对汉语的研究。据符淮青（1996：60），章士钊1907年出版的《中等国文典》第一次清楚地区别了"字"和"词"的概念。周辨明1922年在《国语月刊》1卷11期上发表了《词的界说》，指出区别"字"和"词"是教育上的重要问题。此后关于构词法、词义的研究等都获得了一定程度的发展。这些理论探讨为我国汉语语文辞书出版起步期专门性语文辞书中字典、词典、语典和句典的分立，为《国语辞典》等普通语文辞书和各种专门性语文辞书的编纂出版奠定了理论基础。

新中国成立后，政府将汉字改革、推广普通话、实现汉语规范化确定为语文现代化的三大任务。文字改革以文字的拼音化为目标，需要区分词与非词、制定词的连写规则,这就需要对汉语的词的性质、结构进行研究;推广普通话要求深入研究普通话词汇的范围、性质及普通话词汇与古语词、方言词、外来词等的关系;汉语规范化中词汇规范化是主要内容,要求研究现代汉语词汇的意义和用法,这些需求推动了汉语词汇研究迅速发展,从而为《现代汉语词典》等规范性语文辞书的编纂奠定了理论基础。郑奠等的《中型现代汉语词典编纂法》、吕叔湘的《现代汉语词典编写细则》就反映了当时汉语词汇研究的成果。

特别是改革开放以来,汉语语言学各个领域均取得了长足进展,为各类型语文辞书编纂提供了语言学理论的支持。传统语言学中文字学、音韵学、训诂学的继承与发展,催生了历时大型语文辞书《汉语大字典》和《汉语大词典》。同义词和反义词的研究(周荐,1991、1995),催生了一系列同义词词典和反义词词典,如张志毅的《简明同义词词典》、刘叔新的《现代汉语同义词词典》、张庆云的《汉语反义词词典》、张志毅等的《反义词词林》等。搭配理论和配价理论催生了搭配词典和配价词典,如孟琮等的《动词用法词典》、张寿康等的《现代汉语实词搭配词典》。语义场和语义分类理论催生了义类词典,如林杏光等的《简明汉语义类词典》、梅家驹等的《同义词词林》。汉语外来词的研究催生了汉语外来词词典,如刘正埮等的《汉语外来词词典》、岑麒祥的《汉语外来语词典》等。新词语研究热潮催生了一大批新词语词典,如闵家骥等编的《汉语新词词典》、李行健主编的《新词新语词典》、唐超群等的《新词新义辞典》、于根元主编的《现代汉语新词词典》等,改革开放以来共出版了58部新词语词典。计算语言学的发展催生了电子词典。(章宜华,2004)

随着古文字研究的发展,尤其是民国时期受西方学术思想的影响,我国对古文字的研究开始与考古学、历史学和语言学结合,特别是新中国成立后,古文字考释取得了重大进展,相应地古文字字典的编纂出版取得了很大成就,民国至今,已经出版了63部。

2. 语言文字研究影响辞书结构

语言学的发展不仅影响语文辞书的类型,也影响语文辞书的结构。《辞源》《汉语大字典》等现代语文辞书释义准确、义项完备,正是大量吸收了乾嘉以来语言文字学研究成果的结果。据解海江等(1999),"颜",《说文》:"眉目之间也",《玉篇》《类篇》《字汇》《字典》《辞源》

都引用这个释义。段玉裁《说文解字注》径改为"眉之间也",并注云:"各本作'眉目之间'浅人妄增字耳,今正。眉与目之间不名颜。……'面'下曰'颜前也','色'下曰'颜气也',是可证'颜'为'眉间'。颜为眉间,医经之所谓胭,道书所谓上丹田,相书所谓中正印堂也"。(《段注》九上页部)《辞源》除引用《说文》释义外,又增加了一个义项:"额角"。《汉语大字典》吸收《段注》词义研究的成果,纠正了以前的错误,改释为:"两眉之间,俗称印堂"。并根据字书书证和用例概括出另一个义项:"额头,即发际以下,眉以上,两额角间的部分。《方言》卷十:'颜,颡也。……中夏谓之额,东齐谓之颡,汝颖淮泗之间谓之颜。'《小尔雅·广服》:'颜,额也。'《诗·鄘风·君子偕老》:'子之清扬,扬且之颜也。'《左传·僖公九年》:'天威不违颜咫尺,小白余敢贪天子之命无下拜!'孔颖达疏:'颜,谓额也。'《史记·高祖本纪》:'高祖为人,隆准而龙颜。'"因为"颜"指称的部位已分属两个义位。

分布分析理论影响词典的立目。结构主义分布分析,是通过语境总和,在结构联系中分析语言单位的语法、语义、语用的共性和个性。(张志毅等,2010)这种分析可以帮助区分同音词和多义词。《现汉》就是在这一理论指导下通过词语立目正确地解决了汉语词汇形、音、义三者关系的理论问题。

现代语义学的产生和发展使传统词典改变了同义词释义方法而采用语义分解式的释义方法。

在义项的排列方面,分布分析理论影响了义项的结构序列(张志毅等,2010),如《现代汉语八百词》。词义的历时理论影响了历时序列,如《汉语大词典》《汉语大字典》《现代汉语规范字典》等。另外还有义项的逻辑序列、义项的频率序列、词义项的词性序列等。

元语言理论影响语文辞书释义语言。元语言,一般指用来释义的自然语言的两三千常用词,也叫"释义元语言"或"义元"。释义元语言的使用保证了读者查询词典的有效性。《朗文当代英语词典》从第1版开始就把释义用词限定为2000左右常用词,非万不得已时不能超越。《柯林斯合作英语词典》第1版具有元语言的思想,只是没有限定元语言的数量,到了第2版就明确定为2500词。《剑桥国际英语词典》严格用2000个英语基本词撰写释义。《牛津高阶英语学习词典》第5版释义元语言的数量是 3500 个，第 6 版减至 3000 个。汉语语文辞书中《商务馆学汉语词典》尽量限制释义用词，具有了初步的元语言理念。

二 辞书文本影响辞书编纂出版

主要是辞书文本的继承、借鉴与发展问题。恩格斯说："每一时代的理论思维，从而我们时代的理论思维，都是一种历史的产物。"现代语文辞书脱胎于传统语文辞书，所以必然受到传统语文辞书的影响。特别是传统语文辞书的优良传统和经验，是现代语文辞书创新的基础。《辞源》部首、笔画和以字带词的编排体例，就是在吸收传统字书体例和在传统类书的基础上加以改进而创立的。

我国古代语文辞书时期，《说文》对汉字本义的训释成为其后辞书释义的依据，或直接引用《说文》，或对《说文》释义稍做扩展。解海江等（1999）在考察了面部语义场词典释义的发展之后，发现《说文》《玉篇》《类篇》《字汇》《康熙字典》及旧版《辞源》《现代汉语词典》《汉语大字典》等 8 部辞书，除《说文》和《现汉》外，对面部语义场中各词位释义时，均引用《说文》释义，可见《说文》对我国古代语文辞书具有蓝本效应。

优秀的、典范性的辞书文本是把双刃剑，既为辞书创新提供了基础，但同时也为辞书创新设置了藩篱。《现汉》的蓝本效应，不仅内向型语文辞书，就是外向型语文辞书也难跳出它的藩篱。

1908 年商务印书馆出版了《物理学语汇》《化学语汇》，这是我国最早出版的审定术语汇编。[①] 1908 年开始编纂《辞源》。《辞源》之所以能开风气之先，兼收语文词语与百科词语，按近代科学知识释义，与其在专科词典方面编纂出版过科技术语的积累是分不开的。

汉语现代语文辞书的发展不仅受到汉语辞书文本的影响，还受到了国外辞书文本的影响。商务印书馆成立不久就开始编纂出版双语词典，1899 年商务印书馆出版了《商务华英字典》（据邝其照《华英字典》修订），1906 年出版了《中德字典》，1908 年出版了《英华大辞典》，这些英汉词典编纂时需要以英语词典为蓝本，这为《辞源》的编纂者开阔视野、吸取英语词典编纂经验提供了契机。旧《辞海》着重吸收美国《韦

[①] 《商务印书馆 110 年大事记》，商务印书馆，2007。

氏第二版新国际英语词典》的特点，以其为体例参照。（王震，1996）《现汉》借鉴了《简明牛津英语词典》等国外语文词典的编纂经验。《简明牛津英语词典》加标各种语体和专业标记，《现汉》在很多方面都参考了《简明牛津英语词典》，效果很好。（胡明扬，1993）

三 社会科技文化发展影响辞书编纂出版

（一）社会文化发展水平影响辞书编纂出版

"世界愈文明，字典之需要愈急"。（《中华大字典·陆序》）一个国家经济和社会发展的水平，决定着一个国家的辞书出版水平。当一个国家处于动乱时期，经济文化落后，一般无法编纂出版像样的辞书。中华民族有5000年文明史、3000年文献史，经济发展水平曾长时期领先于世界，在传统语文辞书出版时期，中国的辞书编纂水平远远领先于世界。

陆尔奎公开宣称："一国之文化，常与其辞书相比例"，而"国无辞书无文化之可言"。（《辞源·说略》）他认识到词典是社会文化学术高度的标志。鉴于此，他决心主编汇集当时语言文字、百科知识精粹的《辞源》。蔡元培则认为："一社会学术之消长，观其各种辞典之有无与多寡而知之。"（《植物学大辞典·蔡元培序》）进一步把词典数量、种类的多少当作衡量社会文化学术兴衰的一个重要根据。

不仅辞书编纂出版受社会经济文化发展水平的影响，作为社会文化概貌的一面镜子，辞书内容也广泛记录着社会的政治文化教育、典章制度、风土人情等。

（二）科学技术发展促进了辞书出版发展

科学技术的发展对词典发展的影响表现在两个方面：一是给词典的内容带来影响，百科条目在普通语文词典中占有的比例越来越大；其次是科学技术给词典的编纂、出版和外观带来影响。

随着近现代科学技术的发展，人类知识总量增加，产生了大量的新名词、新术语，并日益成为人们语言生活的一部分。为了满足人们的查阅需求，普通语文辞书大量收录百科词语，已成为目前普通语文辞书的普遍特点和发展趋势。旧《辞源》和《辞海》就是兼收语词与百科词语的综合性语文辞书。

词典的编纂、印制、装帧技术以及出版周期、种类多寡，反映出一个社会的科学文化水平。（黄建华，2001：9）特别是计算机、语料库和编纂出版平台建设，知识库等语言资源建设，越来越成为衡量语文辞书编写出版者水平和出版机构实力的重要指标。

由于计算机技术的发展，建设巨型语料库成为可能，这使词典修订间隔大大缩短。英语学习词典修订间隔如下：《牛津》1948、1963、1974、1989、1995、2000、2005，《朗文》1978、1987、1995、2003，《柯林斯》1987、1995、2001、2003、2006，《剑桥》1995、2003、2005。语料库在语文辞书修订工作中的重要作用可见一斑。

从20世纪80年代后期开始，电子词典、光盘词典出版。随着互联网技术和手机终端技术的发展，网络词典、手机词典相继出现和不断发展，扩展了词典的呈现媒介。

四　政策等政治因素影响辞书编纂出版

新中国成立后，随着经济建设和文化发展对辞书的需求，20世纪50年代辞书编纂和出版工作发展迅速。不仅规划修订了《辞源》《辞海》，而且规划新编了《新华字典》《现代汉语词典》等。但是由于受到政治运动的影响，辞书编纂和出版工作进展缓慢。特别是"文革"开始后，辞书编纂和出版工作几乎陷于停顿。1950～1965年出版汉语语文辞书278部，年均17.4部；而1966～1976年间仅出版了33部，年均3部。党的十一届三中全会后，在解放思想、实事求是精神的指导下，我国语文辞书编纂出版工作出现了欣欣向荣的局面。

从个体辞书的发展也能看出政治因素对辞书出版的影响。《辞源》横跨清、民国、新中国三个时代，其编纂和修订工作充满了"故事"。新中国成立后，对《辞源》进行修订，历时25年才完成：根据国家出版政策和社会需求，改变了《辞源》的定位方向；"文革"时期，中断了十年，许多资料被毁；重新启动之后，政府集中四省的力量，大大加速了修订进度。

我国辞书事业前进的每一步都离不开党和国家领导人的关心和支持。新中国成立后，毛泽东主席指示《辞海》修订工作，并亲自安排舒新城任辞海编辑委员会主任委员，要求在原来的基础上把修订版编好。"文化大革命"后期，周总理花很大精力关心第一次全国语文辞书编写出版规划。1975年，邓小平亲自批准了重要的辞书出版规划，周总理在病重期间圈阅同意，后来《汉语大词典》《汉语大字典》等重点工具书的编纂工作才得以顺利进行。

（一）语文政策影响辞书编纂出版

所谓语文政策即清末民初以来的语文现代化运动。许多国家随着社会的统一和民族共同语的发展，以及社会经济的发展，都会产生民族语言规范化运动。"词典是进行规范化的最重要的工具。"（罗常培、吕叔湘，1956）语言规范化需要规范性语文词典。我国进入现代出版时期以来，以《国语辞典》和《现代汉语词典》为代表的规范性语文辞书就是应汉语规范化的迫切需要而编纂出版的。

1. 语文政策影响汉语语文辞书编纂出版的理念

清末国家意识抬头，在日本的影响下，把"官话"改称"国语"，提出推广国语、扫除文盲、实行义务教育。（周有光，1988）清末民国的现代语文运动，包括白话文运动、注音字母及国语运动。清末民初开展的白话文运动，进展缓慢。1919年五四运动爆发，白话文运动与新文学运动结合在一起，要求文体改革，在文学创作上要求废文言、用白话，白话文占据了主流地位。国语运动和白话文运动推动了现代汉语辞书的编纂和出版。汉语语文辞书开始摆脱小学作为经学附庸的地位，走上独立发展的道路，并逐步确立了现代语文辞书关注社会语文生活、为读者大众服务和为汉语规范化服务的基本理念。新中国成立后，政府非常重视语言在社会生活中的作用，1951年6月6日《人民日报》发表社论《正确使用祖国的语言，为语言的纯洁和健康而斗争》，词汇规范问题是论述的重点。1955年召开的"全国文字改革会议""现代汉语规范问题学术会议"，把"国语"改称"普通话"，《人民日报》发表了社论《为促进汉字改革、推广普通话、实现汉语规范化而努力》。语文现代化的三大任务，催生了《现代汉语词典》及其他规范性现代汉语规范型辞书的诞生。

2. 语文政策影响汉语语文辞书的类型

清末民初以来直至新中国的语文现代化运动，汉语规范化一直是重要问题。语言文字规范化工作在很大程度上有赖于规范性辞书的编纂和出版。因此规范性语文辞书一直是现代出版时期最重要的、数量最多的语文辞书类型。20世纪初，国语运动的倡导者钱玄同、黎锦熙、赵元任，一边抓国语语音标准的研究，一边抓《国音字典》《国语辞典》等规范性语文辞书的编纂。"国语运动直接推动了以推广标准语为宗旨的新辞书的编写。"（晁继周，2011）国语统一筹备会成立后，于1923设立国语辞典编纂处，先后编纂出版了《国音字典》《校改国音字典》。1924年国语统一筹备会将旧国音改为以北京语音为标准音的"新国音"。1928年国语统一筹备会改为国语统一筹备委员会，国语辞典编纂处改名为中国大辞典编纂处，进行了大规模的辞书编纂工作：1932年公布了《国音常用字汇》；1935年出版了全国国语教育促进会审词委员会编的《标准语大辞典》；1937年至1943年编纂出版了《国语辞典》。

语言的规范化，关系到国民教育、科技发展、国家的现代化。新中国成立后，党和政府非常重视语文现代化工作，并着手编纂相关辞书。1953年《新华字典》出版，这是新中国成立后第一部为普及教育和汉语规范化服务的辞书。(晁继周，2011) 1955年召开了现代汉语规范问题学术会议，要求编纂一部现代汉语词典。1956年国务院下达关于推广普通话的指示，责成编纂一部以确定汉语词汇规范为目的的《现代汉语词典》，为推广普通话和促进汉语规范化服务。《现代汉语词典》试印本1960年印出，此后不断修改，于1978年正式出版发行。国家语委等部门先后发布了多种语言文字规范标准，也有一些废止的，需要规范型词典把这些规范标准的内容反映出来，便于人们掌握和应用。(曹先擢《现代汉语规范词典·序》）因此，《现代汉语词典》经过多次修订。此外，还有新编的多部规范性语文辞书，如《现代汉语规范字典》《现代汉语规范词典》等就执行了国家语文政策并反映了国家语言文字规范标准的发展。

除了普通语文辞书外，专门性语文辞书如正音字典、正字字典等都是贯彻国家语言文字规范标准、以指导语言文字规范使用为目的的规范性语文辞书。1964年《简化字总表》公布，为了配合推行简化字，出版了一批正字字典。1988年《现代汉语常用字表》《现代汉语通用字表》公布，催生了《汉语通用字字典》《标准汉语字典》等以现代汉语常用字和通用字为收录对象的字典。推广普通话是我国的一项国策。为了配合推广普通话，做了大量方言调查工作。(罗常培、吕叔湘，1956) 新中国成立至今，已出版了240部汉语方言词典。

3. 语文政策影响语文辞书的结构

五四运动时期，白话文运动和国语运动成为中国语文改革的两大内容。白话文运动的目的是废弃文言而改用白话，以满足普及教育的需要。国语运动的目标是推行标准语，打破语言交流上的障碍。白话文运动和国语运动影响了现代语文辞书的释义语言，由文言改用白话。

现代语文辞书在注音、排检方式上的革新，与清末民初以来直至新中国成立以来的语文现代化政策有着极为密切的关系。民国初年，国语教育先从统一汉字读音入手，1913年读音统一会制定了"注音字母"，1918年北洋政府教育部正式公布；1930年南京国民政府把"注音字母"改称为"国语注音符号第一式"。"注音字母"作为汉字正音、传播"国语"、帮助识字和代替汉字的工具推行了40年。作为汉字正音的工具，用来给汉字拼注"国音"，首先用在字典等语文辞书上。其中《注音新辞林》是采用"注音字母"注音的最早的汉语普通语文辞书。《汉语拼音方案》公布以前的语文辞书注音，几乎都用"注音字母"注音（倪海曙，1988），如《国语辞典》《标准语大辞典》《中华国语大辞典》《国音常用字汇》等。新中国成立后，为了加强政治、经济和文化的统一，决定大力推广普通话。1958年周总理在政协全国委员会上做了《当前文字改革的任务》的报告，指出"在我国汉族人民中努力推广以北京语音为标准音的普通话就是一项重要的政治任务"。1955～1957年中国文字改革委员会"汉语拼音方案委员会"研究制定了《汉语拼音方案》，用来帮助识字和推广普通话，1958年公布。此后拼音字母被普遍用于汉语语文辞书的注音和排检中。

（二）教育发展水平和教育政策影响辞书编纂出版

国家九年制义务教育使我国中小学入学率提高，基础教育工具书需求增加，相应地中小学汉语语文辞书出版发展迅速，并在我国汉语语文辞书中占了很大比例。1950年至2010年，中小学汉语语文辞书共出版2010部。1986年《中华人民共和国义务教育法》公布至2010年，出版中小学汉语语文辞书1895部，占这一时期中小学汉语语文辞书总数的94.3%，年均126.3部。而1950年至1986年共出版116部，年均3.2部。但是在高等教育中，对母语教育不够重视，大学生汉语词典的拥有率很低；与之形成鲜明对比的是，由于对外语教育的重视，大学生英语学习词典的拥有率却很高。汉语语文辞书应用状况调查的结果显示：英汉词典和英汉双解词典在学生中的拥有率和使用率均较高。新中国成立后的30年，我国的外语教育主要是在培养精英人才，而改革开放后的30年，则更大程度上是面向广大的大、中甚至小学生以及社会各行业和各阶层的大众，关注全民的总体外语水平的普遍提高和外语的实际广泛使用。（魏向清等，2011：11）外语教育的快速发展为外语辞书编纂出版事业的发展提供了用户环境。

随着国家对汉语能力水平的重视，汉语水平等级测试的普及将会影响社会一般读者对汉语语文辞书的拥有率和使用频率，进而会影响汉语语文辞书的编纂出版。

汉语国际教育影响汉语语文辞书类型和结构。随着我国综合国力不断上升，国家影响力日益增强，国际地位不断提高，其他国家对汉语及中国文化的兴趣也在不断增强，汉语国际教育被确立为我国增强文化软实力的一项重要语言发展战略，汉语学习词典的编纂和出版显得日益迫切。新中国成立至今，不仅出版了外向型汉语学习辞书这一新品种，而且出版数量增长很快，目前我国外向型汉语学习辞书出版了240部，其中20世纪90年代至今出版了225部。

（三）国家辞书出版政策影响辞书出版

盛世修典。辞书编纂出版与国家社会经济发展水平有关，国力日益强盛，人民生活水平不断提高，会促进辞书编纂和出版。"词典史上划时代的鸿篇巨著多半都是在社会较为稳定的时期经营的"，"一部大型词典的命运或多或少是和社会的命运联系在一起的"。（黄建华，2001：8）

新中国成立后，国家随即部署《辞源》《辞海》的修订及《新华字典》和《现代汉语词典》的编纂工作。特别是国家的两次辞书编写出版规划，对我国语文辞书系列化建设具有重大影响。

1. 1975～1985年语文辞书编写出版规划

（1）1975～1985年语文辞书出版规划的背景

第一，当时汉语辞书编纂出版状况严重滞后于社会的使用需求。1975年3月22日国家出版事业管理局和教育部联合给国务院的《关于召开中外语文词典编写出版规划座谈会的请示报告》指出："各方面对中外文词典的需求更加迫切。但是，目前各种词典的编写和出版，都远远不能适应形势发展的需要。"[①] "目前新出的词典还很少，与当前形势发展的要求很不适应。"[②] 第二，政府有关部门在辞书编纂出版中应该发挥组织

[①] 《关于召开中外语文词典编写出版规划座谈会的请示报告》，国家出版事业管理局和中华人民共和国教育部，1975年3月22日。

[②] 《关于中外语文词典编写出版规划座谈会的报告》，国家出版事业管理局，1975年7月16日。

领导和协调作用。《关于召开中外语文词典编写出版规划座谈会的请示报告》还指出："目前有些省、市正在组织力量，编写或修订一些中外语文词典。……当前存在的问题：对词典的编写方针和原则还不够明确，对词典的编写工作缺乏统筹和安排。编写力量比较薄弱和分散，在实际工作中还存在不少困难，都需要进一步研究解决。"①"对中外语文词典的编写出版工作，全面规划，加强领导，十分必要。"②

(2) 1975～1985年语文辞书出版规划制定的原则方针和实施办法

第一次辞书出版规划首先明确了编纂的方针和原则："坚持'古为今用，洋为中用'的方针。要破除迷信，解放思想，独立自主，敢于创新，走自己编写新型语文词典的道路。……对于古人和外国人编写的词典，应当用马克思主义的方法，批判地吸收和借鉴其中可取的东西，为我所用。"

"编写出版中外语文词典，必须全面规划，统筹安排，充分发挥中央和地方两个积极性，分工协作，定期完成。"③对规划中的160种中外文词典编纂出版任务分两步走，"争取在十年左右逐步达到大中小型的汉语词典和主要语种的外汉词典和汉外词典配套补齐"④。"要认真贯彻党的方针政策，做好思想政治工作，尽快建立或充实编写班子，并从人力、物力和时间上给以保证。……编写班子要相对稳定，一些重点词典出版后，仍应保留少数人员，继续收集资料，听取群众意见，进行修订、加工，不断改进，精益求精。"⑤

(3) 1975～1985年语文辞书出版规划的内容和落实情况

1975～1985年中外语文词典编写的出版规划（草案）共规划出版160部，其中汉语语文词典29部，在第一个规划时期出版或延后出版的有20部，占规划项目总数的69%；有9部未落实出版。详见表6-1。

---

① 《关于召开中外语文词典编写出版规划座谈会的请示报告》，国家出版事业管理局和中华人民共和国教育部，1975年3月22日。
② 《关于中外语文词典编写出版规划座谈会的报告》，国家出版事业管理局，1975年7月16日。
③ 《关于中外语文词典编写出版规划座谈会的报告》，国家出版事业管理局，1975年7月16日。
④ 《关于中外语文词典编写出版规划座谈会的报告》，国家出版事业管理局，1975年7月16日。
⑤ 《关于中外语文词典编写出版规划座谈会的报告》，国家出版事业管理局，1975年7月16日。

表 6-1　第一次规划的汉语语文辞书出版项目及实际出版情况

辞书	新编修订	编者或修订者	出版者	计划时间	实际出版情况
新华字典	修订	北京师范大学	商务馆①	1977	1979
工农兵字典	修订	修订组	上海人民②	1976	1976
小学生字典	新编	编写组	上海人民	1975	1976
小学生字典	新编	北京大学	北京人民	1976	1981改由广东人民出版社
汉语图解小字典	修订	中国文字改革委员会	文字改革	1978	
汉语小词典	新编	编写组	上海人民	1976	1979
四角号码新词典	修订	南开大学	商务馆	1976	1982
新华词典	新编	编写组	商务馆	1977	1980
现代汉语词典	修订		商务馆	1979	1978
汉语大字典	新编	湖北、四川	湖北人民	1985	第1卷，1986；第2、3卷，1987
汉语大词典	新编		上海人民	1985	1986，第1卷，上海辞书出版社
古代汉语常用字字典	新编	北京大学等	商务馆	1976	1979，改为《古汉语常用字字典》
古汉语常用字字典	新编	四川大学	四川人民	1978	1986，改为《简明古汉语字典》
古汉语字典	新编	山东大学等	山东人民	1981	
古汉语字典	新编	福建师范大学	福建人民	1983	
辞源	修订		商务馆	1984	1979～1983
汉语成语小词典	修订	北京大学	商务馆	1978	1981

① "商务印书馆"简称"商务馆"，下同。
② 表中出版社名称有"出版社"的，略去，下同。

（续表）

辞书	新编修订	编者或修订者	出版者	计划时间	实际出版情况
现代汉语成语词典	新编	山东师范学院	山东人民	1977	
汉语同义词反义词词典	新编	社科院语言所	商务馆	1979	
汉语同义词词典	新编	南开大学等	天津人民	1979	1987，改为《现代汉语同义词词典》
汉语正字正音字典	新编	中国文字改革委员会	文字改革	1982	
汉语谚语词典	新编	中山大学	广东人民	1979	
汉语虚词用法词典	新编	陕西师范大学等	陕西人民	1978	1988，改为《古汉语虚词用法词典》
汉语虚字用法字典	新编	广东师范学院	广东人民	1979	1982，改为《古代汉语虚词》
汉语虚字用法字典	新编	曲阜师范学院	山东人民	1979	1984，改为《现代汉语常用虚词词典》
古汉语虚字用法字典	新编	南开大学等	天津人民	1977	
辞海（语词分册）	修订	《辞海》编辑室	上海人民	1976	1982，改为《辞海·语词增补本》，上海辞书出版社
《辞海》（简明本）	新编	《辞海》编辑室	上海人民	1979	
辞海	修订	《辞海》编辑室	上海人民	1978	1979，上海辞书出版社以上、下册出版

第一次语文辞书出版规划成效显著。对语文辞书出版进行规划,说明国家对语文辞书出版的重视,由此带动了一批语文辞书的编纂出版。从 1975 年至 1987 年,即第二次语文辞书出版规划制定前,这 13 年间共出版汉语语文辞书 807 部,平均每年出版 62.1 部。而 1950 年至 1974 年的 25 年间仅出版汉语语文辞书 301 部,年平均出版 12 部。

2.1988～2000 年语文辞书编写出版规划

(1) 1988～2000 年语文辞书出版规划的背景

第二次全国语文辞书出版规划出现在第一次规划实施完成之后,这时我国已经编纂出版了一大批规划辞书和非规划辞书。第一次规划中的大型重点辞书如《汉语大字典》《汉语大词典》的编写出版工作也在有序进行,"党的十一届三中全会以来,整个出版工作恢复和发展很快,辞书的编写出版出现了空前繁荣的新局面"[①]。全国语文辞书编写出版工作"快速发展"和"存在问题"并存。

(2) 1988～2000 年语文辞书出版规划制定的方针原则

第二次语文辞书出版规划本着"大型项目规划、中型项目协调、小型项目开放"的原则,确保了编纂难度大且周期长的大型辞书项目有计划地实施。同时,从辞书编纂出版系列化建设的角度来说,也有利于我国各类语文辞书配套成龙,形成层次体系。

(3) 1988～2000 年语文辞书出版规划的内容和落实情况

1988～2000 年全国辞书编写出版规划计划出版辞书 169 部,其中汉语语文辞书 50 部。在本规划期内或延后出版的有 31 部,占 62%;未落实的有 19 部,占 38%。详见表 6-2。

表 6-2　第二次规划的汉语语文辞书出版项目及实际出版情况

辞书	新编	编者或修订者	出版者	计划时间	实际出版情况
汉语大字典(第 3～8 卷)	新编		四川辞书等	1989	第 4、5 卷,1988;第 6 卷,1989;第 7、8 卷,1990

[①] 《新闻出版署关于全国辞书编写出版规划(1988～2000)的报告》,《中国出版年鉴 1989》,第 473～474 页,中国书籍出版社,1991 年。

（续表）

辞书	新编	编者或修订者	出版者	计划时间	实际出版情况
汉语大词典（第3～13卷）	新编		汉语大词典		第2卷，1988；第3、4卷，1989；第5、6卷，1990；第7、8卷，1991；第9、10卷，1992；第11、12卷，1993
新华大词典	新编	商务馆	商务馆		
现代汉语大词典	新编	社科院语言所	商务馆		
现代汉语详解词典	新编	商务印书馆	商务馆		
汉语用法词典	新编	社科院语言所	湖南人民		
新编汉语词典	新编	复旦大学等	上海辞书		1988，李国炎编，湖南人民出版社
古今汉语实用词典	新编	社科院语言所	四川人民		1989，吴昌恒编
同义词词典	新编	北京语言学院	商务馆	1989	2002，佟慧君等主编，《汉语同义词词典》，商务印书馆国际有限公司
类语大词典	新编	北京语言学院	福建人民		
反义词词典	新编	南开大学刘叔新等	商务馆		2004，张志毅等编《新华反义词词典》
汉语新词新义词典	新编	闵家骥等	中国社会科学		1991
新词新语词典	新编	曹聪孙等	语文	1989	1989，李行健主编

(续表)

辞书	新编	编者或修订者	出版者	计划时间	实际出版情况
汉语搭配词典	新编	张寿康等	商务馆	1989	2002,《现代汉语实词搭配词典》
简略语词典	新编	王魁京等	商务馆	1988	1996,《现代汉语缩略语词典》
常用缩略语词典	新编	凌远征等	语文	1987	2002,袁晖等主编《现代汉语缩略语词典》
汉语外来语大词典	新编		汉语大词典		
现代汉语虚词大词典	新编		商务馆		2001,张斌主编《现代汉语虚词词典》
现代汉语常用虚词词典		武克忠等	浙江教育		1987初版,1992增订本
辞源（第二次修订本）	新编		商务馆		
古汉语字典	新编	王力主编	中华书局		2000,《王力古汉语字典》
实用古汉语字典	新编	周祖谟主编	浙江古籍		
古汉语词典	新编	中国人民大学中文系	商务馆		1998,《古代汉语词典》
古汉语虚词大词典	新编	社科院语言所	商务馆	1990	2002,《古代汉语虚词词典》
古汉语虚词词典	新编	杭州大学中文系	江西教育		1996,王海棻等,北京大学出版社;2006,何乐士,语文出版社,等

(续表)

辞书	新编	编者或修订者	出版者	计划时间	实际出版情况
古代汉语同义词词典	新编	洪成玉	天津人民		2005，陈涛编《古汉语同义词词典》；2009，洪成玉《古汉语常用同义词词典》，商务印书馆
古代汉语同义词词典	新编	王凤阳	吉林文史	1988	1993，《古辞辨》
难字大字典	新编	编写组	四川辞书		
疑难字字典	新编	李新魁	广东人民		
典故大词典	新编	王光汉等	上海古籍	1990	
典故词典	新编	华南师大中文系	广东人民		
中国俗语大词典	新编	山西社科院语言所	上海辞书		1989
谚语词典	新编	编写组	四川辞书		
歇后语分类词典	新编	夏光芬	福建人民		1990
汉语方言大词典	新编	许宝华、宫田一郎主编	中华书局		1999
中国汉语方言大词典	新编		江苏教育等①		江苏教育出版社，1993，分地本陆续出版。2002年出版《现代汉语方言大词典》综合本
福州方言词典	新编		福建人民		1994，李如龙等编

---

① 规划中的出版者有福建、广东、江西、湖南等人民出版社和江苏教育出版社。

(续表)

辞书	新编	编者或修订者	出版者	计划时间	实际出版情况
汉语图解词典	新编		商务馆		2008，多语种版开始陆续出版
中华字海	新编		中华书局		1994，冷玉龙等中国友谊出版公司、中华书局
故训汇纂	新编		商务馆		2003
对外汉语教学词典	新编	南京大学外国留学生部	译林	1990	
老舍语言词典	新编	弥松颐主编	湖北辞书		
全宋词大辞典	新编		黑龙江人民		2007，廖珣英编，中华书局
全唐诗大辞典	新编	唐诗学会	黑龙江人民		2000，张忠纲，语文出版社
十三经辞典	新编	陕西、湖北等省	陕西人民	1990	
先秦诸子词典	新编		四川辞书		
史记辞典	新编	东北师大古籍所	湖南人民		
周易大词典	新编	金景芳	黑龙江人民		
古今称谓大词典	新编	吉常宏主编	齐鲁书社		2001，《汉语称谓大辞典》，河北教育出版社
辞海（1989年版）	修订	辞海编委会	上海辞书	1989	1989

第二次出版规划取得了显著成效。1988～2000年共出版汉语语

文辞书 3003 部，平均每年出版近 231 部。通过规划，保证了一批大中型汉语语文辞书顺利出版，极大地提高了我国汉语语文辞书编纂出版水平。

第三节　语文辞书的语言世界

一　汉语汉字类型特征影响语文辞书的类型和结构

汉语汉字的特点使汉语字典成为汉语语文辞书中的一个主要类型。正如胡明扬等在《词典学概论》（1982：10）中所说："字典"的出现与汉字有关，凡是使用汉字或与汉字类似的语言文字都可以有"字典"，都会有"词典"和"字典"之分。

由于汉字的结构特点以及其较多的数量，"从先秦到现在，汉字教学一直是语文教学的一个重点和难点"（张志公等，1988）。不仅在于学好汉字是学习语文的基础，还因为在初学阶段，认识、理解、书写都有相当的困难。为了解决这些困难，教育工作者和语文辞书编纂者设计和编纂了各种类型的字典。

汉语汉字的特征使汉语普通语文辞书的内涵与普通词典学中的普通语文词典有差别，它特指以字带词这种编排体例的辞书。

二　语言文字发展影响辞书编纂出版

文字的产生使词典编纂成为可能。文字产生之前，语言词汇无以记录，自然没有记录语言词汇的词典。"古代拥有文字材料很少，并不产生查阅词典的需要。"（黄建华，2001：6）书面语言文献材料的增多，产生了通古的需要，促使词典产生。《说文解字》的产生是因为东汉大量经学文献的存在，《说文解字》正是为了适应诠释古籍的需要而编纂的。在传统语文辞书出版时期，我国的汉语语文辞书基本上都是围绕着这一需求而编纂的。

语言词汇的发展变化，使反映语言发展变化的语文辞书产生了共时性语文辞书和历时性语文辞书的区别。共时性语文辞书选择和诠释语言发展进程中某一特定阶段的语言事实，进行词汇的静态描写；历时性语文辞书选择和诠释语言文字发展进程中较长一段历史时期语言文字演变和使用的情况，进行词汇的动态描写。

"词典编纂者必须把纷繁的语言现象理解为处于不停的变化之中。"（兹古斯塔，1983：262）词汇发生了变化，词典选词、释义就应做出相应的改变。共时性语言词典都大体反映词典编者所处时代的词汇面貌，否则词典的收词、释义就不能反应语言的发展。"脸"的"颊"义大约产生于南北朝（解海江、张志毅，1993），与此同时产生而在宋时重修的《玉篇》没有收录"脸"这一词位，直到《类篇》才收"脸"，并解释为"颊也"。"脸"这一词位及其"颊"义的产生与词典收录并释义的时间相差几个世纪。"脸"的指称范围从"颊部"扩大到"整个面部"大约从唐代开始（解海江、张志毅1993），此后，"脸"指"颊部"和"整个面部"两义位并存。"脸"的"面部"义最早出现在《字汇》中，释义为"面脸，一曰颊也"。宋本《玉篇》和《类篇》虽比《字汇》产生早，但未收录，词典释义比义位"面部"产生的时间晚，《字典》则未收"脸"这一词位。现代汉语中"脸"的"颊"义位消失了，《现汉》亦不再收录，反映了语言的实际状况。可见，中国古代词典释义重在古义，不具有语言发展的观点，不重视活的语言的记录，词典学进入现代时期后，才真正注意到了语言的发展和活的语言的释义。

语言文字的发展演变使辞书不断推陈出新，不断修订。语言文字在客体、主体和语言自身因素作用下，语词、语用、语法、文字不断变化发展。辞书必须与语俱进，充分反映这一动态的定格部分。（张志毅，2007b）

语言文字的发展变化规律成为影响现代汉语词典的收词的重要因素。《现代汉语规范词典》的收词充分考虑到了汉语词汇发展的双音化趋势。宋元以来，古汉语在向近现代汉语的发展过程中，一方面是双音节短语逐渐凝固成双音节词，另一方面是一些多音节的惯用语、固定语、常用短语缩略成双音节词或三音节词。所以《现代汉语规范词典》注意收录了以下两类词：很多现在经常出现的双音节短语很可能凝固成词，如"说开、加油、蓝天、白云、达到、高达、第一、绿化"等；一些多音节的惯用语或短语也可能缩略成词，如"人大、体检、政协、彩电、彩照"等。（陈松岑，2004）

第四节　语文辞书的主体世界

一　出版单位在辞书编纂出版事业中的作用

（一）出版单位的竞争影响辞书出版

出版社是辞书出版的主体，他们的决定直接对辞书市场产生影响。

民国时期，中华书局与商务印书馆的竞争，促使两家出版社不断创新，编纂出版了在我国现代辞书史上具有开创意义的《新字典》《辞源》《辞海》和《中华大字典》等语文辞书。

出版社的正当竞争会促进语文辞书出版的繁荣，使出版社不断创新辞书选题，提高辞书编写质量。而恶性竞争则会导致出版秩序混乱，从20世纪90年代开始延续至今的"辞书热"，使许多出版社超越了自己的出版业务范围，在小型语文辞书出版方面造成大量重复出版现象。有的出版社不重视辞书选题开发创新，通过"傍名牌"占领市场；有的出版社甚至采用不正当竞争，采取低定价、高回扣等手段占领市场，造成辞书出版秩序混乱。

（二）出版单位在落实国家辞书出版规划中的作用

从两次语文辞书编写出版规划可以看出，语文辞书的选题规划大部分由出版社提出，语文辞书出版规划的落实和出版最终也是由出版社落实的。没有出版社对语文辞书选题的主动规划和积极配合，语文辞书出版规划就无从谈起。两次语文辞书编写出版规划涉及的出版社有26家，以涉及出版项目的数量排序，由多到少依次为：商务印书馆21个，上海辞书出版社、语文出版社各6个，广东人民出版社5个，福建人民出版社、四川辞书出版社、中华书局各4个，湖南人民出版社、山东人民出版社、上海人民出版社各3个，汉语大词典出版社、湖北辞书出版社、陕西人民出版社、四川人民出版社、天津人民出版社各2个，河北教育出版社、黑龙江人民出版社、湖北人民出版社、吉林文史出版社、江苏教育出版社、商务印书馆国际有限公司、上海古籍出版社、译林出版社、浙江古籍出版社、浙江教育出版社、中国社会科学出版社各1个。

（三）出版单位的出版规划影响辞书出版事业

出版社除了落实国家辞书出版规划外，出版社的出版规划对推动语文辞书编纂出版工作的发展也发挥着重要作用。商务印书馆20世纪80年代制定的七年出版规划（到1990年）规定：要积极贯彻补缺和配套的原则，同时要出版各类语文词典，增加辞书品种，如出版成语、俗语、歇后语、俚语、谚语、同义词、反义词、新词、方言、难字、异体字等各类词典，以适应读者多方面的需要。经过多年建设，商务印书馆在汉语语文辞书系列化建设方面成效显著。（林尔蔚，1985）

二　读者需求影响辞书编纂出版

辞书的编纂和出版最终是读者需求的结果。绝大多数词典不是科学试验的样品，而是适应某种社会需求的产物。（黄建华，2001：6）操不同语言或方言的人群交往增多，产生了交流的需要，于是双语或双方言对照词典应运而生。扬雄的《方言》就是为满足不同方言区的人们交流的需要而编纂的。西方词典史上，最早出现的就是双语词典。过去词典编纂一直以编者为中心，积极吸收语言学研究成果，充分利用现代语言技术手段，对语言词汇系统进行全面、系统的描写。20世纪80年代以来，用户视角的词典研究开始成为词典学研究的重点。人们开始关注编纂者与使用者的相互关系：编者预期学习者有什么样的需求？学习者在什么情况下查阅词典？读者查阅词典的技能如何？学习者期待词典编者给他们提供怎样的信息？词典提供的信息有多少是在他们认知视野之内的？这些需求影响语文辞书的类型和结构。

20世纪90年代以来持续的"辞书热"，其根本原因在于辞书的市场需求。随着九年制义务教育普及和我国社会文化发展，普及性辞书尤其是学生辞书需求量大，造成辞书出版泛滥。重复出版的辞书多是学生辞书。

三　辞书人才影响辞书编纂出版

在影响辞书发展的诸因素中，人才是决定因素。世界上的辞书强国几乎都拥有世界一流的辞书研究和编纂专家。《国语辞典》的编纂是以黎锦熙为代表的一大批语言学家完成的。《现代汉语词典》是以丁声树、吕叔湘等著名语言学家为领衔者，集中了中国大辞典编纂处和新华辞书社的一大批优秀人才而完成的。改革开放以来，高等院校、辞书研究机构、中国辞书学会培养的一大批辞书编纂出版人才，极大地促进了我国辞书出版事业的发展。

第七章 汉语语文辞书发展探索

百年来我国汉语语文辞书实现了从传统向现代的转型，也从辞书出版小国走向辞书出版大国，出版了一批精品语文辞书，基本满足了不同层次读者的需求，取得了很大的成就。但我国语文辞书发展中也存在不可回避的问题，距离辞书出版强国还有很长的路要走。这种差距主要表现为：语文辞书品种数量与汉语的应用力和国际地位不相配；精品辞书的比例还不高，在国际上有影响的辞书还不多，更没有世界领域的经典样本；缺乏引领学术的理论和理念；缺乏具有影响的辞书理论和辞书学流派；辞书编纂手段与辞书发展先进国家相比还有差距。王铁琨（2006）、李宇明等（2006）、李宇明（2008）、张志毅（2010）等均表达过建设辞书强国的期盼，并提出了若干建议。辞书出版是国家文化建设的基础工程，历来受到党和政府的高度重视。就如何抓好辞书质量，柳斌杰曾就辞书出版的管理工作提出四点：提高认识，完善制度，落实责任，工作到位。党的十七届六中全会通过的《中共中央关于深化文化体制改革推动社会主义文化大发展大繁荣若干重大问题的决定》指出："健全以企业为主体、市场为导向、产学研相结合的文化技术创新体系。"我们认为，语文辞书发展建设是一个多部门相互协作的系统工程，提高辞书出版水平、建设辞书强国的关键在于国家主管部门、辞书出版单位、学术界和教育界共同努力，只有这样才能建立并健全辞书发展创新体系。国家主管部门要发挥领导和监管职能，辞书出版单位要发挥主体作用，学术界要加强理论研究和舆论监督，教育界要加强学科建设和读者培育工作。

第一节 学术界加强理论创新和舆论监督

词典应该有自己的特色，没有特色的词典是没有生命力的。词典的特色和生命力源自创新。我们要继承我国语文辞书编纂出版的优良传统，同时大胆吸收世界语文辞书编纂出版的理念和理论，积极推进汉语语文辞书的创新。

一 正确处理继承与创新问题

我国现代辞书的诞生是由多方面因素促成的，但决定性因素是我国历代积累的词典编纂经验，这反映了我国汉语词典编纂发展的内部规律。我国现代语文词典理论既是国语运动和白话文运动的成果，也得益于对古代辞书理论与编纂经验的继承，特别是对清儒训诂研究成果的继承吸收。而戴震、段玉裁、王氏父子关于"因声求义"等近代音义学的研究成果，更为现代词典学提供了丰富的营养。

"前人创始，后代继承，其内容和体例，必须不断充实，随时改进，才能适应现实的要求。"（刘叶秋，1984）我国现代语文辞书的百年发展走过了不平凡的道路，其中有应该吸取的教训，但更多的是为我国语文辞书进一步发展积累了丰富的经验，有很多优良传统值得我们继承，如语文辞书为语言规范化服务的规定主义理念，以《现汉》为代表的语文辞书编纂的理论传统等。没有传统，创新就会失去基础。我们在积极进行汉语语文辞书创新时，要继承我国语文辞书的优良传统，合理吸收我国传统语言文字学的研究成果。

二 正确处理理论借鉴与中国实际相结合的问题

我国语文辞书发展和创新过程中，离不开借鉴国外辞书发达国家的经验，要积极吸收当代词典学的成就，但要立足于汉语汉字的特点和中国文化建设的需要。

李宇明在汉语辞书研究中心揭牌仪式的讲话中高屋建瓴地指出：汉语辞书研究建设需要同时具有本土意识和世界眼光。"本土意识，就是站在中华民族的立场上考虑问题，国家利益是基本出发点……另一方面，中国正走入世界，因此干任何事情都需要有国际眼光，要了解世界上是怎样做的，有没有比我们做得好的，我们能不能拿来用一用。中国要发展离不开世界，要虚心向世界学习。"（李宇明，2008）

（一）理论引进与中国文化建设实践相结合的原则

我国有着悠久的语文辞书编纂历史，在传统语文辞书出版方面取得了较大的成就。进入现代辞书出版时期以来，我国的语文辞书编纂出版有着鲜明的中国特色，为全民族文化水平的提高做出了很大的贡献。辞书是文化商品，是意识形态的载体。在汉语语文辞书系列化建设中，要积极吸收国外先进的辞书类型学理论，同时要立足于我国社会主义文化建设的实际和需要，与汉语辞书出版的实际需求相结合，实现语文辞书系列化理论的中国化，更好地为汉语语文辞书编纂出版服务。

（二）理论引进与汉语汉字特点相结合的原则

汉语语文辞书系列化建设研究，既要积极借鉴国外辞书出版的理论和经验，又要充分考虑汉语汉字的类型特征，不能削足适履。

（三）辞书类型理论与中国读者需求状况相结合的原则

语文辞书系列化建设研究，要坚持语文辞书系列化理论与我国文化建设、读者需求相结合的原则。辞书是特殊的文化商品，不仅有物质产品属性，还有精神产品属性。辞书的文化商品属性决定了辞书的出版要与一定的社会文化水平相适应，与一定的社会需求相适应。

三　更新汉语语文辞书编纂出版理念，把握辞书发展新趋势

辞书编纂受理念的影响。在汉语语文辞书创新的过程中，要重视辞书编纂理论和理念的现代化：加强辞书用户研究，在语文辞书系列化建设、辞书结构和辞书评价中坚持以读者为中心的理念。

（一）更新语文辞书编纂理念

"理念演绎辞书"，理念的不断更新，推动了辞书的不断创新、发展。近现代以来的多次理念转变带来了多种标志性的新辞书。（张志毅，2007a）近代以来西方词典编纂理念经历了两次转向：第一次是由规定主义转向描写主义，第二次是由描写主义转向以读者为中心的实用主义理念。（解海江、章黎平，2010）

1. 正确处理辞书世界与语言世界的关系，以融合描写主义与规定主义的实用主义为主

20世纪70年代末以《朗文当代英语词典》（1978）为代表的学习词典兴起，较之此前的普通语文词典，在编纂理念上有巨大变化。在经历了规定主义和描写主义两个极端后，摒弃了规定主义和描写主义之争，由词典体现编者的意志转向以读者为中心的实用主义理念。（解海江、章

黎平，2010)"在描写基础上规定，在规定主义指导下描写。三者互相依存，适当结合。"(张志毅，2007a)尊重语言和言语的事实，在发展中规定，在规定中发展。不论是普通语文词典还是学习词典，都以读者需要为共同遵循的原则。

在实用主义编纂理念的指导下，英语学习词典的结构发生了很大变化。收词范围更加广泛，语文词语与百科词语并重，注意收录新词新义，关注各种英语变体，适量收录文化词语，注重收录口语词汇。词条立目简洁、明了。释义更加实用和贴近读者。在释义方式上，以短语型释义为主，同时自然语句释义正逐渐为学习词典所采用。在释义词汇方面，各主要词典均普遍采用词汇控制理论，把释义用词限定在常用词内，保证了读者查询词典的有效性。为读者提供详细的语法信息、语用信息和搭配信息。单词语法特征等方面的标注由间接转为直接，更加简洁明了，尽量减少使用符号和缩略语。多用例证，例证选择和使用时，既讲究原汁原味，又讲究典型性和规范性。义项编排，为方便读者识别和检索，设立"语义检索标志"，按使用频率排列义项。

汉语语文辞书编纂要把握辞书编纂理念的二度转向，在辞书编纂和出版理念方面保持先进，只有这样才能在辞书编纂出版方面不落后。

2. 适当处理辞书世界与读者的关系，实用主义的内涵进一步扩展到多功能化

语文辞书编纂受读者需求的影响。从我国语文辞书百年发展趋势看，汉语语文辞书编纂理念除了遵循规定主义理念外，还逐步向多功能化发展。特别是进入新世纪，语文辞书呈现出多功能化的趋势更加明显。据林申清(1998)，日本的讲谈社于1989年推出的《讲谈社彩色版日本语大辞典》，集语文辞典、百科辞典、图解辞典、和英辞典(对应英语12万条)、汉字字典、汉字处理编码辞典、人名辞典、地名辞典、动植物辞典、外来语辞典、缩略语辞典等多功能于一体。因辞书结构新颖，迅速占领了市场。其原因是适应了当代快节奏的生活需要——快餐文化，实现了将语文辞书与百科辞书融为一体的多功能化。在美国，大学版词典如《美国传统词典》畅销的原因也在于其多功能性，语文性词语与百科性词语兼收，提供习惯用法、词源和同义词辨析等。

我国综合性语文辞书《辞海》《新华词典》等应该考虑进一步增强实用性，在功能开发等方面应推陈出新。

(二) 更新语文辞书出版理念

现代语文辞书在出版理念方面向知识集成化、综合化理念发展，这一理念由于电子信息技术的发展而得以实现。电子辞书具有容量大、通过设定检索条件满足不同需求的特点，这使辞书出版向"知识集成化"和"综合化"方向发展。这种变化的突出表现是把各种辞书集成整合，并利用检索软件实现应用的"分层化"（李宇明等，2006）。微软公司的 Bookshelf（2000）就综合集成了《美国传统词典》（第三版）《微软出版社计算机与互联网词典》《原创罗杰英语词汇和短语分类词典》《Encarta 案头百科全书》《哥伦比亚引语词典》《Encarta 世界地图集》《Encarta 2000 新世界年鉴》《Encarta 2000 世界时间长廊》《Encarta 文体及其应用手册》等。目前我国在辞书编纂、发行等方面的观念基本上还没发生变化。

四　加强汉语语文辞书理论创新

"现代辞书编纂，首先不属于经验范围，而属于理性范围。"（张志毅，2010）周洪波说："做辞书一是理论指导，一是创新意识，一是质量要求，三者缺一不可。"（巢峰等，2002）我们对辞书理论研究还不够，编写辞书仍然凭借经验主义。我们要走向"辞书强国"，就必须解决辞书理论问题。张志毅（2010）说："辞书强国，理论必须先行。"他把我国辞书理论研究的现状概括为："四多四少：跟踪研究多，原创研究少；描写多，理论少；模仿多，创新少；整合或综合研究多，独创研究少"。目前汉语语文辞书出版选题重复、创新不足，其主要原因正在于有些辞书的编纂者、出版者对辞书学理论或知之甚少，或根本不懂。

张志毅（2010）认为，当前语文辞书研究的热点理论主要是：突出描写、规范或实用及三者的结合问题，解码型词典与编码型词典对比与融合问题，传统释义方法、新兴释义方法及其综合问题，辞书信息处理与计算词典学、辞书编纂现代化和辞书电子化、辞书网络化研究，语言与各种知识词典化研究，读者需求研究，等等。

20世纪70年代以来，随着语法学、语义学、语用学及认知科学的发展，英语编码型词典编纂理论研究与出版空前繁荣，由此带动整个词典编纂理念的发展。从20世纪90年代以后开始不断有学者关注汉语学习词典编纂研究，在编纂的理论基础、收词、词性标注、组词搭配、动词释义、配例、用户需求等方面做了一些探索。这些研究大都立足于汉语特点，结合对外汉语教学实践。但与英语学习词典研究相比，我们对汉语学习词典编纂的研究仍有很多不足之处：（1）研究成果较少；（2）受传统语言学理论的惯性继承的影响，对汉语学习词典释义理论研究不足，研究内容多是从词典的编者视角谈编写体会及评价；（3 目前汉语学习词典释义研究没有充分利用语言学理论、二语习得理论等研究成果，没有形成一套系统的、具有可操作性的理论方法；（4）汉语学习词典释义研究对汉语研究成果吸收不足，不能有效指导汉语学习词典编写。

（一）辞书类型理论创新

词典类型学研究有助于指导未来的词典编纂。"因为学科的分类越来越细，词典的分工也越来越具体，词典设计者和编纂者必须有类型学观念，针对不同用户群体的不同需求设计和编纂出不同功能和类型的词典。"（章宜华等，2007：79）一方面，词典类型理论和实践呈现出精细化趋势；另一方面，编纂实践中各类型词典之间并不总是界限清晰，有时会有模糊、交叉甚至重合。不过这也正给词典类型理论创新留下了空间。

目前解码型词典和编码型词典的融合研究，成为词典类型理论的重要内容。在这种背景下，我们应加强汉语学习词典类型创新。汉语学习词典除了继续关注普通语文学习词典的编纂理论和实践外，还要关注专门性语文学习词典的研究和编纂；除了关注汉语单语学习词典，还要关注汉外双语学习词典的编纂和出版，关注初级、中级、高级汉语学习词典。

（二）辞书结构理论创新

随着词典结构理论研究的深入，在宏观和微观二分结构观的基础之上，Hartmann（2005）提出了词典结构的六分观：词典的语篇结构、宏观结构、微观结构、中观结构、检索结构和分布结构。这种观点更能体现词典结构的整体性特征。

（三）加强语言文字学研究成果的利用与转化

党的十七届六中全会通过的《中共中央关于深化文化体制改革推动社会主义文化大发展大繁荣若干重大问题的决定》指出："坚持以重大现实问题为主攻方向，加强对全局性、战略性、前瞻性问题研究，加快哲学社会科学成果转化，更好服务经济社会发展。"

语文辞书结构理论创新研究应该吸收当代语言学的成果，尤其是词典释义的研究应该密切跟踪、吸收语言学特别是语义学的研究成果。词典释义研究涉及语言学中语义学、句法学、语用学等各学科理论的成果，如原型语义学、框架语义学、配价语法理论、意思—文本理论、认知语义学、构式语法等，学习词典释义应从多层面、多角度描述词的语义要素和结构，营造适合二语习得的语言环境。

在借鉴西方词典学和语言学理论的同时，需要注意的是，汉外语言文字结构系统差异所导致的语文辞书类型差异和结构差异。如英语词典对立目单位的句法信息简洁而实用的显性标注，与英语属于屈折语所具有的特点有关，而属于孤立语的汉语很难在词典中予以全盘复制。

（四）加强语文辞书规范化研究

目前汉语语文辞书规范化，存在着一些需要加强的地方，如：没有自觉树立语文辞书规范化为构建和谐社会语文生活服务的理念。在语文辞书规范化研究中，语文辞书词汇规范化是核心。但目前在语文辞书词汇规范化方面，没有建立语文辞书词汇规范内容多元化的理论。语文辞书词汇规范化的内容，除了词形规范外，还应包括收词立目、释义、例证、用法说明等。只有建立语文辞书词汇规范内容的多元体系，才能有效指导读者规范使用汉语词汇。在研究理论上，没有将语文辞书词汇规范化研究与词汇变异研究相结合。语文辞书规范化的核心问题是处理社会语言变异与语文辞书规范之间的关系。目前语文辞书词汇规范化理论还不足以解决语文辞书词汇规范化与社会语文生活的矛盾。应该积极吸收社会语言学、语料库语言学等对语言词汇变异研究的理论和方法，考查语文辞书词汇规范化的各种问题。从研究材料和方法看，目前缺少结合现代汉语语料库进行的语文辞书词汇规范体系发展过程的调查分析。目前的语文辞书词汇规范化研究，多集中在对《现代汉语词典》《新华字典》等辞书的指瑕、修订建议方面，多是定性的、枚举式的研究，而缺少以语文辞书词汇规范内容体系建设为目标的定量的、封闭式的全面调查研究，没有结合现代汉语语料库对词汇变异、社会语言生活与词汇规范关系的理论探讨，没有进行语文辞书词汇规范体系发展过程的调查分析，不利于我国语文辞书词汇规范化的理论建设和实践经验的总结。

当前我国汉语语文辞书规范化研究的紧迫课题是建立我国汉语语文辞书共享、通用的语文辞书规范化知识库。

(五) 加强汉语语文辞书标准化研究

当前辞书特别是语文辞书的编纂出版为标准的研制提出了一些新课题。王铁琨（2007）指出，双语、多语辞书中汉、外文字混排时标点符号的使用，由于无标准可依，处理不一致，给读者带来困惑。《汉字统一部首表（草案）》修订后要不要根据归部原则对一定数量的汉字进行归部处理并制定一个新的规范？这些需要制定出相应的规范。

(六) 加强辞书用户研究

从词典用户的角度对词典进行研究虽然只有几十年的时间，但是得到了迅速发展。在国外，从词典用户角度出发研究词典的主题越来越细化，研究的方法越来越多样化、信息化。相对来说，国内的研究比较落后。研究的主题比较单一，主要集中在对英语词典的参考需求和英语词典用户的习惯和偏爱上面，对汉语语文辞书使用的研究屈指可数。在词典技能上，有很多研究者认识到词典用户对于词典知识非常匮乏，提出了很多词典教学的方法，但是主要从主观经验出发，缺少数据和理论的支撑。在某种程度上，理论的研究水平直接影响到实践的水平。因此，加强理论建设对于词典质量和词典用户技能的提高有重要作用。

汉语语文辞书结构创新应该充分考虑辞书用户需求。Hartmann（2005）曾说过，地域不同、教育水平不同，词典的使用状况也会因此而不同；不同的词典用户对词典的需求也不同。以教师和学生为例，他们在词典需求上非常接近，但是存在细微的差别，出版社在针对教师和学生出版词典时，可以分为教师和学生两种版本。这两种版本的词典在内容上接近但是又有一些差别。

五 加强辞书评论工作

辞书评论是辞书研究的重要内容，对提高辞书编纂质量、宣传优秀辞书、打击伪劣辞书有重要作用。但目前我国的辞书评论工作存在很多的问题。首先，学术界对辞书评论重视不够，辞书评论的数量和辞书的出版数量不对称。从1912年到2000年，汉语语文辞书共出版了4448部，据《二十世纪中国辞书学论文索引》，这一时期在国内报刊发表的汉语语文辞书评论论文仅有510篇，其中有100多篇评论内容集中在《辞海》《辞源》《现代汉语词典》等优秀辞书的修订方面，对质量低劣的辞书评论多集中于"王同亿现象"。总起来说，我国汉语语文辞书评论未能起到有效的舆论监督作用。其次，辞书评论的严肃性和学术影响力不足，商业评论多，学术性评论少。（徐祖友，2003）第三，辞书评论缺少辞书学理论指导，有的甚至背离辞书理论，导致我国的辞书评论隔靴搔痒者多、切中肯綮者少。针对上述问题，相关期刊应该加强对辞书评论工作的引导。首先，要增加辞书评论数量，培养辞书评论队伍；其次，应重视辞书评论的理论水平。

第二节 政府加强领导和监管

对政府相关部门来说，制定出版规划、加强对出版社的监管、坚持出版社按专业分工出书的原则、加强对辞书书号的管理等都能有效纠正辞书系列化建设中的混乱情况，推进汉语语文辞书出版工作有序进行。

一 政府继续制定辞书出版规划

"辞书出版规划的目的是要构建和丰富一个国家或一个出版机构的辞书出版体系，以更好地满足使用者的需求。"（魏向清等，2011：249）我国辞书搞过两次规划，第一次是由周恩来总理审定的1975年规划。第一次全国辞书编写出版规划保证了一批重点辞书的出版和修订，考虑了汉语语文辞书编纂出版的基础体系建设，旨在满足当时急需的各类汉语语文辞书的需求。这次规划由于分工明确，国家对重点项目在人力、物力、财力方面都给予了帮助，基本上得以实施。第二次是1990年印发的《1988～2000年全国辞书编写出版规划》。根据加强管理、调整结构、保证重点、提高质量的方针，第二次全国辞书编写出版规划除延续第一次规划保证重点辞书出版外，进一步完善了汉语语文辞书系列，旨在满足不断增长的辞书市场需要和用户需求。这对于克服辞书盲目立项和重复出版的现象起到了一定的导向作用。

对于辞书出版规划，政府和出版机构都应有辞书编写出版的科学规划意识，应该在调查汉语语文辞书出版状况和语文辞书用户的基础上，结合前两次规划工作的得失来进行。

（一）两次辞书出版规划的经验与局限

两次规划的制定和执行，是辞书发展中的重大部署，这些项目多具有填补空白的性质,且前后具有延续性,保证了一批大型的汉语语文辞书如《汉语大字典》《汉语大词典》《现代汉语方言大词典》的出版,填补了辞书出版上的一些空白,有效地保证了我国汉语语文辞书体系的基础建设。两次规划的顺利实施,改变了我国"大国小辞书"的状况,同时也产生了较好的经济和社会效益。两次规划的经验告诉我们,"辞书的发展必须有国家的统筹规划和宏观管理,国家实现统筹计划和宏观管理的途径则主要是制定、实施规划"(石家金,1990)。

但两次规划也有局限性,主要表现在:第一,对修订工作未能给予充分的延续性考虑。第二,功能类别不够完善,种类划分不够细致,特别是学习词典规划不足。魏向清等(2011:120~121)发现,第一次规划中,有8部外向型汉外双语辞书,涉及8个语种,考虑到了当时"供外国友人学汉语用"的需求。然而到了第二次规划制定时,外向型的汉外辞书却未见任何考虑,这显然与我国改革开放迅速发展的时代需要是不相适应的。相比外向型汉外词典的规划状况,汉语学习型单语词典的编写出版规划更显不足,第二次规划中只有《对外汉语教学词典》,这与我国对外汉语教学的实际需求不相适应。第三,第二次规划,由于国家在财力、物力和人力方面,基本上没有给予帮助,计划后缺乏督促检查,所以很多项目没有得到落实。此次规划编写出版汉语语文辞书50部,本规划期内出版或延后出版的有31部,占62%;未落实的有19部,占38%。规划中很多重要的项目,如社科院语言所编《现代汉语大词典》、商务印书馆编《现代汉语详解词典》、汉语大词典出版社《汉语外来语大词典》、《辞源》(第二次修订本)、南京大学外国留学生部编《对外汉语教学词典》等均未得到落实。

(二) 辞书出版规划的依据

制定出版规划要具有科学意识。国家要在充分调查当前辞书出版状况的基础上,考虑语文辞书出版的影响因素,考虑国家文化资源建设和国家语言战略,充分考虑用户需求,以社会效益为主导来制定出版规划。大中型语文辞书规划要依据国家文化资源建设和国家语言战略规划,中小型语文辞书则更多地要依据辞书用户的需求。

(三) 辞书出版规划的原则

根据辞书编写出版的影响因素,辞书编写出版规划应坚持以下几个原则:第一,辞书规划要着眼于国家文化建设的需要。辞书是民族文化积累的成果和国家文化建设的重要工具,因此辞书编写出版规划的制定要与国家文化资源建设规划统筹考虑。第二,辞书规划要与国家语言战略规划统筹考虑。在国家的语言规划里,辞书应有一席之地,辞书与国家语言生活的关系十分密切。(李宇明,2008)第三,国家规划与出版社规划相结合,继续坚持"大型项目规划、中型项目协调、小型项目开放的原则"[①]。国家层面着重"规划大型重点辞书和完善国家辞书体系"(魏向清等,2011:252),加强宏观指导。出版机构"根据自身优势和特色来确定选题,上报新闻出版总署。出版社应当对自己曾有的选题进行清理,努力避免选题的盲目性,要形成自己的特色"(魏向清等,2011:252)。在坚持小型项目开放原则的同时,应适当控制小型语文辞书的出版规模。前两次出版规划本着大型项目规划、中型项目协调、小型项目开放的原则,将出版重点放在了大型和中型辞书上,对小型辞书缺少必要的限制,造成小型辞书出版的混乱。就汉语语文辞书来说,改革开放以来,小型辞书占了汉语语文辞书出版总量的80%多,重复和仿冒现象也多集中在小型辞书上。再次制定出版规划需对小型辞书的出版进行必要的限制。第四,在数量、规模、功能类型等方面,要与前两次规划而形成的汉语语文辞书系列化有一定的延续性。

(四)辞书出版规划要处理好几个矛盾

根据语文辞书编写出版的影响因素,语文辞书编写出版规划需要处理好以下几个矛盾:第一,规划导向与市场实际需要变化的矛盾。第二,国家规划与出版社选题计划的矛盾。第三,出版社的经济效益和社会效益的矛盾。有些项目在短期内经济效益不理想,但是有较好的社会效益,如外向型汉语学习词典,之所以这些年发展滞后,一方面在于编纂理念和现代化手段,另一方面也是因为对出版社来说,这部分市场没有内向型学生词典市场大和经济效益好。第四,小型项目开放管理与辞书质量控制的矛盾。

(五)辞书出版规划的内容

基于我国汉语语文辞书出版状况的调查和我国语文辞书用户状况的调查,我们认为全国辞书出版规划,就汉语语文辞书的出版而言,可以

[①] 《新闻出版署关于全国辞书编写出版规划(1988~2000年)的报告》,《中国出版年鉴(1989)》,中国书籍出版社,1991。

考虑以下内容:

1. 继续完善汉语语文辞书品种系列

对每个类型的语文辞书查缺补漏,进一步完善汉语语文辞书类型体系。在辞书品种上,可以继续补充多个辞书小类。

现在断代语言词典只有魏晋南北朝、唐、宋、元几个时期的。上推下延,争取把每个时代的语言词典都编写出来,展现中华几千年的语言全貌。重点有清代的语言词典和民国时期的语言词典,特别是民国这样一个新旧交替的特殊时期,语言上的变化是很明显的。编写一本民国时期的语言词典将是一件十分有意义的工作。

信息词典的多个小类都需要重新规划。对现代汉语用词进行重新统计,编写一部现代汉语词语频率词典,对词典编写、语言教学、信息处理都有很大的帮助。制定统一标准标注词语的语义信息,编写一本语义信息词典,对促进信息处理技术的迅速发展会有很大帮助。

目前的新词语词典均是语文词语词典,而没有百科词语词典,应该编纂包括语文词语和百科词语的新词语词典。我国语文辞书出版起步期,编纂出版了融汇语文新词语和百科新词语的新词语词典,如《新名词辞典》(邢墨卿编,1934)、《新名词辞典》(胡济涛、陶萍天编,1949),收词范围类似日本的"成长型辞书"——《现代用语基础知识》(1972)。"成长型辞书"的收词范围包括:为理解政治经济动向所需的时事用语,为理解当今文化、科技所需的学术和常识用语,为了解生活所需的俗语、流行语、外来语等常用语。随着新语的出现和旧语的自动消亡,每年予以增补修订。(林申清,1998)目前我国的新词语词典侧重于语文词语,或仅以语文词语为收录对象。特别是《辞海》编纂机构,应该关注《辞海》年度新词词典,内容包括语文新词语和百科新词语,为《辞海》修订准备资料。

对每个系列的语文辞书查缺补漏,进一步完善汉语语文辞书系列。如现代汉语规范型词典系列,已经有了《现代汉语词典》中型本和小型本,缺少大型本,而大型本在第二次辞书编写出版规划中已做了规划,但是没有落实。据悉目前正在编写《现代汉语大词典》,有关部门应予以更多的支持。为了方便普通读者阅读和携带,《辞源》和《辞海》还应出版中型本。

典故辞典的编纂出版取得了不小的成绩,但其品种系列还有完善的余地。至今出版的典故辞典都属于中小型的。在条件成熟的情况下,应该编纂出通释性的、篇幅大、信息量大的大型典故辞典。管锡华认为典故辞典的品种还有发展空间（管锡华等，1993）；可以编纂按典源收录词语的专源型典故辞典，如《诗经典故辞典》《论语典故词典》《十三经典故辞典》《诸子典故辞典》《历史典故辞典》《楚辞典故辞典》等；还可以编纂按义类收录词语的新型典故辞典，如《爱情典故辞典》《隐逸典故辞典》《政治典故辞典》《经济典故辞典》《军事典故辞典》《文化教育典故辞典》《人名典故辞典》《地名典故辞典》等。随着典故研究的进展，还应对现有典故辞典进行修订。

2. 关注汉语国际教育及海外市场的需求

学习词典是"为满足语言教师和语言学习者的实际教学需要而特别编纂的参考书"（Hartmann、James，2000）。学习词典发端于20世纪二三十年代，随着全球一体化进程的深入，世界范围内第二语言教学不断升温，学习词典成为语言教学，尤其是二语教学过程中的有力工具。目前，除英语之外，面向非母语使用者的法语、德语、日语、俄语、西班牙语等学习词典也相继出现。随着国外孔子学院的建设、汉语文化国际教育的发展，编写适合的外向型学习词典成为当务之急。此外汉语语文辞书还要满足大陆以外广大华人的语言需求。目前这方面的词典品种尚少，称得上品牌之作的基本没有。国外许多辞书出版机构纷纷把目光转向汉语辞书的研发上，编写出版了许多外向型汉英对照词典，并迅速占领国际市场。我们应该走出国门，研究海外的汉语需求。"我们应该抓住机遇，在我们相对有优势的对外汉语词典方面努力打造新的品牌，争取到应有的编纂出版话语权。"（魏向清等，2011：92）在规划中应充分考虑外向型汉语语文辞书需求的增长趋势和国家语言战略的需要。首先，要区分不同的读者对象，充分考虑初、中、高三个层次的汉语学习者的需要。其次，是按国别、按地域编写不同语种的汉外双解的汉语学习词典。在充分考虑地域文化差异的基础上编写的外向型学习词典，会更有针对性。在这方面商务印书馆的《汉语图解词典》和外语教学与研究出版社的《汉语800字》做了很好的探索。汉语学习词典编纂的成功与否关键在于先进的编纂理念和理论。

3. 调整学生辞书读者结构，适当控制小学生语文辞书的出版

学生是辞书市场的主要消费者。目前我国中小学生语文辞书出版规模庞大。改革开放以来，已出版学生汉语语文辞书1978部，占这一时期汉语语文辞书出版总数的 31%。这些辞书多集中在小学阶段，忽视了学龄前儿童和大、中学生的需要。学生有小学生、初中生、高中生、大学生、研究生，不同层次的读者对辞书的内容要求不同。辞书出版规划应加强对出版社选题的引导，适当控制小学生辞书的出版，使语文辞书在读者对象的系列化方面趋于合理。

4. 关注非学生群体的学习需要，进一步细分市场

党的十七届六中全会通过的《中共中央关于深化文化体制改革推动社会主义文化大发展大繁荣若干重大问题的决定》指出："要创新商业模式，拓展大众文化消费市场，开发特色文化消费，提供个性化、分众化的文化产品和服务，培育新的文化消费增长点。"辞书规划中要认真贯彻《决定》的精神，在"提供个性化、分众化的文化产品和服务"方面下功夫，细分辞书消费市场。如针对母语的汉语水平等级测试，需要相应的工具书。

5. 重视已有辞书的修订工作

随着语言变化、学术发展和读者需求变化，辞书需要不断修订，如《汉语大词典》《同义词词林》《简明汉语义类词典》等。通过修订再版可以延长语文辞书的使用周期，有效减少语文辞书的重复选题，一定程度上减轻对辞书出版监管的压力。目前很多出版社不重视辞书修订工作，政府相关部门应建立辞书修订激励机制，鼓励出版单位提出辞书修订规划选题。

（六）辞书出版规划的落实

国家辞书出版规划应具有指令性、权威性，绝不能成为一纸空文，应采取必要措施落实出版规划。首先，国家要支持大型、重点辞书项目和出版基地建设。我国辞书事业是在党和政府的关怀下发展壮大起来的。大型的、重点的工具书，无不是国家重点扶持的产物。辞书出版规划中，国家对辞书出版规划中的大型项目、重点项目要在财力、人力等方面提供支持。此外，国家还应建立支持重点辞书编写出版的长效机制，设立辞书出版基金，资助重点辞书编写出版。就如郝书林（2011）所说的，要抓好重点辞书出版单位，形成辞书出版基地。政府管理部门要在行政上支持，经济上优惠，资源配置上倾斜，支持辞书出版单位发展。要加大力度保护像商务印书馆、上海辞书出版社这样的先进单位，维护他们的品牌，保护他们的知识产权，支持他们维护好原有的品牌并创建新的

品牌，使其成为中国的辞书出版基地。在书号、出版范围等出版资源配置和出版单位等级评估等方面向重要辞书出版单位倾斜，支持其发展。其次，要监督、检查辞书出版单位对承担的国家编写出版规划的实施情况。

二 政府部门规范辞书出版秩序

规范语文辞书出版秩序的关键是从源头抓起，政府部门应进一步完善辞书出版管理制度，要综合运用行政的、法律的、经济的、文化的及舆论的力量加强对辞书出版单位的监管。

（一）坚持出版单位按专业分工出书的原则

基于辞书在性质、功能、编纂要求等方面的特殊性，辞书出版必须坚持专业分工的规定（王岳，2006）。2004年10月，新闻出版总署发布《关于进一步加强辞书出版管理的通知》，重申"辞书出版必须严格履行图书按专业分工的规定"。2006年3月，新闻出版总署再次发布《关于规范图书出版单位辞书出版业务范围的若干规定》，进一步重申"出版业务范围中无辞书出版业务，但超范围出版辞书的图书出版单位，一律停止辞书出版、发行业务"。这些文件旨在强调：只有经新闻出版主管部门审定，具备辞书出版资格的出版单位才能出版辞书。这是从源头上治理辞书出版混乱现象的重要措施。各个专业出版社只要遵守专业分工，便从整体上保证了辞书选题结构的合理，不至过多地重复，从而扭转目前辞书过多过滥的现状。（鲍克怡，1990）

（二）坚持实施辞书出版准入制

实行辞书出版资格认证，即辞书出版准入制，就可有效地切断伪劣辞书流入市场的源头，这是净化辞书市场的重要举措。

20世纪90年代至本世纪初，由于辞书编写出版政策的市场化，汉语语文辞书出版状况主要靠市场经济杠杆调节，因此出现了无序状态。受利益驱使，许多不具备辞书出版资格的出版单位涉足语文辞书出版，造成出版单位分布分散、语文辞书粗制滥造，严重影响了辞书的严肃性和典范性，影响了消费者的权益和品牌辞书的效益。改革开放以来，出版汉语语文辞书的出版社有510家，"其中除30多家出版社，或是辞书专业出版社，或是设有辞书编辑机构，配备有专职辞书编辑外，80%以上的出版社既没有专业辞书编辑机构，也没有比较固定的专职编辑"（石家金,1994)。这对汉语辞书的持续发展是不利的,因此必须加强对出版单位的监管,以保证辞书质量,保证出版单位的权益和广大消费者的利益。国家新闻出版总署于2006年3月制定了《关于规范图书出版单位辞书出版业务范围的若干规定》,要求出版业务范围中无辞书出版业务的图书出版单位,申请增加辞书出版业务的,必须具备如下条件:(1)必须具备足够的编辑出版力量,原则上需成立专门的辞书编辑室,辞书编辑室的编辑人员不少于五名,其中具有高级职称的不少于一名;(2)辞书编辑室的编辑人员,必须通过汉语、英语等相关语言学专业学习,获得本科以上学历或同等学力,参加过新闻出版总署组织的辞书出版业务培训,并通过考核,获得持证上岗资格;(3)在图书质量方面,五年内无被省、自治区、直辖市新闻出版行政部门和新闻出版总署处罚的记录。这是提高辞书出版质量、规范辞书出版秩序、维护读者权益的一项十分重要的决策。近年,随着教育水平的提高和具有辞书学相关背景的研究生培养数量的增多,应该对辞书编辑的学历和专业背景提出更高的要求,辞书编辑最好具有研究生学历和辞书学专业背景。另外,要切实加强管理,"在出版单位准入和退出机制的建立上下功夫,要及时取消不具备辞书出版资质的出版单位的辞书出版资格"(邬书林,2011)。

(三)严格执行辞书出版选题审核制度

政府相关部门要发挥监管功能,加强对辞书书号的管理,实行辞书选题审核制度。

首先,严格执行《书号实名申领办法》。辞书具有和普通图书完全不同的性质,建议辞书使用与普通图书不同的书号,以示区别,加强管理。《书号实名申领办法(试行)》规定:"书号实名申领是指出版单位在图书出版活动中按书稿实名申领书号,有关部门见稿给号,一书一号。"这为辞书书号的设置、管理提供了条件,利于控制各辞书出版单位的辞书书号数量,从源头上控制辞书数量,从而保证辞书质量。

其次,新闻出版总署将各出版单位的选题汇总后,要从国家层面对辞书选题进行挑选、鉴别,好的项目给予一定的支持,保证其顺利实施;重复的、仿冒的或创新不足的选题不予批复或暂缓批复。这是遏制辞书重复出版、把好辞书质量的第一道关,是避免辞书仿冒的重要举措。对重大的选题,由政府直接出面,对其承担者和编写队伍进行资格审定。这项工作需要国家出版管理部门和各出版单位的共同努力。而这项工作的前提是对当前辞书的出版现状及未来发展有非常清楚的了解与判断。这就需要建立汉语辞书信息数据库做辅助，将收到的辞书选题与汉语辞书信息库相对照，或者聘请辞书研究学者检查选题有无创新和是否重复。

（四）出版管理部门和中国辞书学会等加大辞书监督检查力度

我国有些出版单位在辞书宣传上存在两个问题。一方面是宣传不足，使用的媒体简单。多使用平面媒体，在杂志封面上介绍新出辞书，或在书店现场推广，忽视了广播、电视、网络。与之相反，有的出版社却在辞书的名称、装帧设计上大做文章，效仿名牌辞书，"傍名牌"造成多部辞书在名称和装帧上的雷同。很多消费者在选购辞书时是凭借图书的装帧和宣传文字来评判辞书是否适用的，辞书装帧上的雷同很容易混淆消费者的视线。因此，需对辞书宣传手段进行必要的限制。《图书质量管理规定》虽对图书的整体设计和封面设计做了规定，但由于封面设计的独特性，很难确认何种程度的相似设计就构成抄袭。我们建议，除《中华人民共和国著作权法》和《中华人民共和国广告法》外，要单独制定条例或规定对辞书的宣传语、名称、封面装帧设计做出规范，规定多大程度的相似就造成抄袭，就属于不正当竞争，以抑制语文辞书宣传中的不正之风，保护优秀辞书的权益。

建立长效的辞书质量审查制度。要充分发挥中国辞书学会下设的各分委员会以及相关科研机构的作用，努力形成辞书质量审查的长期制度，推进辞书产品的标准化建设，提高辞书质量。

（五）规范图书发行市场

在图书发行领域，高定价、高折扣成为业内公认的获取高额利润的捷径。应该发挥全国发行行业协会的作用，建议把行业市场规范的概念，如倾销、不正当竞争等引入出版行业规范，维护正当出版发行秩序。出版发行市场的规范，会加大或提高盗版、盗印及劣质辞书进入行业的壁垒或门槛。成本增加，必然会大大减少上述现象发生的概率。

第三节　出版单位发挥主体作用

在我国辞书强国的建设中，出版单位应发挥主体作用。一方面，辞书出版单位作为辞书出版工作的主体，要为建设辞书强国做贡献；另一方面，在日益激烈的辞书市场竞争中，辞书出版单位需要采取多种措施，进一步提高自己的竞争力，在辞书市场上保持优势。

一　出版单位制定选题规划，注重选题创新

在辞书出版规划中主要的汉语辞书出版社要起到主体作用。一方面要有全局意识和大型辞书重点规划及辞书产品系列规划的意识，要献计献策，积极提出选题，积极参与国家辞书规划的制订工作。另一方面要高度重视本单位的出版规划，理清家底，明确本单位的出版优势和特色，制定自己的出版规划。"两个不同层次的规划所担当的角色不同，所发挥的规划功能不同，但它们所服务的总体目标是一致的。"（魏向清等，2011：122）出版社应把国家辞书规划的积极有效引导与局部辞书规划的合理分工相互补充。

出版单位要全面了解社会需求，做好辞书的选题开发。做好辞书选题，不仅要考虑到学科分类和文化继承性，还要认识到辞书的商品属性。社会需求是辞书编纂出版的动力，只有符合社会需求的辞书才会有市场，才有可能实现社会效益与经济效益。因此，进行充分的社会调查、了解社会各层次读者的需要是制定出版计划的必要工作。因此，出版单位要充分考察和了解市场，结合出版社自身的性质和特点，重视辞书系列化，满足不同层次读者的需要，同时形成自己的特色，打出自身品牌。"只要从社会广大消费者的立场出发，开发出选题好、质量高的辞书就可以获得巨大的经济效益和社会效益。"（李常庆，1999）

出版单位制定选题计划，要做到有特色、有创新。要充分利用辞书专家学者的力量，对辞书出版状况有充分的了解，对各种词典进行比较研究，找出成就和不足，找准突破口，提出选题。同时还要借鉴国外语文辞书出版选题的经验。"只要有好的辞书项目，只要有好的辞书编纂机制，国家就会支持。"（邬书林，2011）具有创新和特色的项目能帮助出版社建立辞书品牌。所谓辞书创新并不是意味着一部辞书在各方面都有特色，而是至少应在某一方面有所突破、创新，或类型创新，或是完善系列，或是结构创新，或是释义创新，这方面的成功范例不一而足。1979年出版的《柯林斯英语词典》，结构新颖，编纂手段先进，令读者耳目一新。两年后柯林斯就占领了英语词典市场的23%。1999年版《辞海》部首编排本出版后，着手开发音序编排本，于2001年出版。《新华

新词语词典》除按常规注音、释义外，还提供英语对应词，一些词语的释文后还设有"知识窗"和"相关词语"栏目。《新概念成语词典》重在现代性，选收依然活跃在现代汉语中的成语。

二　出版单位培养和维护语文辞书品牌

李宇明教授在《汉语辞书研究中心揭牌仪式上的讲话》中提出辞书强国的三个标准，其中两项与辞书品牌意识有关。第一，是本国辞书在国际辞书市场中的份额。目前就汉语学习词典而言，据用户调查，国内出版的汉语学习词典不为非本族语汉语学习者接受；大量国外版英语学习词典在我国辞书市场上却获得了极大的成功。第二，是有没有经典辞书文本。经过一个多世纪的发展，我国仍没有像约翰逊《英语词典》、韦伯斯特《美国英语词典》、《牛津英语词典》及法国的拉鲁斯等在世界范围内知名的品牌辞书。其中原因，除了与汉语的国际地位有关及缺乏领跑学术的先进理念外，与辞书品牌培育意识淡薄不无关系。

出版社除了创新选题建立辞书品牌外，还应通过加快辞书更新来培养和维护辞书品牌。出版社要以用户需求为中心，加快辞书更新和修订的步伐。辞书更新和修订，既是辞书能紧密跟踪语言的变化、学术的发展和读者需求变化，保证辞书科学性、规范性的必要措施，也是出版社不断更新知识信息，增加新的知识内容，刺激读者需求欲望，挖掘市场潜力的重要手段。更重要的是出版社通过辞书修订，能够培育辞书品牌，树立或维护出版社声誉。

国外很多知名出版社特别重视辞书的修订。《简明牛津英语词典》1911年初版，1929年修订再版（间隔18年），1934年出版加补遗三版（五年后只加一个补遗，不是修订），1951年出第4版（间隔17年），1964年出第5版（间隔13年），1976年出第6版（间隔12年），1982年出第7版（间隔6年），1990年出8版（间隔8年），1995年出9版（间隔5年）。《牛津高阶英语学习词典》1948年出版第1版，至2005年更新至第7版，第4版之前的周期是15年、11年、15年，之后是6年、5年、5年。哈珀·科林斯出版集团出版的语文辞书几乎都有修订再版，多数都是修订3版、4版，甚至7版、8版。《柯林斯合作英语词典》自1987年出第1版，到2006年已修订4次，出了第5版。更新周期分别为8年、6年、2年、3年。《朗文当代英语词典》1978年出第1版，至2003

年就出了第 4 版,更新周期分别为 9 年、8 年、8 年。

陈原(1997)说:"在字典辞典市场竞争的机制下,修订的间隔愈来愈短。这是不以编者个人意志为转移的。"我国的语文辞书除《新华字典》《现代汉语词典》外,其他辞书修订更新较少,多数是修订 2 版或无修订。现代汉语辞书,尽管拥有的读者多,但如果不能推陈出新,及时修订,也难免被淘汰。只有加快辞书的更新速度才能保持辞书的生命力,延长辞书的使用周期,减少重新编写的成本,使一部辞书发挥较大的社会效益,并取得最好的经济效益。我国 20 世纪 90 年至 21 世纪初的辞书热及汉语语文辞书出版的混乱状况,与我国汉语语文辞书出版机构的品牌培育意识淡薄有关,也与缺乏辞书出版的良性竞争机制有关。长期以来,出版机构急功近利,对品牌辞书的培育投入不足,缺乏对已有辞书品牌的维护,造成我国汉语语文辞书中的过硬品牌不多,不能给读者辞书选购时以有效影响,从而给一些出版社的不正当竞争和假冒伪劣辞书的生存提供了机会,造成语文辞书出版秩序混乱。

出版社还可通过注册商标等方式维护辞书品牌。在美国由于"韦氏词典"在读者中享有很高的威信,很多出版商往往在质量不高的词典上贴上 Webster's 的标签,以招揽读者。后来,韦氏词典的出版商登广告郑重宣布:Merriam-Webster's American Dictionary of the English Language 才是正宗的韦氏词典。(伍谦光,1992)近年商务印书馆为了维护辞书品牌声誉,注册了"新华"商标,使"新华"系列辞书得到了有效保护。目前《现代汉语词典》的品牌需要加强保护。至 20 世纪末,上海辞书出版社已出版辞书 600 余种,其中有《辞海》等 16 部辞书获国家级图书奖,已经成为重要的辞书品牌,应该加快"辞海"等品牌保护意识。

为了满足社会各个方面、各个层次读者的需求,并培养辞书品牌,辞书编辑和出版社应努力做好辞书系列化工作。牛津大学出版社因其词典质量高、品种齐、数量多,深受读者推崇,在市场竞争中占有明显优势。

为了在市场竞争中保持优势,各出版社还可与高校和科研机构合作共同策划选题,或进行词典的编纂和修订等工作。在英国,钱伯斯和剑桥大学合作,柯林斯与伯明翰大学合作。我国,商务印书馆与社科院语言所强强联手,提高了《现代汉语词典》的美誉度和权威性。辞书出版单位也可成立辞书编纂室。据张锡高(1994),90 年代初,牛津大学出版社有 50 名全日制词典编写人员，柯林斯拥有 28 名全日制编写人员和 312 名自由撰稿人。

三 出版单位要重视辞书用户调查

20 世纪 70 年代以来，词典编纂理念已发生了以用户为中心的实用主义转向。用户是词典设计和一切编纂工作的核心问题。辞书是文化商品，辞书编纂应把读者利益摆在首位。了解用户需求、进行辞书用户调查是出版社选题策划的必要环节。英国的四大学习词典虽然编纂目的相同，但在辞书设计时都进行了读者需求调查，因而在内容和形式上都各有侧重，各有特点和优势。

据李常庆（1999），1997 年度日本的辞书市场调查结果显示，日本购买辞书的读者分布以学生为主：高中生购买辞书占辞书总市场的 68.3%，小学生占 9.5%，初中生占 8.9%，一般人只占 13.3%。其中高中的辞书购买者所占比例又比其他层次的学生高得多。因此按不同学生层次开发不同内容、不同程度深浅的辞书很有必要。

一些仿冒辞书，因为编排形式灵活多样，价格便宜，受到学生和低收入学生家长的青睐。读者除重视辞书出版社的知名度外，对辞书价格更为关注。权威辞书出版单位应该增强辞书意识，出版和发行一些灵活多样、价格合适的小型工具书。

四 出版单位加强资源建设和技术革新

辞书编纂理念更新包括辞书编纂理念的转向和编纂出版技术的现代化两个方面。在加强理念转变的同时要加强辞书编纂现代化技术的建设。与欧美等辞书发达国家的辞书出版相比，我国汉语语文辞书在编纂理念和编纂技术手段方面较为滞后，已严重影响了我国建设辞书强国的进程。邬书林（2011）说，辞书作为出版业的重要业务，是一项基础性的文化工作，关系到国家的教育、科学、文化的发展，要跟上世界潮流，用高新科技来武装自己，就要"抓紧研究辞书出版的数字化实现形式，推动重要辞书的数字化，形成良性的运作机制。这个工作再也不能耽误"。

辞书编纂出版技术手段的现代化包括：词典语料处理电子化、词典编纂半自动化或自动化、词典编排形式化、词典信息数字化和词典查检智能化、词典信息表述多媒体化。其中，语料库、知识库和一套软件系

统,可以称之为辞书编纂的"三大法宝"。(李宇明,2008)

要实现编纂出版技术手段的现代化,需要在政府和出版机构两个层面上,以政府为主导,以出版单位为主体,对语言资源和出版技术的建设进行规划整合。

(一) 语料库和语料数据化建设

"利用语料库编纂辞书,是词典编纂方法的根本性变革。"(李宇明等,2006)高水平辞书需要有高质量的语料库做基础。语料库对于词目选定、词语释义和例句选择等都具有重要作用,对词典编纂范式产生了深刻影响。目前,欧美等国家语料库的发展已经进入成熟期,早已进入语料库的产出期了。这些国家词典编纂呈现出新的趋势,即新一代词典的编纂基本上都在依托大型语料库,充分利用语料库的技术成果。柯林斯出版公司与伯明翰大学于20世纪70年代开始合作建设语料库"伯明翰英语文汇"(The Birmingham Collection of English Texts),1982年建成,收词量230万条。90年代初改名为"英语文库"(The Bank of English),2002年1月达到4.5亿词的规模。目前该语料库是世界上影响最大、使用最广的语料库,供参与COBUILD和Harper Collins各类词典编纂的人员和语言学家使用,另外还供各大学教师、研究生使用。"英语文库"在网上提供有偿服务,供从事自然语言处理、机器翻译研究的公司使用。20世纪80年代末90年代初,朗文出版公司与兰开斯特大学合作建设了"朗文—兰开斯特英语语料库"(Longman Lancaster English Language Corpus),专供编写英语学习词典使用。该语料库覆盖了英国英语、美国英语和澳大利亚英语,为朗文系列词典进入国际辞书市场奠定了基础。从1991年开始,牛津大学出版社与朗文出版公司、牛津大学、兰开斯特大学等单位共建"英国国家语料库"(British National Corpus-BNC),1994年完工,规模超过1亿词,按照国际标准化组织提出的标准通用标记语言(SGML)进行处理,采用CLAWS系统进行标注。该语料库广泛使用了辞书编纂以及人工智能、语音识别和合成、文学和语言学等各个学科的研究成果。剑桥大学出版社与剑桥大学用10年的时间合作建成的"剑桥国际语料库"(Cambridge International Corpus-CIC),目前规模超过数十亿词,并继续扩展,语料包括英国英语、美国英语以及学习者英语,主要用于辞书编纂、教材编写以及语言参考书和语法工具书的编写。

这些出版社语料库建设的经验是与科研机构强强联合,并长线投入,重视可持续发展。

我国外语类辞书编纂领域,在计算机和语料库的应用方面走在了汉语辞书领域的前面,"外语类辞书编纂出版的质量和效率较以前也有了很大提高。《新时代英汉大词典》篇幅达 1200 万字的大型英汉学习词典能够在 6 年时间内编纂完成并正式出版,语料库与计算机技术的应用功不可没"(魏向清等,2011:6~7)。

国内汉语辞书界早已意识到现代化技术在词典编纂和出版中的重要性,我国汉语词典语料库的建设也进行了很多年,也投入了不少人力、物力,但语料库的规模、质量、产出能力与汉语语文辞书编纂的实践要求相距甚远,至今没有一个可以商业化使用的词典语料库。汉语语料库建设的落后状况严重影响了我国汉语语文辞书编纂出版的质量和效率,以致"我国迄今尚没有真正意义的使用语料库编写的辞书"(王铁琨,2006)。

目前,"为辞书编纂建设适用的高品质语料库,是辞书界最应关注的问题"(李宇明等,2006)。着眼辞书事业的长远发展,必须抓紧建设大型辞书数据库资源。我们要借鉴英语国家语料库的建设经验,建设"汉语国家语料库",走出出版社和研究机构各自为政的局面,实现辞书编纂资源共建共享。由相关国家职能部门领导,以有实力和有声望的辞书出版机构为主体,将分散的资源整合建设成为共享的大型通用语料库。也可以充分利用已有的国家语委现代汉语平衡语料库,把它作为平台,整合集成分散的语言资源,实现辞书行业的共建共享。(王铁琨,2007)除了建设通用共享语料库,还应积极支持并鼓励相关单位建设特色语料库。

目前在词典语料处理电子化方面,已出现语料数据化趋势。汉语词汇数据化建设是辞书走向载体电子化、检索智能化、发行网络化的核心问题。西方在 20 世纪八九十年代开始以语料库为基础建设词汇数据库,利用数据挖掘技术从海量的语料中提取需要的词汇数据,以描述词汇的各种语言属性。(章宜华,2012)这样的数据库,早期有 WordNet、FrameNet 等,近期有 Word Sketch Engine、DANTE(英语词汇数据库)和 Corpus Pattern Analysis(CPA)、Word Fruquency lists and collocation dictionary 等。我国相关部门和出版机构也应关注汉语语料库数据化的研究和开发,在语料库的基础上利用数据挖掘技术建立汉语词汇数据库,研究和开发辞书编纂、编辑、出版专用的文字处理平台和数据库。

(二)出版单位要加强辞书出版电子化、数字化建设

现代科技的发展,尤其是信息多媒体技术的应用,使出版载体方面也面临着一场革命。21世纪辞书市场将是纸质词典、电子词典和在线词典"三分天下"的局面,配光盘的纸质词典还将继续出版,便携的电子词典占据相当大的市场份额,数以万计的在线词典已经应运而生。(陆谷孙等,2006)

随着互联网普及和计算机技术、网络技术、数据库技术迅速发展,辞书不可避免地也将走向电子化、数字化。数字化辞书是知识密集型的高科技产品,代表着未来辞书的发展方向,目前数字化辞书已经成为电子图书的一个重要组成部分。但是我国汉语辞书出版现代化的步伐相当迟缓,现在仍处在纸质辞书出版阶段。而国外已经进入纸质、电子、网络出版共生共存的阶段。究其原因,一方面是相关部门和出版机构缺乏宏观的战略谋划,许多出版家的目光紧盯着纸质辞书。另一方面是知识产权保护不力,一些高质量辞书,甚至权威辞书,因惧怕盗版而迟迟不敢发行电子版和网络版。

鉴于此,政府部门应该制定宏观规划,辞书出版单位应转变观念和思路,从整个辞书编纂与出版事业出发去思考辞书现代化发展的对策。在这方面,我们可以借鉴欧美等国家辞书出版机构的做法。英国的四家出版机构都建立了辞书宣传网站(网上书店)和辞书在线查询网站,他们所出版的辞书在网上都有详细的介绍,并提供在线使用。牛津大学出版社在网上详细介绍《牛津英语词典》各种版本的特征、体例、网上查阅方式,还提供完整的辞书供网上查询。剑桥大学出版社光盘辞书和网络辞书种类较多,在宣传网站上详细介绍了各种辞书。辞书宣传网页实际上也是网络辞书,一个查询界面上提供多种辞书,查阅者根据需要选择,还提供了方便的下单购买方式。提供网上免费查询服务等同于网上演示辞书使用,其实是最好的广告宣传,能极大地刺激用户的购买欲望,印刷版甚至光盘版辞书反而会因为免费网络版辞书的使用而增加销量。

第四节 教育部门重视辞书学科建设和辞书教育

分析辞书出版市场混乱现象时,不能只指责出版社一味追求市场效益和市场不规范,更重要的是思考为什么会造成这种现象。辞书出版社

编辑策划人员和编者辞书理论欠缺,读者缺乏必要的辞书知识,也是导致辞书市场混乱的原因。

我们通过问卷调查发现我国语文辞书用户辞书知识和技能不尽如人意。加强辞书用户教育,积极营造辞书文化,需要辞书出版单位、教育界、辞书学术界,乃至新闻界、图书馆、书店等部门共同关心、相互配合。教育部门应重视辞书学科建设和辞书学人才培养,提高辞书学学科地位和做好学科规划,建立和完善辞书学课程体系,加强辞书用户教育。

一 加快培养辞书学专业人才

要走向"辞书强国",首先要解决人才问题。(张志毅,2010)词典编纂者的专业素质已经成为词典编纂能否上水平、能否保持不断创新的关键。(章宜华等,2007:456)世界上的辞书强国几乎都拥有世界一流的研究和编纂专家。人才从教育中来。词典学教学是培养和造就词典学专门人才、提高词典编者的专业素质、促进词典学发展的必要手段。(章宜华等,2007:456)国家教育部门应该重视辞书学建设,加大对辞书研究和辞书教学的支持力度。目前,我国专门从事词典研究的人员还相对较少,力量还比较薄弱,也缺少专业的辞书编纂队伍。目前辞书编纂者大多是高校教师和科研机构的研究人员。少数出版社虽设有辞书室,但缺少受过词汇学、语义学、辞书学专业训练的人员。辞书编纂队伍年龄老化,后继乏人,结构也不甚合理。(中国语言生活状况报告课题组,2007)这种状况的出现,除了词典编纂的艰巨性使许多人望而却步之外,还与我国辞书学学科地位和辞书学人才培养状况有关。

辞书学没有获得独立发展的学科地位。李宇明(2008)说:"我国现在还没有辞书学专业,可能也没有面向本科生的辞书学教程,甚至在相关教材里也缺乏辞书学的内容。我国有这么大的辞书产业,有这么大的辞书市场,但却没有能够支撑它的学科。"许嘉璐(2007)说:"词典学不仅要在理论上建树,还应该在学科上就有这么一科。从较年轻的时候接受文字声音训诂、历史文献、现代语言学与法学等的训练,从受训练开始就要动手参加字典编纂,一直到博士生,这样才能够把全世界唯一一个几千年来文字没有断绝、语言没有断绝的民族的字典辞书编得最全最好。"

在国外,词典学教学与研究的形式主要是以正规的大学教育方式招收研究生或本科生进行全面系统的训练。这是培养词典学人才的最佳途径。据薛诗绮（1982）和爱德华·盖茨（1982），美国 1925 年就开设有词典学课程。英国《牛津英语词典》的主编之一威廉·克雷杰（W. Craigie）在芝加哥大学开设课程"词典编纂"，他们在修习词典学理论的同时还为《美国英语词典》收集引文，有的学生毕业后就专门从事词典编纂。从 1925 年至 1979 年，在北美开设过词典学课程的至少有 25 位教师，对象以研究生为主。巴恩哈特在《美国的词典学》中说："学习词典编辑的艺术是初学者的主要工作，但这是一个漫长的、昂贵的过程……或许在各大学中有关词典编纂法的研究将提供熟练的词典编纂工作者，以适应将来的词典的需要。"（薛诗绮，1982）事实证明，完成词典学研究生课程学习后，有相当一批人都成为了词典学专家和词典编纂家。其次，举办短训班或研讨班，就词典学理论及词典编纂中出现的问题进行讨论，能够有效推进词典学的发展。我国汉语言文学专业中开设词典学课程的院校屈指可数，远远不能满足辞书出版单位对词典编纂和编辑人才的需要。而与之形成对比的是，自 20 世纪 80 年代以来外语类辞书编纂出版研究方面的高层次人才培养工作发展迅速，以外语类辞书编纂研究为主要任务的研究机构纷纷成立，如南京大学双语词典研究中心（1988）、广东外语外贸大学词典学研究中心（2001）、厦门大学双语词典与双语语言文化研究中心（2003）、上海交通大学翻译与词典学研究中心（2004）、大连交通大学辞书研究所（2006）、上海海洋大学翻译与词典研究所（2008）、黑龙江大学辞书研究所等，并陆续开始培养双语词典学方面的硕士、博士及博士后等高层次人才，为外语类辞书编纂出版输送了大量的专业化人才。上述研究机构和高层次辞书学专业人才的培养，也带动了相关的理论研究。

因此，应加快汉语辞书学学科建设，培养辞书学专业人才。章宜华等（2007）在《当代词典学》绪论中说："现代词典学已经形成一门自成一体、相对独立的学科。"首先，积极进行辞书学课程建设，编写适用于本科生和研究生使用的辞书学教材，同时开始辞书学及其配套课程的建设。其次，在汉语言文学和外国语言文学两个一级学科下分别设置辞书学二级学科。在高校汉语言文学和外国语言文学本科专业设置词典学选修课，有条件的院校开展辞书学专业研究生的培养。第三，注意汉语言文学学科下与外国语言文学学科下的辞书学人才模式的差异。第四，辞书学专业队伍的培养与辞书出版单位关系密切,二者要形成良性互动。辞书出版机构应加强与辞书学研究生培养单位的联系与合作,有计划地引进辞书学研究生充实辞书编辑队伍;辞书出版机构也可采用委托培训、组织进修或举办理论讲习班等方式对自己的编辑队伍进行业务培训,提升辞书出版机构在业人员的专业素养,为提高辞书编纂质量提供保障。中国辞书学会应坚持有针对性地组织全国性的辞书编辑业务讲习班。

二 加强辞书用户教育,培育读者

语文辞书是语言文字学习的重要因素之一,它在语文教育中有着无可替代的作用。语文辞书还是普及语言文字规范化的重要工具,指导读者正确选择和使用语文辞书有助于普及语言文字规范化知识。辞书用户教育有助于加速知识的传播。而这些辞书社会效益的实现,有赖于辞书用户教育。"只有当人们知道各类辞书的存在并广泛使用它们的时候,辞书'传播新颖知识'的社会效应方能充分体现。而辞书用户教育的广泛开展,正是充分发挥辞书的良好社会效应、加速知识传播的重要保证。"(潘树广,1988)

辞书用户教育有助于培育辞书用户,扩大辞书销售,繁荣辞书市场。当他们尚不知道有某类辞书品种时,只是这类辞书的潜在用户。(潘树广,1988)如果读者具备辞书知识,当他需要的时候,就会购买适用的辞书,转化为当前用户。无论辞书研究者还是辞书工作者都有责任使辞书的潜在用户转化为当前用户。这种转化,要靠辞书用户教育去促成。

辞书用户教育关乎辞书市场的成熟程度。具有辨别良莠的能力,自觉抵制伪劣辞书,这对成熟的辞书市场的形成无疑是具有重要意义的。郝明义(2005)说,我们可以想象:如果一个人热爱饮食,但是家里的蔬果都是过期发霉的蔬果,会发生什么问题?或者他买的蔬果都是遍布农药,有害健康,那又会发生什么问题?今天读者对词典逐渐忽视,不是压根儿不知道或忘了使用词典这回事,就是以为家里有一本翻用多年的词典就够了。或者无所适从地买一些质量和内容有问题的词典。著名学者、文献学家汪辟疆在《中学国学用书叙目》中说:"工具之书以新出者为胜,亦以新出者为最滥,故选择亦至难。学子购书不易,得一书必求其实用,庶金钱时力不致虚糜,此最宜注意者也。"(潘树广,1988)如果辞书用户具备辞书知识,就不致虚糜金钱时力。

语文辞书应用状况调查反映出目前普遍存在的问题是，我国语文辞书用户辞书知识匮乏和查阅技能不足。具体表现在以下两个方面：（1）对字典和词典的认识模糊。通过调查辞书用户对字典和词典差别的了解状况可以发现：辞书用户对于字典和词典的差别的了解主要是通过字面。有 73.5％的被调查者认为字典用来查字，词典用来查词。实际上字典也可以查一些词，例如在《新华字典》中可以查到一些联绵词，在《新华字典》第 10 版中可以在"蜿"的字头下查到"蜿蜒"这个词语的解释。词典中对字同样有详细的解释。在《现代汉语词典》中，首先对字进行解释，在每个字头的下面有以这个字开头的词语，并进行解释。所以只是从辞书名称上认识字典和词典的差别是片面的。（2）释义符号知识匮乏。对辞书释义符号表示的含义不能正确地理解。在调查的人群中，初中文化程度的被调查者共 998 人，占 20％。高中文化程度的被调查者共 940 人，占 18.8％。大学（本科）文化程度的被调查者共 1333 人，占 26.7％。在调查者的职业中，学生共 2191 人，占总数的 43.8％；教师 786 人，占 15.7％。所以调查的人群以学生和教师为主。学生和教师也是辞书使用的主要群体。但是对于辞书的了解状况却不理想。从对释义符号了解状况的统计中可知：在回答"词典释义符号含义"的每一个问题中，回答"不知道"的人数接近一半，而且，能够回答准确的人数不多，甚至有些语文老师也不知道辞书常用符号的含义。因此，词典用户教育成为词典使用研究中的突出问题。加强词典基础知识教育和词典使用指导是必由之路。词典用户教育应该向用户提供基本的词典知识和查阅技巧，应该帮助用户解决词典使用中的问题，如用户遇到问题没有查阅词典的意识，或不清楚应该使用哪种词典等。

加强读者教育，普及词典知识，充分发挥辞书的社会功能，会推动辞书出版产业的发展。目前如何引导用户使用词典是词典工作者和教育工作者面临的重要课题。教育部门、学术界和出版单位要共同努力加强辞书用户教育。

（一）应该更加重视词典教学方面的研究

词典用户教育成为词典教学研究中突出的问题。哈特曼（2005）在他的专著《词典学教学与研究》中，将词典教学和用户培训作为单独一部分进行了探讨。哈特曼（2003）在《词典使用者观察：特别关注跨语词典》中提到，Jiang 和 Wen、Army Chi（2001）等一些权威人士提出了关于词典使用教学的 9 条建议：（1）提高各方对词典的认识；（2）加强使用者、编纂者和教师之间的联系；（3）重视用户的查阅背景；（4）考虑词典在教学大纲中的作用；（5）设计实践课程；（6）设计相关的练习内容；（7）融合不同的查阅形式；（8）改进有关问题的文献资料；（9）将词典使用的内容列入教师培训中。在国内针对词典教学的文章也相继发表，《辞书研究》曾开辟"辞书使用指南"专栏。虽然词典教学已经引起了人们的关注，但是，需要研究的空间仍然很大。

（二）加强辞书用户教育

加强对辞书用户的教育有利于提高对辞书的有效使用，辞书用户教育需要教育界和出版界的共同关注。

1. 培育读者群体，从小教授辞书知识

调查发现通过课本获得辞书知识的仅占 12.9%，说明目前我们的语文教材中相应内容较少，不能满足学生学习辞书知识和技能的需求。《义务教育语文课程标准》（2011 年版）第二部分"课程目标与内容"在"总体目标与内容"中对学生的辞书使用能力做出了明确要求："能借助工具书阅读浅易文言文""学会使用常用的语文工具书"。在"学段目标与内容"中对第一学段（1～2 年级）的要求是"学会用音序检字法和部首检字法查字典"。第二学段（3～4 年级）的要求是"会运用音序检字法和部首检字法查字典、词典""能借助字典、词典和生活积累，理解生词的意义"。第四学段（7～9 年级）的要求是"能熟练地使用字典、词典独立识字，会用多种检字方法""能借助注释和工具书理解基本内容"。第三部分"实施建议"中仅在"评价建议"的"具体建议"中规定关于识字与写字的评价——"借助字典、词典等工具书查检字词的能力"。而在教学建议中没有相关内容。在"实施建议"的"教学建议"部分应该设置相关内容，要求语文教材中应适当设立相关内容，或在课外延伸阅读中适当介绍。据章宜华等（2007：458），在法国词典用户教育是从小学开始的。教授小学生正确选择与使用词典，有助于他们良好学习习惯的养成及主动获取知识能力的培养，同时又能最大限度地为辞书市场开发培养潜在用户。

2. 应该引导学校重视词典教学

在语文教学活动中，应该把辞书教学作为教学环节中的一部分。通过老师课堂讲授获得辞书知识的占 46.3%，说明教师课堂讲授是辞书用

户获得词典知识的主要途径。而通过对教师的调查统计发现，在教师中系统讲授或重点讲授词典知识的比例仅占 39.7%。可见词典知识教学在学校教学中没有得到重视。因此需要国家相关部门进行指导，对中小学语文教师进行词典知识和词典使用方面的培训。因为在中小学阶段，教师是词典知识的传授者以及学生选购词典的引导者和推荐者。大学中文系特别是汉语言文学教育专业应该开设词典学相关课程。他们是辞书知识的传播者。另外还应在高校非汉语言文学专业开设公共选修课，主要讲授辞书的类型品种、辞书的选择、辞书使用方法。"在西方国家，其中也包括俄罗斯，词典使用教学早已被列为中学和大学的教学科目。没有词典使用的最基本、最起码的知识，即便有绝佳的前言也是枉然。"（张金忠，2005：105）教育部 1984 年下发《关于在高等学校开设〈文献检索与利用〉课的意见》，1985 年下发《关于改进和发展文献课教学的几点意见》，告诉学生"主要参考工具书的内容、作用及使用方法"，是"教育面向未来的一个组成部分"。从教材看，应适当增加新出辞书的介绍。据 1986 年的统计，全国已有 532 所高校开设文献检索课。（潘树广，1988）但由于这些意见颁布的时间较早，目前开设这门课的高校已经很少了。据文军、姜治文（1998）调查，词典使用教学在四川省和重庆市 30 所大专院校几乎一片空白。据了解，其他省份高校也是这样。

章宜华等在《当代词典学》（2007：463～466）中提出按照分阶段、分专业、有选择的词典用户教育原则，分别对小学阶段、中学阶段、大学阶段词典学教学要求和教学内容做出设计。

3. 学术界积极承担起词典学的科普任务

通过撰写科普读物和开设讲座、专栏等形式普及词典知识。尤其在中小学报刊读物上，开辟栏目宣传普及辞书知识。这需要新闻出版界的配合。

4. 出版单位在辞书教育中责无旁贷

出版社在对辞书用户教育方面应该有所作为，关键是辞书出版部门应真正树立以用户为中心的理念。首先，提高辞书"凡例"和"使用说明"的可读性。辞书"凡例"或"使用说明"也是用户获取辞书的重要途径。在调查中发现，通过阅读字典、词典"凡例"或"使用说明"获得辞书知识的占 24.7%。辞书使用者对"凡例"的阅读率较高，占 67.5%。但是调查中发现辞书用户对"凡例"中包含的辞书知识的掌握情况却相对较差。这种矛盾的出现主要是因为现在辞书中"凡例"内容繁琐、枯燥，并且重要性得不到突出。以普及较广的《现代汉语词典》为例，《现汉》的"凡例"使用小五号字体，共四页。辞书中使用的各种规则和符号表示的含义"隐藏"在其中。即使读者能够耐心地读完"凡例"，也不会对"凡例"包含的信息留下深刻的印象，更不会全部记在脑中。在注重速度和效率的社会中，大多数辞书使用者会选择粗略阅读的方式，来获取自己所需要的信息。那么如何提高辞书用户对"凡例"的使用率？出版社应该注意改善辞书"凡例"或"使用说明"，使之变得简明、易读、易懂。辞书是提供信息的工具书，只有让辞书使用者了解它，才能发挥辞书的价值。

其次，从宣传品牌和培养用户群的角度，出版社要主动担负起辞书科普的义务，增强对辞书用户教育的意识。出版社可以单独举办或与图书馆、学校等联合举办辞书知识讲座或层次稍高的短训班；出版社与书店协作，定期为营业员举办业务讲座，讲授辞书知识，介绍辞书品种；辞书出版部门可以从宣传辞书品牌和出版社声誉的角度出发，以随辞书赠送介绍辞书知识和宣传辞书品牌的彩页、小册子等形式普及辞书选购知识，教会读者科学、正确地选购适当的、优秀的辞书，使其具有辨别良莠的能力，自觉摈弃劣质辞书。据华烨（2004）介绍，法国辞书出版机构精心策划、编辑出版了一些图文并茂的小册子，免费赠送给学校或小学生。小册子里既介绍出版社情况，也介绍辞书的收词特色、释义结构、例句功能，还有指导使用辞书等方面的知识，也有与之相关的练习、问答、填空、文字游戏、数学游戏等，具有知识性和趣味性，能培养学生从小使用辞书的习惯。此外，出版社应积极开展网上辞书使用指导，可以制作介绍辞书特点和使用方法的自动播放多媒体软件，放到网上，方便读者学习。

总之，教育部门、出版部门和辞书编者在改善我国辞书用户的辞书知识状况上都应有所作为。教育部门应以培育语文辞书市场、提高我国语文辞书用户知识素养为出发点，加强语文辞书用户教育。出版部门应从培育用户群、宣传品牌形象为着眼点，利用各种手段传播辞书知识。辞书编者编纂辞书时，应切实考虑辞书用户的需求和认知优势。

参考文献

一　中文文献

爱德华·盖茨（伟尚译）　1982　北美词典学课程讲授简况，《辞书研究》第2期。

安德源、易　艳　2008　汉语专业少数民族大学生汉语词典使用技能研究，《辞书研究》第2期。

安德源　2012　汉语词典用户的词典信息需求调查，《辞书研究》第2期。

白维国　2001　说说我们这本句典，白维国《现代汉语句典》，北京：中国大百科全书出版社。

鲍克怡　1990　必须正视辞书质量下降的现状，《编辑学刊》第2期。

鲍克怡　1996　对目前词典出版的几点意见，《辞书研究》第4期。

波普尔（纪树立编译）　1987　科学知识进化论：波普尔科学哲学选集，北京：生活·读书·新知三联书店。

蔡文　1981　关于俄语词典的分类问题，石肆壬《词典学论文选译》，北京：商务印书馆，第68～84页。

蔡元培　1992　商务印书馆新字典序，《1897～1992商务印书馆九十五年——我和商务印书馆》，北京：商务印书馆，第103～104页。

曹先擢　1986　中文辞书发展述略，《中国语文天地》第1期、第2期、第3期；又《辞书论稿与辞书札记》，北京：商务印书馆，2010，第357～377页。

曹先擢　2001　魏建功先生对《新华字典》的历史性贡献，《中华读书报》6月21日；又《辞书论稿与辞书札记》，北京：商务印书馆，

2010，第 314~319 页。

曹先擢、杨润陆　1990　古代词书讲话，上海：上海教育出版社。

曹先擢等　1992　八千种中文辞书类编提要，北京：北京大学出版社。

曹杰旺、罗思明　2005　词典使用技能教学的理据与内容，《外语研究》第 5 期。

晁继周　2011　汉语规范型辞书编写的历史回顾及思考，《语文辞书论集》第 7 辑，武汉：崇文书局，第 14~22 页。

巢　峰　1997　在首届中国辞书奖颁奖大会上的讲话，巢峰《出版论稿》，上海：上海人民出版社，第 321~327 页。

巢　峰　2003　《辞海》的编纂和修订，《出版史料》第 2 期。

巢　峰、周洪波等　2002　中国辞书出版现状及精品运作，《中国图书评论》第 8 期。

岑玉珍、康燕、赵李伟　2008　外族学习者运用汉语词典情况的调查，郑定欧主编《对外汉语辞书学国际研讨会论文集》（三），北京：中国社会科学出版社，第 237~257 页。

陈　原　1990　关于"引语"词典或"名言"辞典的随想——《实用名言大辞典》序，《实用名言大辞典》，南宁：广西人民出版社、广西教育出版社。

陈　原　1997　论语文词典的推陈出新——应用社会语言学札记，《语言文字应用》第 1 期；又《辞书研究》1997 年第 5 期。

陈　原　1998　《新华字典》五十年感言，《人民日报》9 月 15 日第 11 版。

陈炳迢　1985　辞书概要，福州：福建人民出版社。

陈炳迢　1991　辞书编纂学概论，上海：复旦大学出版社。

陈松岑　2004　规范与变异——关于《现代汉语规范词典》的收词，《语文研究》第 3 期。

陈　伟、王伟波　2005　关于内向型汉英学习词典使用情况的调查，中国辞书学会双语词典专业委员会第 6 届年会暨学术研讨会论文专辑，广州。

陈炜湛　1998　读《甲骨文字典》兼论甲骨文工具书之编纂——为纪念徐中舒先生百年诞辰而作，《中山大学学报》（社会科学版）第 4 期。

陈玉珍　2006　词典使用研究：背景、意义及其代表人物，《洛阳师范学院学报》第6期。

陈泽平　1996　《京音字汇》的价值，《辞书研究》第4期。

邓　琳　2006　大学生使用纸质词典与电子词典情况的调查分析，《辞书研究》第1期。

邓燕萍　2008　英语专业一年级学生英语词典使用策略调查，《内蒙古民族大学学报》第3期。

丁希如　2011　《辞源》版本的百年流变，《出版科学》第1期。

方厚枢　1982　1981年我国辞书编纂出版概况，《辞书研究》第6期。

费锦昌　1988　汉字整理，《中国大百科全书·语言文字》，北京：中国大百科全书出版社，第208～209页。

费锦昌　1997　中国语文现代化百年记事，北京：语文出版社。

符淮青　1993　《现代汉语词典》在词语释义方面的贡献，《辞书研究》第5期。

符淮青　1996　汉语词汇学史，合肥：安徽教育出版社。

高桥弥守彦（习聿摘译）　1987　评《汉语外来词词典》，《辞书研究》第5期。

管锡华等　1993　近十年典故辞典编纂的总特色——兼谈今后典故辞典编纂的三项重要工作，《辞书研究》第6期。

郭良夫　1990　《辞源》修订本简评，《词汇与词典》，北京：商务印书馆，第219～223页。

哈特曼（胡美华译）　2003　词典使用者观察：特别关注跨语词典，《辞书研究》第5期。

韩敬体　1994a　我国辞书事业在新时期的发展，《辞书研究》第5期。

韩敬体　1994b　近年来我国辞书编纂出版工作中的若干问题，《语言文字应用》第1期。

韩敬体　2000　20世纪的中国辞书编纂出版事业，《中国辞书论集1999》，上海：上海辞书出版社，第1～7页。

郝明义　2005　在改玄议策的社会里，《词典的两个世界》，北京：现代出版社，第4～5页。

何家宁　2002　词典使用研究的必要性、领域及方法,《辞书研究》第 4 期。

何家宁　2003　词典使用研究述评,《中国辞书学会双语词典专业委员会第五届年会暨学术研讨会论文集》,上海。

何俊仙、何华连　1993　我国出版的汉语成语辞书简介（1742～1991),《图书馆学刊》第 1 期。

胡美华　2002　英语学习词典在大学英语教学中峥嵘未露前景犹广——两次学生问卷调查的启示,《辞书研究》第 6 期。

胡明扬　1993　编纂现代汉语规范词典的几点意见,《语文建设》第 4 期。

胡明扬　1997　现代汉语规范化的基础工程——评《普通话基础方言基本词汇集》,《语言文字应用》第 3 期。

胡明扬　1998　规范字典和规范词典的重大社会作用,《语文建设》第 3 期。

胡明扬等　1982　词典学概论,北京:中国人民大学出版社。

胡奇光　1988　白话文运动,《中国大百科全书・语言文字》,北京:中国大百科全书出版社,第 13～15 页。

胡裕树　1999　倪宝元《现代汉语难词词典》序,倪宝元《现代汉语难词词典》,杭州:浙江教育出版社。

华　烨　2004　关于我国辞书发展战略的思考——问题・思考・对策,《辞书研究》第 4 期。

黄广芳　2008　词典在英语学习中使用情况的调查与分析,《郧阳师范高等专科学校学报》第 3 期。

黄建华　1982　双语词典类型初议,《辞书研究》第 4 期。

黄建华　1992　英俄德法西日语文词典研究,北京:商务印书馆。

黄建华　2001　词典论（修订版）,上海:上海辞书出版社。

黄孝德　1996　词目逆引词义类聚——《逆序类聚古汉语词典》评介,《辞书研究》第 6 期。

黄　征　1997　《敦煌变文字义通释》六版后记,蒋礼鸿《敦煌变文字义通释》(增补定本),上海:上海古籍出版社。

贾采珠　1992　我和《北京话儿化词典》,《辞书研究》第 1 期。

蒋宗许　1986　新颖、实用的古汉语词典——《简明古汉语词典》,

《辞书研究》第 6 期。

拉迪斯拉夫·兹古斯塔 1983 词典学概论，北京：商务印书馆。

兰多（章宜华、夏立新译） 2005 词典编纂的艺术与技巧（第二版），北京：商务印书馆。

劳 泥 1989 辞书四十年，《辞书研究》第 6 期。

黎锦熙 2011 国语运动史纲，北京：商务印书馆。

李常庆 1999 辞书的选题开发研究，《辞书研究》第 6 期。

李格非 1991 《逆序类聚古汉语词典》评介，《古汉语研究》第 4 期。

李 开 1990 现代词典学教程，南京：南京大学出版社。

李 开 2004 戏曲词语的历史画卷——读《宋金元明清曲辞通释》，《湖北大学学报》（哲学社会科学版）第 4 期。

李行健 1996 《多用现代汉语词典》序，《民主》第 3 期。

李行健 1997 "规范字典"的特点在于"规范"——《现代汉语规范字典》将于年内出版，《语文建设》第 6 期。

李学勤 1988 《金文编》，《中国大百科全书·语言文字》，北京：中国大百科全书出版社，第 230~231 页。

李彦洁、卢海滨 2007 我国第一部汉语外来词词典评介，《辞书研究》第 5 期。

李宇明 2008 努力发展我国的辞书事业——在汉语辞书研究中心揭牌仪式上的讲话，《鲁东大学学报》（哲学社会科学版）第 2 期。

李宇明、庞 洋 2006 关于辞书现代化的思考，《语文研究》第 3 期。

李志江、王 伟等 1999 语文辞书使用情况调查报告，《辞书研究》第 5 期。

列维·斯特劳斯 1987 野性的思维，北京：商务印书馆，1987。

林尔蔚 1985 商务印书馆今年辞书出版综述，《中国出版年鉴 1985》，北京：商务印书馆，第 332~334 页。

林申清 1998 当代日本国语辞书的编辑策划与出版现状，《出版发行研究》第 2 期。

林玉山 1989 辞书编纂四十年综述，《编辑学刊》第 4 期。

林玉山 1992 中国辞书编纂史略，郑州：中州古籍出版社。

林玉山　1995　辞书学概论，福州：海峡文艺出版社。

林玉山　2001　20世纪的中国辞书，《辞书研究》第1期。

刘　昊　1991　重视辞书质量争取更大成就，《中国出版年鉴1989》，北京：中国书籍出版社，第470～473页。

刘　军　2007　大学生英语词典的使用误区分析及其对策探究，《科技信息》（学术研究）第16期。

刘　玲　2011　继承、突破、提高与创新——《新编小学生字典》修订回顾，《辞书研究》第3期。

刘叔新　1982　固定语及其类别，《语言研究论丛》第2辑，天津：天津人民出版社，第156～179页。

刘叶秋　1960　中国的字典，北京：商务印书馆。

刘叶秋　1963　中国古代的字典，北京：中国青年出版社。

刘叶秋　1983a　中国字典史略，北京：中华书局。

刘叶秋　1983b　《辞源》的历程，《出版工作》第10期。

刘叶秋　1984　略谈辞书体例的创新——《辞源》修订例话，《辞书研究》第2期。

刘涌泉　1994　谈谈字母词，《语文建设》第10期。

刘蕴璇　1995　特种字典类型初探，《内蒙古社会科学》（文史哲版）第2期。

刘正埮　1979　关于编纂汉语外来词词典的一些问题，《辞书研究》第1期。

卢润祥　1990　我国俗语研究的新贡献——《中国俗语大辞典》评介，《语文建设》第4期。

卢卓群　1996　试论《引用语辞典》的价值和编纂特色，《辞书研究》第1期。

陆尔奎　1992　《辞源》说略，《1897—1992商务印书馆九十五年——我和商务印书馆》，北京：商务印书馆。

陆谷孙、王馥芳　2006　当代英美词典编纂五十年综述，《外语教学与研究》第2期。

路德维希·冯·贝塔朗菲（秋同等译）　1987　一般系统论，北京：社会科学文献出版社。

伦道夫·夸克（甘于恩摘译）　1985　词典的使用和设想的调查，

《辞书研究》第1期。

  罗常培、吕叔湘　1956　现代汉语规范问题，《语言研究》第1期；又《吕叔湘全集第十二卷·语文散论》，沈阳：辽宁教育出版社，2002，第33～60页。

  罗思明　2008　词典学新论，合肥：安徽教育出版社。

  罗思明、赵海萍　2005　当代词典使用研究主题综述，《辞书研究》第4期。

  罗思明等　2002　辞书使用研究的认知视角，《辞书研究》第5期。

  罗竹风　1983　修订《辞海》的前前后后，《辞书研究》第5期。

  罗竹风、王　岳　1996　《辞海》六十年，《辞书研究》第5期。

  吕叔湘　1982　需要一本《引用语词典》，《辞书研究》第5期。

  吕叔湘　1984　大家都来关心新词新义，《辞书研究》第1期。

  吕叔湘　2002　《现代汉语词典》编写细则（修订稿），《吕叔湘全集第十二卷·语文散论》，沈阳：辽宁教育出版社，第412～455页。

  马天祥　1983　《古汉语通假字字典》的编纂，《辞书研究》第3期。

  南旭萌、李芬芬、邢红兵　2008　留学生汉语学习词典使用情况调查，郑定欧主编《对外汉语学习词典学国际研讨会论文集》（三），北京：中国社会科学出版社，第225～236页。

  倪海曙　1988　注音字母，《中国大百科全书·语言文字》，北京：中国大百科全书出版社，第539～542页。

  宁希元　2002　推荐《中国古代小说俗语大词典》，《广西师范学院学报》第4期。

  欧阳旭等　1999　词典的生命力在于不断增补修订，《外语与外语教学》第5期。

  潘　钧　2008　日本辞书研究，上海：上海人民出版社。

  潘树广　1988　论辞书用户教育，《辞书研究》第4期。

  潘文年　2009　我国语文工具书出版存在的主要问题及对策，《辞书编纂与语言生活——第五届全国语文辞书学术研讨会论文集》，合肥：安徽大学出版社，第32～39页。

  彭泽润　1990　论类义与类义词典——兼评《同义词词林》和《简明汉语义类词典》，《中国人民大学学报》第5期。

钱剑夫　1986　中国古代字典辞典概论，北京：商务印书馆。

乔　永　2010　《辞源》编修一百年，《辞书研究》第4期。

秦振庭　2004　创新：《辞海》发展的动力，《辞书研究》第6期。

阮锦荣　1994　《汉语大词典》的编纂，《语文建设》第9期。

邵敬敏　2000　《HSK汉语水平考试词典》编写的原则与方法，《汉语学习》第2期。

石安石、詹人凤　1983　反义词的共性、类聚及不均衡性，《语言学论丛》第10辑，北京：商务印书馆，第77～91页。

石家金　1990　对辞书编纂出版现状的思考，《辞书研究》第2期。

石家金　1994　提高辞书质量促进辞书繁荣——在新闻出版署召开的座谈会上的发言，《辞书研究》第3期。

石肆壬　1981　词典学论文选译，北京：商务印书馆。

史彬彬、潘　攀　2005　英语学习词典使用状况调查结果分析，《山西煤炭管理干部学院学报》第3期。

史耕山、陈国华　2007　英语专业学生英语词典使用情况调查，《外语研究》第1期。

史建桥　1995　两部有特色而实用的古汉语字典——评《简明古汉语字典》和《古汉语常用字字典》修订版，《辞书研究》第6期。

史文静　2009　一部全新的专门用语词典——读尹世超《标题用语词典》，《北京印刷学院学报》第5期。

舒　池　1989　《辞海》积累辞书编纂经验的回顾，《辞书研究》第5期。

思　惠　1989　长足的进步　艰巨的任务——我国汉语词典编纂出版10年，《辞书研究》第6期。

苏培成　1998　《现代汉语规范字典》的特点，《语文建设》第5期。

唐钰明　1989　一部别开生面的古文字字典——《金文常用字字典》简评，《辞书研究》第1期。

田志强、郑翠玲　2007　大学生英语写作中词典使用失误及对策，《中国成人教育》第10期。

涂纪亮　2007　现代欧洲大陆语言哲学，武汉：武汉大学出版社。

汪惠迪　2004　编纂《全球华语地区词词典》的构想，《国家疆界与文化图像国际学术会议论文》，新加坡，6 月 23～25 日。

汪家熔　2001　《辞源》《辞海》的开创性，《辞书研究》第 4 期。

汪耀楠　1985　论词典分类，《辞书研究》第 4 期。

王艾录　1997　复合词理据的探求——兼介《汉语理据词典》，《辞书研究》第 3 期。

王德春　1980　论词典的类型，《辞书研究》第 1 期。

王德春　1991　《新词新义辞典》简评，《华中师范大学学报》（哲学社会科学版）第 2 期。

王恩圩　1987　《汉语外来词词典》管窥——评该词典中源于俄语的汉语外来词，《辞书研究》第 2 期。

王金鑫　2003　《新华词典》百科词目的释义模式，商务印书馆辞书研究中心《辞书的修订与创新》，北京：商务印书馆，第 115～122 页。

王乃文　1995　谈双语辞书系列化和标准化，《外语与外语教学》第 3 期。

王铁琨　1995　一部颇具研究特色的新词词典，《语文建设》第 3 期。

王铁琨　2006　中国辞书的"强国梦"还有多远？《中华读书报》10 月 18 日第 019 版。

王铁琨　2007　规范化、现代化与辞书强国——中国辞书事业发展的思考，《辞书研究》第 1 期。

王文渊、徐福文　2008　高职院校商务英语专业学生英语学习词典使用状况调查与分析，《沧桑》第 6 期。

王小海　2005　国外的词典使用研究，《辞书研究》第 1 期。

王新欣　1991　中国人口受教育状况的分析，《人口研究》第 3 期。

王　锳　1994　《历代典故辞典》读后，《语文建设》第 11 期。

王　岳　2006　辞书出版坚持专业分工的理论依据，《编辑学刊》第 4 期。

王　震　1996　《辞海》的缘起、问世和发展，《辞书研究》第 5 期。

网络与书编辑部　2005　《词典的两个世界》，北京：现代出版社。

魏向清等　2011　中国外语类辞书编纂出版 30 年（1978～2008）回顾与反思，上海：上海辞书出版社。

文　军　2006　英语词典学概论，北京：北京大学出版社。

文　军、姜治文　1998　设置词典课，对学生加强词典用法的指导，《辞书研究》第 6 期。

温端政　2005　汉语语汇学，北京：商务印书馆。

邬书林　2011　提高辞书出版水平建设辞书出版强国，《辞书研究》第 1 期。

吴建设　2007　词典使用对词汇附带习得的影响，《北京第二外国语学院学报》第 10 期。

吴泽炎　1984　《辞源》修订本 1976～1983——回顾和前瞻，《辞书研究》第 2 期。

伍谦光　1992　英语语文词典概说，黄建华《英俄德法西日语文词典研究》，北京：商务印书馆，第 1～87 页。

解海江、张志毅　1993　汉语面部语义场历史演变——兼论汉语词汇史研究方法论的转折，《古汉语研究》第 4 期。

解海江、张志毅　2003　谈《现汉》对义位褒贬陪义的标注，《辞书研究》第 6 期。

解海江、章黎平　1999　面部语义场词典释义的历史演变，《烟台师范学院学报》（哲学社会科学版）第 4 期。

解海江、章黎平　2010　词典编纂理念的二度转向，《辞书研究》第 6 期。

谢尔巴　1981　词典编纂学一般理论初探，石肆壬《词典学论文选译》，北京：商务印书馆，第 3～57 页。

熊效孟　1981　《新华字典》编写上的几个特色，《辞书研究》第 1 期。

徐庆凯　1996　《辞海》对词典学的贡献，《辞书研究》第 5 期。

徐时仪　2007　略论《古文字诂林》在语言文字研究与字典编纂上的学术价值，《辞书研究》第 6 期。

徐玉敏、张　伟　2008　《当代汉语学习词典》的理论基础与体例特色，《辞书研究》第 3 期。

徐祖友　1984　辞书出版概观，《出版工作》第 10 期。

徐祖友　1995　初创既成，更待提高——汉语新词词典综评，《辞书研究》第 1 期。

徐祖友　　2003　辞书评论漫议，《辞书研究》第 1 期。

许嘉璐　　2007　辞书编纂工作的意义及其面临的问题，《民主》第 7 期。

薛诗绮　　1982　美国大学的词典学课程，《国外语言学》第 4 期。

严庆龙　　1984　新中国辞书事业三十五年，《辞书研究》第 5 期。

严庆龙　　1991　中国辞书编纂出版史上的光彩篇章——1979～1988 年辞书出版综述，《中国出版年鉴 1989》，北京：中国书籍出版社，第 479～482 页。

颜景孝　　1984　谈谈《新华字典》的编纂特点，《辞书研究》第 4 期。

杨伯峻　　1988　《词诠》，《中国大百科全书·语言文字》，北京：中国大百科全书出版社，第 41～42 页。

杨蔚君　　2009　词典使用的策略——一个有效的英语词汇学习手段，《科教文汇》（下旬刊）第 11 期。

杨文全　　1998　中国新型汉语大词典的滥觞——《辞源》述论，《广东社会科学》第 4 期。

杨文全　　2000　近百年来的中国汉语语文辞书，成都：巴蜀书社。

杨正业　　2006　语文词典编纂史，北京：中国文联出版社。

杨祖希　　1979　词典学试论，《辞书研究》第 1 期。

杨祖希　　1985　辞书的类型和辞书学的结构体系，辞书研究编辑部《词典和词典编纂的学问》，上海：上海辞书出版社，第 1～29 页。

杨祖希　　1986　《辞海》修订的脚印，《语文建设》第 5 期。

杨祖希　　1991　工具书的类型（上、下），《辞书研究》第 1 期、第 2 期。

杨祖希、徐庆凯　　1992　辞书学词典，上海：学林出版社。

姚礼明　　2009　关于波普"三个世界"理论的一种阐释，《哲学研究》第 6 期。

姚喜明、张霖欣　　2008　英语词典学导论，上海：复旦大学出版社。

雍和明　　2003　英汉双语词典与英语单语词典用户语言需求与信息检索的比较，《辞书研究》第 6 期。

雍和明　　2004a　关于中国辞典史研究的思考，《辞书研究》第 2 期。

雍和明　　2004b　国外词典类型学理论综述，《辞书研究》第 5 期。

雍和明等 2006 中国辞典史论，北京：中华书局。

于伟昌 1999 英汉、汉英词典使用和设想的调查，《广州师院学报》（社会科学版）第12期。

苑育新 1984 "语词为主，百科为辅"原则的体现——略谈《辞源》知识性条目的处理，《辞书研究》第2期。

张　斌 2004 社会需要《现代汉语规范词典》，《汉语学习》第3期。

张柏然、魏向清 2001 新世纪词典学理论研究趋势展望，《外语与外语教学》第4期。

张　荷 2008 高中生英语词典使用状况分析，《重庆科技学院学报》（社会科学版）第6期。

张金忠 2005 俄汉词典编纂论纲，哈尔滨：黑龙江人民出版社。

张金忠 2011 高校俄语专业学生俄汉词典使用情况调查及对策，《辞书研究》第4期。

张履祥 1996 典故・典故系列和典故辞典的编纂，《辞书研究》第4期。

张明华 1998 中国字典词典史话，北京：商务印书馆。

张锡高 1994 80年代以来英语词典业的发展，《辞书研究》第2期。

张　杏 2006 词典使用研究中的调查方法综述，《湛江海洋大学学报》第5期。

张尧官 1981 论鲍波尔的"三个世界"理论，《社会科学》第2期。

张志公等 1988 语文教学，《中国大百科全书・语言文字》，北京：中国大百科全书出版社，第153~157页。

张志毅 1984 《现代汉语词典》的性质及缺欠，《烟台师范学院学报》（社会科学版）第1期。

张志毅 2007a 理念演绎辞书，《辞书研究》第5期。

张志毅 2007b 体现语言文字法的词典，《词汇语义学与词典编纂》，北京：商务印书馆，第417~424页。

张志毅 2010 "辞书强国"究竟有多远，《人民日报》10月12日第20版。

张志毅、苏向丽　2010　辞书的原型论——祝贺《辞书研究》而立华诞,《辞书研究》第1期。

张志毅、张庆云　1989　反义词词典收的应是词的最佳反义类聚,《中国语文》第4期。

张志毅、张庆云　1994　反义词词典的体例,《词和词典》,北京:中国广播电视大学出版社,第271~285页。

张志毅、张庆云　2001　词汇语义学,北京:商务印书馆。

张志毅、张庆云　2005　同义词的界说和辨析,《新华同义词词典》,北京:商务印书馆;又《词汇语义学与词典编纂》,北京:外语教学与研究出版社,2007,第173~216页。

张志毅、张庆云　2007　反义词词典编纂法,《词汇语义学与词典编纂》,北京:外语教学与研究出版,第425~451页。

章宜华　2004　计算词典学与新型词典,上海:上海辞书出版社。

章宜华　2010　《辞书研究》与新时期词典学理论和编纂方法的创新,《辞书研究》第1期。

章宜华　2011　基于用户认知视角的对外汉语词典释义研究,北京:商务印书馆。

章宜华　2012　国际辞书现代化技术的新理念:辞书语料数据化,《辞书研究》第2期。

章宜华、雍和明　2007　当代词典学,北京:商务印书馆。

赵大明　2002　古汉语虚词研究的最新进展——评《古代汉语虚词词典》,《中国辞书论集2001》,西安:陕西人民出版社,第265~276页。

赵克勤　1996　略论《现代汉语词典》的社会影响与历史贡献,《〈现代汉语词典〉学术研讨会论文集》,北京:商务印书馆,第28~33页。

赵克勤、金欣欣　1994　1992年汉语语文辞书编纂述评,《辞书研究》第3期。

赵克勤、金欣欣　1995　1993年汉语语文辞书编纂述评,《辞书研究》第3期。

赵克勤、金欣欣　1996　1994年汉语语文辞书编纂述评,《辞书研究》第2期。

赵元任　1985　什么是正确的汉语?《赵元任语言学论文选》(叶蜚

声译),北京:中国社会科学出版社,第49～59页。

赵振铎　1986　古代辞书史话,成都:四川人民出版社。

赵振铎　1987　《简明古汉语字典》评述,《辞书研究》第5期。

郑　奠等　2009　中型现代汉语词典编纂法(初稿),《邵荣芬语言学论文集》(附录),北京:商务印书馆,第515～565页。

中国出版工作者协会　1991　中国出版年鉴:1989年,北京:中国书籍出版社。

中国语言生活状况报告课题组　2007　语文辞书问题,《中国语言生活状况报告》(2006年上编),北京:商务印书馆,第265～278页。

周　荐　1991　同义词语的研究,天津:天津人民出版社。

周　荐　1995　汉语词汇研究史纲,北京:语文出版社。

周　荐　2001　《现代汉语词典》中的待嵌格式,《中国语文》第6期。

周士琦　1988a　辞通,《中国大百科全书·语言文字》,北京:中国大百科全书出版社,第43页。

周士琦　1988b　辞海,《中国大百科全书·语言文字》,北京:中国大百科全书出版社,第43页。

周士琦　1988c　新华字典,《中国大百科全书·语言文字》,北京:中国大百科全书出版社,第428页。

周伟良　2008　我国俗语典出版与市场的调研分析,《出版科学》第4期。

周有光　1983　《汉语拼音词汇》的性质、作用和问题,《辞书研究》第1期。

周有光　1988　文字改革,《中国大百科全书·语言文字》,北京:中国大百科全书出版社,第403～406页。

周祖谟　1954　《新华字典》评介,《中国语文》4月号。

周祖谟　1983　"伍记"与《新华字典》,《辞书研究》第4期。

周祖谟　1988a　中华大字典,《中国大百科全书·语言文字》,北京:中国大百科全书出版社,第530页。

周祖谟　1988b　诗词曲语词汇释,《中国大百科全书·语言文字》,北京:中国大百科全书出版社,第349页。

周祖谟　1988c　联绵字典,《中国大百科全书·语言文字》,北京:

中国大百科全书出版社，第 258～259 页。

周祖谟　1988d　古书虚字集释，《中国大百科全书·语言文字》，北京：中国大百科全书出版社，第 99 页。

周祖谟　1988e　现代汉语词典，《中国大百科全书·语言文字》，北京：中国大百科全书出版社，第 420 页。

周祖谟　1988f　敦煌变文字义通释，《中国大百科全书·语言文字》，北京：中国大百科全书出版社，第 61 页。

邹　酆　1990　中国现代词典学的萌芽——"五四"时期词典理论评述，《辞书研究》第 1 期。

邹　酆　2000　汉语语文词典编纂理论现代化的百年历程，《辞书研究》第 3 期。

左大成　1989　辞书出版工作的回顾与思考，《辞书研究》第 1 期。

二　外文文献

Al-khawadeh, A. ,1994, *Dictionary Use Strategies in Reading and Writing among Secondary School Students in Jordan* , Jordan: University of Jordan.

Ard, J. ,1982, The use of bilingual dictionaries by ESL students while writing, *ITL Review of Applied Linguistics* ,58:1～27.

Atkins, B. T. and Knowles, F. ,1990, Interim report on the EURALEX/AILEA research project into dictionary use, In Magay, T. and J. Zigány (eds.) *BudaLEX' 88 Proceedings, Papers from the Euralex Third International Congress* ,Budapest: Akadémiai Kiadó,381～392.

Atkins, B. T. and Krista Varantola, 1997, Monitoring dictionary use, *International Journal of Lexicography* ,10(1):1～45.

Atkins, B. T. and Krista Varantola, 1998, Language learners using dictionaries: the final report on the EURLEX/AILA research project on dictionary use, Atkins, B. (eds.) *Using Dictionaries: Studies of Dictionary Use by Language Learners and Translators* , Tubingen: Niemeyer.

Bareggi, C. ,1989, Students and the dictionary: an inquiry among students of English following a degree course in modern foreign languages at the University of Turin, In Prat Zagrebelsky (ed.) *Dal Dizionario ai Dizionari* , Turin: Terrenia Stampatori,155～190.

Barnhart, C. , 1967, Problems in editing commercial monolingual dictionaries, In F. W. Householder and S. Saporta (eds.) *Problems in Lexicography*, Bloomington, IN/The Hague: Indiana University/Mouton, 161~181.

Baxter, J. , 1980, The dictionary and vocabulary behavior: a single word or a handful? *TESOL Quarterly*, 14: 325~336.

Béjoint, H. , 1981, The foreign student's use of monolingual English dictionaries: a study of language needs and reference skills, *Applied Linguistics*, II (3): 207~222.

Béjoint, H. , 1989, The teaching of dictionary use: present state and future tasks, F. Hausmann, et al (eds.) *International Encyclopedia of Lexicography*, Berlin: W. de Gruyter, 208~215.

Béjoint, H. , 1994, *Tradition and Innovation in Modern English Dictionaries*, Oxford: Clarendon Press.

Béjoint, H. , 2002, *Modern Lexicography: An Introduction*, Beijing: Foreign Language Teaching and Research Press and London: Oxford University Press.

Béjoint, H. and Moulin, A. , 1987, The place of the dictionary in an EFL program, In Cowie, A. (eds.) *The Dictionary and the Language Learner: Papers from the EURALEX Seminar at the University of Leeds*, 1~3 April 1985, Tübingen: Niemeyer, 97~114.

Bensoussan, M. , Sim, D. and Weiss, R. , 1984, The effect of dictionary usage on EFL test performance compared with student and teacher attitudes and expectations, *Reading in A Foreign Language*, 2: 262~275.

Berwick, G. and Horsfall, P. , 1996, *Making Effective Use of the Dictionary*, London: Centre for Information on Language Teaching and Research.

Bogaards, P. , 1993, Models of dictionary use, *Toegepaste Taalwetenschap in Artikelen*, 46/47: 17~28.

Celce-Murcia, M. and Rosenzweig, F. , 1979, Teaching vocabulary in the ESL classroom, In Celce-Murcia and McIntosh, L. (eds.) *Teaching English as A Second or Foreign Language*, 241~257. Rowley, MA: Newbury House.

Cowie, A. , 2002, *English Dictionaries for Foreign Learners: A History*, Beijing: Foreign Language Teaching and Research Press and London:

Oxford University Press.

Dubois,J. ,1981,Model of the Dictionary:Evolution in Dictionary Design,*Applied Linguistics*,2(3):236~249.

Grabe,W. and F. Stoller,1997,Reading and vocabulary development in a second language:a case study,In Coady,J. and Huckin,T. (eds.)*Second Language Vocabulary Acquisition:A Rationale for Pedagogy*,Cambridge:Cambridge University Press.

Griffin,M. ,1991,The dictionary of transplanted varieties of languages:English,In Hausmann,F. et al(eds.)*Wörterbücher/Dictionaries/Dictionnaires:An International Encyclopedia of Lexicography*,Berlin:Walter de Gruyter.

Hartmann,R. (ed.),1999,*Dictionaries in Language Learning:Recommendations,National Reports and Thematic Reports form the TNP Sub-project 9:Dictionaries*,Berlin:Freie Universität Berlin.

Hartmann,R. (eds.),1983,*Lexicography:Principles and Practice*,London:Academic Press.

Hartmann,R. ,1987,Four perspectives on dictionary use:a critical review of research methods,In Cowie,A. (eds.)*The Dictionary and the Language Learner:Papers from the EURALEX Seminar at the University of Leeds*,1~3 April 1985,Tübingen:Niemeyer,11~28.

Hartmann,R. ,2005,*Teaching and Researching Lexicography*,Foreign Language Teaching and Research Press.

Hartmann,R. and Gregory James,2000,*Dictionary of Lexicography*,Foreign Language Teaching and Research Press and Routledge.

Harvey,K. and Yuill,D. ,1997,A Study of the use of a monolingual pedagogical dictionary by learners of English engaged in writing,*Applied Linguistics*,18(3):223~278.

Hatherall,G. ,1984,Studying dictionary use:Some findings and proposals,In Hartmann,R. R. (ed.)*LEXeter '83 Proceedings:Papers from International Conference on Lexicography at Exeter*,9~12 Sept. 1983,*Lexicographica Series Maior* 1,Tübingen:Niemeyer,183~189.

Herbst,T. and Stein,G. ,1987,Dictionary-using skills:A plea for a new orientation in language teaching,In A. Cowie (Ed.)*The Dictionary and the Lan-*

guage Learner:Papers from the EURALEX Seminar at the University of Leeds,1~3 April 1985,Tübingen:Max Niemeyer Verlag,115~27.

Horsfall,P. ,1997,Dictionary Skills in MFL 11~16,*Language Learning Journal*,15:3~9.

Householder,F. and Saporta,S. (eds.),1967,*Problems in Lexicography*,Bollmington:Indian a University Press.

Hulstijn,J. ,1992,Retention of inferred and given word meanings:Experiments in incidental vocabulary learning,In Arnaud,P. and Béjoint,H. (eds)*Vocabulary and Applied. Linguistics*,London:Macmillan,113~125.

Hulstijn, J. , 1993, When do foreign-language readers look up the meaning of unfamiliar words? The influence of task and learner variables, *The Modern Language Journal*,77:139~147.

Hulstijn,J. and Atkins,B. ,1998,Empirical research on dictionary use in foreign-language learning:Survey and discussion,In Atkins,B. (eds.)*Using L2 Dictionaries:Studies of Dictionary Use by Language Learners and Translators* (Lexicographica Series Maior 88),Tübingen:M • Niemeyer,7~19.

Jacobs,G. ,Dufon. P. and Fong,C. ,1994,L1 and L2 vocabulary glosses in reading passages:Their effectiveness for increasing comprehension and knowledge,*Journal of Research in Reading*,17:19~28.

Kennedy,L. ,1972,The teaching of dictionary skills in the upper grades, *Elementary English*,49(1):71~73.

Kharma, N. , 1985, Problems of writing composition in EFL, *Abhath Al-Yarmouk*,3(1):7~29.

Kipfer,Barbara Ann,1984,*Workbook on Lexicography*,Exeter:A. Wheaton and Co. Ltd.

Kirkpatrick, B. , 1987, *Roget's Thesaurus of English Words and Phrases*,Longman Group UK Limited.

Kisito,F. ,2007,The Advent of Electronic Dictionaries in ESL/EFL Learning,http://www. esl-galaxy. com/electronicdictionaries. html.

Knight,S. ,1994,Dictionary use while reading:the effects on comprehension and vocabulary acquisition for students of different verbal abilities,*Modern Language Journal*,78:285~299.

Laufer, B. and Kimmel, M. , 1997, Bilingualised dictionaries: How learners really use them, *System*, 25(3):361~369.

Laufer, B. and Hadar, L. , 1997, Assessing the effectiveness of monolingual, bilingual and bilingualised dictionaries in the comprehension and production of new words, *The Modern Language Journal*, 81:189~196.

Laufer, B. , 1992, Corpus-based versus lexicographer examples in comprehension and production of new words, In Tommola, H. et al(eds.)*EURALEX Proceedings*, Tampere: University of Tampere.

Laufer, B. , 1993, The effect of dictionary definitions and examples on the use and comprehension of new L2 words, *Cahiers de lexicologie*, 2.

Lew, R. , 2004, *Which Dictionary for Whom? Receptive Use of Bilingual and Semi-bilingual Dictionaries by Polish Learners of English*, Poznan: Motivex.

Li, L. , 1998, Dictionaries and their users in Chinese universities: with special reference to ESP learners, In McArthur, T. and Kernerman, I. (eds.)*Lexicography in Asia*(Selected papers from the Dictionaries in Asia Conference, Hong Kong University of Science and Technology, 1997 and other papers), Tel AV1V: Password Publishers, 61~79.

Liontas, J. I. , 2001, That's all Greek to me! The comprehension and interpretation of modern Greek phrasal idioms, *The Reading Matrix: An International Online Journal* 1/1:1~32.

Luppescu, S. and Day, R. , 1993, Reading Dictionaries and Reading Comprehension, *Language Learning*, 43(2):263~287.

Maingay, S. and Rundell, M. , 1987, Anticipating learners' errors-implications for dictionary writers, In Cowie, A. (eds.)*The Dictionary and the Language Learner: Papers from the EURALEX Seminar at the University of Leeds*, 1~3 April 1985, Tübingen: Niemeyer, 128~135.

Malkiel, Y. , 1967, A typological classification of dictionaries on the basis of distinctive features, In Householder and Saporta(eds.)*Problems in Lexicography*, Bloomington: Indiana University.

Marello, Carla, 1989, *Dizionari bilingui con schede sui dizionari italiani per francese, inglese, spagnolo, tedesco* (Fenomeni linguistici). Zanichelli.

McCreary, D. and Dolezal, F. , 1999, A study of dictionary use by ESL students in an American University, *International Journal of Lexicography*, 12.

Meara, P. and English, F. , 1987, *Lexical Errors and learners' Dictionaries*, Technical Report Birkbeck College, London. (ERIC Document Reproduction Service No. ED290322)

Nation, I. , 1990, *Teaching and Learning Vocabulary*, New York: Newbury House.

Nation, I. , 2001, *Learning Vocabulary in Another Language*, Cambridge: Cambridge University Press.

Nesi, H. , 1994, The effect of language background and culture on productive dictionary use, *Proceedings EURALEX*.

Nesi, H. , 1999, The specification of dictionary reference skills in higher education, In Hartmann, R. (eds.) *Dictionaries in Language Learning: Recommendations, National Reports and Thematic Reports form the TNP Sub-project 9: Dictionaries*, Berlin: Freie Universität Berlin.

Nesi, H. , 2000, The use and abuse of EFL dictionaries: How learners of English as a foreign language read and interpret dictionary entries, *Lexicographical Series Major*, Tübingen: Niemeyer Verlag.

Nesi, H. and Haill, R. , 2002, A study of dictionary use by international students at a British university, *International Journal of Lexicography*, 15(4): 277~305.

Neubach, A. and Cohen, A. , 1988, Processing strategies and problems encountered in the use of dictionaries, In *Dictionaries: Journal of the Dictionary Society of North America*, 10: 1~19.

Nicholas, B. , 1973, Teaching dictionary use, *Modern Languages*, 54(4), 161~168.

Petrylaite, R. , Vaskeliene, D. and Vezyte, T. , 2008, Changing skills of dictionary use, *Studies about Languages*, 12.

Prichard, C. , 2008, Evaluating L2 readers' vocabulary strategies and dictionary use, *Reading in a Foreign Language*, 20(2).

Quirk, R. , 1973, The social impact of dictionaries in the UK, In Hartmann, R. (eds.) *Lexicography: Critical Concepts*, London: Routledge, 312~326.

Raudaskoski, S. , 2002, Translation, the key or the equivalent, *Kernerman Dictionary News*, 10: 2~3.

Rundell, M. , 1999, Dictionary use in production, *International Journal of Lexicography,12(1):35~54.

Scholfield,P. ,1999,Dictionary use in reception,*International Journal of Lexicography*,12(1):13~33.

Sebeok,T. ,1962,Materials for a typology of dictionaries,*Lingua: International Review of General Linguistics*,XI.

Snell-Homby,M. ,1987,Towards a learners' bilingual dictionary,In Cowie,A. (eds.)*The Dictionary and the Language Learner:Papers from the EURALEX Seminar at the University of Leeds*,1~3 April 1985,Tübingen: Niemeyer,159~170.

Summers,D. ,1995,Vocabulary Learning:Do dictionaries really help? *The Language Teacher*,19:25~28.

Taylor,A. and Chan,A. ,1994,Pocket electronic dictionaries and their use,In Martin,W. et al (eds.)*EURALEX 1994 Proceedings*,Amsterdam: Vrije Universiteit,598~605.

Thomas,H. and Stein,G. ,1987,Dictionary-using skills:a plea for a new orientation in language teaching,In Cowie,A. (eds.)*The Dictionary and the Language Learner:Papers from the EURALEX Seminar at the University of Leeds*,1~3 April 1985,Tübingen:Niemeyer,115~127.

Thompson,G. ,1987,Using Bilingual Dictionaries,*ELT Journal*,41: 282~286.

Tomaszczyk,J. ,1979,Dictionaries:users and uses,*Glottodidactica* XII:103~119.

Tomaszczyk,J. ,1983,The case for bilingual dictionaries for foreign language learners,In Hartmann,R. (eds.)*Lexicography:Principles and Practice*,London:Academic Press,41~51.

Tono,Yukio,1984,*On the Dictionary User's Reference Skills*,Tokyo:unpublished B. Ed. dissertation,Gakugei University.

Tono,Yukio,1992,The Effect of Menus on EFL Learners' look-up Processes,In *LEXICOS* 2 (AFRILEX-REEKS, Series 2),Stellenbosch: Bureau Van die Watt,229~253.

Watanabe,Y. ,1992,*Incidental Learning of Vocabulary:Retention of Inferred Meanings vs ,Given Meanings*[Unpublished master's thesis], University of Hawaii at Manna.

图书在版编目(CIP)数据

汉语语文辞书的状况与发展研究/解海江,章黎平,王敏著.—北京:商务印书馆,2015
ISBN 978-7-100-11716-6

Ⅰ.①汉… Ⅱ.①解…②章…③王… Ⅲ.①汉语—辞书—研究 Ⅳ.①H16

中国版本图书馆 CIP 数据核字(2015)第 256982 号

所有权利保留。
未经许可,不得以任何方式使用。

汉语语文辞书的状况与发展研究

解海江 章黎平 王 敏 著

商 务 印 书 馆 出 版
(北京王府井大街36号 邮政编码100710)
商 务 印 书 馆 发 行
北 京 冠 中 印 刷 厂 印 刷
ISBN 978-7-100-11716-6

2015年12月第1版　　开本 787×1092　1/16
2015年12月北京第1次印刷　印张 26
定价:62.00元